地势坤，君子以厚德载物。

[英]查尔斯·狄更斯 — 著

渊博 — 译

狄更斯
英国简史

A CHILD'S HISTORY
OF ENGLAND

浙江人民出版社
ZHEJIANG PEOPLE'S PUBLISHING HOUSE

图书在版编目（CIP）数据

狄更斯英国简史 /（英）查尔斯·狄更斯著；渊博
译 . —杭州：浙江人民出版社，2017.6（2018.7 重印）

ISBN 978-7-213-08102-6

Ⅰ .①狄… Ⅱ .①查… ②渊… Ⅲ .①英国—历史—
通俗读物 Ⅳ .① K561.09

中国版本图书馆 CIP 数据核字（2017）第 140726 号

狄更斯英国简史

DIGENGSI YINGGUO JIANSHI

（英）查尔斯·狄更斯　著

渊　博　译

出版发行　浙江人民出版社（杭州市体育场路 347 号 邮编 310006）
责任编辑　张世琼
责任校对　姚建国　朱志萍
电脑制版　顾小固
印　　刷　三河市文通印刷包装有限公司
开　　本　710 毫米 ×1000 毫米　1/16
印　　张　21
字　　数　355 千字
版　　次　2018 年 3 月第 1 版
印　　次　2018 年 7 月第 3 次印刷
书　　号　ISBN 978-7-213-08102-6
定　　价　42.00 元

目　录

第一章
不列颠与撒克逊

罗马人和丹麦人都入侵过英国，唯有撒克逊人才真正地融入这片土地。如同秦并六国一样，在"撒克逊七国时代"的后期，威塞克斯王国统一了英格兰，开始了威塞克斯王朝的统治。与此同时，从海上来的丹麦人入侵了英格兰。从此，与丹麦人的斗争贯穿了威塞克斯王朝的整个历史。

---

1 罗马人的印记

　　打开一张世界地图，你就会看到在东半球的左上角，有两座岛屿漂在海上。它们是英格兰、苏格兰和爱尔兰。英格兰和苏格兰组成了两座岛屿中较大的那一座，小一点的那座是爱尔兰。周围邻近的那些小岛，小得在地图上只是几个黑点而已。我敢说，这些小岛大部分曾经是苏格兰的组成部分，在千百年的岁月流逝之中，被奔腾不息的海水冲刷，破碎了。

　　这些岛屿从很久很久以前的古老岁月开始，就坐落于此了，至于具体有多久远，至少要追溯到我们的救世主来到人世间，降生在马厩之前的年代。时至今日，没有改变的是咆哮在岛屿四周波涛汹涌的海浪。

　　那个时候的海洋很少有人类的足迹，冷清得很呢，没有大型的船只，也没有勇敢的水手漂洋过海、周游世界。这两座岛屿孤零零地漂在辽阔无际的汪洋之上，泛着泡沫的海浪拍打着岸边的悬崖峭壁，阴冷的寒风拂过岛上的森林。然而，海浪和寒风却没有带领冒险家来到这座岛上，岛上居住的原始野人对外面的世界一无所知，而外面的世界对他们也丝毫不了解。

　　据推测，腓尼基人应该是最先乘船来到这两座岛上的。他们是一个以从事贸易经商而闻名的古老民族。他们发现这里盛产锡矿和铅矿，这是两种非常有用的东西。而且，时至今日，它们的产地依旧位于沿海地带。康沃尔地区的几处最著名的锡矿也是在近海的位置。我曾亲眼见过其中的一处锡矿，由于离海面实在是太近了，所以海底下面都被挖空了。矿工们说，在暴风雨的天气里，在矿井深处作业时，他们能听到海浪在他们头上发出雷鸣般的咆哮声。因此，腓尼基人沿着这两座岛屿的边航行，想必没有费多少周折，就找到了锡矿和铅矿的产地。

　　腓尼基人和岛上的居民做起了生意，他们给岛上的居民一些有用的东西，以此来换取这些金属。最初，岛上的原住民都是些可怜而又贫穷的野人，几乎赤身裸体，就像其他地方的野人一样，有的身上穿着野兽的皮毛，有的则将彩色的泥土和植物的汁液涂抹在身上。当腓尼基人扬帆航行，到了对面的法国和比利时海岸后，试图引诱法国人和比利时人一起前往，并诱惑他们说："我们已经到过海对岸的白色悬崖了，而且我们从对面那个叫作不列颠的国家带回了锡和铅。"其中一部分法国人和比利时人在英格兰南部海岸安顿了下来，如今这个地方的名字叫作"肯特"。虽然这些人自己也是一群野人，不过他们却教会了落后的不列颠人一些实用的技术，让岛上的生活水平得到了提高。此外，可能还有一些人从西班牙来到爱尔兰，并在爱尔兰扎下了根。

就这样，异乡人逐渐与岛上的居民混居为一个民族，落后的不列颠人发展成为一个野蛮、勇敢的民族。不过这里依旧非常落后，尤其是那些远离海岸、外来人群极少造访的内陆地区，但这个民族十分刚毅、勇敢、顽强。

整个国家到处都是森林和沼泽地，在较大的那座岛屿上，时常是烟雾缭绕、寒风刺骨。无论是那里的道路、桥梁、街道还是房子，你都会觉得它们根本配不上这些名称。所谓城镇，不过是藏匿在丛林深处，四周环绕着一条沟渠，矮墙或用泥巴，或用树干垒起，里面有一堆用稻草覆盖着屋顶的小房子而已。这里的人几乎不种植谷物，他们以牛肉和羊肉为生；他们也不制造钱币，而是将金属圈当作钱币使用。野人通常擅长编东西，这里的人也一样，他们能够纺织出粗糙的布料，还能做一些更粗糙的陶器。然而，在建造堡垒方面，他们却很聪明。

他们制造出船只，并在上面覆盖着野兽的皮毛。然而，他们很少或者说从未乘船去过离岸边很远的地方。他们将锡混入铜，用来铸剑，但是这些剑不仅外观丑陋无比，而且质地很软，受到猛烈的击打时就会弯曲。他们还能造出轻量的盾牌、短匕首和长矛——他们在矛杆上绑着一条很长的皮带，当他们把长矛投向敌人后，就用这条皮带把长矛收回来。矛杆的尾端是一个拨浪鼓，用来吓唬敌人的马匹。

古代的不列颠人由多达三十多个甚至四十个部落组成，每个部落有各自的首领。与其他野人一样，部落之间总是互相打来打去。

他们非常喜欢马，肯特的战旗上就画着一匹白马。他们在训练和管理马匹方面，做得非常出色。虽然不列颠人身材并不高大魁梧，但他们却拥有很多的马。当时，不列颠人的马已经被训练得极其出色，在那之后可以说几乎没有提升的空间了（尽管人类与那时相比进步了很多）。它们能够明白并且服从每一个指令，当它们的主人下马前去作战时，它们能够在嘈杂的战场上屹立不动。如果没有这些既通晓人性又十分可靠的动物的帮助，不列颠人最卓越的技术是不会取得成功的。我所说的技术，指的是制造和使用战车的技术，这是他们的一项闻名历史的技术。这些战车中最优良的，都是前面的高度比人的前胸要低一些、后面敞开，由一个人驾驶、两至三个人作战，并且车上的人全部站着。拉着他们跑的马被训练得极其出色，能够在崎岖的石头路面和森林中全速飞驰，同时还能将敌人踏在蹄下。从车轮的两侧伸出的剑刃和镰刀会把敌人切成碎片。这些剑刃配合马匹的用途十分残忍，即便是在全速前进的情况下，只要驾驭者一声令下，拉车的战马便会立刻停下来。这时，士兵便从车里冲出来，将手中的剑刃如狂风暴雨般尽情地砍向敌人；然后，他们或是跳上战马，或是跳上战车的边缘，设法奔回战车里。他们一旦脱离危险，战马便会拉着战车再次飞驰。

不列颠人曾信奉一种十分古怪的宗教，被称为德鲁伊教。德鲁伊教据说是在很早的时候由法国（古时称为高卢）传过来的。它把对巨蛇、太阳和月亮的崇拜，以及对异教神和异教女神的崇拜混合在一起。德鲁伊教的绝大多数仪式都是保密的，定下这个规矩的是德鲁伊教的祭司——德鲁伊，他们扮成行妖术的巫师，手里拿着魔法棒；每个人的脖子上都戴着一个项链，他们对民众说项链是装着巨蛇之卵的金壳。可以确定的是，在德鲁伊教的仪式中，有献上活人当作祭品的，还有对某些疑犯的严刑拷打。此外，在一些特定的情况下，他们还会把某些人和动物关进柳条做的大笼子活活烧死。

德鲁伊教的祭司们对橡树有一种崇拜之情，当槲寄生的白色浆果寄生在橡树上时，对槲寄生也一样崇拜，今天我们会用它在圣诞节的时候装饰房间。祭司们聚集在黑暗的森林中，他们将这个地方称为"神圣森林"。在这里，他们用一套神秘的法术对围绕在他们身边的年轻教徒进行教导，有些年轻教徒在他们身边相伴长达 20 年之久。

德鲁伊的教徒修建了很多高大的露天寺庙和祭坛，其中一些建筑的残骸一直存留至今。威尔特郡索尔兹伯里平原上的巨石阵是这些建筑残骸中最绝伦逸群的一个，另一个极具异域风情的是位于肯特郡梅德斯通市附近的风铃草山上，有一座由三块奇石组成的墓室，被称作"基茨科蒂墓室"。对组成这些建筑的巨大石块进行检测后，我们得知，在没有精巧机械的帮助下，他们是不可能把这些石块搬起来的。我们今天已经对机械技术司空见惯了，但古代的不列颠人在建造自己的房子时肯定没有用到机械，不然的话，他们的房子也不会那么不舒服了。如果说德鲁伊，还有与他相伴了20 年的弟子们，的确比其他不列颠人知道得更多，如果他们在建造这些建筑的时候避开了人们的视线，然后装作用魔法变出了它们，我一点也不感到惊讶，而且说不定他们还参与了城堡的建造。总之，他们有权有势、教徒众多，制定和执行律法的也是他们，还从来不纳税。因此，我丝毫不怀疑他们对于自己职业的热爱，加上他们还说服民众，信奉德鲁伊教的人越多，大家就会越幸福，如此想必他们拥有教徒的数量也一定不少。然而，令人欣慰的是，现在已经看不到德鲁伊的身影了，看不到那些装模作样地拿着魔法棒、脖子上戴着巨蛇之卵的人——巨蛇之卵这东西也是子虚乌有的，即使找遍天涯海角也找不到这玩意儿。

这就是距离我们的救世主降生在这个世界 50 年以前的情况。此时，罗马人在他们伟大的尤利乌斯·恺撒将军的带领下，统治了当时的世界。尤利乌斯·恺撒刚刚征服了高卢，还在那里听说了很多关于对面那座有着白色悬崖的岛屿的事情，又听说生活在岛上的不列颠人非常勇敢，有些人还被请来帮助高卢人抵抗他的入侵。他便决定，既然离得这么近，何不将不列颠作为他下一个要征服的国家呢！

于是，尤利乌斯·恺撒带领 1.2 万名士兵，乘 80 艘船，漂洋过海来到了这座岛上。他从加来和布洛涅之间的法兰西海岸出发，"因为从那里出发到不列颠是距离最短的航路"。他以为能轻易地征服不列颠，然而事情并不像他想象的那样容易，因为英勇的不列颠人打起仗来是最勇猛的。骑兵也没有随他一起出战（一场暴风雨把他们赶了回去），再加上有几艘船在他们靠岸后被一个极大的海浪拍成了碎片，恺撒此番出征可谓冒着全军覆没的风险。然而，勇敢的不列颠人每击败恺撒一次，恺撒总是加倍地讨还。最后虽然没能达到此次出征的目的，但是他还是欣然接受了不列颠人求和的提议，离开了这里。

可是，第二年的春天他又回来了。这一次他带了 800 艘船和 3 万名士兵。不列颠部落则选出了一个不列颠人来当他们"抗敌"的大将军。罗马人在他们的拉丁语中称他为卡西维劳努斯，不过他的不列颠名字是卡斯沃尔伦。他是一位非常勇敢的将军，他和他的士兵在与罗马军队的战斗中表现得十分勇猛，以至罗马士兵只要在战场上看到远处扬起大片大片的尘土，或者听到不列颠战车疾驰的声音，便会胆战心惊。除了几场规模较小的战斗之外，在肯特郡的坎特伯雷市、萨里郡的彻特西市和一座地处沼泽地带的森林小镇也发生过战役。这个小镇是当时不列颠领土的首府，也是卡西维劳努斯的属地，估计距离现在的赫特福德郡的圣奥尔本斯市不远。

虽然骁勇的卡西维劳努斯和他的士兵如狮子一般勇猛，但是从整体上来说，卡西维劳努斯被打得很惨。再加上其他的不列颠首领对他心怀嫉妒，总是不停地找他的麻烦，各首领之间也总是吵个不停，争个不休，所以他选择了放弃，向恺撒求和。尤利乌斯·恺撒很高兴并十分痛快地提出休战，带着他剩下的士兵和船只再次离开了。他本来希望在不列颠找到珍珠，他可能确实找到了一些。可是不管怎么说，他至少找到了美味的牡蛎，而且可以肯定的是，他遇见了顽强的不列颠人。我敢肯定，他对于不列颠人此时的怨言与1800年以后那位伟大的法国将军拿破仑·波拿巴相同。拿破仑曾说，他们是这样一群不合常理的家伙，当他们被打败时，也从来不会有被打败的认知。我相信他们根本不知道被打败是一种什么样的感觉，而且永远不会知道。

在接下来的100年的时间里，不列颠平安无事。不列颠人不仅改善了城镇的建设，还提升了生活水平。他们变得更加文明，还周游列国，从高卢人和罗马人那里学到了很多东西。终于，罗马皇帝克劳狄一世派能征善战的奥卢斯·普劳提乌斯将军率领大军来征服这座岛屿。没过多久，皇帝本人也来到了这里。但他们没有多少斩获，于是另一位名叫欧斯托里乌斯·斯卡普拉的将军也来到这里。一部分不列颠部落的领袖选择了俯首称臣，另一部分领袖则决定誓死战斗到底。在这些勇士当中，最勇敢的当数卡拉克塔库斯，也叫卡拉道克。他率领军队，在北威尔士北部的山区向罗马人发起进攻。他对他的士兵说："今天是决定不列颠命运的日子！这一刻将决定你们是自由之身，还是永远为奴。记住你们那些勇敢的先祖，他们曾将伟大的恺撒大帝击退，把他赶回到海的另一边！"话音刚落，士兵们就高声呐喊着冲向罗马人。但是，罗马人的刀剑和盔甲要比不列颠人精良得多，罗马人近身打斗占尽了优势，那一天不列颠人败下阵来。勇敢的卡拉克塔库斯的妻子和女儿被俘，兄弟向敌人投降，而他本人则遭到他那虚伪而又卑鄙的继母的背叛，落到了罗马人手中。罗马人俘虏了他和他的家人，耀武扬威地回到了罗马。

啊，伟人即便是在落魄的时候，即便是被押入监牢、身负枷锁，也一样是伟人。卡拉克塔库斯身上的高贵气质和面对苦难所表现出的坚韧意志，让罗马街头蜂拥而至围观他的百姓深受触动，最终让他和他的家人重获了自由。至于他那颗伟大的心是否屈服，他是死了罗马，还是回到了他亲爱的祖国，答案没有人知晓，勇敢的卡拉克塔库斯余下的事迹被人们遗忘。此后，英格兰的橡子长成了一棵棵橡树，又在几百年后枯萎，到了后来，又有新的橡树从原地破土而出，活了很多年以后也一样枯萎地死去。

尽管如此，不列颠人丝毫不愿意屈服，他们一次又一次地发动起义，数以千计的人牺牲了，牺牲时手里还紧紧握着武器。他们只要有机会就会发起抵抗，苏维托尼乌斯是另一位罗马将军，他来到这里并攻占了被视为圣地的安格尔西岛（当时的名字叫作莫纳岛）。他把德鲁伊教徒关进柳条笼子，用他们自己的火种，把他们烧死了。然而，即便有他和他那战无不胜的军队驻扎在不列颠，不列颠人还是发起了反抗。诺福克郡和萨福克郡君主的遗孀，一位名叫博阿迪西亚的不列颠王后，在罗马人抢夺她的财物时进行了反抗。一个名叫卡图斯的罗马军官下令对她进行鞭打，她的两个女儿当着她的面受到了凌辱，而她丈夫的亲戚们则被迫做了奴隶。

为了报复罗马人对他们的羞辱，怒火中烧的不列颠人拼尽全力发起了反抗。他们把卡图斯赶到高卢，损毁了罗马人的财物，还将罗马人赶出伦敦——不过那个时候的伦敦还只是一座贫穷的小镇，一个进行贸易的地方。他们在短短几天的时间里，吊死、烧死、用十字架钉死、用剑杀死了7万名罗马人。

苏维托尼乌斯率军前来讨伐不列颠人。而不列颠人也加强了自己的军队力量，并向苏维托尼乌斯布下重兵的战略要地发起了顽强的进攻。在士兵们发动第一次冲锋之前，博阿迪西亚乘着战车，淡黄色的头发在风中飘逸，两个受伤的女儿躺在她的脚下。她在军中高声哭喊着，鼓舞士兵们向压迫者——猖狂的罗马人复仇。不列颠人浴血奋战，作战到底，但他们还是在罗马人疯狂的厮杀下败下阵来，心灰意冷的王后最后服毒自尽。

然而，不列颠人的精神没有被击垮。在苏维托尼乌斯离开之后，不列颠人向他的军队发起进攻，并重新夺回了安格尔西岛。大概又过了20年，阿格里科拉来到了这里，又把这座岛抢走了，并花了7年时间征服这个国家，尤其是现在被叫作苏格兰的地方。但是那里的人们，也就是古苏格兰人，向他发起了强烈的抵抗，寸土不让，他们与他展开了惨烈的战斗，血流成河。他们亲手杀死了自己的妻子和儿女，为的是不让他们被阿格里科拉俘虏。他们奋勇战斗、杀敌，数以万计的人在战斗中牺牲，时至今日，苏格兰地区很多用石头堆起来的小山丘下面，很有可能就是这些人的坟墓。又过了30年，哈德良又来到这里，同样遭到了他们顽强的抵抗。

又过了100年左右，塞维鲁带着一支庞大的军队杀了过来。然而，不列颠人像猛虎般把他们撕咬得溃不成军，他们"欣赏"着数以千计的敌人在泥潭和沼泽中丧命。塞维鲁的继承者——他的儿子卡拉卡拉曾一度为征服这些人立下了最大的功劳。但他不是依靠武力，因为他很清楚武力所起的作用在苏格兰人面前是多么的有限。他把一部分土地还给古苏格兰人，并且让不列颠人享有与罗马人相同的权利。从那以后，太平的日子持续了 70 年。

后来，又有新的敌人出现了。那就是撒克逊人，一个来自莱茵河以北、生性残暴、擅长航海的民族。伟大的莱茵河位于德国，河岸两旁种植着世界上最好的葡萄树，所结的葡萄是用来酿造德国葡萄酒的原材料。撒克逊人乘着海盗船，开始登陆高卢和不列颠海岸，试图洗劫那里。不过他们被卡劳修斯打退了，他是罗马人任命的一名指挥官，有人说他是比利时人，也有人说他是不列颠人。在他的带领下，不列颠人开始在海上作战。

这次失败之后，撒克逊人的侵略变本加厉。几年后，苏格兰人（当时的"苏格兰人"实际上是爱尔兰民族）和北方民族的皮克特人开始频繁入侵不列颠南部。在接下来 200 多年的时间里，每隔一段时间，袭击就会上演。与此同时，罗马的君王和首领也换了一个又一个，不列颠人也发起了一次又一次针对罗马人的反抗。终于，在罗马皇帝霍诺留统治期间，罗马帝国的势力在世界范围内迅速削弱，这使得士兵们必须留在国内以守卫国家，于是罗马人彻底放弃了征服不列颠的希望，纷纷离开了。直到不列颠人赶走了罗马的地方官并宣布自己是一个独立的民族之前，不列颠人依旧像最初一样向敌人发起反抗，一如既往的勇敢作风始终没有改变。

从尤利乌斯·恺撒第一次入侵岛屿，到罗马人一去不复返，前后一共经历了 500 年的时间。在那段漫长的日子里，罗马人虽然发动了很多激烈的战争，也流了很多血，但他们却在很大程度上提高了不列颠人的生活条件。他们修建了宽广的军用道路，修建了城堡，还教会了不列颠人如何穿戴、如何武装自己，所有这一切都比不列颠人之前所知道的要先进得多。总之，他们让整个不列颠的生活水平有了质的提升。阿格里科拉用泥土修筑了一道全长超过 70 英里的土墙，从纽卡斯尔一直延伸到卡莱尔，用来抵抗皮克特人和苏格兰人的入侵。哈德良曾对它进行加固，而当塞维鲁发现需要不断对这道墙进行修缮后，又重新用石头修筑了一遍。

最重要的是，在罗马人统治时期，基督教通过罗马人的船只首次传入不列颠，让那里的人们学到了一课：若要讨上帝的喜欢，他们就必须做到爱人如己，己所不欲，勿施于人。德鲁伊教则宣称，相信这些事是非常邪恶的，并诅咒了所有选择信仰基督的人。然而，当人们发现德鲁伊教的祝福既没有让他们的生活变得更美好，同时他们的生活也没有变得更糟糕，太阳照常升起，雨水也照常降在地上，而这些事情的发生丝毫不需要经过德鲁伊教成员的同意，这时他们开始意识到德鲁伊教的成员也不过是凡人而已，他们的祝福或诅咒丝毫不起任何作用。此后，德鲁伊教弟子的数量大幅度减少，德鲁伊教士们也改行做别的营生了。

以上就是罗马时代的英格兰。

对于这 500 年的历史人们知道的并不多，但依旧有那个时期遗留下来的东西被不断发现。经常有工人在挖房子或教堂的地基时，发现曾属于罗马人的、上面满是锈迹的钱币。罗马人吃饭时用过的盘子、喝酒时用过的高脚杯，还有脚下踏过的石坪等的碎片也经常会在耕作时，在犁过的土地中，或者铲碎的泥土中被找到。罗马人当年挖的水井今天依然能够从中打出水来，当年罗马人修建的道路，也成为今天陆路的一部分。在一些远古的战场上，还能找到很多不列颠人的长矛枪头和罗马人的盔甲残片，当年激烈的战斗让它们在巨大的撞击下脱落，如今锈蚀斑斑地交错在一起。

罗马人驻扎过的营地现在长满了杂草，那些下面埋葬了大批不列颠人的土堆，现在在这个国家的任何一个地方都能够看到。横跨诺森伯兰郡荒凉的旷野中，塞维鲁所修建的那道墙上，尽管长满了苔藓和杂草，可废墟的外表下依旧无法掩饰曾经的坚强。夏日里，牧羊人带着他们的牧羊犬躺在上面小睡片刻。

索尔兹伯里平原上的巨石阵依旧屹立在那里，缅怀着在那个罗马人的名字还不为不列颠所知的久远年代。德鲁伊教徒们就算用他们最好的魔法棒，也无法在荒凉的海岸上记录下这一切。

2 撒克逊人来了

罗马人刚一离开不列颠，不列颠人就开始后悔了，他们希望罗马人留下来不要走。虽然罗马人让不列颠人一直处于长年征战的状态，多年的战争也让不列颠的人口数量大幅度减少。然而，罗马人的离去让在不列颠的人所剩无几，如此一来，皮克特人和苏格兰人便越过塞维鲁修建的那道墙，蜂拥而至。他们洗劫了富庶的东部城镇，杀了那里的人，而且回到这里，变本加厉地抢劫和屠杀，使得不列颠人生活在充满恐惧的水深火热之中。就好像是感觉皮克特人和苏格兰人在这儿的行为还不够卑劣一样，撒克逊人也从海路上，对岛民开始了蹂躏。雪上加霜的是，不列颠人自己竟因为祷告的时候应该说些什么、怎么说这样的问题在内部吵得不可开交。神父们对此非常恼火，并用最激烈的方式，不顾一切地诅咒他们，并且（与那些古老的德鲁伊教徒的做法简直如出一辙），凡是他们不能说服的人，他们都加以诅咒。因此，当所有的这些因素叠加起来，你可以想象，不列颠人的日子有多悲惨。

简而言之，悲痛欲绝的他们给罗马人写了一封信，乞求罗马人的帮助。这封信他们取名叫作"不列颠人的呻吟"。他们在信中写道：

> 残暴的野蛮人追逐我们，把我们赶到海上，无情的海浪又把我们赶回陆地，把我们交回到那些野蛮人手中。我们现在面临进退两难的选择，要么死在刀剑之下，要么淹死在海水之中。

然而，罗马人没有办法帮助他们，虽然他们非常想这样做。他们此时正疲于应付他们自己的敌人。当时，罗马人的敌人非常残暴也非常强大。最后，痛苦的日子终于让不列颠人熬不下去了，他们决定与撒克逊人讲和，并邀请他们到自己的国家来，帮助他们抵挡皮克特人和苏格兰人的入侵。

做出这个决定的是一位名叫沃蒂根的不列颠君王，他与名叫亨吉斯特和霍萨的两位撒克逊首领缔结了友好条约。他们两人的名字在古撒克逊语中都是"马"的意思。之所以取这个名字，是因为撒克逊人与其他尚未开化的蛮夷一样，喜欢用动物的名字来给人命名，比如霍萨（马）、沃尔夫（狼）、贝尔（熊）、洪多（猎犬），等等。北美洲的印第安人，一个比撒克逊人还要落后的民族，时至今日依然保留着这样的传统。

亨吉斯特和霍萨赶走了皮克特人和苏格兰人，沃蒂根对他们的帮助感激万分，不仅不反对他们在英格兰一座名叫萨尼特的岛上定居，而且当他们邀请更多的乡巴佬同胞来这里定居时，他也没有反对。亨吉斯特有一个貌美如花的女儿，名叫罗伊娜。在一次宴会上，她将一只金子做的高脚杯倒满红酒，递给沃蒂根，并用甜美的声音对他说："亲爱的国王，为你的健康干杯！"国王顿时爱上了她。在我看来，这是狡猾的亨吉斯特给他布下的局，目的是让撒克逊人对沃蒂根有更大的影响力，而迷人的罗伊娜在宴会上的出现、金子做的高脚杯和所有的一切，都是预先设计好的。

不管怎样，他们成了夫妻。而且，在之后很长的一段时间里，只要国王对撒克逊人不满，或对他们的入侵心生猜忌时，罗伊娜就会伸出她白皙的双臂环绕住国王的脖子，并用娇柔的声音对他说："亲爱的国王，他们都是我的族人啊！好好地对待他们，就像你喜欢我一样喜欢他们才对！"说真的，我不知道国王如何才能招架得住。

唉，凡人终有一死！随着岁月的流逝，沃蒂根死了，然而在死之前，他恐怕已被推翻王位，又被投入了监狱。后来，罗伊娜也死了；再后来，一代又一代不列颠人和撒克逊人也死了。在悠长的历史中发生的各种事件也被人们遗忘得差不多了。只是那些长着白胡子在宴会中穿梭的吟游诗人，将他们祖先的功绩写成了故事和歌谣，一遍又一遍地传唱，只有这些功绩没有被人们遗忘。

在他们讲述和传唱的历史中，有一段家喻户晓的传说，讲述了亚瑟王的英勇事迹和美德。据说亚瑟王是那个古老年代里的一位不列颠君王。但究竟是确有其人，还是几个人的历史故事被混在一起归入了他的名下，抑或一切全是虚构出来的，这些问题的答案就没有人知晓了。

正如吟游诗人在故事和歌谣中描述的那样，早期撒克逊人统治时期的确发生过一些有趣的事，我接下来要讲给你们听。

在沃蒂根那个年代前后，不断有新的撒克逊人在各部首领的带领下，成群结队地涌入不列颠的土地。其中有一队人马打下了不列颠东部地区，在那里定居下来，给自己的地盘起名叫埃塞克斯；另一队人马在西边安营扎寨，给他们的地盘取名叫韦塞克斯；北部的诺福克族在一个地方建立了他们的国家；南部的萨福克族在另一个地方确立了自己的地盘。慢慢地，英格兰的领土上出现了七个国家，这就是"撒克逊七国时代"。请神容易送神难。唉，可怜的不列颠人，他们只得在这群他们最初当作朋友邀请来的战斗民族面前退却，引狼入室的他们只能退到威尔士、德文郡和康沃尔郡。因为，唯有英格兰的这些地区没有被征服。康沃尔的海岸地区环境阴森，地势陡峭，崎岖不平，在没有多少亮光的冬季里，经常有船在陆地附近失事，无一生还。可怕的狂风和海浪呼啸着，将无数坚硬的岩石冲刷成拱形，有的岩石甚至被掏空，它们是一些古老的遗迹，人们称它们为"亚瑟王城堡的遗迹"。

肯特王国是撒克逊七国当中最出名的一个，因为基督教信仰就是在这里由一位来自罗马的修道士奥古斯丁传给撒克逊人的（当时他们飞扬跋扈，根本不在乎不列颠人如何评论他们的宗教）。肯特国王埃塞尔伯特很快便改信了基督教，当他宣布自己是一名基督徒时，朝臣们也自称是基督徒。自那以后，他的臣民中有1万人也成了基督徒。

奥古斯丁在国王宫殿的不远处建了一座小教堂，现在这块地方已是美丽的坎特伯雷大教堂的一部分。国王的外甥塞贝尔，在伦敦附近一处布满泥泞的沼泽地带，为圣彼得建了一座教堂，也就是现在的威斯敏斯特大教堂。而在伦敦市内，在一座黛安娜神庙的地基上，塞贝尔又修建了另一座小教堂，这座小教堂从那个古老的年代开始，就一直屹立在那儿，它后来成了今天的圣保罗大教堂。

埃塞尔伯特死后，这片土地上的统治者就变成了诺森布里亚的国王埃德温。他是一位非常贤明的君主，据说在他统治时期，妇女和儿童可以在街上"明目张胆、大大方方"地拿着一袋金子，而不用感到害怕。他不仅让他的孩子接受了洗礼，还召开了一次重要的会议来商讨他和他的臣民是否应该全部信仰基督教。其结果是，他们决定全部成为基督徒。旧宗教的祭司长夸菲在决议做出之际发表了一个重要讲话，他告诉人们，自己发现那些古老的神明都是骗子，"这一点我十分确信，"他说，"看看我吧！我这一辈子都在服侍他们，他们却什么事也没有为我做过。如果他们真如那般神通广大，他们起码也该让我发财才是，才对得起我为他们做过的一切。因为他们从来没有让我发过财，所以我确信他们都是骗子！"

他发表完演讲后匆忙地武装自己，迅速拿起剑和长矛，跨上一匹战马，在众目睽睽下朝神庙疾驰而去，并将长矛愤怒地投向神庙以示羞辱。从那时起，基督教便在撒克逊人中间传播开来，成为他们的信仰。

大约过了150年，有一位非常有名的王子埃格伯特声称自己比贝奥特里更有资格继承韦塞克斯的王位。韦塞克斯当时的国王是贝奥特里，他娶了埃德贝加，岳父奥法也是撒克逊七国的国王之一。埃德贝加王后是一位容貌秀美的杀手，当有人冒犯她的时候，她便会毒死他们。一天，她给某位贵族调制了一杯毒药，但这杯毒药被她的丈夫误饮下去，因而丧命。此事一出，大批民众发起了叛乱，如潮水般涌向王宫，在宫门外雷霆般地高喊："打倒恶毒的王后，她会给人下毒！"人们把她驱逐出境，还废除了被她玷污的头衔。

几年后，一些从意大利回到家乡的旅人说，他们在帕维亚镇看到过一个身穿破衣烂衫的女乞丐，她曾经是一个容貌俊美的夫人，可那时已人老珠黄，弯腰曲背地在街上游荡，向行人乞讨食物。人们说这个在街上要饭的女人就是那个毒杀别人的王后。没错，她就是埃德贝加。后来，她死了，她那肮脏卑劣的躯壳也死无葬身之处。

埃格伯特认为他自己在英格兰已经不安全了，因为他之前声称王位是他的（他觉得他的敌人会把他投入监狱，然后处死），所以他向法兰克国王查理曼大帝寻求庇护。不幸的贝奥特里误饮毒药身亡后，埃格伯特便回到不列颠，继承了韦塞克斯的王位。不仅如此，他还征服了其余六国的几位君主，从而扩张了自己的领地，并首次把自己所统治的国家称为英格兰。

然而，新的敌人——斯堪的纳维亚人出现了，他们在相当长的一段时间内给英格兰带来了不小的麻烦。这是一个来自丹麦和挪威的北欧民族，英格兰人称他们为斯堪的纳维亚人。他们是一个生性好战的民族，非常鲁莽和残忍，大海就是他们的主场。这些人乘船而来，所到之处烧杀抢掠。他们在战场上打败过埃格伯特，也被埃格伯特打败过，不过他们对于战败的态度，一点也不比英格兰人上心。

在埃塞伍尔夫和他的儿子埃塞尔博德、埃塞尔伯特和埃塞尔雷德四个人的统治时期，斯堪的纳维亚人一次又一次地来到这里，烧杀抢掠，将英格兰变成了废墟。埃塞尔雷德在位期间，他们抓住了东英格兰的统治者埃德蒙，并把他绑在树上，教唆他改变信仰。埃德蒙是一名虔诚的基督徒，所以他坚定地、毫不犹豫地拒绝了。见他的态度如此坚定，这些人便殴打他、侮辱他、讥笑他，甚至向毫无招架之力的他射箭，最后还砍下了他的脑袋。埃塞尔雷德国王也在和斯堪的纳维亚人的战斗中负伤身亡，本来还会有更多的人成为他们的刀下鬼，然而，接下来的这位继任者却是英格兰历史上最优秀、最贤明的君主。

3 阿尔弗烈德大帝

　　阿尔弗烈德大帝成为国王时，还是一个年仅二十多岁的年轻人。在童年时期，他曾两次被带到罗马，那时的撒克逊贵族有到处旅行的习惯，他们认为这是宗教上一种虔诚的象征。此外，他在巴黎待过一段时间。虽然他是埃塞伍尔夫国王最年幼也是最宠爱的儿子，可他在学习方面却什么也没有学到，到 12 岁时也没有人教他识字。

　　与很多未来注定要成为伟人的人一样，阿尔弗烈德有一位出色的母亲。一天，他的母亲奥斯贝嘉坐在儿子们中间，朗读一本撒克逊诗集给他们听。那个时代距离印刷术的发明还有很长一段时间，所以那本诗集是用华丽的字体书写而成的，还用色彩斑斓的被称为"明亮彩饰"的方式装裱。他和他的哥哥们都非常喜欢这本书，于是他们的母亲说："你们四个王子，谁最先学会读书识字，我就把这本书送给谁。"阿尔弗烈德当天就找到了一个老师，学习非常认真刻苦，很快便将书收入囊中。这件事成了他一生的骄傲。

　　这位伟大的国王在登基的第一年里，就与斯堪的纳维亚人打了九场战役，还跟他们缔结了一些条约，虚伪的斯堪的纳维亚人发誓离开这个国家。他们装模作样地在自己佩戴的神圣手环前庄重发誓，那些手环在他们死时会与他们的尸体一起埋入地下，十分神圣。可他们并不在乎这个，因为违背誓言与打破条约对他们来说根本算不了什么，一旦达到了目的，便又会与之前一样烧杀劫掠。在统治的第四年冬天，阿尔弗烈德国王迎来了他性命攸关的时刻，斯堪的纳维亚人派了大批人马来到英格兰，在全境范围内布散开来，他们将战线拉得无比分散，从而击溃了国王的兵力。阿尔弗烈德成了光杆司令，不得不伪装成一个普通的农民，躲进一个牧牛人的小房子，而这个牧牛人并不认得阿尔弗烈德。

　　在斯堪的纳维亚人对他布下天罗地网的时候，国王就躲在牧牛人家里。有一天，牧牛人的妻子留下他一个人照看放在炉子上烘烤的蛋糕，但他满脑子都惦记着那些被斯堪的纳维亚人四处逮捕的可怜臣民，忙着修理自己的弓箭，打算等局势好转就用它们来教训斯堪的纳维亚人。想到这些，他那尊贵的脑袋就把烘烤蛋糕的事情忘得一干二净，蛋糕被烤煳了。"什么！"牧牛人的妻子一回到家就对他吼道，她压根儿就没有想到她破口大骂的其实是国王，"你脑子里是不是只想着吃、吃、吃，根本不知道要干点儿什么，你是一只会吃闲饭的狗吗？"

日子一天天过去了，德文郡的人民在抵抗斯堪的纳维亚人的战斗中传来了喜讯：一大批斯堪的纳维亚人在他们的海岸上登陆，而他们杀了斯堪的纳维亚人的首领，并缴获了他们的旗帜。战旗上画了一只渡鸦。渡鸦是一种体形强壮的鸟，习惯干一些偷鸡摸狗的勾当，我觉得用它作为斯堪的纳维亚人的象征，再恰当不过了。

军旗的丢失给斯堪的纳维亚人造成了不小的麻烦，因为他们相信这面旗帜是一位父亲的三个女儿使用魔法，只用了一个下午就编织出来的。他们中间还流传着这样一则故事：如果他们在战争中取得胜利，渡鸦便会展开翅膀，看起来就像在空中翱翔一样；如果他们被打败，渡鸦就会摔下来。如果这只鸟做过半点儿这样"合乎情理"的事，那么现在它完全有理由垂头丧气，因为阿尔弗烈德国王也加入德文郡士兵的行列，与他们共同在萨默塞特郡的沼泽地里一块硬土地上安营扎寨，准备向斯堪的纳维亚人展开充满怒火的复仇，同时也解救受压迫的百姓。

在发起进攻之前，需要知道斯堪的纳维亚人有多少兵力，知道他们是如何修筑防御工事、排兵布防的。于是，阿尔弗烈德国王巧妙地利用他过人的音乐才能，伪装成一个卖艺的吟游诗人，拿着竖琴来到斯堪的纳维亚人的营地。他在斯堪的纳维亚人的领袖古斯鲁姆的帐篷里演奏吟唱，在斯堪的纳维亚人饮酒作乐时为他们助兴。虽然，他看起来在全神贯注地演奏音乐，实际上，他正在仔细地观察对方的帐篷、武器以及纪律等。

很快，这位伟大的国王就换了另一种截然不同的"旋律"，来"取悦"斯堪的纳维亚人：他将忠心的追随者召集到约定的地方。他的追随者们用喜悦的呐喊声，热泪盈眶地迎接了他，因为他们原先以为他要么失踪了，要么就已死于非命。阿尔弗烈德带领他们来到斯堪的纳维亚人的营地大开杀戒，将斯堪的纳维亚人打得惨败，并把他们围困了 14 天以防他们逃跑。可阿尔弗烈德的仁慈丝毫不逊于他的贤明和勇敢，他并没有杀掉这些人，而是向他们提出和解，但前提是他们必须离开英格兰西部，到东部去定居，还要求古斯鲁姆必须成为基督徒，以纪念这个神圣的信仰，因为它教会了阿尔弗烈德仁慈和宽恕，即便自己曾受到对方的百般加害。古斯鲁姆接受这些条件，成为基督徒，并在他接受洗礼时，阿尔弗烈德国王成了他的教父。

古斯鲁姆是一位可敬的领袖，完全配得上这份仁慈。因为自那以后，他对国王十分忠诚。古斯鲁姆手下的斯堪的纳维亚人也十分忠诚，他们不再烧杀劫掠，而是像一群诚实的人一样辛勤劳作，犁地、撒种、收割，像诚实的英国人一样生活。希望斯堪的纳维亚人的孩子能跟撒克逊人的孩子一起在阳光明媚的田野上快乐地玩耍；希望斯堪的纳维亚的小伙子能与撒克逊姑娘坠入爱河，喜结连理；希望英格兰的旅人在夜晚赶路时，能在斯堪的纳维亚人那里留宿一夜；还希望斯堪的纳维亚人与撒克逊人能成为好朋友，一起围坐在篝火旁谈论阿尔弗烈德大帝的事迹。

但是，并不是所有的斯堪的纳维亚人都像古斯鲁姆的手下们那样。过了几年，又有人来到这里，还像以前一样烧杀劫掠。在他们中有一个名叫黑斯廷斯的海盗。他生性凶残，竟带着80艘船一路从泰晤士河顺流而下，来到格雷夫森德。接下来的三年，这个国家不仅经历了一场与斯堪的纳维亚人之间的战争，还发生了饥荒，甚至爆发了瘟疫——人类和牲畜都没能幸免。可是坚强的意志始终支撑着阿尔弗烈德国王，他下令制造出巨大的船只，并乘着它们在海上追赶海盗。他身先士卒，以身作则，鼓励士兵们像他一样勇敢地作战。最后，他们赶走了那些敌人，英格兰迎来了太平的日子。

阿尔弗烈德国王在治世中的善良和伟大，丝毫不比他在征战中的智谋和勇猛逊色，他始终为提高人民的生活质量而奉献自己，从未停歇过。他喜欢与有智慧的人以及来自异国他乡的旅人聊天，把他们告诉自己的事记录下来，供他的臣民阅读。他首先学会了英语，之后又学会了拉丁语，他的工作之一就是将拉丁语的书籍翻译成盎格鲁–撒克逊方言，这样人们就会对这些书产生兴趣，并通过阅读书中的内容来增长见识。

他制定出公正的法律，使人民生活得更快乐、更自由。他罢免了所有不公正的法官，确保人们不会受到不公正的对待。他十分关心臣民的财产，对抢劫财产的盗贼施以重刑。有如此治国安邦之策，可以说在伟大的阿尔弗烈德大帝统治时期，即使街上挂满由金子和珠宝做成的花环，也不会有人去碰一下。他还设立了学校，在法院里耐心地审理案件，因为他心目中最大的渴慕是，让所有的臣民都得到公正的待遇，让他们的生活比自己即位初期更好、更文明、更幸福。

他在这些成就上所付出的勤劳令人震惊。他把每天分成几个时间段，在每个时间段中，他都全神贯注于一项事物。为了能准确地分配时间，他将所有的蜡炬和蜡烛做成了相同的大小，并刻上固定的标准刻度。如此一来，随着蜡烛的燃烧，他能根据蜡烛上的刻痕来分配一天的时间，其精准程度几乎可以与我们今天使用的钟表媲美。然而，当这种蜡烛最初发明出来的时候，人们发现当风和气流透过门窗和墙隙进入宫殿时，蜡烛就会因淌蜡变得忽明忽暗，燃烧得很不均匀。为了避免这种情况，国王将蜡烛放进了木头和白色兽角做成的箱子，这就是英格兰最早的提灯了。

其实，一直以来阿尔弗烈德国王就饱受无名疾病的折磨，这个病非常可怕，频繁地给他造成剧烈的疼痛，且没有任何办法能缓解这种痛苦。但他像个勇敢正直的男子汉那样忍受了下来，正如他这一生中忍受的那些困境一样。在他去世的时候，他已经执政英格兰约 30 年的时间了，他于 899 年逝世。但时至今日，他的盛名、百姓对他的热爱和尊崇，就如昨日之事一样铭记在人们心里。

接下来即位的是绰号"长者"的爱德华，这个国王是由议会选举出来的。在爱德华治理期间，阿尔弗烈德的一个侄子企图篡位。生活在英格兰东部的斯堪的纳维亚人和这个篡位者站在一边（他们大概非常敬重阿尔弗烈德，因此愿意追随他的侄子），接下来便是艰难的战争。

爱德华国王在姐姐的帮助下得到了天下，并给国家带来了和平，他统治了长达 24 年的时间。他逐步将自己的势力扩张到整个英格兰，从而再次统一了撒克逊七国。

当英格兰变成一个由撒克逊国王统治的王国时，撒克逊人已经在这里定居长达 450 多年之久，其风俗习惯发生了翻天覆地的变化。不过，他们身上饕餮贪食、唯酒无量这点丝毫没有改变，举行宴会时往往非常吵闹，他们喝得东倒西歪，不醉不归。在这期间，也有不少让人感觉舒适甚至高雅的新东西传播开来，而且越来越多。比如说，他们在墙上挂上用丝绸织成的帷幔，上面绣着鸟儿和花朵等装饰物，这就像现在我们往墙上贴壁纸似的。桌椅用不同的木材雕刻而成，有些还用金子或是银子做装饰，还有的是直接用金、银等稀有金属做成的。人们穿着丝绸、棉布、金色薄绸或刺绣做的衣服，佩戴着金质的饰物，用餐刀和勺子吃饭，盘子则是用金、银、铜和兽骨做成的，喝酒用的角杯、床架和乐器的花样也有很多。在宴会上，一把竖琴像喝酒的碗一样在宾客间传来传去，而拿到这把竖琴的客人往往会唱一首歌，或是弹上一曲。他们把武器打造得坚固无比，其中有一种可怕的铁榔头，一锤下去不死也伤，就连敌人也在相当长的一段时间里对这种武器充满了回忆。撒克逊人天生就非常英俊。男人们对自己前额处分开的飘逸金发、浓密的胡须、健康的肤色，还有清澈的双眸感到非常自豪，美丽的撒克逊女子则给整个英格兰带来了全新的活力和优雅。

关于撒克逊人我能讲的还有很多，但我想就此打住了，我想说的是，在伟大的阿尔弗烈德大帝的统治下，英格兰撒克逊人性格中最美好的特点第一次得到了激发，并首先在这位国王身上展现出来。在全世界所有的国家中，那是最伟大的品质。走路也好，乘船也罢，撒克逊人的后代无论用怎样的形式行进，不管他们去往何处，就算到了世界最远的地区，他们也依旧耐心、坚韧，永不屈服，更不会背弃自己认定的事业。

无论是在欧洲、亚洲、非洲还是美洲，哪怕是世界的任何一个地方；无论是在炎热烈日的灼烤下，还是在刺骨冰冷的极寒下，撒克逊人血液中所流淌的本性从不会改变；无论这个民族走到哪里，法律、产业和财产安全，都必将会在那里出现。

至此我停下笔来，一边思索，一边赞叹这位伟大的君王，他身上具备了所有撒克逊民族的美德。他的不幸遭遇未能让他屈服，胜利和繁荣没有让他冲昏头脑，坚韧意志永远不能被撼动。他在失败时心存希望，在胜利时慷慨仁慈，他热爱正义、自由、真理和知识，尤其注重保存古撒克逊语言，他所做的贡献比我想象的还要多得多。

如果没有他，我现在讲故事所用的英语，恐怕会失掉它二分之一的语义。据说阿尔弗烈德大帝的精神依然会给英国的法律带来启示，一些最好的法律条款就是依据他的思想制定的。那么，就让你我共同祈祷，愿我们的内心能受他精神的鼓舞，至少让我们在见到蒙昧无知的同胞时，能尽我们最大的努力去教导他们。告诉那些统治者，教育人民是谁的责任，是谁忽视了他们的责任，并让他们知道，自从899年之后，虽然已过了千百年，但他们对人民的贡献可谓少之又少，与他们的光辉榜样——伟大的阿尔弗烈德大帝相比，实在是差得太远了。

4 阿瑟尔斯坦和六少主

阿瑟尔斯坦，"长者"爱德华国王之子，继承了父亲的王位。虽然在位时间只有短短的 15 年，但他牢记祖父阿尔弗烈德大帝的荣耀，将英格兰治理得井井有条。他镇压了威尔士的暴民，责令他们在钱财和牲畜方面纳税进贡，还要他们把饲养得最优良的猎鹰和猎犬献给他。他还打败了当时不受撒克逊政府管辖的康沃尔人。阿瑟尔斯坦不仅恢复了很多被废用，却非常公正的古老律法，还制定了很多新法律，他对穷人和弱势群体关照有加，这些无不体现了他的公正贤明。斯堪的纳维亚亲王奥拉夫、苏格兰国王康斯坦丁和威尔士北部的人，为了对抗他组建了一个强大的联盟，而他只在一场伟大的战役中便将他们击溃，联盟因此土崩瓦解。他击杀的敌人数不胜数，因而在相当长的一段时间里，他声名远扬。自那以后，英格兰迎来了一段国泰民安的日子。他身边的领主和贵妇们变得礼貌、和蔼可亲，外国的亲王们（从那以后）也非常乐意来拜访英格兰朝廷。

阿瑟尔斯坦去世时年仅 47 岁，他 18 岁的弟弟埃德蒙继承了王位。你很快便会知道，他是六位少年国王中头一个出场的。

埃德蒙被人们称为"宏伟之人"，因为他在改进和完善国家大事这方面颇有一套。可由于他在位时不断受到斯堪的纳维亚人的骚扰，所以统治时间很短，且充满了坎坷，最后死于非命，没有能得到一个善终。一天晚上，埃德蒙在自家大厅里举行宴会。酒足饭饱之后，他发现宾客中有一个臭名昭著的名叫利奥夫的强盗，他应该已经被驱逐出英格兰了。他的胆大包天让埃德蒙十分恼火。于是，埃德蒙转过身对司酒官说："在那边桌子旁坐着一个盗贼，他犯了法，已经被国家放逐。他是一只过街老鼠，任何人在任何时候都可以取走他的性命。把那个盗贼赶走！""我才不走呢！"利奥夫说道。"你不走？"国王大吼。"我对上帝发誓，我决不离开！"利奥夫回答道。一听这话，国王从座位上跳了起来，愤怒地朝那个强盗扑过去，揪住他的头发，试图把他摔倒在地。

利奥夫在斗篷里藏了一把匕首，在两人厮打的过程中，国王被刺死。刺死国王后，他背靠墙壁拼死抵抗，但很快被全副武装的侍卫砍成了碎片，他的血溅满了墙壁和走廊，但他杀了多名侍卫，也伤了数名侍卫。你可以想象到，在那个年代国王的日子过得有多么粗糙啊。一位喝得半醉不醒的国王，居然在自家大厅里跟一个臭名昭著的强盗展开博斗，并在宾客的眼皮底下被当众刺死。

继位的少年国王是埃德雷德，他虽然体弱多病，却有一个非常强大的大脑。他的军队与斯堪的纳维亚人——又被称为"海盗王"——打仗，并打败了他们。九年之后，埃德雷德离开了人世。

接下来出场的是少年国王埃德威，登基的时候只有 15 岁，国家的实权掌握在一个名叫邓斯坦的修道士手里。他是一个非常聪明的神父，有点像疯子，而且十分自负、十分残忍。

邓斯坦当时是格拉斯顿伯里修道院的院长，"宏伟之人"埃德蒙国王的遗体就是被运到这里埋葬的。当邓斯坦还是个孩子的时候，一天晚上，他从床上起来（那时他正发着高烧），走到了格拉斯顿伯里大教堂附近。当时，教堂正在进行修缮，里面有很多脚手架，而邓斯坦居然没有从上面摔下来，因此有传言称是天使指引他在房子里四处参观的。他还打造了一把竖琴，据说能自动演奏，这倒很有可能是真的——其原理就像风弦琴一样，风一吹就会发出旋律，现在已经很常见了。可在当时，他发明的很多新奇玩意使他遭到了政敌的公开批评，这些人非常嫉妒他，因为他深受已故国王阿瑟尔斯坦的喜爱。于是，有流言说他是一个行巫术之人。为此邓斯坦还曾遭遇埋伏，对方捆住他的双手和双脚，将他扔进了沼泽地。不过他又想方设法爬了出来，而后在宫廷里大闹一番。

在那个年代，神父通常是唯一的文化人，而且博学多才。国王把未开垦的土地赐给神父，供他们修建修道院。为此，他们必须精通耕作和园艺，否则土地是没法填饱他们肚子的。他们需要装饰用来祷告的礼拜堂，在食堂里，他们需要打造一些家具，所以在他们中间必须要有技术过硬的木匠、铁匠和画匠。更重要的是，为了确保能在穷乡僻壤独善其身地生活，为了在生病和遇到意外时，人身安全能得到保障，他们还必须了解植物和草药的特性，学习如何处理割伤、烧伤、烫伤以及瘀伤。因此，他们或无师自通，或互相传授。久而久之，他们在农业、医药、外科诊断和手工艺方面的技艺越发精湛。利用某些小机械来欺骗可怜的农民，对他们而言易如反掌。这些东西虽然在今天看起来简单得很，但在当时却是不可思议的。我敢肯定，这样的事情他们肯定没有少干。

修道院院长邓斯坦就是这些修道士中最有智慧的人之一。他是一个天赋超群的铁匠，经常在一间小作坊里做一些锻造方面的工作。这间小作坊非常窄，窄得他睡觉时根本伸展不开腿。他还经常讲述一些有关魔鬼和灵界的离谱得不能再离谱的天方夜谭，他说这些魔鬼经常骚扰他。比如，有一天他在工作，有个魔鬼透过小窗户看他，还试图引诱他去过整天无所事事、醉生梦死的生活。于是，他把钳子放在火中烧得通红，用它去夹魔鬼的鼻子，恶魔疼得要命，惨叫声在几英里之外都能听见。一些人认为这是无稽之谈，是邓斯坦疯癫表现的一部分（因为他小时候发过高烧，脑子烧坏了），可我并不这么认为。据我观察，他这样做是为了诱导那些无知的百姓，让他们以为他是一个神人，这样一来他便可以手握大权了，而这正是他梦寐以求的。

在英俊的少年国王埃德威登基加冕典礼的那一天，坎特伯雷大主教奥多（他有斯堪的纳维亚人的血统）发觉国王悄悄地溜走了。奥多非常生气，便派自己的朋友邓斯坦去找他。邓斯坦找到国王时，发现他正与年轻貌美的妻子埃尔吉娃和岳母埃塞吉娃待在一起，埃尔吉娃的妈妈是一位善良贤惠的夫人，但邓斯坦不仅对三人破口大骂，还生拉硬拽地把年少的国王带回教堂。

有些人可能会觉得邓斯坦这样做是因为国王美丽的妻子是国王的表妹，而修道士是反对近亲结婚的。但我认为，这位修道士之所以这样做，是因为他是一个专横、胆大包天、性情败坏的神父，在成为一个卑鄙的修道士之前，曾爱上过一个年轻姑娘，所以现在的他非常痛恨爱情，也痛恨一切与爱情有关的人或物。

国王虽然年轻，但足以感觉到这是对他的羞辱。由于邓斯坦在先王统治时期担任财政大臣，国王便给邓斯坦定了罪，称其私吞了先王的钱财。这位格拉斯顿伯里修道院院长只能逃到比利时（他惊险地躲过了那些追杀他的人，追兵是奉命前去挖他的眼睛的。在阅读接下来发生的事后，你会非常希望那些人能得手），修道院则移交给结了婚的神父管理——无论是在这之前还是之后，这些人与邓斯坦始终处于对立状态。然而，邓斯坦很快便和他的朋友——斯堪的纳维亚人奥多勾结，推崇埃德威年幼的弟弟埃德加与埃德威争夺王位。

这样的报复还不足以让他满足，他又把王后埃尔吉娃从王宫里偷带出来。虽然王后只有十七八岁，他却用烧得火红的烙铁在她脸上打了烙印，把她卖到爱尔兰做奴隶。可是，爱尔兰的百姓非常同情她的遭遇，自愿为她提供帮助。他们商议说："我们把王后送回国王身边吧，让这对年轻的恋人能幸福地生活在一起！"于是，他们毅然医好了王后脸上那道残忍的伤疤，把美貌如初的她送回了家乡。然而，正当她满怀欣喜、想早日回到丈夫身边时，邪恶的邓斯坦和他臭味相投的同伙奥多在格洛斯特设下埋伏，袭击了她。那些人对她刀剑相向，残忍地将她砍成重伤，最后将她弃之不顾。"英俊之王"埃德威（百姓们这样称呼他，因为他非常年轻，而且相貌俊美）得知爱妻的悲惨命运后痛不欲生，心碎至极地离开了人世。这对可怜的年轻夫妇，他们的故事就这样结束了。

唉！在天下太平的日子里当个佃农，比在黑暗的年代当英格兰国王和王后要好得多呵，可人世间就是这样的不公平啊！

接下来登场的是少年国王埃德加，人们称他为"和平之王"，登基的时候他只有 15 岁。邓斯坦仍然把持着实权，他将所有结了婚的神父都赶出修道院，让那些像他一样独身的修道士取代他们的位置。那些人属于戒律严格的本笃会①，为了彰显自己的荣耀和高人一等，邓斯坦坐上了坎特伯雷大主教的位子，还掌控周边的不列颠国王，让他们聚集在埃德加的身边。有一次，埃德加在彻斯特主持御前会议。众人在迪伊河乘船拜访圣约翰修道院。邓斯坦所乘的船上（就像人们在很多故事和歌谣中津津乐道的那样），为他摇桨划船的是八位头戴王冠的国王，掌舵的则是埃德加。

由于埃德加对邓斯坦和众修道士言听计从，他们便煞费苦心地把他包装成国王的典范。但实际上他不仅生性堕落、放纵情欲，而且十分阴险恶毒。他曾在威尔顿修道院中强行抓走一位年轻的女孩。邓斯坦装作非常震惊的样子，谴责他并给他定罪，命令他在接下来的七年时间里不准佩戴王冠——我敢说这根本就是一个不痛不痒的惩罚，因为头上顶着那个玩意比顶一个不带把手的炖锅舒服不到哪里去。在他统治期间，他与第二任妻子艾尔芙蕾达的婚姻是性质最恶劣的事件之一。当他听说艾尔芙蕾达的美貌倾国倾

---

① 本笃会：天主教隐修院修会。529 年意大利人本笃创立于意大利中西部的卡西诺山。规定会士发"三愿"：绝色（不婚娶）、绝财（无私财）、绝意（严格服从）。每日集体诵经、认真读书，余暇从事劳动，其座右铭是："祈祷不忘工作。"其后成为天主教修会制度的范本。

城后，便差遣他的宠臣阿瑟尔伍德来到德文郡，看看她是不是真像传言中说的那样漂亮。结果，她长得实在是太美了，美得让阿瑟尔伍德爱上了她，并娶了她。

为了掩盖事实，阿瑟尔伍德告诉国王说，艾尔芙蕾达只是家境富裕而已，长得并不漂亮。然而，当他们回家的时候，国王对事实真相起了疑心，决定上门拜访这对新婚夫妇，而且出其不意地告诉阿瑟尔伍德说自己立即就到，让他准备一下。阿瑟尔伍德吓坏了，对年轻的妻子坦白了自己的所作所为，恳求她穿上丑陋的衣服，或言谈举止显得愚笨一些，以此掩饰她的美貌，这样可能就不会引发国王的怒气了。艾尔芙蕾达口头上答应照办，可她是一个心高气傲的女人，对她来说，当上王后比当一个大臣的老婆要强多了。于是，她穿上最漂亮的衣服，戴上最华丽的首饰。不一会儿国王驾到，立马识破了阿瑟尔伍德的谎言。他下令在丛林中杀了阿瑟尔伍德这个不忠实的朋友，并娶了他的遗孀，也就是邪恶的艾尔芙蕾达。又过了六七年，他也死了，被埋葬在他生前曾大力装饰过（或者是邓斯坦为了他而装修）的格拉斯顿伯里修道院，就好像修道士们对他的所有称颂都是真的一样。

埃德加统治英格兰期间，英格兰曾一度饱受狼群的困扰。虽然人们将它们从空旷的平原上赶了出去，但它们在不袭击旅人和其他动物的时候却躲进了威尔士的山区。于是英格兰决定，免去威尔士人的税负和贡品，但条件是每年他们要上缴 300 颗狼头。威尔士人为了省钱，大肆捕杀狼群，在不到四年的时间里，狼就被杀得一只也不剩了。

接下来继位的是少年国王爱德华，人们给他起的绰号叫"受难者"，这绰号的由来是因为他的死法。艾尔芙蕾达有一个儿子名叫埃塞雷德，她曾声称她的儿子应该继承王位，但是邓斯坦没有选择支持他，而是选择支持爱德华当国王。有一天，这个少年在多塞特郡打猎，他骑马来到了科夫堡附近，艾尔芙蕾达和埃塞雷德就住在这里。爱德华国王出于好意，想要拜访他们。于是，他快马加鞭地甩开侍从，一路狂奔至城堡门前。到达那里已是黄昏时分，他吹响了猎角。"欢迎你，亲爱的国王。"艾尔芙蕾达说，脸上带着最灿烂的笑容出来迎接国王，紧接着她又说道，"请你下马，进入城堡吧。""不了，亲爱的夫人，"国王说道，"我的那些随从如果发现我不见了，会担心我是不是遇到了危险。请你给我一杯酒，我就在马鞍上敬你和我弟弟一杯。我马不停蹄地赶到这儿来，喝完我还得快马加鞭地赶回去。"艾尔芙蕾达在进去拿酒的时候,对她的随从武士窃窃私语了几句,这个人便借着逐渐变暗的天色偷偷地从大门溜了出去,悄无声息地来到国王身后。年仅10岁,天真无邪的弟弟拉着母亲的手,当国王将杯子举到嘴边,对这位笑脸相迎的邪恶女人和他的弟弟说"祝你们身体健康"时,那个全副武装的武士突然冲了上去,从背后刺伤了他。国王立即扔掉酒杯,策马飞奔,逃走了。但他很快由于失血过多失去了意识,从马鞍上摔了下来。他摔下来的时候,一只脚还挂在马镫上。受惊的马一路不停地狂奔,任由主人的卷发在地面上拖着,他那年轻俊美的脸蛋被拖着从车辙、岩石、荆棘、落叶和淤泥上疾驰而过,直到猎人们沿着国王的血迹追踪到这匹马的轨迹。最后,他们拉住缰绳,将国王面目全非的尸体放了下来。

接下来登场的是六个少年国王中的最后一个——埃塞雷德。当他目睹了哥哥遇刺,从城堡的大门骑马逃命而去的场面后,放声大哭,艾尔芙蕾达见状从侍从的手里夺过一支火把,毫不留情地对他一顿毒打。人们对埃塞雷德十分厌恶,因为他有一个灭绝人性的母亲。他母亲为了让他当上国王而犯下的谋杀罪行,就连邓斯坦也不想让他当国王。其实,邓斯坦是想拥立已故国王埃德加的女儿埃德金莎当英格兰女王的,她母亲就是埃德加从威尔顿的修道院中抓来的那位女士,不过前提是埃德金莎得同意。然而她太了解少年国王的故事了,任凭别人怎么劝说,她都不愿意离开修道院。邓斯坦只能让埃塞雷德登上王位,因为除了他之外也没有别人了,还给他起了一个"愚钝之王"的外号,因为知道他缺乏坚定的决心和意志。

起初,艾尔芙蕾达对年少的国王有很大的影响力,但随着国王年龄的增长,她的影响力越来越小。这个声名狼藉的妇人失去了为非作歹的权势,便退出了朝廷。她按照当时的时尚潮流修建了教堂和修道院,期望以此来抵消自己的罪孽,似乎一座高耸入云的教堂能代表她的忏悔——爱德华国王可是惨死在马蹄的狂奔之下的啊!好像她搬来一块又一块石头,再把它们堆起来,让修道士住在里面,她的邪恶就能被掩盖住似的。

在埃塞雷德统治的第八九个年头的时候,邓斯坦去世了。那时,邓斯坦已经上了年纪,但心狠手辣、狡猾奸诈的性情依旧没有变。埃塞雷德统治期间,有两件事情在当时引起了轰动。有一次,邓斯坦在教堂参加一个会议,讨论是否可以允许神父们结婚。他低着头坐在那里,显然正在思考这个问题。这时,房间里的十字架好像发出了声音,警告参加会议的人要听从邓斯坦的意见。这是邓斯坦的一个把戏,那声音很有可能是他自己装出来的。

这件事情发生之后，邓斯坦又玩了一个把戏，这次的性质比之前恶劣多了。在另一个讨论相同问题的会议上，房间非常大，邓斯坦和他的支持者坐在房间的一侧，反对者则坐在房间的另一侧。邓斯坦从座位上站起来说："让耶稣基督亲自判断吧，我把这个问题交在他手上！"话音刚落，反对者那边的地板就塌了下去，很多人因此丧命，受伤的就更多了。你可以非常确定这是邓斯坦干的，地板是在他的指示下被做了手脚，邓斯坦一发出信号，地板就塌了。毕竟他那侧的地板没有坍塌，根本毫发无损。对于他这样一个能工巧匠来说，完成这个把戏简直是易如反掌。

邓斯坦去世后，修道士将他推崇为圣徒，从那以后便称他为"圣徒邓斯坦"。其实，他们还不如将他说成是一匹拉车的马，然后就这么称呼他，反正一切都由他们说了算。

我敢说，摆脱了这个圣人，"愚钝之王"埃塞雷德肯定高兴极了，可是这样一来就剩下他自己来面对所有的问题了。他是一位可怜而无能的国王，他的统治充满了失败和羞辱。丹麦国王有个儿子叫斯韦恩，父子俩吵架后，他被撵出家门，就带领贪得无厌的斯堪的纳维亚人来到英格兰，跑到城里又打又抢。为了哄这些海盗王离开自己的土地，软弱无能的埃塞雷德用钱来打发他们。但是他给的钱越多，对方索要的就越多。最开始是 1 万英镑，下次是 1.6 万英镑，再下次就变成了 2.4 万英镑。为了支付这几笔巨额费用，不幸的英格兰人被课以重税。可是，斯堪的纳维亚人不停地来，还变本加厉。埃塞雷德便想到，他与国外有势力的家族联姻是一个很好的办法，他能得到兵力上的支持。于是，他向诺曼底公爵理查的妹妹埃玛大献殷勤，这位小姐被称为"诺曼底之花"。1002 年，两人结为夫妻。

这时，在英格兰境内发生了一起骇人听闻的惨剧，这在之前从未有过，之后也没有发生过。11 月 13 日，国王向全国发出密令后，举国上下所有城镇的居民都全副武装，将他们身边的斯堪的纳维亚人全部杀光。

无论男女老少，上到士兵，下至婴儿，所有的斯堪的纳维亚人都被杀死了。他们之中肯定有很多十恶不赦的人，对英格兰人犯下了滔天罪行，傲慢至极的他们会大摇大摆地走进英格兰人家里，羞辱英格兰人的妻子和女儿，这是无法忍受的。他们当中无疑也有很多爱好和平的基督徒，他们娶了英格兰人，自己也成为一名英格兰人。但他们无一例外地全都死于这场屠杀，就连丹麦国王的妹妹贡希尔德也未能幸免，她还嫁给了一位英格兰贵族呢。贡希尔德先被迫目睹了丈夫和孩子被杀的全过程，后来自己也被杀害。

当丹麦国王听说了这场血腥惨剧后，发誓要展开最残酷的报复。他集结了一支军队和一支舰队航行至英格兰。这支船队的规模前所未有的庞大，他们发誓要找英格兰人报仇，因为在 11 月 13 日那场可怕的屠杀中，他们的同胞和孩子都死在了刀光剑影中。斯堪的纳维亚人带着大批舰队航海来到英格兰，每艘舰船上挂着各自将领的旗帜，旗上画着金雕、渡鸦、龙、海豚和食肉类猛兽等，倒映在船侧那一张张闪亮的盾牌上，对英格兰形成威胁。挂着丹麦国王军旗的那艘船上雕刻着彩图，像一条威风的巨蛇，怒火中烧的国王祷告："如若我的'巨蛇'不能把毒牙插进英格兰的心脏，那就愿所有的神明全都抛弃我吧！"

他做到了。这支庞大的舰队载着庞大的军队在埃克塞特附近登陆，一路向前，把英格兰的土地变成了废墟。在行进的途中，他们在所到之处全都插上长矛，或者把长矛丢进河里，表示他们已经攻占了这片土地。为了纪念斯堪的纳维亚人被屠杀的那个黑夜，这些侵略者每到一处就命令撒克逊人为他们准备丰盛的宴席。他们享用着盛宴，一边狂笑着干杯，一边咒骂着英格兰。等到酒足饭饱后，他们便拔出剑来杀掉那些款待他们的撒克逊人，扬长而去。

这场战争持续了六年之久，每当他们来到一个富裕的城镇，便会放火烧毁庄稼、农舍、牛棚马房、磨坊和粮仓，杀害在田间劳作的人，不让人们往地上播种。这做法引起了大规模的饥荒，饿死的人不在少数。他们所到之处只剩下大片废墟和燃烧的灰烬。更可悲的是，英格兰很多官员和百姓背叛了国家，这之中甚至还包括"愚钝之王"埃塞雷德的宠臣们。他们抢走了英格兰的舰船，加入了海盗的行列，并与他们一起对抗自己的国家。在一场暴风雨的帮助下，英格兰海军几乎全军覆没。

在这场惨绝人寰的悲剧中，有一个人值得我们注意，他对国家以及那位无能的国王始终保持了忠心。他是一位非常勇敢的神父，这位坎特伯雷大主教在斯堪的纳维亚人的围攻下，拼死守了二十多天，直到城中的叛徒打开城门，把敌军放了进来。身戴枷锁的他对敌人说："我不会用从受苦之人那里抢来的钱财来赎我的命，要杀要剐随你们便！"很多次，他坚定地拒绝拿从穷人那里压榨来的金钱换取自由。

斯堪的纳维亚人对他的态度感到厌倦了。有一天，他们在一个喝得醉生梦死的宴会上聚集，把神父带到了宴会大厅。

"主教大人，"他们急巴巴地说，"金子！我们想要金子！"

神父环顾四周，从眼前到墙根都挤满了人，还有人爬到桌子上，越过其他人的脑袋看着他，一张张胡子拉碴的脸上写满了愤怒。

他知道，自己上路的时候到了。

"我没有金子。"他说道。

"那就去弄些来，主教！"斯堪的纳维亚人大吼道。

"我已经告诉过你们很多次了，我不会那样做的！"他回答说。

所有的斯堪的纳维亚人逼近他、威胁他，但他却站在那里一动不动。有个人对他拳打脚踢，紧接着另一个人也开始动手。他们吃饭的时候几乎一点文明也不讲，把晚餐的残渣堆到宴会厅的角落里；一名嘴里骂个不停的士兵从垃圾堆里捡出来一块很大的牛骨，朝主教的脸上扔过去，砸在他的脸上，鲜血立即溅了出来。其他人见状也冲向垃圾堆，拿起骨头把他打倒在地，对他拳脚相加。最后，曾有一位受他洗礼的士兵（我希望那位士兵是出于自己灵魂的缘故，不让这个好人再继续受苦，从而心甘情愿地）拿出战斧，了结了主教的性命。

如果埃塞雷德有心效仿这位高尚主教的勇气，那他早就有所作为了。可是他却向斯堪的纳维亚人支付了 4.8 万英镑，而这怯懦的举动并没有换来成效。没过多久，斯韦恩又回来了，目的是征服整个英格兰。这时的英格兰人无论是对他们无能的国王，还是对无法保护他们的国家，没有丝毫的留恋，反而把斯韦恩当成拯救者。到处都是欢迎斯韦恩的英格兰人，只有伦敦人民还忠实地抵抗着，因为国王还留在那里。然而，等国王刚一溜走，百姓们就高高兴兴地欢迎斯堪的纳维亚人入城。后来，一切都结束了，国王逃到诺曼底公爵那里避难去了，因为诺曼底公爵之前已经收留了国王的妻子——昔日的"诺曼底之花"，还有她的孩子们。

英格兰百姓尽管生活在水深火热之中，但依旧无法忘记伟大的阿尔弗烈德大帝和撒克逊民族。在斯韦恩宣布自己成为英格兰国王后的一个多月，他就突然去世了。不计前嫌的英格兰人民十分有雅量地给埃塞雷德寄去一封信，表示他们可以继续拥立他做他们的国王。他们在信中表示："前提是他这次能比以往将国家治理得更好。""愚钝之王"并没有亲自来，而是派了自己的儿子爱德华替他许下承诺。最后，他也过来了。英格兰百姓拥立埃塞雷德当国王，斯堪的纳维亚人却推举斯韦恩的儿子卡努特当国王。因此，可怕的战争再次打响。这场战争持续了三年，直到"愚钝之王"去世。

据我所知，他的离世是他 38 年的统治时间里，干的最了不起的一件事。

卡努特应该是国王了吧？但百姓们说，撒克逊人不归他管，他们执意拥立埃德蒙为国王，他是"愚钝之王"的儿子，绰号叫"勇猛之王"，因为他力量超群，体形健美。因此，埃德蒙和卡努特双方开战了，总共打了五场战役——唉，可怜的英格兰，又变成了战场！后来，身材魁梧的"勇猛之王"向身材矮小的卡努特提议，他们应该一对一决斗，分出胜负。

如果卡努特身材高大，估计他有可能会赞成这个提议，但他身材矮小，因此果断拒绝了。他提出，愿意以瓦尔廷大道为界，将国家一分为二，道路以北的地方归他管，道路以南的地盘则交给"勇猛之王"。

瓦尔廷大道是古罗马时期从多佛尔港到彻斯特市的军用道路。由于大多数将士对血雨腥风的杀戮感到厌倦，于是卡努特的这个提议成立了。但他很快就成为英格兰唯一的国王，因为"勇猛之王"不到两个月就突然去世了。有人认为他死于非命，是卡努特派人杀了他，但真相究竟如何，没有人知道。

5 与丹麦人的角逐

卡努特统治了 18 年。

起初，他是一个心狠手辣的残忍君王。为了换取撒克逊首领对他的承认，他与他们一一握手言和，发誓他将用公平和仁慈的方式对待他们。可在他达到目的之后，他便将很多首领罢黜并杀害了。他曾经把这句话挂在嘴边："谁把敌人的头颅拿给我，他就比我的亲兄弟还要亲。"依照他对"敌人"残酷无情、穷追猛打的做法，他那些好兄弟加在一起能组成一个庞大的家族。

卡努特非常想杀了可怜的"勇猛之王"的两个儿子——埃德蒙和爱德华。但他不敢在英格兰动手，便把这两人送到瑞典国王那里，并附带一个请求，希望瑞典国王能帮忙"处理他们"，他将感激不尽。如果瑞典国王跟那个时代的很多人一样，也许他会割断这两个无辜孩子的喉咙，但他是一个善良的人，他细心地把两个孩子抚养成人。

诺曼底是卡努特的一个心头大患。因为那里有先王的两个孩子，一个也叫爱德华，另一个叫阿尔弗烈德。他们的舅舅诺曼底公爵很有可能为他们争夺王位。但目前公爵没有这个念头。相反，他还向卡努特提议，希望后者能娶自己的妹妹埃玛，也就是"愚钝之王"的遗孀。她是一个毫无内秀的花瓶，一心只想重新当上王后，别的事统统不在乎。于是，她扔下自己的孩子，嫁给了卡努特。

卡努特的统治之路充满了成功和胜利，在海外的战事上有勇猛的英格兰人相助，国内基本上没有冲突事件发生。英格兰迎来了一个繁荣的时期，在很多方面有所提升。卡努特是一个诗人，也是一个音乐家。随着年龄的增长，卡努特开始为自己早年欠下的血债感到惭愧。为了洗清自己的罪孽，他穿上朝圣者的服装前往罗马，以求能洗清自己的罪孽。他在去的路上向遇到的外国人施舍了很多钱财，但那些钱是他出发前从英格兰人手中"拿"来的。但从整体上来说，在没有人反对他的统治时，卡努特变得比以前要好得多，在相当长的一段时间里，他是英格兰历史上最伟大的国王。

很多记录历史的作者提到这样一件事：有一天，卡努特对朝臣们对他的阿谀奉承和拍马屁感到厌倦了，遂命人把自己的椅子放到岸边。当潮水开始上涨时，他装模作样地对潮水下令，命令它不准打湿自己的长袍，因为这片土地是他卡努特的地盘。潮水当然没有理会他，涨了上来。卡努特便转过身去，向那些对他拍马屁的人斥责道："只有造物主才能命令大海，对它说：'你，到此为止，不得过界！'与它的力量相比，国王的那点能耐算得了什么？"我们能从这件事中学到一些东西：首先，我认为对于一个国王来说，只要他有一丝理智，就能让他获益匪浅；其次，朝臣们喜欢拍马屁不是轻易就能改掉的，国王喜欢阿谀奉承也不是轻易能放弃的。如果不是大臣们早就知道卡努特喜欢别人拍他马屁，他们就会做一些更有用的事情，而不是整天对他甜言蜜语；如果大臣们知道卡努特的这番话是在故意卖弄，他们也不会煞费苦心地把这件事重复了一遍又一遍（这番话若是出自一个好孩子之口，就算不上精彩的"表演"）。我可以想象到那些人站在海边，沙滩上摆放着国王的椅子，国王用一种十分滑稽的方式炫耀自己的智慧，而大臣们则装出一副十分震惊的样子。

不得过界的不只是大海，这一伟大的真理对所有的君王均适用，对卡努特亦是如此。1035年，卡努特躺在床上离开了人世。在床的旁边站着他那位来自诺曼底的妻子。长期以来，国王不时地对诺曼底公爵的忠诚表示怀疑。或许当他最后一眼看到妻子时，他又一次想起了两个被流放的王子，他们正站在舅舅的朝堂上，对撒克逊人和斯堪的纳维亚人没有一丝好感；想起了在诺曼底升起的乌云，正缓缓地向英格兰逼近。

卡努特留下了三个儿子：斯韦恩、哈罗德和哈德克努特，但只有哈德克努特是他的王后埃玛——曾经的"诺曼底之花"的亲生儿子。卡努特的愿望是将领土和主权平分成三份，并希望哈罗德继承英格兰。但占据英格兰南部的撒克逊人反对这个决定，他们的首领是一个腰缠万贯的贵族，名叫戈德温伯爵（据说，他以前是一个贫穷的牧童）。他们希望，流亡在诺曼底的王子中的其中一个回来当国王。这样一来，想要解决这一争执，流血冲突似乎在所难免，不少人被迫离开自己的家园，逃到树林和沼泽中避难。幸运的是，最终他们同意在牛津解决这个问题，并决定以泰晤士河为界，将英格兰分成两半：泰晤士河以北的地区归哈罗德所有，伦敦作为它的首都；泰晤士河以南的整个地区归哈德克努特所有。双方的争议就这样谈妥了。哈德克努特除了热衷于在丹麦吃吃喝喝之外，对别的事情毫不关心，因此他母亲和戈德温伯爵替他管理英格兰南部。

然而，还没有等他们的王位坐稳，那些因为担惊受怕而躲到野外去的人还没有来得及回家，爱德华——两位流亡王子中的哥哥，就带着为数不多的追随者，自诺曼底漂洋过海来到英格兰争夺王位。出乎他意料的是，他的母亲埃玛只关心她的小儿子哈德克努特，并没有像爱德华期待的那样帮助他，反而动用了她全部的影响力，强烈地反对他。爱德华只能无功而返，全身而退。他的弟弟阿尔弗烈德就没有那么幸运了，在爱德华撤退后又过了些时日，兄弟二人收到了一封以母亲的名义寄来的信（究竟他们的母亲对这件事情是否知晓，是一个谜）。信中充满了母亲的关怀，阿尔弗烈德信以为真，带着一支由一大批士兵组成的精锐部队去了英格兰。他们刚刚在肯特郡的海岸登陆，便受到戈德温伯爵的接见和欢迎，并陪同他们一路行进至萨里郡的吉尔福德镇。阿尔弗烈德和他的手下在这里过夜，伯爵依然与他们在一起，还给他们安排了住处和上好的晚宴，为他们接风洗尘。

到了夜深人静时，士兵们因为长途奔波，再加上丰盛晚宴的胡吃海喝，感到无比劳累。在他们睡得无比香甜时，国王的军队突然袭击了被分散成小队的他们，俘虏了阿尔弗烈德的全部军队。第二天一早，共有 600 人惨遭折磨并被杀害，十分之一的人被卖作奴隶。至于可怜的阿尔弗烈德王子，他被扒得一丝不挂，绑在一匹马上，被送到伊利岛。在那里，他被挖掉双眼，没过几天就悲惨地死去了。虽然我不确定这一切是不是戈德温伯爵一手策划的，但我猜测很有可能事实就是这样。

哈罗德成为英格兰全境的国王，虽然不知道坎特伯雷大主教是否同意给他加冕（因为大部分神父都是撒克逊人，他们对斯堪的纳维亚人一点也不友好）。就算没有得到加冕，就算大主教不同意，他还是当了四年的国王，直到去世。他这辈子除了打猎之外几乎没干过别的事，因为他在狩猎中跑得非常快，因此人们称他为"野兔腿"哈罗德。

哈罗德下葬的时候，哈德克努特正在佛兰德的布鲁日，与他的母亲（她在阿尔弗烈德惨遭杀害之后来到这里）一起谋划对英格兰的入侵。斯堪的纳维亚人和撒克逊人发现英格兰人没有国王统治，担心会产生新的争端，因此达成共识：邀请哈德克努特坐上王位。哈德克努特同意了，但很快就把这些人折磨得苦不堪言——因为哈德克努特带了很多很多斯堪的纳维亚人来到这里，向人们征收他们难以承受的重税，以满足他和那些斯堪的纳维亚人的贪婪。

不堪重负的人们不断造反、暴乱，尤其在伍斯特，人们不仅起义，还杀掉了国王的税官。作为报复，哈德克努特放火把这座城市烧成了灰烬。他是一个非常残忍的国王。登基之后，他干的第一件事就是下令把可怜的"野兔腿"哈罗德的尸体挖出来，将他的头砍掉，连同尸身一起扔进河里。但他自己的结局也不妙，当他在兰贝斯参加他的旗手、骄傲的斯堪的纳维亚人托威德的婚宴时，他喝得烂醉，正要为婚礼致辞时，一不小心摔倒了，再也没有站起来，手里还死死地握着酒杯。

现在，爱德华继承了王位，后来被修道士称为"忏悔者"。他成为国王后干的第一件事情就是命令他的母亲埃玛隐居乡下。埃玛在乡下生活了十多年，并死在那里。爱德华就是被流放的王子中的一个，也是惨遭杀害的阿尔弗烈德的哥哥。哈德克努特在位两年的时间里，把爱德华从诺曼底请了过来，安顿在宫廷中，对他照顾有加。爱德华在哈德克努特死后，便得到了位高权重的戈德温伯爵的支持，很快就当上了国王。至于戈德温伯爵，自从阿尔弗烈德王子惨遭杀害之后，就失去了民心，甚至在哈德克努特统治时期受过审判，但被宣判无罪，据说是因为他送给贪婪的国王一份礼物：一艘镀金的船，船头上有一个纯金打造的人头像，还配有80位全副武装的水手。戈德温伯爵想用他的势力来帮助新国王，但前提是国王能帮助他消除人们对他的不信任和厌恶。因此，他们二人达成了协议："忏悔者"爱德华得到王位；伯爵得到更多的权力和土地，他的女儿伊迪丝成为王后——这是协议中的一部分，国王必须娶她，封为王后。

尽管伊迪丝是一位温柔的淑女，无论从哪个方面来说都值得宠爱——贤惠、美丽、通情达理，还非常善良，但国王最开始经常忽略她的存在。她的父亲和六个心高气傲的哥哥因她遭受的冷漠待遇而对爱德华恨之入骨。为此，他们动用了他们的所有势力，给国王制造了很多麻烦，让国王在人民中变得越来越不受欢迎。爱德华在诺曼底生活的时间那么久，相比英格兰人，他更喜欢诺曼人。他选了一个诺曼人当大主教，其余的主教他也选择了诺曼人，他的要员和亲信也都是诺曼人。除此之外，他还将诺曼人的时尚和语言引入英格兰，效仿诺曼底的风俗习惯，爱德华也在签署国家文件时封上火漆印，而不是像以前的撒克逊国王一样画个十字就算做了标记——很多不识字的穷人也这样做。可所有这一切，都被位高权重的戈德温伯爵和他的儿子们加以歪曲，让人们以为爱德华讨厌英格兰人。因此，戈德温家族不断增加他们的影响力，同时也不断削弱国王的影响力。

在爱德华统治的第八年，发生了一件事，这件事帮了戈德温家族一个大忙。国王的妹夫，布洛涅伯爵尤斯塔斯来到英格兰拜访爱德华。在宫廷里住了一些时日后，他带着他的大批随从回乡。他们打算从多佛尔起航，于是便全副武装地来到了这座宁静的小镇。他们不仅霸占了最好的房子，还气焰嚣张地要求白吃白住，一分钱也不付。终于，一个有胆量的多佛尔人站了出来，他再也无法忍受这些盛气凌人的陌生人佩带着重剑和穿着盔甲在他的房子里"晃"来"晃"去，更不想看到他们吃着他炖的肉、喝着他的烈酒。

他站到门口，把第一个来到这里的全副武装的士兵挡在了门外。全副武装的士兵拔出剑，刺伤了他，但这个士兵却被这个多佛尔人给打死了。他的所作所为迅速传遍了大街小巷，自然也传到了尤斯塔斯伯爵的耳中。他和亲信听说这件事后，立即跳上马，一路狂奔赶到那栋房子前，并强行闯了进去（当他们赶到时，已是门窗紧闭），把那个多佛尔人杀死在壁炉旁边。随后，他们骑着马冲上街，一路砍杀遇到的男女老少，他们有的死在刀下，有的被踏在马蹄下。你大可以放心，他们滥杀无辜的行为激起了多佛尔人的满腔怒火，多佛尔人奋起反抗，总共打死了 19 个人，打伤的不计其数。不仅如此，他们还把通向港口的路堵了起来，这样伯爵和他的随从就无法乘船逃走了。

尤斯塔斯伯爵一路快马加鞭，用最快的速度骑马跑到了格洛斯特。此时，爱德华正与诺曼修道士们和诺曼领主们在一起。"为我主持公道！"伯爵哭喊着说，"多佛尔人袭击了我们，杀了我的人！"国王立即派人给位高权重的戈德温伯爵送信，后者正好在多佛尔附近。这封信提醒戈德温伯爵，命令他立即前往多佛尔实施军事制裁。

可骄傲的戈德温伯爵是这样回复的："没有你这样连审讯都不进行就直接给人定罪的，更何况他们是你曾发誓要保护的人。我不会照你说的去做。"

于是，国王传唤戈德温伯爵前往法庭，国王要他对此次违反命令的行为做出解释，如果他不出庭，他将被流放，失去他的贵族身份和财产。可伯爵拒绝出庭。相反，他带着长子哈罗德和次子斯韦恩，用尽浑身解数，尽可能多地招兵买马，匆匆忙忙地集结了一支军队，还强烈要求尤斯塔斯伯爵和他的随从自首，接受国家公正的审判。然而这一次，国王拒绝将他们交出，还集结了一支强大的军队。几轮谈判之后，伯爵的军队开始分崩离析。戈德温伯爵带着一部分家人和大量的金银财宝乘船去了佛兰德，哈罗德则逃到了爱尔兰。

就这样，这个庞大家族的权势在英格兰的土地上消失了，但英格兰的百姓并没有忘记他们。

在这之后，"忏悔者"爱德华本着如假包换的卑鄙精神，将他对父亲和儿子的厌恶报复在了女儿和妹妹身上——也就是他安分守己的妻子，她几乎是人见人爱（她的丈夫和她丈夫的那些修道士除外）。他强行将伊迪丝的财产和珠宝占为己有，并把她囚禁在一个阴暗的修道院里，只允许她带一个仆人。这所修道院的院长（或者说是狱卒更合适些）是爱德华的妹妹。她无疑和他哥哥一样，是一个非常令人讨厌的黑心女人。

碍事的戈德温伯爵和他的儿子们再也无法给国王制造麻烦了，国王也就更加宠爱诺曼人，他甚至将诺曼底公爵威廉请了过去。威廉的父亲曾接待过爱德华和阿尔弗烈德，但他的母亲出身于一个乡下的皮匠家庭。当公爵看到她在河边洗衣服时，被她的美丽所吸引，并且爱上了她。威廉接受了邀请。他是一位了不起的勇士，对品种优良的战马、猎犬和精致的武器钟爱有加。当威廉带着他的随从来到这里时，英格兰的诺曼人发现他们的人数一下子多了很多，在朝中的地位也越来越高，因此诺曼人对待英格兰人的态度就变得更傲慢，也更被英格兰人所讨厌。

虽然老伯爵戈德温身在异国他乡，但他非常清楚家乡同胞的感受。他把自己带走的金银财宝中的一部分拿出来，在英格兰全境雇用了很多间谍和眼线。

现在，他认为时机已经成熟，是时候发起一次伟大的远征来讨伐那位对诺曼人情有独钟的国王了。他经海路来到怀特岛，在这里与他的儿子哈罗德会师。哈罗德是整个家族最英勇善战的一位。父子二人沿泰晤士河一路航行至南华克。大批民众为老伯爵和他的儿子呐喊欢呼，以此来表示对他们的支持，以及对国王的宠儿诺曼人的反对。

与大多数国王在大多数情况下的表现一样，爱德华起初受到修道士的掌控，他不仅视而不见，还十分固执。但随着越来越多的人集结在老伯爵和他的儿子身边，而且老伯爵坚定且强烈地要求通过和平的方式恢复自己和他家族的头衔和权力，朝廷这才意识到情况不妙，对此惶恐不安。身为诺曼人的坎特伯雷大主教和伦敦主教在家臣的保护和帮助下，一路杀出伦敦，坐上一艘渔船逃到了法兰西。受到宠信的诺曼人也四散而逃。老伯爵和他的儿子们（除了斯韦恩之外，因为他触犯了律法）夺回了他们的领土，恢复了贵族身份。善良而受人爱戴的伊迪丝也从监狱——修道院中被释放出来，再一次坐到国家元首的宝座上，她的那些华贵的首饰和珠宝也都失而复得。

然而，老伯爵戈德温没有福气享受失而复得的喜悦。没多久，他突然疾病发作，摔倒在国王的桌子上，三天后就离世了。哈罗德继承了他的爵位，而且他受人民爱戴的程度远远超过了他的父亲。他的勇猛让他在很多血流成河的战斗中，大败国王的敌人。他在苏格兰镇压那里的叛军时，表现得也极其勇猛——正是在那个时候，麦克白杀害了邓肯。几百年后，英国伟大的作家莎士比亚基于该事件创作出伟大的悲剧作品《麦克白》。哈罗德还杀了贪得无厌的威尔士国王格里菲斯，并把他的人头带回了英格兰。

当哈罗德遇上一场暴风雨，被暴风雨赶到法兰西海岸时，他在海上究竟干了什么，我们不得而知，而这一点并不重要。他的船被暴风雨赶到岸上后，他就被抓了起来——这一点是毫无疑问的，在那个野蛮的年代，所有遇上海难的陌生人都会被抓，沦为阶下囚，被强迫要求支付赎金。一个名叫盖伊的伯爵，是蓬提厄的领主，而这里就是哈罗德遇难的地方，盖伊伯爵抓了哈罗德。按理说，一位热情好客的基督徒领主应该放了他，但正好相反，他想趁火打劫。

哈罗德立即派人给诺曼底公爵威廉送信，抱怨他所受到的待遇。公爵听说此事之后，立即派人护送哈罗德到古镇鲁昂。在那里，威廉把哈罗德奉为上宾，隆重地迎接了他。据多人记载，我们知道这时"忏悔者"爱德华年纪老迈，没有子女，他立下遗嘱指定诺曼底公爵威廉成为他的继任者，并派人告知了公爵他的安排。毫无疑问，他对于自己的王位继承一事很焦虑、不安，他甚至让"勇猛之王"的儿子——"流亡者"爱德华，带着他的妻子和三个孩子来到了英格兰。然而奇怪的是，当他们到达英格兰时，国王却拒绝与他们见面。没过多久，"流亡者"爱德华突然在伦敦去世（在那个年代，王子们突然死亡是司空见惯的事），被葬在圣保罗大教堂。国王很有可能真的立下了这个遗嘱，至少国王因为喜欢诺曼人，所以很有可能在威廉停留期间，鼓励他继承英格兰王位。毫无疑问的是，现在威廉已经将英格兰王位视为囊中之物了，而且也很清楚哈罗德将是一位强大的对手。于是，他召集了他认识的所有贵族，当众将自己的女儿阿黛勒许配给哈罗德为妻，并告知哈罗德他准备在爱德华死后继承英格兰的王位，并要求哈罗德发誓将辅佐并效忠于自己。

哈罗德因为受制于公爵的权势，只能手按弥撒经书宣誓效忠于他。这是一个说明修道士们多么迷信的极好例子：当时，弥撒经书没有放在桌子上，而是放在了一只桶上。当哈罗德宣誓完毕，他们打开一看，里面全是死人的骨头，这些骨头被修道士声称是圣人的骨头。这样做的目的是让哈罗德的誓言更有效力，也更让人印象深刻，就好像仅仅凭邓斯坦的一块关节骨、两颗牙齿甚至是一片指甲，就能让天地的创造者更有威严一样！

哈罗德回到英格兰之后又过了一两个星期，年纪老迈，又令人十分厌恶的"忏悔者"即将迎来生命的终结。与其他生命垂危的老人一样，他神志模糊了一段时间后就死了。

鉴于他生前曾把自己完全交在修道士手中，对他们言听计从，所以死后修道士对他大加赞赏。他们把事情做得很离谱，居然让爱德华相信自己能够行神迹。深受皮肤病折磨的患者被带到他面前，只要他摸一下，就能治愈疾病。这种做法被称为"触摸淋巴结核病疗法"，并作为一个王室习俗流传了下来。

然而，你应该很清楚，究竟是谁真正触摸并治愈了那些病人。同样，你也知道他们的大名不会出现在尘世间人类君王的行列中。

6 诺曼征服：别了，撒克逊

举行"忏悔者"葬礼的当天，哈罗德就登上了英格兰国王的宝座。因为他必须动作迅速。当这一消息传到威廉公爵的耳朵里时，他正在位于鲁昂的公园打猎。得知这一消息后，他扔下弓箭，急匆匆地回到宫殿，召集了所有支持他的贵族商讨此事，并立即差遣多位使节前往哈罗德那里催促他遵守自己的誓言，让他交出王位。

哈罗德才不会这么做呢。于是，法兰西的贵族、男爵们结成盟友，聚集在威廉公爵周围，准备入侵英格兰，威廉公爵承诺将会毫无保留地瓜分英格兰的财产和土地给他们。教皇派人将一面神圣的旗帜送到了诺曼底，除此之外还有一枚戒指，里面装有一根头发，教皇说这是圣彼得的头发。他对此次讨伐哈罗德的行动进行了祝福，同时也诅咒了哈罗德。最后，他要求诺曼人，如果方便的话，对于"彼得便士"的上缴（每户家庭每年缴给教皇一便士的税金）能更加及时。

哈罗德国王有一个叛逆的弟弟在佛兰德，他是挪威王哈罗德·哈德拉达的封臣。这个弟弟和挪威王也加入了讨伐英格兰的阵营。在威廉公爵的帮助下，他们打赢了一场战役，那场战役由两位英格兰贵族指挥，之后他们把约克郡围了起来。哈罗德带着他的军队在黑斯廷斯的海岸上等待着诺曼人的到来，行进至德温特河上的斯坦福桥，准备让诺曼人与他们短兵相接。

哈罗德发现敌人们已经摆好了作战的方阵，他们的长矛闪闪发亮，特别显眼。为了侦察敌情，哈罗德在相距敌军较远的位置骑着马绕着他们的营地进行观察。他看到一个勇猛的人，身披蓝色斗篷，头上戴着闪亮的头盔，骑在马上。但他的马突然绊了一下，他摔倒在地。

"那个从马上摔下去的人是谁？"哈罗德问手下的一个军官。

"他是挪威的国王。"他回答道。

"他真是一个身材高大、气度宏伟的国王，"哈罗德说道，"只可惜他的死期已经很近了。"

哈罗德稍微停顿了一会儿，补充道："你去那边找我弟弟，告诉他，如果他撤军，我就封他为诺森伯兰伯爵，让他回到英格兰享受极高的权力和荣华富贵。"

于是，那位军官骑马来到敌营，传达了这个信息。

"那他会给我的朋友——挪威国王什么呢？"哈罗德的弟弟发问道。

"给他七英寸的土地，当他的坟墓。"军官回答说。

"就这么点儿？"哈罗德的弟弟笑着追问。

"挪威国王身材比一般人高大，所以可能会多给他几寸土地。"军官回答说。

"滚回去！"国王的弟弟说道，"告诉哈罗德国王，战场上见！"

哈罗德很快便这样做了。这场战斗非常惨烈，在哈罗德国王的猛攻下，他的弟弟、挪威的国王，以及他们军队里所有有名的将领全都死在沙场上。挪威国王的儿子奥拉夫除外，哈罗德饶他一命并放了他——哈罗德的这个行为值得人尊敬。这支胜利之师行军到了约克。正当哈罗德国王在宴会上与他的将士们举杯庆功时，忽然听到门口一阵骚动，报信的人满身泥土，从远方一路狂奔前来报告诺曼人已经登陆英格兰的消息。

这个情报是真的。那些诺曼人第一次来的时候，由于逆风，很多船只被摧毁。无奈之下他们被迫返航，他们的尸体将诺曼底港口的一个区域堆满。这次，他们重整旗鼓再次出海，由公爵亲自率军出征。威廉这艘船是他妻子送给他的礼物，船首站着一个纯金打造的男童雕像，雕像的手指指向英格兰。那是一艘雄伟的船呵：白天，绘着三只雄狮的诺曼底战旗和五颜六色的船帆迎风飘扬，镀金的船桨和船上许许多多的装饰在阳光的照射下闪闪发光；夜晚，桅顶上的一盏灯火像夜空中的星星一样闪烁。

现在，他们已经在黑斯廷斯附近安营扎寨，他们的领袖威廉公爵就睡在古罗马人佩文西的城堡中。诺曼人烧杀抢掠，将方圆几英里的地方全都烧毁，英格兰人四散而逃……

哈罗德在宴会进行到一半，就快马加鞭地向伦敦急驰而去。不到一个星期的时间，他便将军队集结完毕。哈罗德派去几个间谍打探诺曼人的实力，但他们被威廉抓住了，威廉带着他们在营地里巡视一圈，就把他们放了回去。那些间谍回来后对哈罗德说："诺曼人不像我们英格兰人那样留着胡子，他们把脸刮得干干净净的，就像僧侣一样。"哈罗德听后，笑着回答说："希望我的士兵很快就能领教到，这些僧侣都是身经百战的精兵！"

威廉公爵的哨兵报告说："撒克逊人穿过整个英格兰，向我们冲过来了，他们的眼中充满了怒火。"

"让他们放马过来吧，快点来！"威廉公爵说。

曾有一些和解的方案被提了出来，但很快都被否决了。1066 年 10 月中旬，诺曼人和英格兰人在战场上相见了。在战斗打响的前一夜，两军面对面驻扎在一个名叫森拉克的地方。为了纪念那场战争，现在这个地方已经改名叫巴特尔了。破晓之时，两支军队列兵布阵。在微弱的光线下，英格兰军队背对着森林站在山上，中间竖立着用金丝编织而成的王室旗帜，上面装饰着各式各样的宝石，这面旗帜象征着一个无所不能的勇士。哈罗德国王站在旗帜下面，身边站着他的两个弟弟。簇拥在他们周围的则是英格兰军队，他们站在那里一动不动，如死亡般寂静。每一位士兵都是一只手举着盾牌，另一只手握着一把令人畏惧的英格兰战斧。

在对面另一座山峰上，诺曼军队分成三排站在那里：弓箭手、步兵和骑兵。突然，诺曼阵营中响起了鼓舞士气的呐喊："愿上帝帮助我们！"英格兰人这边也响起了呐喊声："上帝的十字架！神圣的十字架！"随后，诺曼人从山上倾泻而下，向英格兰军队冲了过去。

一位身材高大的诺曼骑士骑着战马从阵列中冲了出来，他抛起长剑后又接住了它，嘴里唱着赞颂勇猛同胞的战歌。一位英格兰骑士从英格兰阵列中冲了出去，要与他过招，却被他砍倒在地；紧接着又一位英格兰骑士冲了过去，也倒在了他的剑下。就在这时，第三位骑士冲了出来，终于杀死了诺曼骑士。他们以这种方式拉开了战争的序幕，很快，将士们的怒火布满了战场的各个角落。

诺曼弓箭手们让天空下起了箭雨，英格兰的将士们则丝毫不畏惧，他们如同站在雨中一样并肩作战，阵形丝毫没有被打乱。当诺曼骑兵向他们发起冲锋时，他们就用战斧将骑兵斩落马下。诺曼人见状开始撤退，英格兰人则向前逼近。这时，诺曼阵营中突然有人高喊说"威廉公爵已经战死"。威廉公爵为了让他的脸能被士兵们看得更清楚，将头盔摘掉，骑马沿着诺曼军队绕了一圈。他的所作所为鼓舞了军队的士气，他们掉过头，再次迎战敌人。正当这时，诺曼人的马恰好将英格兰军队一分为二。就这样，冲在最前面的英格兰前锋部队寡不敌众，他们虽然英勇奋战，最终也只能倒下，后面的大部队依然组成坚不可摧的防线，任凭诺曼人的弓箭在空中肆虐。他们用手中的战斧将大批的骑兵斩落马下，就像砍伐森林中的小树一样。

威廉公爵假装撤退，士气高昂的英格兰人追了过去，见诱敌成功之后，诺曼军队再次逼近，并大开杀戒。"不过，"威廉公爵说，"那边还有几千个英格兰人像岩石一样坚定地站在他们的国王周围。向上放箭，诺曼的弓箭手们，让你们的箭射穿他们的脸！"

太阳高高升起，然后又落下了，但战斗仍在继续。在这个荒凉的10月，兵刃碰撞所发出的声响在空中不断回荡。在血一样红的黄昏中、在惨白的月光下，尸体遍布整个战场，无比凄惨。

哈罗德国王被一支箭射中了眼睛，几乎失明。他的两个弟弟也战死沙场。20个诺曼骑士不顾身上已经千疮百孔的盔甲冲了上来——在白天，他们的盔甲在阳光的照射下发出金色的光芒，此时在月光下散发着银色的杀气。他们冲向英格兰骑士和士兵，抢夺王室的战旗，而这些将士依然忠心耿耿地围在双目失明的国王身边。后来，国王身受重伤，就此丧命。英格兰人的防线被击溃，士兵们四散而逃。诺曼人反败为胜，这场大战最终以英格兰人战败收场。

哟！在璀璨的繁星和皎白的月光下，那是一幅怎样的景象啊！胜利的威廉公爵将帐篷扎在了距离哈罗德倒下不远的地方，帐篷内灯火闪耀——他和他的将士们就在里面饮酒作乐，大摆庆功宴。帐篷外，士兵们举着火把，在成堆的死人中间寻找哈罗德的尸体。用金丝和宝石编织的战旗被扔在地上，千疮百孔、溅满血污，而三只诺曼雄狮则骄傲地俯视着整个战场！

第二章
诺曼底王朝

1066年，法国诺曼底公爵威廉以"有亲属关系"为由，要求继承英格兰王位。遭到拒绝后，他用武力夺取了英王之位，建立了诺曼底王朝，史称诺曼征服。这是英国历史上最后一次外族入侵。此后，近一千年也没有人能够成功占领不列颠岛。

1 "征服者"威廉

在英勇的哈罗德倒下的那片土地上，"征服者"威廉建了一座名叫巴特尔的修道院。在多灾多难的当时，这里是一个富丽堂皇的地方，虽然现在已是一片长满常青藤的灰色废墟了。

对于威廉来说，他要做的第一件事是彻底征服英格兰人。想必你也知道，对任何人来说，这不是一件容易的事。

他烧毁了很多城镇，将这个充满生气的国家变成了蔓延数英里的废墟，生灵涂炭。终于，在坎特伯雷大主教斯蒂甘德的带领下，神职人员和民众代表一起来到威廉的帐幕中，向他俯首称臣。其他一些人则推举"勇猛之王"埃德蒙之子埃德加为王，但后来也就不了了之了。埃德加逃到了苏格兰，因为他年轻貌美的妹妹嫁给了苏格兰国王。他对任何人来说都是一个微不足道的存在，所以没有人关心他的死活。

到了圣诞节这一天，威廉在威斯敏斯特大教堂以威廉一世之名，被加冕为王，但他最出名的绰号是"征服者"威廉。那是一场非常另类的加冕仪式，一个主持仪式的主教用法语问诺曼人，他们是否愿意让威廉公爵做他们的国王，他们点头表示愿意。另一个主教则用英语问撒克逊人同样的问题，他们做出了同样的回答，声音还非常响亮。他们亢奋的声音被外面一个诺曼卫兵听到了，他误以为这是英格兰人准备造反，于是立即放火将旁边的房屋点着了，这造成了骚乱。

在一片混乱之中，国王和几个教士被扔在了教堂里（他们全都吓坏了），匆匆忙忙地完成了加冕仪式。当威廉戴上王冠时，他发誓他将像英格兰那些明智的君主一样治理这个国家。

在那场损失惨重的战斗中，无数的英格兰贵族丧失了生命。他们的土地和财产，连同那些抵抗威廉的贵族的土地，都被威廉霸占了，然后，他把这些土地和财产分给了他手下的诺曼骑士和贵族。很多高门大户在英格兰的土地就是通过这种方式得到的，而他们还对此感到十分骄傲。

用武力抢来的东西必须靠武力来维持。这些贵族不得不在英格兰到处建造城堡，以守护他们的新财产。而且国王想尽各种办法，也没能如他所愿，他既无法用和平的方式让这个国家平静下来，也无法用武力进行镇压。他逐渐将诺曼语言和习俗引入英格兰，但在此后相当长的一段时间里，英格兰的主要地区都处于愠怒、随时准备复仇的状态之中。有一次，威廉前去诺曼底看望他的臣民，把他的国家暂时交给了同父异母的弟弟奥多管理，可奥多对人民的压迫终于把后者逼疯了。为了夺回多佛尔，肯特郡的人甚至把他们的老敌人布洛涅伯爵尤斯塔斯——就是之前把一位多佛尔人杀死在壁炉旁的人，请了过来，目的是占领多佛尔。赫里福德郡的人在威尔士人和一位名叫"野蛮人"埃德里克的带领下，将诺曼人从自己的领土上赶了出去。

除此之外，在失去了自己土地的人中，有一些人在英格兰北部团结起来，一些人在苏格兰，还有一些人在丛林深处和沼泽中联合起来。无论在哪儿，只要有机会，他们便向诺曼人和那些向诺曼人投降的英格兰人发动袭击，他们征战、抢夺、屠杀，身上亡命之徒的绝望本性暴露无遗。他们还密谋对诺曼人发动一场大屠杀，就像此前那场对斯堪的纳维亚人的大屠杀一样。总而言之，整个国家的英格兰人都处在充满杀戮气息的情绪中。

威廉国王担心他会失去自己的统治地位，便赶了回来，并试图用柔和的话语来安抚伦敦人民。但随后他就用残忍的手段对反抗的人进行了镇压。他围攻了牛津、沃里克、莱斯特、德比、林肯和约克这些城镇，并对居民进行了无情的杀戮，无论男女老少，无论是士兵还是手无寸铁的平民，他一个也不放过。不仅是城镇，还有很多其他地方，剑和大火发挥了它们最恐怖的作用，使整个土地都变得惨不忍睹。河流和小溪被鲜血染成了红色，天空弥漫着黑烟，田地里全都是燃烧后的灰烬，路边的尸体堆积成山。这就是征服和野心带来的致命后果！虽说威廉是一个性情急躁且残暴的人，但我不认为他当初入侵英格兰的时候，打算把这里变成一片令人触目惊心的废墟。然而，他通过暴力得到的东西，也只能依靠暴力来维持，为了达到这个目的，他将英格兰变成了一个巨大的坟墓。

哈罗德的两个儿子——埃德蒙和戈德温从爱尔兰带着几艘船来到英格兰与诺曼人征战，最终却被打败。这件事尚未平息，一些藏在丛林中的亡命徒又对约克发动了袭击，那里的总督不得不派人向国王求援。国王派来一位将军，带领一支庞大的部队前去攻占达勒姆。达勒姆的主教来到城外与将军见面，警告他不要擅自进城，否则他会遇到危险的。但将军根本不把主教的警告当回事，带领所有手下闯进了城。当天晚上，在达勒姆周围所能看到的所有山冈都燃起了烽火。第二天早上天一亮，早已集结在此的英格兰大军强行冲破城门，犹如洪水一般涌入这座城镇，杀掉了这里的每一个诺曼人。随后，他们还恳求斯堪的纳维亚人帮助他们。斯堪的纳维亚人带了 240 艘船来到这里，那些被剥夺了权力和地位的贵族也加入了他们的行列。他们占领了约克，并把诺曼人赶了出去。威廉见状，只得用钱财贿赂斯堪的纳维亚人，让他们离开，然后他便对英格兰人展开了残忍的复仇。他的行为是如此残忍，之前的烈火、刀剑、灰烬、死亡和废墟与这一次相比根本算不了什么。有很多令人悲伤的歌谣和凄凉的故事，讲述了在那个充满恐惧气息的诺曼时代，从亨伯河到泰恩河是如何连一个有人居住的村庄和一亩有人耕种的土地都不剩的，荒野是如何寸草不生的，人类和野兽是如何死亡的。直到 100 多年后，这些歌谣和故事还被传唱，尤其是坐在冬日的壁炉旁。

在那个时候，那些被流放的贵族在剑桥郡的沼泽地中建立了他们称为"避难营"的地方。这里的沼泽地带形成了一道让外面难以接近的天然屏障，他们躲在芦苇和灯芯草中，潮湿的泥土中升起的雾气将他们隐藏起来。这时，在海的另一边的佛兰德，一位名叫赫里沃德的英格兰人，他父亲去世的时候他并不在身边，于是本该属于他的财产被一个诺曼人抢走了。当赫里沃德听说了诺曼人对他犯下的罪行后（他碰巧来到这里，偶然从被流放的英格兰人那里听说的），对复仇充满了渴望。为了复仇，他加入了"避难营"，并成为他们的指挥官。他是一位非常优秀的战士！他的英勇甚至让诺曼人怀疑他有妖术相助。威廉为了攻打这位众人口中的"巫师"，在沼泽地上修筑了一条 5 英里长的道路，他还认为有必要去请巫婆为王室事业施行一些法术。你还别说，他真的请来了一个老太太扮成的巫婆。为了让她施法，他们把她推进木塔，推到军队的最前面。但赫里沃德很快就把这位不幸的巫婆处决了，他放火烧了巫婆、木塔还有威廉的军队。战火使整片地区变得封闭，食物来源也被切断了。

然而，附近伊利修道院的修道士们却忍受不了这些——他们喜欢过滋润的生活！他们便告诉国王一条可以偷袭赫里沃德营地的秘密小路，使得威廉可以偷袭营地。赫里沃德很快就被打败了。他是在睡梦中被人杀死的，还是在杀掉了 16 个敌人之后死的（一些与他有关的歌谣中，是这样说的），我就无从判断了。赫里沃德的战败让"避难营"走到了终点。国王在这之后很快便在苏格兰和英格兰取得了胜利，用武力平息了最后一批反抗的英格兰贵族。如今呵，围绕在他身边的人都是诺曼领主，他们用英格兰贵族的财产让自己变得腰缠万贯。此外，他还在英格兰全国进行了一项声势浩大的调查，将土地的新主人记录在一本被称为《末日之书》的卷轴上。他还要求人们每天晚上到点后，吹灭灯火和蜡烛，会有铃声通知他们熄灭灯火的时间——也就是所谓的宵禁信号。他把诺曼人的服饰和风俗引入英格兰，让英格兰各地的诺曼人变成主人，英格兰人被贬为仆人。他赶走了英格兰主教，让诺曼人替换他们的位置。总而言之，所有这一切都显示威廉是一个货真价实的征服者。

但是，就算他身边全都是诺曼人，威廉的日子过得也并不消停。这些诺曼人对英格兰人的财富始终贪得无厌，而且他给的越多，他们要的也就越多——这一点就连他的神父和士兵都不例外。只有一个诺曼人明确告诉威廉，他来英格兰仅仅是作为一个忠实的仆人，而非用武力从别人手里抢夺钱财。他的名字叫吉贝尔。我们不能将他的名字忘记，因为这是对诚实人的一种敬意。

除了上面的那些烦恼之外，让威廉头疼的还有他的儿子们，他们总是吵个不停。他有三个儿子还活着："短袜"罗贝尔（因为他的腿很短）、"红发"威廉（因为他头发的颜色是红的）和"好学者"亨利（因为他非常好学）。罗贝尔长大成人后，他向威廉索要诺曼底的管辖权，因为在他小时候就归他所有，他在母亲玛蒂尔德的协助下统治那里（虽然只是名义上的）。威廉拒绝了他的要求，于是罗贝尔变得十分不满，猜忌心极强。碰巧有一天，在他心情不好的时候，他的兄弟们戏弄了他——当他从门前走过时，他的两个弟弟从阳台上把水倒了下来。他拔出剑从台阶上冲了过去，要不是威廉及时出现把他拦了下来，他的两个弟弟就会死在他的剑下。

就在这天晚上，他与他的几个追随者怒气冲冲地离开了他父亲的宫廷，并试图偷袭鲁昂的一座城堡。他拼尽全力想把它夺下来，但是却失败了。于是，罗贝尔便把自己锁在了诺曼底的另一座城堡中，可最终没有成功。无奈之下，威廉只得将这座城堡围了起来。有一天，两人相遇，罗贝尔没有认出国王，就把他打翻在马下，差点杀了他。当罗贝尔发现是自己的父亲时，立马投降了。王后和其他贵族纷纷求情，这才使两人重归于好。但两人并未和好如初，因为罗贝尔很快就离开了家，四处游荡。他游走于各个宫廷，到处发牢骚。他是一个生性放荡、行为放肆的轻率之徒，他会倾所有的钱来听歌观舞。他母亲很爱他，经常违背国王的命令，通过一个名叫桑松的信差给罗贝尔送钱。这件事被国王发觉了，他发誓要将桑松的眼睛挖出来。桑松觉得自己唯一能逃脱此劫的希望是去当一个修道士，于是他真的成了一个修道士。他从此金盆洗手，这才保住了自己的眼睛。

从他上演那场离谱的加冕仪式开始，"征服者"威廉始终活在挣扎的边缘。你可以看到，他不惜一切代价用残忍的杀戮和血流成河的方式来维持他夺取的东西。在整个统治期间，他依旧挣扎着，想要实现在他之前的国王想要实现的目标。他是一个意志坚定、胆大包天的人，而他成功地实现了他的目标。

他很爱钱财，尤其愿意把钱财花在美食上，不过打猎才是他的最爱。他沉迷其中，其狂热程度到了一定境界，以至于他下令让整个村庄和城镇的人搬走，只是为了给野鹿创造森林。尽管他已经拥有了 68 处王室森林，但他还是不满足，又在汉普郡建了一个，取名叫"新森林"。成千上万可怜的农民眼睁睁地看着他们的房子被推倒，而他们自己只能带着儿女流落在空旷的野外，没有房子遮蔽风雨，让他们的苦难雪上加霜。因此，农民对他的憎恨程度越来越深。

在他统治的第 21 年（也是他统治的最后一个年头），当他返回鲁昂时，整个英格兰充满了对他的怨恨，就好像他的王室森林里的每一片树叶都在诅咒他。所以，在他所造的新森林中，他的儿子里夏尔①被一头牡鹿顶到而丧命，人们说这是因为这处森林的来历充满了残忍的背景，所以任何征服者的血脉来到这里，森林都会要了他的命。

"征服者"威廉当时正与法兰西国王为领土问题吵个不停。他在鲁昂与那位国王协商期间，一直卧床不起，变成了一个"药罐子"。他的医生们建议威廉这样做，因为他实在太胖了。然而，有人传话给他，说法兰西国王不仅对他的身体状况不屑一顾，还把他当成了笑话。威廉听后勃然大怒，他发誓要让法兰西国王为此后悔。于是，他集结军队，入侵了那片有争议的地区，用他一贯的做法烧了那里的葡萄树、庄稼还有果园，还把芒特拉若利烧了。不幸的是，当他骑马走过被烧毁的废墟时，他的马踩到一些燃着的余烬，惊得跳了起来，将他甩了出去。

他重重地撞上了马鞍的鞍桥，这一下让他受了致命伤。在之后六个星期的时间里，他一直躺在鲁昂附近的一座修道院里，奄奄一息。之后，他立下遗嘱：英格兰给威廉，诺曼底给罗贝尔，给亨利 5000 英镑。这时，他的脑海中浮现出他干的那些惨绝人寰的事。于是，他下令把钱分给英格兰

---

① 里夏尔："征服者"威廉和玛蒂尔德的次子，生于 1054 年，据推测，约死于 1069—1075 年，葬于温彻斯特教堂。

多座教堂和修道院，他还干了一件更有忏悔意义的事——他把政治犯释放了。要知道，有些犯人已经在牢里囚禁了 20 年。

那是一个 9 月的早晨，太阳正在缓缓升起，国王被一阵教堂的钟声叫醒。"这是什么钟声？"他意识有些模糊，微弱地问道。人们告诉他这是圣玛利教堂的钟声。他便说："我把我的灵魂交托给圣母！"说完就死了。

让我们想想他的名号——"征服者"，再想想他是怎么死的。就在威廉咽气的那一刻，他的医生、神父和贵族（因为不知道接下来王位的争夺会变成什么样，也不知道将会发生什么）急忙跑回去守护自己的财产；宫廷里的雇佣兵则开始抢夺财物；国王的尸体在这场有伤风化的争斗中受到牵连，从床上滚了下来，被孤零零地扔在地上躺了几个小时。唉，征服者啊！昔日多少人尊崇的名字，此时又有谁还会再想起，如果你征服的是一颗真心而不是英格兰，恐怕你的下场要比现在好得多！

过了一段时间后，神父们嘴里念着祈祷文，手上拿着蜡烛，蹑手蹑脚地"爬"了回来，还有一位名叫赫尔林的高尚骑士（因为除了他没有人愿意干这件事）将尸体搬到诺曼底的卡昂，以便能埋在圣斯蒂芬教堂中（这座教堂是他建的）。然而，他生前所钟爱的大火即使在他死后也不放过他，就在尸体被放入教堂时，镇子里突然起了一场大火，在场的人都冲出去救火，他再一次被丢下了。

他连下葬的时候都没得到安宁。当他裹着皇袍在一群人的眼皮底下，正要被葬到祭坛旁的坟墓中入土为安时，突然人群中有人高喊道："这个地方是我的！原来有我父亲的房子。国王从我这里把土地和房子都抢走了，盖了这座教堂。我以上帝之名，禁止他的尸体葬在属于我的土地上！"在场的神父和主教们知道这个人说的是事实，也知道国王一直拒绝还他公道，便给了他 60 先令，买下了这里。

即便走到了这一步，威廉还是没能得到安息，因为墓穴太小，人们试图把尸体硬塞进去，却把尸体弄碎了。一股恶臭散发出来，弥漫在空气中，在场的人群急忙跑了出去，于是，"征服者"第三次被丢了下来。

至于威廉的三个儿子，他们没有来参加父亲的葬礼。请问，他们去哪里了呢？罗贝尔听歌观舞和一群赌徒鬼混在一起，不知是在法兰西还是在德意志；亨利把 5000 英镑装在箱子里溜走了；威廉正策马飞驰，迫不及待地想把王冠和王室宝藏拿到手，占为己有。

2 红发国王

"红发"威廉连喘气的工夫都不敢耽搁，第一时间控制了多佛尔、佩文西和黑斯廷斯这三座重镇，又火速飞奔到温彻斯特——这里是王室财宝的府库。掌管这里的司库将钥匙交给了他，威廉发现里面除了金子和珠宝之外，还有 6 万英镑的银币。有了这些财富，他很快便说服了坎特伯雷大主教为他加冕。就这样，他成为英格兰的国王——威廉二世。

威廉二世刚登上王位，就立即下令将他父亲之前释放的那些政治犯抓回监狱。他还找了一个金匠把父亲的坟墓重新装饰了一遍，用了大量的金子和银子。但如果他能在"征服者"临终前守在他旁边，才算有孝心。唉，英格兰这片土地就像这位曾经统治过它的红发国王一样：会给很多死去的人修建华丽的坟墓，却在他们活着的时候亏待他们。

国王的哥哥，诺曼底的罗贝尔似乎对当上公爵已经心满意足了。国王的弟弟，"好学者"亨利也对他拥有的 5000 英镑感到非常满足。我们可以想象，国王肯定认为他将迎来一段国泰民安的统治时期，并因此沾沾自喜。但是一帆风顺的统治在那个年代谈何容易，没过多久，强横的主教奥多（在黑斯廷斯的那场战役中，他曾为诺曼人的军队祈福，我敢说，他肯定将那场战斗的胜利全归功到了自己的头上）很快便联合一些有权有势的诺曼底贵族，开始给红发国王制造麻烦。

这位主教和他的朋友们闹事的真实情况是，他们在英格兰和诺曼底都有土地，他们希望两者能由同一个君主统治。对于让谁来统治呢？他们明显倾向于罗贝尔，因为他凡事都不经大脑，性格也憨厚。相比之下，威廉二世从任何一个方面来说都不是一个和蔼可亲的人，他十分敏锐，一点也不好糊弄。于是，他们宣布支持罗贝尔，并怀着愤怒的心情退隐到他们的城堡中（城堡历来让国王十分头疼）。红发国王见那些诺曼人离他而去，便转而去讨好英格兰人，以此向诺曼人复仇。

他向英格兰人做出了一系列从一开始就没打算兑现的承诺，其中包括修改森林法，让森林法不再残忍无情。作为回报，英格兰人用他们的勇猛帮助他，奥多被他们围困在罗彻斯特的城堡中，他被迫放弃了那里，并且被驱逐出英格兰，永远不得再回来。奥多被铲除后，其他叛乱的诺曼底贵族也很快被削弱，他们的势力很快被拆散了。

然后，红发国王来到了诺曼底。此时，这里的人们因为罗贝尔公爵放荡的统治，正生活在水深火热之中。国王的目标是夺取公爵的领土，面对如此情况，公爵当然做好了进行反抗的准备，一场兄弟二人之间的残酷战争似乎在所难免。然而，两边有权有势的贵族经历了太多的战争，对此已经感到厌倦，他们的干预阻止了战争的爆发。于是他们达成了协定：兄弟二人各自放弃他们主张的一部分，两者中如果有一个人先去世，活着的人将继承另一个人所有的主权和领土。当他们达成了这项充满爱意的互相理解和共识之后，他们互相拥抱，并联合起来准备对抗"好学者"。正好，亨利此前用他 5000 英镑中的一部分在罗贝尔那儿买了一些地盘，加之他的两个哥哥站在同一条战线上，因此他被认为是一个危险的人物。

诺曼底的圣米歇尔山（在康沃尔也有一座圣米歇尔山，两座山惊人地相似）自古以来就是一座坐落在高岩之上的险峻之地，现在也是一样。每当它周围的海水涨潮时，通向大陆的所有道路都会被淹没。在这里，"好学者"和他的将士们踞险而守，被他的两个哥哥围了起来。有一次，亨利急需可以饮用的水，慷慨的罗贝尔不仅允许他的人下来取水，还把自己餐桌上的红酒送给他喝。当红发国王得知此事，并质问他时，他反驳道："什么？难道我们要让我们的亲兄弟渴死吗？他如果死了，我们去哪儿再找一个弟弟呢？"这件事过去之后，有一天，红发国王独自骑马来到海湾的岸边，抬头观看城堡，不料却被亨利手下的两个士兵抓住，其中一个人还准备杀他。于是，红发国王大声喊道："住手，你这个混账！我是英格兰国王！"据说士兵毕恭毕敬地把他从地上扶了起来，国王便把他们收为侍从了。这个故事可能亦真亦假，但有一点毫无疑问：亨利无法抵挡两个团结起来的哥哥，因此不得不放弃圣米歇尔山，与我们熟悉的其他陷入绝望的可怜学者一样，流浪到别处去了。

在红发国王统治时期，苏格兰人表现得蠢蠢欲动，他们战败了两次，而第二次失利让他们的国王马尔科姆三世和他的儿子都丢掉了性命。威尔士人也变得躁动不安。然而，与他们对抗时，威廉二世就不是那么成功了。威尔士人在自家门口的山头作战，在处决国王的军队方面，他们做得非常出色。诺曼底的罗贝尔也变得不安分起来，他抱怨弟弟没有信守承诺，履行协议中属于他的那部分义务，于是他拿起武器，还得到了法兰西国王的帮助。最后，威廉二世不得不用一大笔钱收买了法兰西国王。

英格兰的本土也不消停，位高权重的诺森伯兰伯爵莫布雷策划了一个巨大的阴谋，计划要废除现在的国王，然后将"征服者"威廉的远亲史蒂芬拥立为王。后来，阴谋败露，国王擒住了所有的同谋。这些人有的被没收财产，有的被关进监狱，还有的被处以死刑。诺森伯兰伯爵本人则被关进温莎堡地牢，在那儿待了整整30年，最终死在了那里。英格兰的神父们是最不安分的，不安分的程度超过了所有的阶层和势力，因为红发国王对待他们可谓卑鄙至极。当旧的主教和大主教去世后，红发国王不仅不委任新的接替人选，反而将他们的财富据为己有。为了报复国王，神父们在他死后为他撰写历史，痛痛快快地骂了他一顿。我个人则认为，这些神父和红发国王其实是半斤八两，双方都非常贪婪、狡猾，彼此之间根本难分高下。

红发国王是一个内心虚伪、自私、贪婪的卑鄙小人。他曾非常宠信一位名叫拉尔夫的腰缠万贯的大臣。在那个多灾多难的岁月里，几乎每个社会名流都有一个绰号，而拉尔夫的绰号是"弗兰巴德"，也有人叫他"纵火者"（纵火者的发音与弗兰巴德相似）。有一次，国王得了重病，突然心生忏悔之意，于是任命安塞尔姆—— 一位品行正直的外籍神父——为坎特伯雷大主教。不过，他的病情刚一好转，就对自己做出的忏悔行为感到后悔。他继续以不正当方式霸占了很多本该属于大主教职位的财富。这一举动引发了极大的争议，而当时罗马两个教皇之间的竞争加剧了这一情况，二人都坚称自己才是真正毫无瑕疵的教皇，自始至终都没有犯过错误。最后，安塞尔姆看清了红发国王的为人，他觉得自己在英格兰并不安全，向红发国王请求离开这里。红发国王很高兴，答应了他的请求，因为只要安塞尔姆一走，他便可以再次将坎特伯雷的所有钱财据为己有了。

通过这种方法，再加上对英格兰人民的压榨，红发国王变得非常富有。每当需要钱来达到某个目的时，他便不择手段地筹集资金，根本不在乎方法是否公正，更不在乎人民是否会因此受苦受难。为了能从罗贝尔手里买下整个诺曼底公国五年的使用权，他对英格兰人民课以重税，比以往任何时候都要沉重，他还强迫所有的修道院变卖院中所有的盘子和其他财物，用来支持他买下诺曼底。他镇压反抗的速度和狂热与他筹集钱财的程度相比毫不逊色。

当一部分诺曼人反对自己的家园就这样被卖掉时（他们当然会反对，人之常情），威廉二世率领一支军队前去镇压，其速度和强度与他的父亲如出一辙。他特别没有耐心，在狂风大作的天气下，硬要起航去诺曼底。当水手们警告他在这种恶劣的天气里出海非常危险时，他却回答说："快，扬帆起航！你们听说过有哪个国王是被淹死的吗？"

你肯定会好奇，就算罗贝尔再不长脑子，也不至于把自己的领地卖掉吧。可偏偏事情就这样发生了。到底是怎么回事呢？对很多英格兰人来说，他们有一项从祖上流传下来的古老传统——前往耶路撒冷，它被称为"朝圣之旅"，他们能在救世主耶稣的坟墓边进行祷告了。然而，耶路撒冷当时属于土耳其人，而土耳其人憎恨基督教，所以这些前往那里的基督徒经常遭到羞辱和虐待。在相当长的一段时间里，朝圣者心甘情愿地忍了下来，直到一位拥有雄辩之才和极大热情的非凡人物出现，人们称他为"隐士彼特"。他四处传言抵挡土耳其人的消息，还声称将那些不信之人从救世主的坟墓边赶走，将那里占领，保护它是每个虔诚的基督徒的责任。他的话让整个世界空前地为之振奋。成千上万的不同阶层、不同社会地位的人启程前往耶路撒冷，向土耳其人宣战。这场战争在历史上被称为第一次十字军东征，每一个东征战士都在右肩上佩戴一个十字架。

在东征战士中，并不是每个人都是狂热的基督徒。他们中有很多人是一些无法平静下来、生性放荡、毫不检点，而且极具冒险精神的人。他们参与东征的理由五花八门：一些人喜欢改变；一些人希望巧取豪夺一把；一些人是因为在家乡无事可做；一些人是因为神父们要求他们这样做；一些人想借机见识一下其他的国家；还有一些人纯粹是因为喜欢打人，打基督徒还是打土耳其人对他们来说都一样。至于诺曼底的罗贝尔，他的动机可能受到所有动机的影响，不过还出于一个善意的愿望：拯救那些基督徒朝圣者，希望他们未来不会遭到虐待。所以，他打算集结一支由全副武装的士兵组成的队伍去参加十字军东征。可是，他没有钱，也就做不成这件事情，于是他便将他领地的五年拥有权卖给了他的弟弟——红发国王。

在得到了一大笔资金后，罗贝尔为他的东征战士们购买了最优良的武器和铠甲，然后全副武装地踏上了去耶路撒冷的征程。热衷于在任何一件物品上压榨出钱财的红发国王则远在家乡，忙着从诺曼底和英格兰压榨出更多的钱财。

英勇的十字军战士在接下来的三年时间里，可以说受尽了苦难：海上的船只失事、陌生的土地、炙热的沙漠带给他们的饥渴和酷热难耐，以及土耳其人的拼死抵抗。三年过去之后，他们最终夺回了救世主的坟墓。虽然土耳其人依旧顽强抵抗，与他们英勇作战，但十字军这次的成功在欧洲掀起了一股热潮，让更多人有了加入十字军的愿望。另一位位高权重的法兰西公爵也向腰缠万贯的红发国王提出，将自己领地使用权卖给国王，然而这时，恰好赶上突如其来的变化，这让红发国王的统治迎来了悲惨的终结。

想必你还记得"征服者"建造的那片新森林吧？就是让很多可怜人失去家园、人们对它恨之入骨的那片森林。森林法的残酷和它带给农民苦不堪言的折磨和死亡加深了人们对它的仇恨。那些遭到迫害的、可怜的农民相信新森林被施予了魔咒。他们说，每当雷雨交加的天气、黑暗的夜晚，恶魔就会出现，在黑暗的树枝下游走。他们还说，有一个可怕的鬼魂曾向诺曼底猎人预言，红发国王将遭受惩罚。而此时正是气候舒适的5月，红发国王的统治持续了近13年。另一位拥有"征服者"血统的王子——另一位里夏尔、罗贝尔公爵的儿子在这片令人畏惧的森林中被一箭射死。人们说这并不是这里最后一次见证死亡，这里还将再上演一次死亡。

那是一片非常孤独的森林，因为在建造它的时候发生了恶劣的事情，所以人们在心里诅咒这片森林。除了国王、他的侍从和猎人，无人会去那里闲逛。事实上，它和其他的森林没有区别。春天，绿色的叶子从萌芽中长出来；夏天，处处枝繁叶茂、绿树成荫；冬天，树木枯萎，残枝落叶堆在棕色的苔藓上。一些树木看起来很宏伟，长得又高又壮，另一些则倒在地上；一些则被林务官用斧子砍倒；一些里面已经空了，兔子把树根下的洞当作自己的窝；还有一些被闪电击中，只剩下苍白的半截树干。有一些山坡被茂盛的蕨类植物覆盖，清晨的雨露在叶子上发出闪闪的光芒，非常美丽。林中还有很多小溪，野鹿会到那里喝水，有时它们成群结队地越过溪流，躲避猎人的漫天箭雨。

林中除了阳光明媚的空旷地带之外，还有一些极少有阳光照射的幽暗之地。新森林中鸟儿的歌声比外面战斗的呐喊声要动听得多。的确，红发国王与他的朝臣在这片寂静的森林打猎，他们策马奔驰、高声呼喊，除此之外，马鞍上的螺钉、手中的缰绳和身上的长刀短剑叮当作响。可即使这样，他们对森林造成的伤害也要比他们对英格兰人和诺曼人的伤害小得多。牡鹿死的时候（就算它们活着的时候也一样），痛苦要比人类少多了。

8月的一天，红发国王与他的弟弟"好学者"重归于好，他们带领大队人马来到新森林打猎。这群人在一起其乐融融，在森林中的一个狩猎者驿站——马尔伍德过夜。在这里，他们推杯换盏，不仅是晚宴，就连早餐时也一样，他们喝了很多酒。他们这些人马兵分几路前去打猎，这是当时猎人的传统。国王只带了沃尔特·泰勒尔爵士，因为他是一位出了名的运动健将。在早上他们上马之前，国王赐给他两支制作精良的弓箭。

人们最后一次见到还活着的国王，就是在这个时刻，他正与沃尔特·泰勒尔爵士骑着马，带着猎犬前去狩猎。

快到晚上的时候，一个贫穷的烧炭人驾着马车从这片森林中穿过，发现了一具孤零零的尸体，胸前被射了一箭，躺在那里仍在流血，于是，他把尸体抬上了马车。这就是红发国王的尸体，烧炭人充满恐惧地颤抖着，国王的红色胡子被石灰染成了白色，上面还有很多血迹的凝块。第二天，烧炭人将尸体用马车运到温彻斯特教堂，红发国王就被葬在了那里。

沃尔特·泰勒尔爵士则逃到诺曼底，寻求法兰西国王的保护。他发誓称他们在一起打猎时，红发国王突然被一支不知从哪儿来的箭射中而丧命。他生怕自己被怀疑是杀害国王的凶手，便赶紧快马加鞭地逃到了海边。还有一些人则声称，在太阳快要下山的时候，国王和沃尔特·泰勒尔爵士一起去打猎，他们分别藏在两边的灌木丛中。这时，一只牡鹿跑到他们中间，国王开弓拉弦，不料弦却断了。

国王大声喊道："放箭，沃尔特，快放箭！"沃尔特随即把箭射了出去，那支箭只是在树上蹭了一下，没有射中牡鹿，却把国王从马上射了下来。国王就这样死了。

到底是谁把国王射下马的？这个人是失手还是蓄谋已久的？唉，答案恐怕只有上帝知道。有些人认为他弟弟策划了他的死，然而红发国王一生树敌无数，无论是神父还是平民，有很多人记恨他。因此，对凶手的怀疑最终落在一个毫不起眼的普通人身上，也就不足为奇了。人们只知道他死在新森林中，并在那里被找到，而那里被受尽苦难的人视作"征服者"后代的灾难之地。

3 "好学者"

在得知红发国王去世的消息后，"好学者"马不停蹄地赶往温彻斯特，欲将王室的财宝据为己有，这与红发国王当年的做法和速度如出一辙。宝库的看护人当时也在打猎的队伍中，他也火速奔向了温彻斯特，几乎与亨利同时到达。司库拒绝交出财宝，"好学者"便拔出他的剑，威胁要杀掉他。司库本来打算殉职，但当他得知有很多位高权重的贵族支持"好学者"，并声称将拥立他为国王时，他知道继续抵抗下去将毫无意义。于是，司库放弃了王室的钱财和珠宝。在红发国王死后的第三天，恰好是一个礼拜日，亨利就站在威斯敏斯特大教堂的主祭坛前，郑重地宣布他将放弃他哥哥侵占的教堂的财产，并承诺他将不会亏待贵族，同时将恢复"忏悔者"爱德华统治时的律法，并保留"征服者"威廉统治时的所有改进。就这样，亨利一世国王开始了他的统治。

人们很喜欢这位新国王，一个原因是他经历过苦难，另一个原因是他生来就是一个英格兰人，而不是诺曼人。为了巩固在人民心中的血统优势，国王希望娶一位英格兰女子为妻，除了苏格兰国王的女儿——善良的玛蒂尔德，无人比她更合适了。虽然这位善良的公主并不爱国王，但她深受那些贵族的影响，他们劝她说，如果和国王结婚，这将是一个仁爱至极的善举，将会让诺曼和撒克逊这两个民族团结起来，从而避免未来发生仇恨和流血冲突。于是，公主同意嫁给国王为妻。

在她成为亨利国王的王后之前，这桩婚事在神父们之间引发了一些争议：公主年少的时候就进了修道院，并曾戴过修女的面纱，因此在法律上不允许结婚。公主反驳说，她年少的时候曾与她姑姑一起生活，姑姑也确实时常在她头上戴上一块黑色的面纱，但这样做的原因是为了保护她不被好色的诺曼人骚扰，绝非真的要做一个修女。最终，神父们宣布允许她结婚。她是一位了不起的王后，美丽、善良，与国王相比，她其实配得上一位更好的丈夫。

我之所以这么说，是因为国王是一个卑鄙无耻的小人，虽然他很聪明、意志坚定，但他根本不信守诺言，为了达到目的不择手段。他身上所有卑鄙的特点，从他对待他哥哥罗贝尔的方式上便体现得淋漓尽致。当年，亨利被困在圣米歇尔山顶的城堡中，望着成群结队的乌鸦，酷暑难耐却没有水解渴时，正是罗贝尔批准他的人下山取水，还把桌上的美酒送给他享用，而他那个红发哥哥则宁愿让他死在那里。

在国王开始对付罗贝尔之前，他先废掉并侮辱了前一任国王的所有宠信，反正这些人的品行也让大伙儿厌恶到了极点。其中就包括弗兰巴德（或称他为"纵火者"），他曾被前一任国王任命为达勒姆主教，亨利刚一登位，便把他关进了伦敦塔。不过，"纵火者"是个幽默风趣的人，大家都喜欢与他做伴，因此他在狱卒中很受欢迎，当一根长绳被藏在大酒壶底部送到他的牢房时，狱卒们装作什么也没有看到。狱卒们喝光了酒，"纵火者"则拿到了绳子。在夜里乘狱卒昏睡的时候，他用那根绳子从窗户上逃了出去，巧妙地混上了一艘船，最终逃到了诺曼底。

亨利继承王位时，罗贝尔仍在耶路撒冷，所以亨利谎称罗贝尔在那个遥远的国家已经称王。鉴于罗贝尔离开了太久，无知的人们便对此信以为真。然而，当亨利在英格兰王位上坐了一段时间之后，罗贝尔回到了诺曼底的家乡。从耶路撒冷经由意大利回到了诺曼底，在意大利那个美丽的国度里，他尽情享乐，还娶了一个美女为妻。当他回到诺曼底后，发现"纵火者"正在那儿等着他，催促他争夺英格兰王位，还让他向亨利国王宣战。对于"纵火者"的这项提议，罗贝尔花费了大把时间与他美丽的妻子和诺曼底朋友们一起把酒言欢、莺歌燕舞后，最终才同意。

英格兰人基本上都站在亨利国王这边，虽然很多诺曼底人站在罗贝尔这边。不过英格兰水手背叛了他们的国王，带着一大批舰队逃到了诺曼底，因此罗贝尔前来犯境时是乘着英格兰本土船只的。德高望重的安塞尔姆被亨利从国外请了回来，被任命为坎特伯雷大主教，他对国王的事业和理想给予了坚定不移的支持，支持国王理想的力量十分强大，以至两支军队根本没有打起来，而是达成了和解。可怜的罗贝尔一向容易被骗，他轻易地相信了他的弟弟。根据条约，他同意回到诺曼底，并从英格兰得到一笔足够他养老送终的抚恤金。同时，国王完全赦免罗贝尔的追随者。国王信誓旦旦地做出了承诺，但罗贝尔刚走，亨利就开始惩罚那些追随者了。

那些人之中就包括什鲁斯伯里伯爵。他被国王传唤，并被要求对45项指控进行对质时，他骑马逃到自己非常坚固的城堡里，并召集了所有的仆人和封臣为他的自由而战。但他被击败了，并被流放。而罗贝尔呢？尽管他有诸多缺点，却非常信守承诺。当他听说伯爵反抗亨利时，便将什鲁斯伯里伯爵在诺曼底的土地和财产全部没收，以此向国王展示他的诚意，不希望违反他们之间的条约。后来，罗贝尔得知了事情的整个原委，发现伯爵唯一的罪过是成了他的朋友。于是，罗贝尔来到英格兰，用他一如既往的轻率、热心肠的方式，提醒国王曾许下过庄严的承诺，赦免他的追随者们。

哥哥的盲目信任本该让虚伪的国王感到羞愧，可事实却并非如此。亨利表面上看起来非常热情，但背地里在他哥哥身边安插了很多细作，设计了很多陷阱来陷害他。罗贝尔被牢牢地控制在亨利的手心，他没有任何办法，只得放弃他的养老金，逃回了诺曼底。回到诺曼底后，他才认清了国王，于是很自然地与老朋友什鲁斯伯里伯爵结成了同盟（什鲁斯伯里伯爵在诺曼底依旧拥有 30 座城堡）。这正是亨利想看到的，他立即宣布罗贝尔破坏条约，并在第二年出兵诺曼底。

亨利谎称顺应诺曼底人的要求来到这里，将诺曼底人从他哥哥的暴政中解救出来。说罗贝尔的暴政使国家饱受苦难也不无道理：他美丽的妻子去世了，只给他留下了一个男婴；宫廷在他的带领下再次变得杂乱无章，据说他有时候甚至因为没有衣服穿而在床上躺一整天——因为他的侍从们把他的衣服全偷走了。但他率兵打仗时，表现得像一位勇猛的战士。不幸的是，他和跟随他的 400 名骑士一起沦为亨利国王的阶下囚。其中包括可怜的埃德加王子，他和亨利无冤无仇，只不过是和罗贝尔关系很好罢了。埃德加根本不足以让亨利对他进行惩罚，所以亨利国王给了他一小笔钱。埃德加用这笔钱在英格兰一片寂静的田野和森林中度过了余生。

至于罗贝尔——这个可怜、善良、慷慨、奢靡和鲁莽的罗贝尔，尽管他有很多缺点，也拥有成为一个更好、更快乐的人的潜质。那么他的结局如何？如果国王是一位宽宏大量的人，他会心平气和地对他说："哥哥，请你当着贵族的面向我保证，从今往后你将成为我忠实的追随者和朋友，永远不会举起手来反抗我或攻打我的军队！"亨利绝对不会担心罗贝尔食言，他或许会信任罗贝尔，直到其中一方死去。可惜啊，国王没有宽宏大量的气度，相反，他将哥哥一生囚禁在一座王室城堡里。在罗贝尔刚被囚禁的日子里，他还被允许在有人看管的前提下骑马外出。然而有一天，罗贝尔甩开了看守他的人，骑着马飞驰而去。可是他实在太倒霉了，他跑到了一处沼泽地中，马陷在沼泽里，他就在这里被擒获。国王听说此事后，下令废掉他的眼睛，于是，国王的部下把一片烧得通红的金属放在了罗贝尔高贵的眼睛上。

就这样，罗贝尔在黑暗和牢狱中度过了很多年，他不断回忆自己此前的人生道路：他虚度的光阴、挥霍的钱财、错过的机会、浪费的青春和从未珍惜过的才华。有时，在天气清爽的秋天的早晨，他会回忆起曾经在森林里自由自在狩猎的日子——那时他总是冲在最前面，乐在其中；有时，在寂静的夜晚，他会醒来，为那些浪费在赌桌上的夜晚感到惋惜；有时，在忧郁的风声中，他仿佛听到吟游诗人传唱的古老歌谣；有时，双目失明的他会在梦里再次见到金碧辉煌、闪闪发亮的诺曼底宫廷。无数次，在想象中，他重新回到了耶路撒冷——他曾在那里奋勇作战，立下了汗马功劳；或者回到意大利，他走在英勇队伍的最前面，摘下用羽毛装饰的头盔鞠躬，向周围欢迎他们的人民致意；或者回到了蔚蓝的海边，与他美丽的妻子在一起。这时，他又会想起妻子的坟墓和幼子，想到这里，他忍不住伸出无助的双臂，失声痛哭。

最终，他在狱中死去了，他的脸上留着残忍而丑陋的伤疤，狱卒们用绷带把他的眼睛包了起来，因为他们不想看到他眼上的疤痕。然而，上天却没有因此蒙上双眼——它正看着这位 80 岁身心疲惫的老人。他曾是诺曼底的罗贝尔！愿上天怜悯他！

当罗贝尔被弟弟囚禁的时候，他的小儿子才 5 岁。这个孩子也被抓住，带到国王面前的他放声大哭。他虽然年纪很小，但也知道害怕他的叔叔。国王对在他权力掌控范围内的人，是不存在怜悯心的，但他的铁石心肠似乎在一瞬间被这个男孩软化了。他努力摆出一副看起来不那么残酷的样子，然后下令将孩子带走。一位娶了罗贝尔女儿为妻（她的名字叫圣桑的埃利）的男爵收养了他，无微不至地照顾他。

国王的温柔并没有持续多久，还不到两年的时间，他便差遣信使到这位男爵的城堡，抓住这个孩子把他带走。男爵当时不在城堡里，但他的仆人忠心耿耿，在男孩熟睡时带走了他，把他藏了起来。男爵回来后听说了国王的所作所为，便带着孩子逃到了国外，从一个宫廷流落到另一个宫廷。每到一处，男爵便对人讲述这个孩子拥有英格兰王位的合法继承权，如果不是他的叔叔——现任国王将他的合法继承权视作一个威胁，如果不是他侥幸逃脱的话，那么他残酷的叔叔一定会将他杀掉。

年少纯真的小威廉·费茨－罗贝尔（这是他的名字）在当时结交了很多朋友。在他长大成人后，法兰西国王联合了安茹和佛兰德两位伯爵，帮助小威廉一起对抗英格兰国王，他们抢占了英格兰国王在诺曼底的很多城镇和城堡。然而，亨利国王一如既往地狡诈卑鄙，他用钱财、承诺以及权力收买了威廉的很多朋友。他收买了安茹伯爵，答应让他的长子（名字也叫威廉）娶伯爵的女儿为妻。

的确，国王这一生所有的希望都寄托于这样的交易（在他之后，有很多国王也和他一样，使用那些如出一辙的手段。就在前不久，一位法兰西国王也刚刚完成了一次交易），而他相信每个人的忠诚与价值都可以通过一定的价钱买下。尽管如此，亨利还是非常害怕威廉·费茨－罗贝尔和他的朋友们，以致在相当长的一段时间里，他一直认为自己有生命危险，即便在宫殿中，即便宫殿周围全是卫兵，他也无法安心入睡。唯有在床边放一把剑和一面盾牌才可以让他有安全感。

为了壮大自己的力量，亨利国王举行了盛大的仪式，将自己最年长的女儿玛蒂尔德①——她还只是一个 8 岁的孩子，许配给德国皇帝亨利五世。为了给她筹备嫁妆，他以最残酷的压榨方式对英格兰人民课以重税，又用一场盛大的游行安抚人民的情绪。之后，他风风光光地将玛蒂尔德交给了德国大使，以便让她在未来丈夫的国家接受教育。

如今，亨利国王的王后——善良的玛蒂尔德不幸去世了。这位贤德的女士充满了悲情色彩，她嫁给这个她从未爱过的男人唯一的希望是，消除诺曼人和英格兰人之间的仇恨，而这个唯一的希望却破灭了。她刚去世，诺曼人和法兰西人便与英格兰人全面开战。因为亨利国王刚刚度过危难，便背弃了之前那些通过贿赂、收买法兰西权贵所做出的承诺，所以这些权贵自然就团结起来对他宣战。

打了几仗之后，而且除了倒霉的平民百姓外也没有伤及其他人（平民始终都是遭殃的对象，只不过方式不同而已），亨利又故技重施，通过承诺、贿赂收买人心。这次除了惯用伎俩之外，他还得到了教皇的帮助——因为教皇想努力避免流血和杀戮的发生，再加上一次又一次地庄严宣誓，国王成功地与对手和解了。

和平带来的第一个结果是：国王带着威廉王子和一大堆随行人员去了诺曼底，以便让诺曼贵族承认王子作为他的继承人，还顺便解除了王子和安茹伯爵的女儿的婚约（这是国王打破的众多承诺中的其中一项）。这两件事情都非常成功地完成了，虚情假意被演绎得淋漓尽致。1120 年 11 月 25 日，所有的随行人员在巴夫勒尔的港口整装待发，准备起航返回英格兰。

---

① 玛蒂尔德：亨利一世的两位合法子嗣之一，在其弟死后成为英格兰王位的合法继承人。她被许配给德国皇帝亨利五世，在亨利五世死后，又被嫁给安茹伯爵。

就在这天，在这个地方，一位名叫费茨－斯蒂芬的船长跑到国王面前说：

> 国王陛下，我的父亲终其一生为您的父亲在海上效力。他曾经驾驶过那艘船头装饰着金童雕塑的大船，也就是您父亲前来征服英格兰时坐的那艘船。我恳求您让我担任相同的职责。我有一艘非常精良的船停在海港里，那艘船的名字叫"洁白之船"，配有50位名声响亮的水手。我恳求您，给予您的仆人这一荣耀，请您乘着这艘"洁白之船"，让您的仆人为您掌舵返回英格兰吧！

"抱歉，我的朋友，"国王回答道，"我的船已经选好了，我无法与你这位曾经服侍过我父亲的人的子嗣一起航行。不过王子和他的随从可以与你同去，你们可以一起乘坐这艘由50位有名水手摇桨的'洁白之船'。"

又过了一两个小时，国王乘着他选的船和其他几艘船一同起航。他们连夜航行，海上风平浪静，一大早他们就抵达了英格兰海岸。然而，到了夜晚，这支船队中的一些人听到了海边传来隐隐约约的哭喊声，他们很纳闷那声音究竟是什么。

这个时候，王子已是一个放荡不羁、荒淫无度的18岁的年轻人，他对英格兰人民没有一丁点好感。他曾声称，等他登上王位后，就会给英格兰人民套上像耕牛一样的轭来辖制他们。他与140位和他一样的年轻贵族登上了"洁白之船"，这些人当中有18位最高等级的贵族小姐。他们，再加上他们的随从和50位水手，使得船上的乘客总共达到300人。

王子对费茨－斯蒂芬说："赏给这50位大名鼎鼎的水手三桶好酒！国王殿下已经从港口起航了，如果我们在这里饮酒作乐，何时起航才能与他们一同到达英格兰呢？"

"王子殿下！"费茨－斯蒂芬说道，"如果我们在午夜起航，天亮之前也能到达！我的50位水手和这艘船将会赶超国王船队中速度最快的那艘！"

王子听后，立即下令让大家尽情欢乐，水手们把三桶葡萄酒全都喝光，王子则和贵族们伴着月光在甲板上翩翩起舞。

当船终于从巴夫勒尔港口起航时，水手们没一个是清醒的。但船帆都已扬起，船桨也愉快地摇了起来，费茨－斯蒂芬负责掌舵。那些放荡不羁的年轻贵族和漂亮小姐为抵御寒冷，身上披着五颜六色的斗篷，在一起谈笑风生、载歌载舞。王子还鼓励50位水手摇桨的时候再卖力一些。

"船撞上了！"突然一声呼喊从300人之中传出，他们听到的声音正是远处国王船队听见的隐隐约约的哭喊声。"洁白之船"撞上了一块礁石，船舱开始进水，很快船便开始下沉。

费茨－斯蒂芬赶紧让王子和几位贵族上了一艘小船。"快走，"他小声说，"赶快划向陆地，这里离岸边不远，海上也没有风浪。剩下的这些人，统统死定了。"

然而，就在他们划船全速前进的时候，在那艘正下沉的"洁白之船"上，王子听到他的妹妹玛丽——佩尔什女伯爵的求救声。于是，他做了一件他这辈子从来没做过的善举。他生气地喊道："回去，不管多危险，我不能丢下她不管！"

他们只得把船划了回去。当王子伸出手抓住他的妹妹时，船上有很多人一拥而上跳入小船，小船立即就翻了。就在这时，"洁白之船"也彻底沉了。

最后，只有两个人还浮在海面上。他们紧紧地抱住主帆的帆架，桅杆已经严重毁坏，勉强支撑着这两个人。其中一个人询问另一个人的身份，他回答说："我是一个贵族，我叫戈弗雷，是吉尔伯特·德·艾格勒之子。你呢？"另一个人回答说："我叫贝罗尔德，鲁昂的一个屠夫。"之后，他们互相祈祷道："愿上帝怜悯我们！"并试图鼓励对方，在这个不幸的夜晚，他们漂浮在冰冷的海面上，身体逐渐失去知觉。

过了一会儿，有一个人游了过来。他把湿透的长发弄了弄，这时他们才认出这个人来，他就是费茨－斯蒂芬。"王子在哪里？"费茨－斯蒂芬问道。"死了！淹死了！"另外两人一起哭道，"王子、王子的弟弟妹妹、国王的侄女还有她的哥哥，他们都死了！整艘船有300人，无论是贵族还是平民都死了，就剩我们三个！"费茨－斯蒂芬听后脸色变得苍白，他哭喊道："哀哉！不幸的我！"然后，一松手，沉到了海底。

其他两人抓着帆架在海上又漂了几个小时。终于，年轻的贵族用虚弱的声音说："我不行了，浑身已经冻僵了，我坚持不下去了，永别了，我的好友！愿上帝救你脱离死亡！"说罢，他放开帆架，沉了下去。在这群满是位高权重的人之中，只有一个可怜的鲁昂屠夫获救。第二天一早，几个渔民发现穿着羊皮袄的他浮在海上，便将他拖到他们的船上，屠夫成了这场惨剧的唯一幸存者。

整整三天时间，无人敢将这个信息报告给国王。最后，他们派了一个小男孩到国王面前。男孩跪在国王脚前，放声痛哭，对国王讲述了"洁白之船"的惨剧和船上无一人生还的消息。国王听后像死人一样瘫倒在地，自那以后，再也没有人见过他的笑脸。

然而，他奸诈狡猾的性格却没有改变。没过多久他又开始设计阴谋，一遍又一遍许下从未打算兑现的承诺，继续通过贿赂的方式来收买人心。因为他已经没有儿子可以继承他的王位，在经历过所有的痛苦之后（"嗨，王子再也不会给我们套上耕牛的轭了！"英格兰人民说），亨利又娶了一个老婆——阿德莱或爱丽丝，一位公爵的女儿，还是教皇的侄女。但她没有给亨利生儿育女，于是他提议让所有的贵族发誓他们将拥护他的女儿玛蒂尔德作为他的继任者。因为玛蒂尔德已是一个寡妇，所以亨利就把她许配给安茹伯爵的长子高弗黎。他有个绰号叫金雀花（Plantagenet），绰号的由来是因为他的装束，他总是在他戴的帽子上别一束盛开的小花（在法语中读成"热内"）来替代羽毛。

就像一条臭鱼会弄坏一锅汤一样，一个卑鄙无耻的国王无疑会拨弄出一个无比下流的朝廷。所以，朝廷的权贵们尽管一丁点想信守承诺的打算都没有，但他们还是发了两次誓，承认玛蒂尔德（和她的子嗣）对王位享有继承权。这时，国王的心头大患威廉·费茨－罗贝尔也因为手臂被长矛刺伤，最终死在了法兰西的圣奥梅尔，年仅 26 岁。玛蒂尔德又生了三个儿子，这让亨利觉得王位的继承已经不存在任何问题了。

为了离玛蒂尔德更近些，亨利余下生命的大部分时间是在诺曼底度过的。不过这些日子他还是生活在各种各样的家庭矛盾中。他 67 岁，也就是他统治了 35 年的时候，他因消化道疾病和高烧病逝。要了他的命的是一种叫七鳃鳗的鱼，他在食用那条鱼的时候身体状况非常差，他的医生曾多次叮嘱他不要食用。他的遗体被送入雷丁修道院，葬在了那里。

你或许会听到，有些人把亨利一世的卑鄙下流和背信弃义说成是"政治需要"，另一些人则会认为是"外交手段"。但不管怎样，这些华丽的词语所指的都不是真实的东西，而任何不真实的事物都不是好东西。

据我所知，他身上最大的优点就是他对学习的热爱。如果这个优点能指引他变得更强大，从而放过一位被他囚禁的诗人的双眼的话，我或许会夸奖他两句，更何况那位诗人还是一位骑士。但他却下令挖去诗人的双眼，因为诗人曾在诗中取笑他。被挖掉双眼后，诗人不堪忍受痛苦的折磨，一头撞死在监狱中。

总之，亨利一世是一个贪得无厌、报复心极强、无比虚伪的人。我估计在这个世界上，没有哪个人会比他更虚伪的了。

4 王朝终结

　　国王刚刚过世，他生前那些付出了无数谎言为代价、煞费苦心制订的计划，像一座沙堡一样，瞬间土崩瓦解。斯蒂芬——一个他生前从未怀疑过的人，开始了对王位的争夺。

　　斯蒂芬是阿德拉的儿子，阿德拉是"征服者"的女儿，她嫁给了布卢瓦伯爵。对斯蒂芬和他的弟弟亨利来说，国王对待他们十分慷慨：他不仅任命亨利为温彻斯特主教，还为斯蒂芬促成了一桩非常好的婚事，这大大地壮大了他的实力。但这丝毫没有能阻止斯蒂芬的野心。他找到一位做假证的证人——已故先王的一位侍从，这位侍从宣称国王临死前在病床上指定斯蒂芬为继承人，成功地欺骗了坎特伯雷大主教加冕他为国王。新任国王的登基十分突然，但一刻也没有耽搁他攫取王室财宝的速度。他还从王室府库中拿出一部分钱，雇用了一些异国他乡的士兵，保护他的王位。

　　如果死去的国王真的如做伪证的卑鄙小人所说立下了遗嘱，那他至少还能有那么点权力把英格兰人民列在遗产里，不需要征得他们的同意。但事实上，他早就把所有的地盘都赠给了玛蒂尔德。于是，背后有格洛斯特伯爵罗贝尔撑腰的她，很快便开始争夺王位。一些位高权重的贵族和神父站在玛蒂尔德这边，另一些则选择站在斯蒂芬这边。两拨人都加固了各自城堡的防御工事，可怜的英格兰人民再次陷入了战争。无论最终获胜的是哪一方，他们都不会得到任何好处，因为两拨人都抢劫百姓的财物，对百姓百般折磨，让他们饱受饥荒之苦，把他们的家园变成了废墟。

　　那时，距离亨利一世去世已经过去了五年的时间。在这五年中，苏格兰人在国王戴维的带领下，对英格兰发动了两次使其损失惨重的侵略，不过当玛蒂尔德和她的兄弟罗贝尔带着大批军队到英格兰确保她对王位的继承权时，苏格兰国王最终战败，他的军队也全军覆没。玛蒂尔德的军队和斯蒂芬的军队在林肯打了一仗，在这场战斗中，斯蒂芬成了俘虏。这是他与敌人英勇战斗的过程中，他的战斧和刀剑都被折断后发生的。他被带到格洛斯特，在这里被严加看管。于是，玛蒂尔德随后向神父们屈服，后者则加冕她为英格兰女王。

　　然而，她并没有享受多久她的新头衔。伦敦人民对斯蒂芬的感情非常深厚，很多权贵则认为国家被一个女人统治是一件有失体面的事。女王的脾气又是无比狂妄自大，她为自己树立了无数敌人。于是，伦敦人民开始造反，他们联合斯蒂芬的军队把她围困在温彻斯特，还俘虏了她的兄弟罗贝尔，因为罗贝尔是她麾下最优秀的战士，同时也是她的总指挥官。因此，玛蒂尔德十分乐意用斯蒂芬来换取罗贝尔。就这样，斯蒂芬重获了自由，旷日持久的战争在双方之间重新打响了。有一次，她在牛津的城堡里遭到围攻，情况十分紧急，那时正值白雪皑皑的冬季，地面上积了一层厚厚的雪。对她来说，逃命的唯一机会是全身换成白色的装束，和身边仅剩的三位忠心耿耿的骑士一起伪装，如此一来，当他们在雪中悄悄地从斯蒂芬营帐旁经过时，就能不被发现，他们再从结冰的泰晤士河上横穿过去。直到走出很长一段距离，才能跳上马背狂奔。这一切她都照做了，但也没能起多大作用，因为她的兄弟已经离死不远了，情况还在不断恶化，所以她最后只得撤回诺曼底。

　　在她退回诺曼底后又过了两三年，又有人打着玛蒂尔德的旗号来到英格兰，而这次是她的儿子亨利（年轻的金雀花），他只有 18 岁，却非常有影响力，不仅仅是因为她的母亲把整个诺曼底都交给了他，还有一个重要的原因是他娶了埃莉诺为妻。埃莉诺的前夫是法兰西国王，她是一个恶毒的妇人，在法兰西有很多财产和领地。国王路易不喜欢这桩婚事，于是他为斯蒂芬国王的儿子尤斯塔斯入侵诺曼底提供了帮助。但亨利不仅把他们的联合部队赶走了，还赶到英格兰救援他被斯蒂芬围困在沃灵福德的支持者们。在这里，两支军队之间只隔着泰晤士河，他们分别在河的两边安营扎寨。看来，天亮时分一场恶战将会拉开序幕。这时，阿伦德尔伯爵终于鼓起勇气，站出来说："为了实现两位王子的野心，从而延长两个王国不堪言表的痛苦，简直不可理喻。"

　　一旦有人带头，便会有很多贵族响应、支持，于是斯蒂芬和年轻的金雀花纷纷收兵，退回到各自的河岸，双方还进行了一次跨河谈判，通过谈判达成了休战。这个结果让尤斯塔斯很不满意，他怒气冲冲地带着几个随从扬长而去，洗劫了贝里－圣埃德蒙修道院。据说，他随后就疯了，死在了那里。

　　这次休战双方在温彻斯特进行了一场神圣、庄严的会议，并达成协议同意斯蒂芬保留王位，但前提是他必须宣布亨利为他的继承者。至于国王的另一个儿子威廉将继承他父亲所有合法的财产和领地。此外，斯蒂芬赠送出去的所有王室土地将被收回，所有他同意建造的城堡都将被拆毁。就这样，一场苦不堪言的战争终止了。至此，这场战争持续了 15 年之久，再一次将英格兰变成了废墟。斯蒂芬在停战后的第二年就去世了，算起来他的统治时间总共 19 年，这期间麻烦和坎坷不断。

虽然对那个时代来说，斯蒂芬国王活着的时候是一个仁慈、温和的人，他身上有很多可贵的品质，尽管他除了篡位之外没有干过任何坏事（这一点或许是当他想到亨利一世国王也是一个篡位者时，能找到很好的借口为自己开脱，但这只是自欺欺人而已），但所有的英格兰人在这 19 年中一直生活在恐惧之中，他们遭受的痛苦和折磨超过了以往任何一个时期。贵族们分裂成两派，分别支持两位争权者。这个被我们称为"封建"的体系，让农民一生下来就成了贵族的下人和奴隶（在这样的制度下，农民生来就是贵族的奴隶和仆人）。每一个贵族都拥有自己坚固的城堡，像一个残酷的国王一样统治着周围的人民。在这 19 年中，英格兰人民遭受的残酷待遇可以说是前所未有的。

生活在那个年代的作家们笔下的描述都充满了恐惧。据他们记载，城堡里面住的是恶魔不是人，农民无论是男人还是女人都会被关进地牢，目的是抢夺他们身上的金银。他们还会遭到烟熏火燎的折磨，他们的拇指被拴着吊起来，或者头挂重物，被拴着脚踝吊起来，被锯齿状的铁器抽打。有很多人饿死，有人被放满尖锐石头的狭小箱子碾压致死，无数人死在了无数种残忍至极的酷刑下。那时，在英格兰找不到一颗农作物、一片肉、一片奶酪或奶油，这里没有耕种的土地，更别提丰收了。如果你是一位旅人，你每时每刻都要担心强盗出没；即使走上一整天，你所能见到的也只有灰烬和废墟；从早到晚，你不会遇到一户人家。

神职人员也没有少受苦，也经常遭到抢劫，但他们当中有很多人有自己的城堡，他们像贵族们一样头戴头盔、身披铠甲与敌人战斗，他们会用抽签的方式瓜分战利品。教皇（或者叫他"罗马的主教"）曾一度因为斯蒂芬反对自己的野心而对英格兰实施了禁止令：他不允许英格兰教堂举行任何仪式，人们不可以在那里结婚，不可以鸣钟，死人不可以下葬。任何一个有权禁止这些事的人，无论他的名字是教皇还是街头小贩，都无疑有能力让无数无辜的人生活在水深火热之中。似乎是觉得斯蒂芬统治下的英格兰还不够悲惨似的，教皇做的"贡献"简直是"点睛之笔"，使斯蒂芬统治时期的痛苦和悲惨达到了顶峰。

第三章
金雀花王朝

1154 年，法国的安茹伯爵以亨利一世外孙的身份继承英格兰王位，由此开始了金雀花王朝的统治。金雀花王朝值得大书特书，《大宪章》的签订、议会的雏形、红白玫瑰战争、英法百年战争都出现在这一时期。1399 年，理查二世被废后英格兰由该朝的两个支系——兰加斯特王朝和约克王朝先后统治。

---

1 开国之王

年仅 21 岁的亨利·金雀花依照他与已故先王在温彻斯特达成的协议，安然地继承了英格兰王位。在斯蒂芬去世六个星期后，亨利和他的王后埃莉诺在温彻斯特举行了盛大的加冕仪式。他们肩并肩地骑着马，被一重又一重的欢呼声、乐声和漫天飞花所包围，场面十分隆重。

亨利二世的统治在一开始非常顺利。这位国王拥有大量的财产和领地（其中一部分是他自己的，另一部分是他老婆的），他还是法兰西三分之一土地的领主（这是他老婆的那部分）。他是一个充满活力、有才干、有决心的年轻人，一上任就立即着手铲除充满悲惨的上一个统治时期犯下的种种罪行。他收回了在之前的战争中双方草率分配出去的土地；在英格兰境内赶走了大量无法无天的士兵；他将所有的城堡都收归国王，并强行拆毁了品行恶劣的贵族的城堡——这些城堡总共有 1100 座，这些贵族曾以残忍的方式欺压无辜百姓。国王的弟弟高弗黎在法兰西起兵对他发起进攻，英格兰此时正值风调雨顺，亨利认为自己有必要亲自还以颜色。

当亨利镇压了他的弟弟，并与他的弟弟（高弗黎后来也没活多久）达成了一项友好协定之后，他的野心开始迅速膨胀，想极力扩张自己的地盘，而这也让他与法兰西国王路易打了一仗。在前不久，亨利刚刚与路易达成了友好协定，承诺其中一个 5 岁的小儿子将娶法兰西国王的女儿为妻，可那时法兰西国王的女儿还是一个睡在摇篮里的婴儿。不过这场战争最后无疾而终，教皇也在中间斡旋调停，最终使两位国王重归于好。

此时，由于前王朝的糟糕统治，神职人员的品行变得极其恶劣。他们中充斥着犯下各种罪行的卑劣之徒——杀人犯、盗贼和无赖，比比皆是，最严重的问题是，当品行恶劣的神父犯下罪行时，品行良好的牧师非但不把他们绳之以法，反而为他们包庇、辩护。国王非常清楚，这种状态若一直持续下去，英格兰是不可能得到安宁的。于是，他下定决心要削弱神职人员的权力。

在执政七年后，亨利等到了（在他看来）一个绝佳的机会：坎特伯雷大主教死了。国王心想："呀，我要任命一个新的大主教，这个人必须是我信得过的友人，他必须帮助我'搞定'那些大逆不道的神父，当这些神父做错事情时，这个人能让他们像其他人做错事情一样，受到惩罚。"于是，国王决定任命他的一个亲信为新的大主教。这位亲信实在是一个绝伦逸群之人，他的故事非同寻常，我必须得好好讲讲有关他的故事。

从前，有一个富有的伦敦商人，名叫吉尔伯特·贝克特。他来到圣地完成他的朝圣之行，中途却被一位撒克逊领主抓为俘虏。这位领主对待他并没有像对待奴隶那样，反而待他不薄。领主有一位貌美如花的女儿，她爱上了这个商人，并告诉他说自己愿意成为基督徒，如果他们能一起逃到基督教国家，她就愿意嫁给他。商人对她的爱意立即做出了回应。但当他找到了一个逃跑的机会时，他并没有带走那位撒克逊小姐，而是和他的仆人理查德一起逃到了英格兰，把那位撒克逊小姐忘了。

撒克逊小姐比商人要情深义重多了，她乔装打扮离开了父亲的领地，想要追随他。她一路历经坎坷来到了海岸。商人只教了她两个英文单词（我猜他肯定是学习了撒克逊语，然后用撒克逊语向她表达爱意的），一个是"伦敦"（London），另一个是他的名字"吉尔伯特"（Gilbert）。她走到那些船中间，嘴上一遍又一遍地喊道："伦敦！伦敦！"直到那些水手明白了她想找一艘能带她去伦敦的船。于是，水手们向她指了一艘去英格兰的船，她用首饰付了船钱，便随船出发了。

这一天，当商人正坐在他位于伦敦的房子里时，突然听到街上传来一阵巨大的吵闹声。过了不多会儿，理查德就一路狂奔地从货栈那儿跑了过来，瞪大着眼睛，上气不接下气地说："主人，主人，撒克逊小姐来了！"商人以为理查德疯了，但理查德却说："不，主人！的的确确是她，她在街上走来走去，嘴上高喊：'吉尔伯特！吉尔伯特！'"说完，他拉着商人来到窗前，指给他看。只见她穿着异国装束走在黑暗、肮脏的街道上，穿行于山形墙和喷水口之间，看起来十分可怜。她被人群包围着缓慢地往前走，嘴上不停地叫着"吉尔伯特，吉尔伯特"，这景象真是无比凄凉。商人看着她，想起了他被关押时她对自己的温柔，又看到她如此忠贞不渝，于是他被感动了，冲上街去。当她见商人来了，顿时号啕大哭，并晕倒在他的怀中。

他们很快结了婚，理查德（他是一个非常好的人）在婚礼当天非常高兴，起舞助兴从早跳到晚。商人和撒克逊小姐婚后的生活十分幸福美满。他们生了一个儿子，名叫托马斯·贝克特，他就是亨利二世的那个亲信。

当国王有意任命他为大主教时，托马斯·贝克特已经是国家大臣了。他聪明绝顶、思想开放，受过良好的教育，十分勇敢。他还参加过多次战役，并在一次一对一的决斗中打败了一位法兰西骑士，还把这位骑士的战马作为战利品带了回来。他住在宫殿里，担任年轻王子亨利的导师，麾下有140个骑士服侍他，财富数不胜数。国王曾派他出使法兰西，当他在街上行走时，法兰西人看得目瞪口呆，惊叹道："呀，仅仅一个大臣都这么奢华，英格兰国王得华丽成什么样子啊！"他们对托马斯·贝克特的富丽堂皇感到无比惊讶，这点其实不足为奇，因为当他来到法兰西的一座城镇时，他的队伍由250名唱着歌的童子打头，后面跟着成对的猎犬，其后的是八辆马车，每辆马车都由五位车夫赶着。其中两辆马车装满了烈性麦芽酒，这些酒是分给百姓的，另外四辆马车里装着他的金银铠甲和华美的衣裳，剩下两辆马车装着无数仆人的衣服。紧随其后的则是12匹骏马，每匹马的背上都有一只猴子。后面队列中的人手持盾牌，牵着装备华丽的战马。驯鹰人的队伍里则人人手持雄鹰，紧接着还有一大群骑士、贵族绅士和神父。最后是大臣本人，他的华丽服饰在太阳下闪闪发亮，所有的人无不兴奋地欢呼雀跃。

国王对此感到非常满意，觉得有这么一位华丽杰出的亲信会让自己更威风，不过他有时候也会拿贝克特的奢华开玩笑。有一次，君臣二人一同在严冬时节骑马穿过伦敦的街道，他们遇到一位身穿破烂衣服，浑身颤抖的老人。"看看那可怜的人！"国王说，"给那位老人一件舒服而又温暖的斗篷，难道不是一件善举吗？""是的，毫无疑问。"托马斯·贝克特回答道，"陛下你做得很好，能想到这是一个基督徒该有的责任。""来吧！"国王喊道，"把你的袍子给他吧！"那件袍子是由深红色貂皮做的。国王试图把那件袍子拉下来，大臣则挣扎着不让国王拿走，二人扭打起来，差点从马鞍上摔到泥潭里。大臣只得放弃，于是国王便将大臣的袍子给了年迈的乞丐。这举动不仅让乞丐惊讶不已，还让在场的朝臣乐在其中。因为，当国王开怀大笑时，朝臣们迫不及待地跟着他一起笑出声，他们很享受取笑一位深受国王宠信的人。

亨利二世国王心想："我要让我的大臣，托马斯·贝克特成为坎特伯雷大主教。这样一来他就能成为教会的领袖，他效忠于我，所以他能帮我让教会改邪归正。毕竟，他自始至终都是站在我这边，帮助我对抗神职人员的势力。而且（我记得）他还曾公开对一些主教说，教会的人应当与士兵们一样，效忠于我。在全英格兰，只有托马斯·贝克特能帮助我实现我的宏伟理想。"因此，尽管有很多反对的声音，有人说他只是一介武夫，有人说他是一个挥金如土的人，有人说他是一个阿谀奉承的小人，还有人说他是一个喜好宴乐的放荡之徒，没有一个人说他是这个职位的合适人选，但国王还是执意把他推上了大主教的位置。

此时的托马斯·贝克特十分自豪，他受人爱戴，且声名远扬。他的奢华已经让他非常出名了：他的财富、金银铠甲、马车、战马，以及侍从。他在这些方面的"成就"已经登峰造极，无法再超越了。他也厌倦了这种名声（其实这算不上什么好的名声），他想让自己的名字在其他方面也被人称颂。因为他很清楚，没有什么比他倾尽全力对抗国王的势力更能让他名震天下了。于是，他准备用尽浑身解数，把这件事干到底。

除了上面这些原因之外，他可能私下还对国王有些不满。据我所知，有些时候国王可能冒犯了他的自尊心。我觉得这是非常有可能的，因为对国王、王子还有其他伟人来说，用特别过分的方式来试探亲信的脾气，是一件司空见惯的事。就连那次毫不起眼的红色袍子事件，对一个傲慢的人来说，想必也绝非是一件愉快的事。托马斯·贝克特比英格兰的任何一个人都清楚，国王在他身上期待的是什么。在他整个奢华的一生中，他从未让国王失望过，他可以带着骄傲并以此为基础担任教会的头儿，而且他相信，无论是他把国王打败，还是国王把他打败，他的名字都将载入史册。

于是突然间，他让自己的生活方式发生了一百八十度的大转变。他遣散了他麾下所有德才兼备的追随者，他开始粗茶淡饭，贴身穿着粗麻布的衣裳，上面还布满了灰尘和寄生虫（在当时，人们认为外表肮脏是非常具有宗教气息的），鞭打自己的后背来惩罚自己。他大部分时间住在一个很小的房间里，每天给 13 个穷人洗脚，看起来他的生活已经到了惨不忍睹的地步。就算当时他在马背上放 1200 只猴子而非 12 只，队伍中有 8000 辆马车而非 8 辆，人们为之惊叹的程度，也远不及这番转变的一半。很快，人们对他当上大主教的议论，比以前他当大臣的议论还要多。

国王非常生气，而让国王更为恼火的是，这位新任的大主教声称许多贵族的地盘实际上是教会的合法财产，还要求国王放弃罗彻斯特城堡和罗彻斯特这座城市。后来，他又宣布除了他以外，没有人有权力在英格兰境内——他作为大主教的辖区内，任命任何教堂的神父职位。肯特郡有一位绅士做出了这样的任命，因为他宣称自己有权这样做，结果托马斯·贝克特将他逐出了教会。

　　"逐出教会"仅次于"教权禁令"，它是神职人员手中掌握的一项强大武器。对一个被逐出教会的人来说，他无异于被所有的教会以及宗教抛弃，而且从头到脚都被诅咒了。无论他是站着、坐着、跪着、行走着、奔跑着、跳跃着、打哈欠、咳嗽还是打喷嚏，总之无论他做什么，都是被诅咒的。这种有悖基督教的歪理邪说，事实上根本不会对被诅咒之人产生任何影响，因为如果他被教会拒之门外，他仍可以在家里进行祷告，人不能审判人，只有上帝才能。但由于人们胆小、迷信，极力避免与被逐出教会的人接触，这些人的生活也就越来越不幸了。因此，国王对这位新上任的大主教说："撤销对肯特绅士的驱逐令。"大主教的答复是："我不会这么做的。"

　　双方的争执仍在继续。这时伍斯特郡的一个神父犯下了骇人听闻的谋杀罪行，举国上下陷入了恐慌。国王要求教会交出这个卑鄙之人，让他与其他杀人犯一样在法庭上当众接受审判。可大主教拒绝了国王的要求，还一直把他关在主教监狱里。于是，国王在威斯敏斯特厅召开了一次隆重的大会，要求今后主教只要发现神父触犯了国法，就必须取消其神父职位，并依据国法对其进行惩罚。国王质问神职人员是否还会遵守这个国家古老的传统，在场的所有神父都没有说话，只有托马斯·贝克特回答道："除非我命令他们这么做！"这句话的意思是，神父们只会在不损害自己权利的前提下才会遵守这些传统。国王听后，怒气冲冲地离开了。

　　一些神职人员开始担心起来，觉得自己做得太过分了。虽然托马斯·贝克特就像在威斯敏斯特厅时一样无动于衷，但神职人员还是说服了他，让他看在他们很害怕的分上，去伍德斯托克找国王，并答应国王，他们会遵守这个国家的古老传统。国王对他们这一服从之举欣然接受，然后在索尔兹伯里的克拉伦登堡召开了一场声势浩大的神职人员会议。在会上，大主教又坚持他之前说的"除非我命令他们这么做"。尽管很多领主恳求他，神父们也在他面前流泪恳求，甚至下跪了，可他依旧坚持自己的做法。就在这时，旁边一个房间的门突然打开来，只见全副武装的士兵们一拥而入，他们威胁托马斯·贝克特，逼着他最终放弃了自己的坚持。自那以后，那些古老的传统（包括国王之前要求却没有实现的事项）都用文字记录了下来，并由神职人员的负责人在上面签字盖章，这部法典被称为《克拉伦登宪章》。

　　尽管如此，双方的争执仍在继续。大主教想要见国王，但国王不想见他。于是，大主教想逃离英格兰。他到了岸边之后，发现没有船只愿意载他出航。没办法，他再次下定决心，打算倾尽全力与国王对抗到底，并开始公开反对《克拉伦登宪章》。

国王在北安普敦召开了一次规模浩大的会议，并传唤他出席，指控他犯了叛国罪，还要求他赔偿一大笔远远超出合理范围的钱款。托马斯·贝克特在整个大会上孤立无援，就连主教们都劝他引咎辞职，并放弃与国王的抗争。极大的焦虑让他大病一场，他在床上躺了整整两天，然而他依然顽强抵抗。他在休会时来到会场，右手拿着一个巨大的十字架。他把十字架直立在胸前，坐下。国王看到后愤然离开，退到内室，其他人也都生气地离开了会场，把他一个人丢在那里，但他依旧坐在那里。主教们再次来到他面前，宣布与他断绝关系，称他为卖国贼。他只说了句："我听到了！"依旧坐在那里一动不动。主教们再次退到内室，审判就在他缺席的情况下进行了。不一会儿，莱斯特伯爵带领贵族们走出来，向他宣读了对他的审判结果。但他拒绝听取判决，不承认朝廷的权威，还说他要将自己的案情呈送给教皇。当他拿着十字架从会场中向外面走的时候，一些在场的人捡起地上的灯芯草——那时候，灯芯草像地毯一样铺在地上，向他扔去。他高傲地回过头，对他们说，如果不是因为他现在是大主教，他会用当年精通的剑术好好地教训他们这些懦夫。随后他跳上马，在百姓的欢呼簇拥下，骑着马离开了。他当晚将自己的家门打开，设宴款待这些百姓，他自己也与他们一起享用晚餐。就在这一晚，他悄悄地离开了，昼伏夜出地赶路，并化名"迪尔曼修士"，不费吹灰之力就逃到了佛兰德。

斗争仍在继续。愤怒的国王霸占了大主教的俸禄，并将托马斯·贝克特所有的亲戚和仆人驱逐出境，共有 400 人之多。教皇和法兰西国王都为他提供保护，并给他安排了一个修道院供他居住。受到这两人支持的鼓舞，托马斯·贝克特在一个重要的节日庄重地来到一个挤满了人的教堂，走上讲坛，公开诅咒那些支持《克拉伦登宪章》的人，并将他们驱逐出教会。他不仅点名道姓地提到了很多英格兰贵族，还毫不避讳地暗示其中也包括英格兰国王本人。

当他公然挑衅的情报传到国王的耳朵里时，国王暴跳如雷，气得撕破了自己的衣服，像疯子一样在铺着稻草和灯芯草的床上打滚。但他很快起身采取了行动。他命令英格兰的港口和海岸全都严加看守，不允许任何有关教权禁令的信件被带到英格兰，还派遣信使带着贿赂用的私礼来到教皇位于罗马的宫殿。与此同时，托马斯·贝克特在罗马也没有闲着，他最大限度地发挥自己的才能，为自己的利益殷勤筹划。因此双方的争执还在持续，一直到法兰西和英格兰之间实现了和平（两国之间时不时地彼此交战），因为两位国王的孩子终于结婚了，两国之间的和平也算是对此事的庆祝。随后，法兰西国王安排亨利和他的旧亲信——更长时间以来是他的敌人的托马斯·贝克特见了面。

即便当时托马斯·贝克特在国王面前下跪，可他对之前说的那些话依旧毫不动摇。法兰西国王路易对托马斯·贝克特这样的人崇拜得五体投地，但托马斯·贝克特的行为在他看来也有点说不过去了："他是希望自己比圣人更伟大，他想超越圣彼得。"然后和英格兰国王一起骑马弃他而去了。可是没过多久，可怜的法兰西国王便乞求贝克特原谅自己之前的行为，还装出一副十分可怜的样子。

在经过了多番周折和麻烦之后，亨利国王和托马斯·贝克特在法兰西的土地上又见了一面。二人达成了共识：同意托马斯·贝克特依照前任大主教的传统，继续留任坎特伯雷大主教，国王将保证他享有该职位的俸禄。

现在，你或许觉得这场争斗到此结束，托马斯·贝克特该消停了吧？不，还没完事呢。因为托马斯·贝克特不知从什么途径听说亨利国王由于担心自己的王国会陷入教权禁令，便秘密地为自己的长子亨利王子加冕，他不仅说服教皇把执行加冕仪式的约克郡大主教停职了，还将那些协助此事的主教全部逐出了教会。他甚至还派了一个信使到英格兰，尽管国王在海岸线上采取了所有的预防措施，可这个信使还是把逐出教会的信送到了这些主教的手上。托马斯·贝克特随后亲自来到英格兰，而此时他离开这里已经有七年了。有人私下警告他来这里会很危险，因为有一位名叫雷纳夫·德布罗克的愤怒骑士威胁说，绝不会让他活着在英格兰吃下一条面包。但他还是来了。

平民百姓十分欢迎他的归来，他们用所能弄到的极其粗糙的武器将自己武装起来，模仿着军人的模样与他一起行进。贝克特想去看看自己曾经的学生——年轻的王子，却被阻止了。他希望能在贵族和神父中间获得一些支持，却发现没有人支持他。于是，他最大限度地利用了那些伴随在他左右的农民，他设宴款待他们，往返于坎特伯雷和山城哈罗。圣诞节这天，他在坎特伯雷大教堂布道，他对大家说他这次回来就是要死在他们中间，因为他很可能会被杀。不过，他丝毫没有恐惧，就算有也不足以战胜他的顽固，因为他当场就将三个敌人逐出了教会，其中就包括雷纳夫·德布罗克骑士。

任何一个人都不喜欢自己无论是坐着、走路、打哈欠还是打喷嚏，都会受到诅咒，因而那些被逐出教会的人跑到国王那儿去诉苦也就不足为奇了。对于国王来说也一样，他何尝不希望这个给他制造麻烦的对手最终能平静下来呢。因此当他得知这些情况后，他暴跳如雷。加之约克大主教告诉他，只要托马斯·贝克特一日不死，国王便一日不得安宁。国王听后不假思索地喊道："难道就没有人能帮我摆脱他吗？"当时，有四位骑士在场，他们互相看了对方一眼，然后走了出去。

这四位骑士的名字是：雷金纳德·菲茨乌尔塞、威廉·德·特雷西、休·德·莫维尔和理查德·布里托，他们中有三人曾是托马斯·贝克特当年出访法兰西盛大仪式队伍中的成员。他们骑着马，十分低调地在圣诞节过后的第三天赶到了萨尔特伍德，这里距坎特伯雷不远，是雷纳夫·德布罗克家族的领地。他们秘密地在这里招募了一些追随者，以备不时之需。就这样，他们继续向坎特伯雷前进，下午 2 时，他们（四位骑士加上另外12 个人）突然出现在大主教面前，还是在他的家里。他们既不鞠躬行礼，也不说话，而是坐在地上一声不吭地瞪着大主教。

托马斯·贝克特开口问道："你们想干什么？"

雷金纳德·菲茨乌尔塞回答说："我们想要你撤销对主教们的驱逐令，并要你对国王的冒犯承担责任。"托马斯·贝克特对此不屑一顾，他十分藐视地告诉他们，神职人员的权威凌驾于国王的权力之上，根本轮不到他们这样的人来威胁他。就算全英格兰都威胁他，他也丝毫不会屈服。

"那我们可就不只是威胁你这么简单了！"骑士们回答道。说罢，他们带着另外 12 个人走了出去，穿上盔甲、拔出锃亮的刀剑后，又返了回来。

与此同时，托马斯·贝克特的仆人们，把宫殿的大门紧紧关上，并插上了门闩。一开始，那几名骑士试图用斧子将门砸开，但后来他们发现有一扇窗户可以进去，于是便没再费劲去硬闯大门，而是从窗户爬了进去。当骑士们试图猛砍大门时，托马斯·贝克特的侍从恳求他去大教堂避难，因为他们觉得那里是一个神圣的地方，入侵者不敢在那里肆意妄为。可托马斯·贝克特一遍又一遍地告诉他们，他哪儿也不去。不过，在听到远处传来修道士们晚间礼拜的声音时，他说他有义务出席，因此他去那里并不是为了避难。

从他的宫殿到大教堂有一条近路，由几个非常漂亮的回廊组成。这些回廊今天也能够看到。他不慌不忙地走进了大教堂，像以往一样拿着十字架。当他平安到达那里后，仆人们正要将门锁上，但他阻止了他们，还说这是上帝的居所，不是堡垒。

就在他说话期间，雷金纳德·菲茨乌尔塞的身影出现在大教堂门口，那时正是一个黑暗的冬日夜晚，他的出现让外面本就黑暗的微弱夜光，显得更加黑暗了。这位骑士大声喊道："跟我来，国王忠实的仆人们！"其余几位骑士伴着铠甲碰撞的声音，冲了进来。

教堂里高耸的廊道和庄严的立柱之间非常昏暗，地下室和狭窄的走廊里有很多可以藏身的地方，如果他愿意躲起来，完全可以逃过这一劫，但他却不肯这么做。他坚定地告诉修道士说，他绝不会这么做。所有的人都四散而逃，只剩下他忠实的侍从——为他拿十字架的爱德华·格吕姆还在那里。在托马斯·贝克特的一生中，没有任何时刻像此时这样坚定不移。

几名骑士穿过黑暗来到了这里，他们穿着盔甲，踩在教堂的石阶上，发出可怕的声音。"那个叛国贼在哪里？"他们喊道，没人回答。当他们喊"大主教在哪儿"时，贝克特骄傲地回答："我在这里！"然后从阴影中走出来，站在他们的面前。

骑士们其实并不想杀他，如果他们有别的办法让自己和国王摆脱他的话。他们告诉他，要么就此销声匿迹，要么跟他们走。但他告诉他们说这两件事他都不会去做。当威廉·德·特雷西上前抓住他的衣袖时，他用力推开，特雷西打了个趔趄差点摔倒。他的大声斥责和坚定不移不仅让他们勃然大怒，还让他们起了残暴的杀心。贝克特用一个带有侮辱性的名字称呼雷金纳德·菲茨乌尔塞，而雷金纳德·菲茨乌尔塞则大喝道："那你就去死吧！"然后向他的头砍去。就在这时，忠诚的爱德华·格吕姆伸出手臂挡下了这一击，分散了大部分力道，因此他的主人只是流了些血而已。骑士中又有声音传来，叫托马斯·贝克特赶紧滚。然而，鲜血顺着他的脸流了下来，他的双手紧握，低下头将自己交给了上帝，他坚定地站在那里。随后他们便将他残忍地杀死在圣贝内特的圣坛旁，他倒在了地上，鲜血和脑浆溅了一地。

想到这个曾被大肆诅咒的人被杀时的惨状，实在是令人不寒而栗。在这座仅有几盏灯照明的昏暗的教堂里，他面目全非地躺着。犯下罪行的骑士骑着马离开了，他们回过头看了一眼昏暗的大教堂……

当国王听说托马斯·贝克特是如何在坎特伯雷大教堂丢掉性命，如何惨死在四骑士手上时，顿时满心愁烦。有人认为国王草率地说出"难道就没有人能帮我摆脱他吗"这句话时，他希望并打算了结贝克特的命，但事实根本不可能是这样。因为国王不是一个生性残暴的人（虽然脾气很暴躁，容易动怒），他是个聪明人，他非常清楚，在他的统治下发生这样的谋杀案，就等于得罪了教皇和整个教会，这一点连白痴都知道。

他派遣使者毕恭毕敬地去面见教皇，表示自己是清白的（除了自己草率说出的话之外），并且他郑重地向人民发誓自己是清白的，最后费了好大力气才让事情平息。至于那四个犯下罪行的骑士，他们逃到了约克郡，自那以后就再也不敢在朝廷中露面。教皇将他们逐出了教会，他们过了一段痛苦凄惨的日子，同胞们对他们也是唯恐避之不及。为了赎罪，他们谦卑地去了耶路撒冷，死后也葬在了那里。

在贝克特被杀之后，一个既可以安抚教皇，又可以让国王在爱尔兰扩张他的权力的绝好机会恰好来了。对教皇来说，这是一件完全可以接受的事情，因为爱尔兰人是在很久以前，在一个名叫帕特里休斯（或称其为圣帕特里克）的人的影响下成为基督徒的，那时还没有教皇，因此他们认为无论是教皇对他们来说，还是他们对教皇来说，都没有一丁点关系。于是，他们拒绝向教皇缴纳"彼得便士"，也就是每户人家缴纳一便士的税，我在前面的章节中提到过。对于国王来说，这就是他的机会。

当时的爱尔兰人野蛮至极。他们彼此之间永远争执不断、互相打来打去、互相割破对方的喉咙、互相削掉对方的鼻子、互相烧掉对方的房子以及互相抢走对方的老婆。总之，各种事全被他们干遍了。爱尔兰被分裂成五个王国，分别是德斯蒙德、托蒙德、康诺特、阿尔斯特和伦斯特。每个王国由各自的国王治理，其中一个国王声称自己是领导其他四国的首领。现在，一个名叫德尔蒙·麦克默罗的国王（一个充满野性的名字，还不止一种野性的拼写方式）把他朋友的妻子抢走了，并把她藏在一个岛上的沼泽地里。这位朋友怒火中烧（尽管这样的事情在这个国家是一个司空见惯的习俗），跑去和当时的"高王"诉苦。在其帮助下，把德尔蒙·麦克默罗从他的地盘上赶了出去。

德尔蒙来到英格兰，盘算着怎样报仇雪恨。他向亨利国王提议，说他愿意俯首称臣，作为英格兰的附属国，如果亨利国王能帮助他夺回王国。国王答应了他的提议，但仅以一种当时被称为王室制诰的方式协助他，也就是允许任何有意参战的英格兰人加入他的麾下，协助他夺回王位。

布里斯托尔有一位名叫理查德·德·克莱尔的伯爵，外号叫"强弩"，是个人品很坏、穷困潦倒的亡命之徒，只要有钱赚他什么事情都干得出来。南威尔士也有两个落魄骑士属于这类货色，名字分别是罗伯特·菲茨－斯蒂芬和莫里斯·菲茨杰拉德。这三人分别带了几个追随者，加入了德尔蒙的队伍，并达成协议，如果事情成功，则"强弩"娶德尔蒙的女儿伊娃为妻，并成为德尔蒙的继承人。

这几个骑士带来的英格兰士兵个个训练有素，在战场上各方面都比爱尔兰人强很多，即便是在双方兵力悬殊的情况下，他们也能把爱尔兰人打得落花流水。在初期的一场战斗中，他们砍下了300个爱尔兰人的人头，并把这些人头堆在麦克默罗面前。麦克默罗则兴致勃勃地用手把每一个人头翻起，当他发现其中一个头颅属于之前他特别讨厌的一个人时，他拎着人头的头发和耳朵，用他的牙齿把鼻子和嘴唇咬了下来。从这件事上，你就能看出，那时的爱尔兰国王究竟是怎样的"品位"。整个战争期间，所有被俘虏的人都受到了惨绝人寰的对待——胜利的一方把俘虏的四肢砍断，从很高的岩石上将他们扔进海里。就在这残忍暴行的伴随下，他们攻下了沃特福德，这里的街道上堆满了尸体，鲜血将肮脏的水沟染红，就是在这里"强弩"与伊娃举行了婚礼。堆积成山的尸体作为婚礼的背景，实在令人作呕，不过我觉得这对新娘的父亲来说，是相当合适的。

攻下了沃特福德和都柏林，并取得了很多成就之后，德尔蒙·麦克默罗死了，"强弩"成了伦斯特的国王。这时候，亨利国王的机会来了。为了抑制"强弩"日益壮大的势力，他以君主的身份来到都柏林，他把"强弩"的国家夺了过来，却许给他大量的土地和财产。国王随后在都柏林停留了些时日，得到了几乎所有爱尔兰国王和首领的效忠。当他再次返回家乡时，他的名誉中又多了一个爱尔兰君主的头衔，他还帮了教皇一个忙，让教皇在这个地方拥有了他想要的权力。就这样，教皇十分痛快地与他冰释前嫌，全面和解了，我猜国王自己都没有想到竟然会这么容易。

当他的统治进行到这个阶段，他的麻烦几乎所剩无几，前景一片光明。可就在这时，权力内部的悲惨逐渐将他折磨成最痛苦的人，消磨了他的意志，摧毁了他的健康，并伤透了他的心。

他有四个儿子：亨利如今18岁了，他当年因秘密加冕而触怒了托马斯·贝克特；16岁的理查；15岁的高弗黎；还有他最宠爱的约翰，朝臣们称约翰为"无地之人"，因为他什么也没有继承到，但国王打算将爱尔兰赐给他。所有误入歧途的儿子，对他们的父亲没有一丁点孝敬之心，彼此也毫无手足之情。亨利王子在法兰西国王和他邪恶的母亲埃莉诺的唆使下，开始了一系列大逆不道的行径。

他先是提出要求他年轻的妻子、法兰西国王的女儿玛格丽特，也要像他一样得到加冕。他的父亲同意了这一要求，把这件事情办妥了。可这件事情刚办妥，他就要求他父亲将一部分领土的统治权给他。他的这一要求被拒绝了，于是他当晚就离开他的父亲，跑去投靠法兰西国王。又过了一两天，他的两个弟弟理查和高弗黎也跟随他的脚步投奔了法兰西国王。他们的母亲也试图加入他们，她乔装成男人打算逃跑，却被亨利国王的人抓住，关进了监狱，罪有应得的她一共被关了16年。因为国王保护子民不被那些贪得无厌的英格兰贵族压迫，他们便对国王怀恨在心，背叛国王并加入几名王子的阵营。

亨利国王每天都会收到关于王子们的新消息：有人说王子们在招兵买马，集结军队来对抗他；有人说亨利王子在法国的朝廷上，当着他派去法兰西的使者们的面，头戴王冠，自称英格兰的少年国王；有人告诉他说，几名王子发誓称，如果得不到法兰西贵族们的批准，他们就永远不会与他们的父亲和好。但亨利国王的意志和精神却从未动摇过，他用坚定和乐观的心态去面对这些灾难性的打击。他召集了所有身为人父的王室成员帮助他，因为他所面对的问题也是这些人早晚都要面对的。此外，他为了与挑拨他们父子关系的罪魁祸首——虚伪的法兰西国王征战，还自掏腰包雇用了2万人，他满怀士气进攻法兰西，向后者宣战。路易国王很快便招架不住，提出了和谈的请求。

在一棵枝繁叶茂的老榆树下，在法兰西的一个平原上，双方进行了和谈会议。然而，这场会议最终没有取得任何结果，战争再次打响。这时，理查王子开始了他的征战生涯。他率领一支军队举兵反抗他的父亲，但他的父亲击败了他，打退了他的军队。就在这时，国王接到苏格兰人前来犯境的消息，于是急忙冒着一场巨大的暴风雨行军，回国迎击苏格兰人。要不是国王及时接到消息并下令撤军，理查王子手下这几千人肯定会后悔打这场不义之仗的。

我不知道亨利国王是真的开始害怕他所经历的这些苦难——因为贝克特死于非命，还是他想要讨教皇欢心，因为教皇已经将贝克特封为圣人了，又或是他希望讨人民欢心，因为绝大多数的民众相信，贝克特冰冷的坟墓能让神迹发生，究竟是什么原因我无从知晓，但国王刚踏上英格兰的土地，便直接赶往坎特伯雷大教堂。当他远远地看到大教堂时，他便从马上下来，脱掉鞋子，光着脚走到贝克特的坟墓旁（脚上还流着血）。他在那里当着很多人的面，倒在地上痛哭流涕。过了一会儿，他起身走进做礼拜的会堂，脱下身上的衣服，露出肩膀和后背，任凭80位神父轮流用打结的绳子抽打他（我敢说打得肯定不重）。

无巧不成书，就在国王上演这出稀奇古怪的闹剧的这一天，英格兰军队在对阵苏格兰人的战斗中大获全胜。这一消息让神父们高兴极了，他们说之所以会赢得这场胜利，是因为国王以身作则树立了一个很好的忏悔榜样。神父们发现，自从贝克特死后，几乎所有的人在方方面面都变得非常崇拜他，可他活着的时候，他们是那样憎恨他。

佛兰德伯爵是为国王的不孝之子及他们的外国朋友出谋划策、设计阴谋的首要人物，他趁国王在英格兰忙于内政之际，出兵将诺曼底的都城鲁昂围了起来。但国王的反应速度超乎常人，行动起来也十分积极，在人们还以为他根本不可能从英格兰出发时，他已经到了鲁昂。他击败了佛兰德伯爵，于是这位阴谋家向他求和，他的两个不孝子亨利和高弗黎也投降了。理查又抵抗了六个星期，但随着他一次又一次被打败，丢掉了一座又一座的城堡，最后他也选择了投降。亨利原谅了他们。

然而，饶恕这些根本不值得饶恕的王子，只会给他们提供喘息的时间，以便让他们干更多背信弃义的事。他们虚伪、不忠、无耻到了极点，就连小偷都比他们讲信用。第二年，亨利王子又造反了，再一次得到了国工的原谅。八年后，理查背叛了哥哥亨利。臭名昭著的高弗黎王子不知廉耻地说过这样的话："兄弟几个永远无法彼此握手言和，除非团结起来对抗父亲。"就在他们与国王和解的第二年，亨利王子再次背叛了他的父亲，而后再投降，发誓将永不造反。然而，没过多久他又和高弗黎一起发动了叛变。

不过，这个背信弃义的王子很早便遭到了报应。他在法国一个城镇一病不起，这时他突然良心发现，不断受到良心的谴责——为自己之前的那些卑劣行径感到懊悔不已。于是，他差遣信使去见他的父亲，恳求父亲来这里见他最后一面，并恳求父亲原谅他这个将死之人。慷慨大度的国王对他的孩子们总有一颗怜悯、宽恕之心，于是他决定去见他的儿子。但由于王子之前背信弃义的前科实在是太恶劣了，国王身边的贵族们都怀疑这其中可能有诈，他们劝国王不能用性命冒险来相信一个叛徒，即便他是长子。于是，国王将手上的一枚戒指摘下，派人给他送去，表示对他的饶恕。当王子亲吻这枚戒指时，内心无比悲伤，泪流不止。他向周围人坦白自己之前多么卑鄙、无耻，多么大逆不道，他对身边的神父们说："在我身上绑一根绳子，把我从床上拖下来，放到灰烬上，让我向上帝祷告忏悔，在祷告中死去！"他就这样死了，只有27岁。

三年后，高弗黎王子在一次比赛中从马上摔了下来，成群的马踩着他的脑袋奔腾而过，他的头被踩碎。这样一来，就只剩理查王子和约翰王子了。此时的约翰王子已经长成了一个小伙子，他庄严地发誓绝不会背叛父亲。理查在朋友法兰西国王腓力二世（路易之子，在路易死后，他继承了王位）的教唆下，很快又造反了，但很快又投降了，并再次得到原谅，他还对着《新约全书》发誓绝不会再叛变。

又过了一年左右，他又造反了：在他父亲在场的情况下，他跪在法兰西国王面前宣誓效忠他，声称如果法兰西国王能够鼎力相助，他将会通过武力亲自夺取他父亲在法兰西的所有地盘。

就是这样的理查，还自称是救世主的战士！不过就在前一年，法兰西国王和英格兰国王戴着十字架，在平原上那棵枝繁叶茂的古老榆树下，亲如兄弟般地会面，他们（也像他一样）发誓为一支新十字军贡献自己，为了荣耀和真理而战！

这位国王心力交瘁，儿子们的谎言让他感到绝望，他如一具行尸走肉，在顽强坚守了那么久之后，也终于开始吃败仗了。教皇为了捍卫国王的荣耀，为国王提供了支持，同时还强迫法兰西国王与理查和亨利进行和谈。理查想要加冕成为英格兰国王，并装作想要（其实他一点也不想）娶法兰西国王同父异母的姐姐为妻。这位公主被亨利国王扣留在了英格兰，因为亨利国王想把她嫁给他最宠爱的儿子约翰，也是唯一一个（据他说）没有背叛过他的儿子。亨利国王身边的贵族接二连三地背叛他、离他而去，他痛苦至极、疲惫不堪、心力交瘁，最终无奈地同意与对方言和。

可是，还有一个沉重的痛苦在等着他呢。

他卧病在床，身体非常虚弱，有人把写在纸上的和平条约拿到他面前时，还呈上了一份叛变者的名单，要求他赦免这些人。那份名单上的第一个名字就是约翰，那个他最宠爱的儿子，那个自始至终他都未曾怀疑过的儿子。

"哦，约翰！我心爱的孩子啊！"痛苦至极的国王大声喊道，"哦，约翰啊！我经历的这些苦难，我所抗争的一切都是为了你！可连你也背叛我！"他痛苦地长叹一声后躺下了，说道："算了，就让这一切随他去吧！我已经没有什么在乎的了！"

过了一段时间之后，他告诉侍从们把他带到法兰西希侬镇去，那里是他这些年最喜欢的地方。但是，现在的他已经哪里都不喜欢了，的确，这个世上没有什么值得他留恋的了。他疯狂地诅咒了自己的降生，疯狂地诅咒他的孩子们，之后便离开了这个世界。

100年前，"征服者"刚咽气，宫廷走狗就把他扔下不管了，就像当时的情景一样，今天他们也照样把他的后代扔下不管了。国王的遗体在他们洗劫国王卧室的过程中，被扒了个精光，想将其运到教堂下葬都很难。

在之后的几年时间里，人们拍理查的马屁说他有一颗狮子般的心。我倒觉得他要是长着一颗人类的心该有多好。他那颗心不管是什么做的，在他来到庄严的教堂，看到他父亲的遗容时，也该感到懊悔不已；他那颗心不管是什么做的，从他之前对自己父亲的所作所为来看，肯定是一颗虚伪无比的黑心，一丝良善都没有，甚至比不上禽兽。

在这段统治时期，流传着一个美丽的故事，称作"美丽的罗莎蒙德"。故事讲述了国王是如何宠爱罗莎蒙德这位世上最美丽的女子的。他为她在伍德斯托克的一个公园修筑了一间漂亮的闺房，闺房隐藏在一座迷宫中，只能通过一个丝绸的线索才能找到。邪恶的埃莉诺王后对美丽的罗莎蒙德心生嫉妒，她发现了这个线索隐藏的秘密，于是在罗莎蒙德面前摆上一把匕首和一杯毒药让她选择一样自尽。美丽的罗莎蒙德流下了痛苦的眼泪，一遍又一遍地向毫无人性的王后求饶，残忍的王后无动于衷，她只好选择服下毒药，最终死在了美丽的花丛中。对此一无所知的鸟儿们唱着欢快的歌，在她周围飞来飞去。

哟，历史上的确有一位美丽的罗莎蒙德，而且（我敢说）她可能确实是世界上最美丽的女子，国王肯定非常喜欢她，邪恶的埃莉诺王后也肯定非常嫉妒她。但恐怕——我说的是恐怕，因为我实在太喜欢这个故事了，实际上根本没有出现过闺房，没有迷宫也没有丝绸的线索，更没有匕首和毒药。我猜想，美丽的罗莎蒙德恐怕后来隐居在牛津附近的一所修道院中，安静地死在了那里。她的修女姊妹们在她的坟墓上挂上了一个丝绸的帷幔，还经常用鲜花来装扮，纪念国王在年轻有为、前途无量的岁月里，被她的年轻与美貌所吸引。

此时，这个王朝迎来了黑暗和终结，迎来了凋谢和落幕。亨利·金雀花安静地躺在丰泰夫罗修道院里，享年57岁，在统治英格兰近35年的时间里，他将英格兰治理得繁荣向上，自己却没能迎来一个完美的结局。

2 狮心王

1189 年，"狮心"理查继承了亨利二世的王位，而之前他曾伤透了父亲的心。就像我们看到的一样，他从幼年时代开始，反叛的本性就暴露无遗。当他成为国王后，将对抗可能造反的人时，他才意识到叛变行为有多罪大恶极。在良心发现的驱使下，他惩罚了那些带头帮助他对抗父亲的人。后来，他几乎没有做过任何能比这件更好地展露他真正的本性的事。从另一个角度来看，没有什么比他做这件事，能更好地警告马屁精和阿谀奉承者不要相信拥有狮心的国王。

除此之外，他还把掌管父亲府库的人套上锁链，关进地牢，一直没有放他出来，直到他拱手让出了王室所有的金银财宝，不仅如此，他还放弃了所有属于他的钱财。如此一来，理查是不是真有一颗狮心，这一点不得而知，但他这次狮子大开口，吞掉了这个卑劣而又倒霉的司库的所有财富。

他在威斯敏斯特加冕成为英格兰国王时，场面非常盛大：四个位高权重的领主各执一支长枪，为国王撑起丝绸华盖的四角。在他加冕为王的这天，发生了一起屠杀犹太人的可怕事件，这件事似乎让很多自称基督徒的蛮横之辈感到非常高兴。国王此前发出公告，宣布禁止犹太人（虽然他们是英格兰土地上对人们最有帮助的商人，但几乎所有人都讨厌他们）出席典礼。但很多犹太人已经从四面八方带着礼物来到了伦敦，想表达他们对新国王的敬意。他们中的一些人甚至还冒险带着礼物来到威斯敏斯特厅，他们的礼物被欣然收下了。现在想来，应该是人群中一些喧闹的人，假装自己是非常敏感的基督徒，对犹太人的行为大呼小叫，还打了一个试图带着礼物进入礼堂大门的犹太人。之后，发生了骚乱，已经进入礼堂的犹太人被赶了出去。一些暴徒高声喊道："新国王下令要处死这个不信仰基督的种族。"

此话一出，民众立即涌入城市狭窄的街道，杀光了他们见到的犹太人。当他们在外面再也找不到一个活着的犹太人时（因为剩余的犹太人全都跑回了自己家，紧闭门窗），他们疯狂地跑到犹太人居住的地方，把犹太人的房门撞开，冲进去用刀和长矛将他们刺死，甚至还在外面生起火堆，把老人和孩子从窗户扔到下面的火堆中。这场惨绝人寰的暴行持续了整整一天，却只有三个人被处以死刑，而他们被处以死刑的原因竟然是因为他们烧毁了基督徒的房子。

理查国王是一个强壮、精力旺盛还很粗鲁的人，脑子里整天只想着如何打碎别人的脑袋。他迫不及待地想带领一支大军到圣地参加东征。可即便是去圣地，没有一大笔钱也是无法率领庞大的军队踏上征途的。因此他开始变卖王室领土和财产，甚至出售国家一些重要的职务。他草率地指派贵族管理英格兰臣民，他指派的人不是因为他们能胜任职务，而是因为他们出价最高。通过这样的途径，再加上高价出售免罪符，以及多种多样的敛财方式，他筹集到了一大笔钱。随后，他委任了两个主教在他离开的这段时间里替他打理王国，又把很多权力和财产分给了他的弟弟约翰，以巩固他们之间的感情。约翰非常想当英格兰的摄政王，但他是一个狡猾卑鄙的人，他非常赞成哥哥去远征。毫无疑问，他心里的算盘打得很精："他们仗打得越多，哥哥被杀的可能性就越大，如果哥哥被杀，我就是约翰国王了！"

在这支新招募的军队离开英格兰之前，新兵们和一些老百姓干了一件让他们"扬名立万"的事情——他们以残忍到令人发指的方式，屠杀了成百上千个不幸的犹太人。

在约克郡，一大批犹太人目睹了妻儿惨死后，趁着那里的总督不在，躲进了城堡。过了没多久总督回来了，要求进入城堡。"总督大人啊！我们怎么能让您进来呢？"犹太人站在城墙上回答道，"只要我们把大门打开一道缝，您身后那群暴怒的人就会一拥而入，把我们杀了。"

听到他们的话，心术不正的总督被激怒了，他告诉群众说准许他们杀掉那些犹太人。于是，在一个一身白衣的狂热恶修士的带领下，群众向犹太人发起了进攻，他们攻打城堡，整整持续了三天。

后来，犹太人领袖约森（他是一个拉比①，也可能是一个祭司）对同伴说："弟兄们，我们已经没有希望活下来了，外面那些基督徒正疯狂地砸门拆墙，肯定很快就会杀进来。既然我们的妻儿都已惨遭杀害，就让他们死在我们的手上吧。让我们一起放火烧了珠宝首饰和其他财宝，烧了这

---

① 拉比：意为"老师""先生"，原指犹太人对师长的尊称，后指犹太教中学过《圣经》和《塔木德》，负责执行教规、律法并主持宗教仪式的人。基督教信奉的耶稣有时也被门徒称为"拉比"。

座城堡，我们跟它一起灭亡吧！"

虽然有少数几个人下不了手，但绝大多数人还是照做了。他们把所有值钱的东西拿出来付之一炬，放火烧毁，当金银财宝开始燃烧时，整个城堡变成了一片火海。火焰在他们周围发出怒吼声，火光冲天，就像被鲜血染红了一样。就在这时，约森割断了他心爱妻子的喉咙，然后用刀刺向自己。所有拥有妻儿的人做出了同样的举动。当外面的人破门而入时，除了看到几个躲在角落里瑟瑟发抖的人之外（很快就被杀掉了），只有灰烬散落在各个角落，看起来犹如烧焦变黑了的树干一样。但这些前不久还是活生生的人，是造物主用慈爱的手造出来的生命。

在经历了一个令人不快的开始后，理查和他的军队继续前进，带着败坏的军纪加入了神圣的东征之路。英格兰国王和他的老朋友法兰西国王腓力共同合作，先检阅了总数达到 10 万人的大军，随后分别登船起航前往西西里岛的墨西拿，这里是他们事先商定好的下一个会师地点。

理查国王的妹妹嫁给了这里的国王，他却死了，他的叔叔坦克雷德篡夺了王位，把这位王室的遗孀关进了监狱，还霸占了她的财产。理查气势汹汹地要求释放他的妹妹，同时要求归还她的领土（依照岛上的王室传统），给她金质桌椅、24 个银杯和 24 个银盘。由于理查国王的势力过于强大，根本没办法抵抗，因此坦克雷德向他屈服，答应了他的要求。然而，法兰西国王对此心生嫉妒，并抱怨英格兰国王想在墨西拿岛乃至全世界拥有至高无上的权力。理查却对此毫不在意，他"笑纳"了坦克雷德作为礼物送来的 20000 枚金币，还让他当时只有 2 岁的英俊小外甥亚瑟娶坦克雷德的女儿为妻。我们后面还会听到这位小亚瑟的故事。

西西里事件没有打碎任何人的脑袋就解决了，这对理查来说恐怕会很失望。他不仅带走了他的妹妹，还带走了一位名叫贝伦加丽娅的美丽女子。贝伦加丽娅是被理查的母亲埃莉诺王后（你肯定还记得她，她被关在监狱里很久，理查在登上王位之后就把她放了）带到法兰西去的。理查与贝伦加丽娅坠入爱河后，他们一起乘船去了塞浦路斯。

理查很快便享受到了与塞浦路斯国王打仗的乐趣，因为在英格兰军队的船只遭遇海难回到岸边的时候，塞浦路斯国王应允国民对英格兰军队进行抢劫。理查轻而易举地打败了这位可怜的君王，并抓走了他唯一的女儿，让她与贝伦加丽娅做伴。塞浦路斯国王则被戴上了银脚镣。此后，理查再次与他的母亲、妹妹、妻子，还有那位被抓来的公主一同起航，很快便来到了阿卡城。此时，法兰西国王已经率领舰队对这里发起了围攻，却并没有处于优势，因为他的军队中有很多人死在了撒拉逊人的刀剑和瘟疫下。勇敢的土耳其人萨拉丁率领着一支庞大的军队驻扎在周围的山上，勇敢地守卫着这片土地。

无论这支十字军联军走到哪里，除了寻欢作乐、喝酒吵架这些事情之外，几乎没有达成任何共识。这些事情他们还是用最败坏的方式进行的，他们在寄居之地和那里的人们一起放荡，不管他们到底是敌还是友，很多原本安静的地方随着他们的到来，被搅得鸡犬不宁。法兰西国王嫉妒英格兰国王，英格兰国王也嫉妒法兰西国王，生性残暴的两国的士兵也彼此嫉妒对方，结果两国国王连是否一起进攻阿卡城都没法达成一致。

当他们终于就这个问题争吵出了一个结果时，撒拉逊人却承诺让出阿卡城，将圣十字森林交给基督徒，并释放所有的基督徒俘虏，同时还支付给他们20万枚金币。这些承诺兑现的期限是40天，但由于撒拉逊人没有兑现承诺，理查国王便将3000名撒拉逊俘虏带到营帐前，当着他们同胞的面将他们全部杀害了。

法兰西国王没有参与这场屠杀，因为那个时候他正带领绝大部分人马前往回家的路上，英格兰国王专横傲慢的行为冒犯了他，他十分担心本国的情况，于是急切地想回去看看，再加上在这炎热的沙漠国度呼吸着不健康的空气，他的身体撑不住了。所以理查国王在没有法兰西国王的陪伴下，独自一人征战，在将近一年半的时间里经历了无数的艰难险阻。每天晚上休息时，传令官都要高喊三次："拯救圣墓！"提醒士兵们来到这里的使命，所有士兵在听到传令官的话后都会跪下说"阿门"。无论是行军还是安营扎寨，沙漠中炙热的空气、疾病、征战、伤痛和死亡时刻伴随着他们，可无论遇到怎样的困难，理查国王都像巨人一样战斗，像普通人一样劳作。在他入土为安后相当长的一段时间里，他那把由20磅英格兰钢铁制成的可怕战斧依旧在撒拉逊人中间流传，成了一个神话。当年所有的撒拉逊人都化为尘土之后的很多年，当一匹撒拉逊人的马在路边被什么东西吓了一跳时，主人便会大声斥责道："你这个蠢货，你害怕什么啊！难道你以为理查国王在后面追赶你吗？"

若要说对这位国王的钦佩之情，没人比得上萨拉丁。萨拉丁是一位气度非凡、英勇过人的敌人，当理查发高烧卧病在床时，萨拉丁给他送去了大马士革的新鲜水果和山顶积雪。他们之间频繁地互通礼节性信件，还会互相赞美一番。可当理查国王骑上他的战马,他会毫不留情地砍杀撒拉逊人,萨拉丁也会骑上战马砍杀基督徒。就这样,理查在阿尔苏夫和雅法打得十分尽兴,却发现自己在阿什凯隆除了重建被撒拉逊人破坏的防御工事之外,没有什么能够提起自己的兴致。理查对他的盟友奥地利公爵大发雷霆,因为后者太骄傲,不愿意去干修筑工事这类的小事。

理查国王的军队终于来到了圣城耶路撒冷。这只是一群充满嫉妒、纷争的好斗分子组成的乌合之众,很快便撤军了,并与撒拉逊人达成了一个三年零三个月零三天零三个小时的休战协议。随后,英格兰的基督徒们在高尚的萨拉丁的保护下(保护他们不会遭到撒拉逊人的报复),拜谒了救世主的坟墓。随后,理查国王带着一支小部队从阿卡启程,返回家乡。

船在亚得里亚海遇到了海难,理查不得不改名换姓,走路穿越德意志。德意志有很多人曾在高傲的奥地利公爵手下效过力,而奥地利公爵就是之前被理查国王骂过的那位。有些人一眼就认出了理查国王,因为他实在太显眼了,于是便把这一消息报告给了公爵。公爵得知消息后,立即把他关在了维也纳附近的一家小旅馆里。

对于能把一个惹是生非的君王妥善地看管起来,法兰西国王还有公爵的主子——德意志皇帝都感到非常高兴。任何建立在合伙干坏事的基础上的友谊,永远也不会成为真正的友谊。法兰西国王以前是理查背叛他父亲的同伙,现在却变成了彻头彻尾的仇敌。腓力恶毒地谎称理查曾在东方设下计谋要毒死他,指控他谋杀了一个承蒙国王照顾的人,他还贿赂德意志皇帝,让他把理查作为要犯严加看管。在这两位国君的密谋栽赃下,理查被带到了德意志立法机构前,被指控犯有前述各项罪名,但他在为自己辩护时表现得实在太出色了,很多在场的人被他的口才和真诚折服,甚至还有人流下了眼泪。

审判者们最终裁定,在他接下来的囚禁日子中,理查应得到比之前更符合他身份的尊重,应在缴纳一大笔赎金后释放。英格兰人民是心甘情愿筹集这笔赎金的。不过当埃莉诺王后把这笔赎金带到德意志时,她却遭到了拒绝。为了儿子,她向德意志帝国所有的亲王求助,她抓住亲王们的荣耀感成功地说服了他们,他们接受了她的请求,最终国王得以释放。得知理查被释放,法兰西国王写信给约翰亲王,信中写道:“你应当小心,恶魔被放出来了!”

约翰亲王有足够的理由害怕他哥哥,因为他在理查被俘期间背叛了他。他与法兰西国王暗中勾结,并对英格兰贵族和平民百姓说他的哥哥已经死了。他试图篡夺王位，却没有成功。此时，约翰身在法兰西埃夫勒，作为一个最卑鄙下流的人，他想到了一个卑鄙无耻的办法让哥哥重新接受他。他把驻扎在那个城镇的所有法兰西官员全都请到他那儿共进晚餐，然后把他们全杀了，并夺取了堡垒。他希望这件事情能换来一个拥有狮心的君王的好意。他急匆匆地赶到了理查面前跪下。"我将原谅他，"国王说道，"而且我知道他很快就会忘掉我对他的饶恕，我也希望我能够这么快就忘掉他对我的伤害。"

当理查国王在西西里的时候，他在国内的统治遇到了一些麻烦：他任命的两位主教中的其中一个把另一个抓了起来，为了彰显他的荣耀和野心还搞了一场盛大的游行，整个场面就好像他是国王一样。当国王在墨西拿听说了这件事后，他又任命了一位新的摄政者，而那位犯错的主教朗香（那位主教的名字）则穿着连衣裙乔装成女人逃到法兰西，并在那里得到了法兰西国王的鼓励和支持。有了这些进攻腓力的理由，理查立即回国，在回国时受到了狂热的国民的热情欢迎，场面非常盛大，他还在温彻斯特重新举行了加冕仪式，仪式结束后他立即下定决心，要让法兰西国王好好瞧瞧：解开枷锁的恶魔到底是什么样子的！怒火中烧的理查随即向法兰西宣战。

差不多就在这个时候，国内"冒"出了新的问题。穷人们不满自己的税赋远比富人们重得多，并找到了一位精神领袖——威廉·菲兹·奥斯伯特，人们称他为"大胡子"。他成为一个秘密帮会的领袖，手下有5万人。后来，他在一次出其不意的偷袭中被抓捕，他用刀捅死了第一个伸手抓住他的市民，他英勇奋战，退到一座教堂中，并在那里坚守了四天，直到外面放火把他逼了出来。当他从教堂里跑出来的时候，身上包裹着火焰，然而这却没能要了他的命，半死不活的他被绑在一匹马的尾巴上，拖到了史密斯菲尔德，并在那里被绞死。杀人灭口一直以来是堵住人民喉舌的惯用伎俩，君王们非常喜欢用这种方法，但随着我们对历史的了解不断地加深，我相信我们会发现，他们想让人民的声音就此消失是非常困难的。

英法之间的战争偶尔会因为一次休战而推延，当一位名叫维德马的利摩日子爵偶然在领地里发现了古代钱币的宝藏时，战争仍在继续。作为国王的封臣，他将钱币的一半献给了国王，但国王却要求他把所有的钱币都献给自己。子爵毫不犹豫地拒绝了。于是，国王将子爵围困在城堡中，发誓要对城堡发起猛攻，然后把城垛上每一个守卫城堡的人全部绞死。

在这片土地上流传着一首奇怪的古老歌谣，大意是说在利摩日有人制造了一支箭，而这支箭将会了结理查国王的性命。这首歌谣有可能说的是伯特兰·德·古尔东，他是那座城堡的守护者之一，经常在冬天的晚上唱这首歌谣，或经常听到有人在唱这首歌谣。当他从壁垒的岗位上看到国王在几位重要的军官的陪同下，骑马来到城墙侦察时，他拔出一支弓箭，对准理查的头，从牙缝里挤出一句："我祈求上帝让这支箭赶快飞向你！"然后将箭放了出去，射中了国王的左肩。

虽然最开始伤口不会致命，但也严重到让国王退回帐篷中来指挥手下进攻。他们攻下了城堡，就像国王之前发誓说的那样。他们绞死了每一个守城的人，除了伯特兰·德·古尔东，王室决定留下他，因为国王想让世人知道王室对他的尊重。

那时，对伤口的粗糙处理让那一箭恶化成了致命伤，国王也知道他时日不多了。他下令将伯特兰带到他的帐幕中。年轻人被五花大绑地带了进来，理查目不转睛地盯着他，他同样目不转睛地盯着国王。

"无赖！"理查国王说，"我对你做了什么，你为什么要取我的性命？"

"你对我做了什么？"年轻人回答，"你亲手杀了我的父亲和两个兄弟，你也会把我绞死。要杀要剐随你便。我最欣慰的是，无论你怎么折磨我，都救不了你自己，你也必死无疑。是我，让天下人摆脱了你！"

国王再次死死地盯着年轻人，年轻人也同样死死地盯着他。可能这个将死的国王脑海里突然想起他曾经的对手萨拉丁，那个不是基督徒却气度非凡的对手。

"年轻人，"他说道，"我原谅你了，平安地去吧！"然后，他转过身对受伤时与他一同骑马的官长说："解开他的枷锁，给他100先令，让他走吧。"

他随后晕倒在长椅上，昏花的双眼似乎看到了一层黑暗的雾笼罩在这个营帐之中，他就这样死了。他死的时候年仅42岁，统治了10年时间。但他最后的命令没有被执行，伯特兰·德·古尔东被绞死了。

还有一首人人都知道的古老歌谣。很多时候，它所蕴含的悲伤要比几个时代的勇士活得还要久，甚至比那把用20磅钢铁做成的战斧被人们传唱的时间还要久。据说国王被俘时，就是通过这首歌谣被找到的。布隆德尔是理查国王宠信的一位吟游诗人，他一直忠心耿耿地寻找他的主人，他吟唱着歌谣游走在阴暗的异域堡垒和监狱的墙外，直到从地牢里听到传来的回音，这是一个熟悉的声音，他狂喜地哭喊道："哦，理查！哦，我的国王！"

如果你喜欢的话，你可以选择相信这个故事，然而人的本性却愿意相信那些更邪恶的事情。理查自己也是一个吟游诗人。如果他不是一个国王，他可能会成为一个好人，而且在离开这个世界的时候，手上不会沾满那么多人的鲜血，也不会浪费自己的生命去偿还那些血债。

3 无地王

在 32 岁那一年，约翰成了英格兰国王。他英俊的小外甥亚瑟实际上最有资格继承王位，但约翰将王室的财宝控制在了自己手里，并向贵族们许下了很多美好的承诺，所以在他哥哥理查去世后仅仅几周的时间里，他就在威斯敏斯特加冕为王。如果英格兰人能够彻底地把他的真面目看清楚，我觉得王冠绝对不会被戴在如此卑劣、可恶的浑蛋的头上。

法兰西国王腓力拒绝承认约翰拥有继承王位的权利，并公开支持亚瑟。如果你认为腓力仅仅是同情这个丧父的男孩，那你就大错特错了，他仅仅是因为这样做符合他打算与英格兰国王作对这个野心勃勃的计划。于是，约翰和法兰西国王因为亚瑟打了起来。

亚瑟是一个英俊的男孩，那时他只有 12 岁。当他的父亲高弗黎在比赛中被踩碎脑袋的时候，他还没有出生。不幸的是，除了从来没有体会过父亲的教导和保护之外，他还有一个愚蠢的母亲（名叫康斯坦丝），她刚刚改嫁给第三任丈夫。约翰继位后，她带着亚瑟投奔了法兰西国王。法兰西国王装作小亚瑟的挚友，将他封为骑士，并许诺他的女儿将会嫁给他为妻。但事实上国王一点儿也不关心亚瑟，当他发现与约翰国王休战符合他的利益时，他一丁点儿也没有为可怜的小王子考虑，毫不犹豫地选择牺牲掉亚瑟的所有利益。

年轻的亚瑟自那以后过了两年平静安稳的日子，这期间他的母亲去世了。这时，法兰西国王又发现继续与约翰国王作对更符合自己的利益，于是又再次用亚瑟来作为自己虚伪的掩饰，他把这位失去双亲的男孩请到他的宫廷里。"你知道你是有权继承王位的，王子，"法兰西国王说，"而且你也想成为国王，是吗？""是的，"亚瑟王子回答说，"我特别想成为国王！""那么，"腓力说，"我赐给你 200 名骑士，你带着这 200 名骑士去把那些属于你的土地夺回来。你的叔叔篡夺了英格兰王位，霸占了你的土地。我也将带领一支军队在诺曼底向他发起进攻。"可怜的亚瑟被蛊惑得忘乎所以，对腓力感恩戴德，并与狡猾的法兰西国王签署了一份条约，承认法兰西国王是自己的君主，无论他从约翰国王那儿夺回来什么，都交给法兰西国王保管。

约翰是如此穷凶极恶，而腓力又是如此背信弃义，亚瑟夹在他们两个中间还不如一只夹在狼和狐狸中间的羊。但由于他还非常年轻，所以他满腔热血，充满了希望。除此之外，当布列塔尼（这里是他所继承的领地）的人民又为他增添了200名骑兵和5000名步兵时，他相信自己时来运转了。布列塔尼人民从他出生的那一刻开始，就非常喜欢他，还要求给他取名叫亚瑟，以纪念那位名震四方的亚瑟王。我在本书的前面提到过他，布列塔尼人民相信亚瑟王曾是一位布列塔尼先王的勇敢伙伴。在他们中流传着这样的故事：有一个先知名叫梅林（他也是那个久远年代的人），他曾预言布列塔尼的国王将会在几百年后归来，相信这个预言将在亚瑟身上应验，当那个时候到来的时候，他将头戴布列塔尼的王冠统治他们，无论是法兰西国王还是英格兰国王，对他们来说都没有任何权力。当亚瑟身穿闪闪发亮的盔甲、骑在一匹披着华丽装饰的战马上，身后站着骑士和步兵时，他也开始相信这个预言，觉得老梅林真是一个非常了不起的先知。

他并不知道——他那么天真又怎么可能知道——自己这点人马对英格兰国王来说丝毫构不成威胁。法兰西国王很清楚这一点，但这个可怜的男孩的命运对他来说根本不值一提，他的目的只是给英格兰国王制造麻烦而已。于是，腓力国王启程前往诺曼底，亚瑟王子则动身前往米尔博——法兰西普瓦捷附近的一座小镇，两人的情绪都非常亢奋。

亚瑟王子之所以攻打米尔博，一是因为他的祖母埃莉诺（同时她也一直是亚瑟母亲的敌人）就住在那里；二来是因为他手下的骑士们对他说："王子，如果你能够把她抓起来，你就能以此来逼迫国王——你的叔叔向你屈服！"但埃莉诺可不是好抓的。虽然她已经80岁了，但她脑袋里的阴谋诡计和她所经历的岁月与内心的邪恶一样多。当她得知年轻的亚瑟前来抓她的消息后，便把自己关在一个高塔中，她鼓励手下的士兵们像个男人一样守护这里。亚瑟王子和他那支人数不多的军队围住了高塔。约翰国王听说亚瑟是为何来犯后，便带着军队前去救援。这真是一场奇怪的家庭聚会！年轻的王子包围了他的祖母，而他的叔叔则包围了他！

这种情况并没有持续多久。在一个夏天的晚上，约翰国王在叛徒的帮助下，把他手下的士兵弄进了城，给亚瑟军队来了一个措手不及，抓了亚瑟的200名骑士，王子也在自己的床上被抓。骑士们戴上沉重的锁链，被牛车运到了不同的地牢。在那里他们受到了最残忍的对待，有些人甚至被活活饿死。亚瑟王子则被带到了法莱斯城堡。

他被关押在城堡里，有一天他愁容满面地思索着，觉得自己这么年轻就经历了这么多苦难，实在是太不可思议了。他从黑暗高墙上的小窗户向外望去，看着盛夏的天空和窗外的鸟儿。这时，牢门被轻轻地打开了，他看到他的叔叔站在拱门的阴影中，样子看起来十分可怕。

"亚瑟，"国王说，他那充满了邪恶的眼睛看着石砖地面，而不是他的小外甥，"难道你不相信你亲爱的叔叔，会用温柔、和睦和真诚对待你吗？"

"我会对我亲爱的叔叔说，"男孩回答道，"他得先还我一个公道。等他把英格兰王国还给我之后，再来问我这个问题吧。"

国王看了看他，走了出去。他叮嘱典狱长："严加看管这个孩子。"

国王与他手下卑鄙下流的贵族们召开了一个秘密会议，商讨怎样除掉亚瑟。有人说："废掉他的双眼，然后把他关在牢里，就像罗贝尔当年被关押的时候一样。"有人建议刺死他，有人说用绞刑，还有人建议下毒。

约翰国王觉得不管接下来怎么做，无论如何也要先把他英俊的双眼毁掉，因为当国王的眼睛盯着石砖地面时，亚瑟却非常高傲地看着国王。于是，国王派了几个恶棍去法莱斯，准备用烧红的铁块废掉亚瑟的双眼。亚瑟苦苦地哀求他们，痛哭流涕，他绝望地向贝尔·德·布尔格求助。于贝尔是这座城堡的典狱长，他是一个充满荣耀感、非常善良的人，他实在是看不下去了。他自身的荣耀感使他阻止了这些人对亚瑟用刑，而且他还冒险赶走了这些恶徒。

国王对此事感到非常失望且恼羞成怒，他又想到了第二个建议——用刀捅死他。他用一副穷凶极恶的嘴脸花言巧语地向一个叫威廉·德·布雷的人提出了这个建议。"我是一个绅士，我不是一个行刑官！"威廉·德·布雷带着对国王的轻蔑，离开了。

不过，对一个国王来说，在那个时代雇用一个杀人犯并不是一件难事。约翰国王又花钱雇到了一个，把他派到法莱斯城堡。"你来这里有何贵干？"于贝尔问杀手。"我是来处理小亚瑟的。"杀手回答道。"你回到差你来的人那里去吧，"于贝尔回答说，"告诉他，我会办妥的！"

约翰国王心里很清楚，于贝尔肯定下不了手，他这么说无非是想救王子，或者拖延时间。于是，国王把王子转移到了鲁昂城堡。

亚瑟被迫与善良的于贝尔分开了，然而此时的他比人生中的任何时刻都需要于贝尔。他被连夜带到新的监狱，透过铁栅栏的窗户他能听到塞纳河的河水拍打着高墙下的石头。

一个漆黑的夜晚，亚瑟正在熟睡。他梦到有人前来营救他。突然，亚瑟被狱卒叫醒，他们命令他从楼梯走到高塔的下面。他立即穿好衣服照做了。

当他们来到旋梯底部时，夜色中河水的气息吹拂在他们脸上，狱卒踩灭了手中的火把。亚瑟在黑暗中被匆忙地拖上了一只小船，在那艘船上，他看到了他的叔叔还有另外一个人。

他跪下来乞求他们不要杀他。但国王对亚瑟的苦苦哀求无动于衷，用刀刺死了他，并把他的尸体和沉重的石头绑在一起沉入了河底。那时已是春季，当清晨的阳光照在这里时，高塔的门已被关上，小船也离开了这里，河面上泛着闪闪的亮光。自那以后，人们就再也没见过那个可怜男孩的身影。

这个恶毒谋杀的消息很快便传遍了英格兰，激起了人们对国王的怨恨（国王的恶行已经招致了人们的憎恶，尤其是当他妻子还在世的时候，他偷走了一个贵族小姐，并娶她为妻）。在布列塔尼，人们对他的愤恨更是达到了一触即发的程度。虽然亚瑟的亲姐姐埃莉诺在约翰的掌控之下被关进布里斯托尔修道院，但他同父异母的妹妹爱丽丝则在布列塔尼。于是，人们推举爱丽丝和她母亲的第三任丈夫康斯坦斯作为他们的代表，将他们烈火般的愤怒带到了腓力国王那里。

腓力国王召约翰国王（因为他在法兰西拥有土地）到他面前对质，约翰国王则拒绝露面，于是腓力宣布约翰是一个做假证的人，宣布他有罪，并再次发动了战争。过了没多久，通过占领约翰在法兰西的大部分领地，腓力国王拿下了约翰三分之一的地盘。尽管战事打得激烈，可约翰国王总像一个好吃懒做的饭桶一样，只要危险离得还很远，他不是吃就是喝，可一旦敌人打到眼前了，他就像只丧家犬一样落荒而逃。

你或许会想，当他以如此快的速度丢掉他的地盘，手下的贵族们根本不关心他的死活，也不关心他的统治，甚至拒绝追随他去英格兰外征战，他的敌人肯定足够多了吧？可他又让自己多了一个敌人，这个敌人就是教皇。至于这件事的经过，且听我道来。

此时，坎特伯雷大主教已经时日不多了，初级修道士们便想比高级修道士们抢先一步被任命为大主教的继任者。他们在深夜召开了秘密会议，选举出一位名叫雷吉纳德的人，派他前往罗马寻得教皇的批准。高级修道士们和国王很快就发现了这件事，对此非常恼火，初级修道士们不得不放弃他们的计划。于是，所有的修道士共同选举国王的亲信诺维奇主教为下任大主教。教皇听说了整个事情的来龙去脉之后，宣布这两个人选他都不予承认，并选定斯蒂芬·兰顿为坎特伯雷大主教的继任者。修道士们都顺从了教皇的决定，但国王却把他们全都赶走了，并把他们当作叛徒驱逐出境。教皇派了三位主教去见国王，并用教权禁令威胁他。国王告诉那几位主教说，如果他们敢在他的王国里颁布任何教权禁令，他就会把自己能抓到的所有修道士的眼睛挖出来，鼻子削掉，然后把他们送到罗马去，作为礼物献给他们的主子。然而，那几位主教还是颁布了教权禁令，随即逃之夭夭。

禁令持续了一年，教皇接着执行他的下一步计划——教会驱逐令。约翰国王被驱逐出教会，被禁止参加所有的常规仪式。国王对此愤怒不已，手下贵族们的不满和背叛以及人民对他的憎恨让他万分绝望。据说他甚至私下派遣使者去见在西班牙的土耳其人，向他们承诺，只要他们肯提供帮助，他愿意放弃自己的信仰并拱手让出国家。据说，当土耳其埃米尔①同意召见使者们时，他们穿过长长的摩尔人卫队来到他面前，埃米尔正认真地盯着一本巨大的书，连眼皮都不愿意抬一下看他们一眼。使者们递给他一封来自国王的请求信后就愁眉苦脸地退下了。没过多久，埃米尔便召见了他们中间的一个人，让他对着信仰和宗教起誓说实话，问他英格兰国王究竟是一个什么样的人。使者迫于压力回答说，英格兰国王其实是一个虚伪的暴君，他的子民很快就要反抗他了。这些话对埃米尔来说，已经足够了。

钱财对约翰国王来说，是除了人以外最好的东西，他不惜一切手段去敛财。他对不幸的犹太人们开始了新一轮的压迫和折磨（这很符合他一贯的作风），他还为一个生活在布里斯托尔的富有的犹太人发明了一种新刑罚。为了让那个犹太人交出一大笔钱，国王把他关进监狱，每天用残暴的手段拔掉他一颗牙齿，从两颗门牙开始。七天中，那个犹太人每天都承受着巨大的痛苦——每天都被拔掉一颗牙齿。到了第八天，他交出了钱财。国王凭借这种方式敛来的钱财，带领军队远征到爱尔兰，因为在那里有几个英格兰贵族造反。在那场战斗中，他一反常态没有逃跑——因为压根儿就没有人抵抗。后来，他又出征威尔士，这次他还是跑了，不过跑之前掠走了当地名门望族的27名年轻人做人质——这些人在第二年被残忍地杀害了。

---

① 埃米尔：阿拉伯语 amir 或 emir 的音译，原意为"首领""统帅"。伊斯兰教国家统治者、王公、军事长官的称号。阿拉伯帝国的行省总督称"埃米尔"。末期一些独立或半独立王朝统治者，沿用此称。

在教权禁令和教会驱逐令的基础上，教皇又加上了一道最终判决——罢免王位。他宣布约翰不再是国王，并宣告免除臣民对他的效忠。同时，他还派斯蒂芬·兰顿等人去见法兰西国王，告诉他如果他能入侵英格兰，他所有的罪过都会被赦免。

对于腓力二世来说，没有什么比入侵英格兰是他更想做的事情了。他在鲁昂集结了一支大军和一支由 1700 艘船组成的舰队，作为运输工具。尽管英格兰人民对他们的国王恨之入骨，但他们并不是任由入侵者宰割的民族。人们蜂拥而上，来到英格兰军队的所在地多佛尔，争先恐后地报名参军，想成为家园的保护者。人数之多，以致军需物资都供不应求，国王不得不进行挑选，最后只留下了 6 万人。就在这个节骨眼儿上，教皇出于自身利益的考虑，他既不希望约翰国王变得过于强大，也不希望腓力国王变得强大，于是他进行了干涉。他委托了一位名叫潘多尔夫的使节去吓唬约翰国王。他把潘多尔夫从法兰西派到英格兰的大本营，夸大腓力二世的实力，还指出了英格兰贵族以及人民对国王不满这一弱点来吓唬约翰国王。潘多尔夫十分出色地完成了任务，成功地让约翰国王陷入了恐慌，并同意承认斯蒂芬·兰顿为大主教，同时把国家交给"上帝、圣彼得和圣保罗"——其实就是交给了教皇。此后，如果他还想掌管英格兰，就必须征得教皇的许可，且每年还要缴纳一笔钱。他在多佛尔的圣殿教堂里公开宣誓自己将服从这个充满耻辱的协议，他还在那位使节的脚前摆上了贡品，使节则高傲地把贡品踩在了脚下。但有人说这只不过是摆个架子，装装样子而已，因为有人看到使节后来把礼物捡起，放进了口袋。

有一位名叫彼得的先知，他在很大程度上增加了约翰国王的恐惧，因为他预言在庆祝耶稣升天的仪式之前，约翰将会失去骑士的头衔（这在国王看来，预示着自己将要死去），耶稣升天的仪式就在他遭受奇耻大辱的第二天。当这一天的早晨来临时，国王哆哆嗦嗦地熬过了一整夜发现自己还活着，且安然无恙，于是他下令把这位先知还有他的儿子拴在马尾上游街示众，然后绞死，以惩恐吓国王之罪。

由于约翰国王已经投降，让腓力非常吃惊的是，教皇竟决定为约翰提供保护，还警告腓力说不允许他入侵英格兰。愤怒的腓力决定不理会教皇，继续进攻，但他最后不仅什么也没有得到，而且损失惨重。因为英格兰人在索尔兹伯里伯爵的带领下，在法兰西舰队还没有出发前，乘着 500 艘船来到了法兰西海岸，一举歼灭了他们。

后来，教皇撤销了对约翰的惩罚，并授权斯蒂芬·兰顿公开接受约翰国王回归教会，还邀请他共进晚餐。国王恨透了斯蒂芬·兰顿，他的痛恨是有理有据的，因为斯蒂芬·兰顿是一个伟大且善良的人，国王与他之间根本没有共同点。国王装出一副痛哭流涕、感激万分的样子。国王的所作所为对神职人员造成了不小的损失，要计算出国王为他造成的损失该赔给神职人员多少钱来作为补偿是有些困难的。不过最后的结果是，高级神职人员大赚了一笔，低级神职人员却没有得到多少好处，或者干脆说什么也没得到——我猜这种情况在约翰国王之后也没有少发生。

当所有的问题都解决之后，扬扬自得的国王对待周围人时变得比以往更残暴、更虚伪、更傲慢。一个由君王们组成的反抗腓力二世的同盟给了约翰一个带领军队登陆法兰西的机会。他利用这个机会甚至拿下了一座城镇！然而，随着法兰西国王取得了大范围的胜利，约翰理所当然地逃走了，双方达成了一个五年的休战协议。

此时，到了让他颜面扫地、感到卑贱的时候，如果他还有点自知之明，就会发现自己是一个多么卑劣的存在。在所有的人中，斯蒂芬·兰顿像是天堂派来与他作对似的。因为一些领主和贵族不愿意随他出国征战，约翰就把他们领地里的财产无情地烧毁了，斯蒂芬·兰顿毫无畏惧地责骂并威胁了他。随后，约翰发誓要恢复爱德华国王和亨利一世的法律，但斯蒂芬·兰顿很清楚他虚伪的本性，于是对他严加监督，不给他任何机会。当贵族们在圣埃德蒙伯里修道院聚集探讨国王对他们的压迫时，斯蒂芬·兰顿用慷慨激昂的话鼓励他们，要求那位伪善的君王制定一部由人民的合法权利和自由组成的神圣宪章，并鼓励他们每个人都到主祭坛前发誓：若他们得不到这部宪章，就发动战争与国王抗争到底。

国王为了躲避贵族们，就跑到伦敦去了，最后迫于压力还是接见了他们。他们毫不避讳地告诉他，他们无法相信他，除非斯蒂芬·兰顿在中间做担保，保证他会信守承诺。当约翰拿出十字架发誓自己将会加倍完成他们的心愿的时候，他博得了贵族们的好感，斯蒂芬·兰顿对此却不动声色。后来，国王向教皇求助，于是教皇代表他的这个新宠给斯蒂芬·兰顿写信求情，然而斯蒂芬·兰顿对教皇的话也不予理睬，他的眼里只有英格兰人民的福祉和英格兰国王的恶行。

复活节来临的时候，贵族们在林肯郡的斯坦福德聚集，他们意气风发地来到牛津附近寻找国王，因为国王就在那里。斯蒂芬·兰顿等三人的手上呈上了一份他们认为不平之事的清单。"这里面的这些，"他们说道，"他必须纠正这些错误，否则我们就自己去做！"当斯蒂芬·兰顿把这些话告诉国王，又把这份清单读给他听之后，国王气得差点疯掉。

贵族们称自己连同追随者们为"上帝和神圣教会的军队"。他们前往全国各地，每到一处都受到人们的簇拥（除了北安普敦之外，因为他们未能攻下这里的城堡），且最终成功地将胜利的旗帜插在了伦敦。由于整个国家每一寸土地上的人民都厌倦了暴君的统治，因此大家争先恐后地加入他们。整个英格兰无数骑士中，只剩下七位骑士留在国王身边。国王最后不得不向困境低头，派彭布罗克伯爵去见这些贵族，传话给他们说答应他们的所有要求，只要他们愿意，他就与他们见面并签署宪章。贵族们回答说："行，就定在 6 月 15 日在兰尼草地见吧。"

1214 年 6 月 15 日，星期一，国王从温莎城堡启程，贵族们从斯泰恩斯出发，在兰尼草地相见。那里至今仍是泰晤士河边一个惬意的草场，蜻蜓清澈的河水里长着灯芯草，河岸上青草翠绿，树木枝繁叶茂。贵族这边出席的有将军罗伯特·菲兹沃特和英格兰的贵族们；国王这边一共才 24 个人，他们中的大多数人还十分鄙视国王，这些人只是来充个门面而已。

在这个伟大的日子里，在众多在场之人的见证下，国王签署了英格兰伟大的《大宪章》。宪章规定：国王宣誓将维护教会所拥有的权利；解除贵族作为国王臣属的沉重义务，贵族们则宣誓解放他们的奴隶——那些平民百姓；国王尊重伦敦及其他城市和自治城镇的自由；保护来英格兰经商的外国商人；不经过审判不得关押任何一个人；无条件守护正义。

4 无名国王

就算仍有英格兰贵族记得那个被谋杀的亚瑟还有一个姐姐——那个被关在布里斯托尔修道院的"布列塔尼美丽少女"埃莉诺，他们中间也没有人提起过她，更没有人为她维护王位继承权。已故篡位者的长子亨利被英格兰元帅彭布罗克伯爵带到了格洛斯特，非常匆忙地举行了加冕仪式，而那时他只有 10 岁。由于王冠和国王的宝藏一起被湍急的河水冲走了，他们又没有时间再制作一个新的，于是他们就把一个金环戴在了亨利头上。

彭布罗克伯爵是一个品行高尚的绅士，他对在场的领主说："我们曾与这个孩子的父亲为敌，他也应该承受我们的怨恨，但这个孩子本身是无辜的。他还年幼，需要我们的友谊和保护。"领主们对这个小男孩心生怜悯，因为他们想起了自己年幼的孩子们，于是他们低头鞠躬并高呼："亨利三世万岁！"

接下来，在布里斯托尔举行了一场盛大的会议，对《大宪章》进行了修正，并将彭布罗克伯爵推举为英格兰摄政王和护国公（国王太年轻，没办法自己独立统治）。下一步要做的就是拜托法兰西王子路易，并将拥护他的那些英格兰贵族拉拢回来。路易在英格兰很多地区都很强势，其中就包括伦敦。此外，他在莱斯特郡拥有一座城堡，那座城堡被称为"索雷尔山城堡"。在经历了一系列小规模冲突和停战协议之后，彭布罗克伯爵率领军队包围了这座城堡。路易王子则派了一支由 600 名骑士和 2 万名步兵组成的军队前来营救。伯爵不足以抵挡这支大军，便带着手下撤离了。

法兰西的军队一路烧杀劫掠来到了那里，在大肆烧杀抢掠后又从那里离开，一路昂首阔步、大摇大摆地来到了林肯。虽然镇子投降了，但镇中的城堡由一位勇敢的寡妇驻守，她的名字叫妮古拉·德·凯威尔（这座城堡是她的财产）。她顽强抵抗，以至于法兰西统领军队的伯爵认为有必要包围这座城堡。城堡被围困期间，有人送信告诉这位伯爵，彭布罗克伯爵率领 400 名骑士和 250 名手持十字弓的士兵正向他逼近，他们兵强马壮。"这关我什么事？"这位伯爵说，"哼，英格兰人要在这座四周围有城墙的城镇里攻打我和我这支大军，那他们真是疯了！"然而，英格兰人真的这么做了，但他们并没有疯。相反，他们非常睿智，他们把敌人的大军引诱到林肯狭窄崎岖的小路上，在这里敌人的骑兵根本没法发挥作用。彭布罗克伯爵把他们打得落花流水，整个军队全部投降，成为俘虏，除了伯爵本人，因为他说过自己永远不会向任何活着的英格兰叛徒投降，于是他们便杀了他。

这场胜利被英格兰人戏称为"林肯集市"，它的结局在当时是十分常见的——平民百姓被无情地杀掉，骑士和绅士们缴纳了赎金后回到家乡。

路易的妻子——卡斯蒂利亚的美人布兰切，准备了一支由 80 艘优良的船组成的舰队，从法兰西出发援助丈夫。一支由 40 艘好坏参半的船组成的英格兰舰队在泰晤士河遇到了他们，英格兰船队勇敢地与他们作战，一战便拿下并击沉了 65 艘法兰西战船。这次失利损失惨重，彻底让法兰西王子的希望化为了泡影。双方在兰贝斯签订了一份条约，前提是之前还效忠他的英格兰贵族们必须重新效忠他们的祖国英格兰，且双方同意王子和他的军队平安地退回法兰西。对路易而言，是时候离开了，因为战争让他成了穷光蛋，他不得不向伦敦的市民借钱，以支付回家的路费。

彭布罗克伯爵一直致力于公正地治理国家，以及治愈那些在邪恶的约翰国王统治期间，发生在人们之间的仇恨和动乱。他还进一步对《大宪章》进行了完善，重新修正了森林法。根据修正后的森林法，农民不会再因为杀死一头牡鹿而被判处死刑，仅被判处入狱。这样一位出色的护国公，如果英格兰能多拥有几年该多好，可事与愿违，这位年轻的国王加冕后不到三年，彭布罗克伯爵就去世了。直到今天，你依然可以在伦敦古老的圣殿教堂中看到他的坟墓。

摄政权此时被瓜分。彼得·德·罗什曾被约翰国王任命为温彻斯特主教，这位年幼的君主就被托付给了他，而王权执行则被托付给了休伯特·德·伯格伯爵。这两位位高权重的关键人物从一开始就互相不喜欢对方，他们很快便成了敌人。当年幼的国王到了可以执政的年龄时，彼得·德·罗什发现休伯特不仅扩大了势力，还深得国王的宠信，于是心怀不满的他不仅辞去了职务，还跑到了国外。在接下来将近 10 年的时间里，休伯特一人将大权牢牢地抓在手里。

要在 10 年的时间里一直得到国王的宠信，这可不是一件容易的事情，这位国王也不例外。在他成长的过程中，他表现出了与他父亲极强的相似性：懦弱无能、表里不一、优柔寡断。他身上能说出来的最可贵之处就是他并不残暴。10 年后，彼得·德·罗什再次回到家乡，10 年未见的他对国王和很多人来说可谓一个新奇人了。于是，国王开始偏爱他，并对休伯特冷眼相看。由于国王贪恋钱财，他让休伯特成了一个腰缠万贯的人，因此他开始讨厌休伯特。最终他听信谣言，或装作相信谣言，认为休伯特私吞了王室的财产，命令他交出一份报告，详细说明在他管理期间所做的事情。除此之外，还出现了一种针对休伯特的荒谬指控，说他是因为使用了魔法，所以才得到国王的宠信。休伯特十分清楚，面对这样胡说八道的指控，他根本没有办法为自己辩解，他的宿敌的目的是置他于死地，因此与其面对这些指控，还不如一走了之。他选择逃到默顿修道院。得知此事的国王暴跳如雷，一气之下命令伦敦市长："你带着 2 万市民，把休伯特·德·伯格从修道院里拖出来，把他带到这儿来。"市长匆匆忙忙地出发去督办此事了，但都柏林的大主教（他是休伯特的一个朋友）警告国王说修道院是神圣的地方，如果他在那里采取暴力行为，他必须为此向教会承担责任。国王听后改变了主意，把伦敦市长叫回来，宣布给休伯特四个月的时间准备为自己辩护，在此期间会保证他的安全和自由。

休伯特相信了国王的这些话，从默顿修道院里走了出来（虽然我认为他活的岁数足以让他认清很多事物），前去探望他的妻子—— 一位苏格兰公主，当时居住在圣埃德蒙伯里。

休伯特刚从避难所出来，他的仇敌们就说服了软弱的国王，派一位名叫戈弗雷·德·克朗的爵士，带领他手下由 300 个无业游民组成的"黑帮"强盗团伙前去捉拿他。他们在埃塞克斯一座名叫布伦特伍德的小镇上找到了休伯特，那时他正在床上躺着，见到有人来抓他，立马从床上跳了起来，逃到了教会，跑上圣坛并把手放在十字架上。戈弗雷爵士和"黑帮"才不在乎教堂、圣坛或者十字架呢，他们拔出剑架在他的头上，将他拖到了教堂门前，并派人找来一个铁匠，为他量身打造了一副脚镣。当铁匠（我真希望我知道他的名字！）被带来时，被打铁的浓烟熏得皮肤黝黑的他，因为一路急匆匆地赶来，所以上气不接下气。"黑帮"成员一副咄咄逼人的嘴脸，将犯人指给他看，大声喊道："把脚镣打得重一些！做得结实一些！"铁匠看到犯人之后吓得直接跪在了地上，说："这是勇敢的休伯特·德·伯格伯爵，曾在多佛尔城堡英勇奋战，粉碎了法兰西的舰队。他为国家尽忠尽责。你们可以杀了我，随你们的便，但我绝不会为休伯特·德·伯格伯爵打脚镣的！"

"黑帮"从来不会感到羞愧，所以此次他们自然也不会感到羞愧。于是，他们轮番对铁匠拳打脚踢，还咒骂了他一顿。他们把伯爵的衣服扒光，伯爵被赤身裸体地绑在了马背上，随后他们带着他去了伦敦塔。不过，主教们对在教堂的神圣之地发生的暴力行径感到愤怒，被吓坏了的国王便再次命令"黑帮"将伯爵带回来，并命令埃塞克斯的司法官对他严加看管，以防他从布伦特伍德教堂逃走。于是，司法官围着教堂挖了条深沟，插上了很高的篱笆，日夜守候在教堂外。"黑帮"和他们的首领也在那儿站岗，这群人在一起就像是 301 匹黑狼一样。前后 39 天，休伯特·德·伯格在教堂中一步也没有走出来；到了第 40 天，他终于忍受不了寒冷和饥饿的折磨，便向"黑帮"投降，他们再次把他带回伦敦塔。在对他进行审判的时候，他拒绝为自己辩护。最终的结果早就安排好了，他放弃所有赏赐给他的王室土地，并将被关押在迪韦齐斯城堡，那里被称为"自由监狱"，由四位领主分别指派一名骑士进行管理。

在那里，他被关押了将近一年时间，直到他听说昔日与他为敌的主教的追随者被任命为这座城堡的守护者，他担心自己可能会被杀害，便在月黑风高的夜里爬上土墙，跳入了护城河，完好无损地游到陆地上，逃到另一座教堂中避难。那时，有一些贵族准备对国王发起反抗，他们派了一支马队把他接了出来，他们在威尔士会师。后来他终于得到了赦免，并恢复了之前的封地，他却过上了隐居的生活，再也不想在这个国家坐上高位，或再次成为国王宠信的重臣。也正是因为如此，休伯特·德·伯格伯爵迎来了比国王的宠信好很多的善终。至此，休伯特·德·伯格历险记画上了句号。

贵族们之所以准备造反，是因为温彻斯特主教骄横跋扈的行为实在让他们忍无可忍。自从发现国王暗地里特别讨厌他父亲被迫签署的《大宪章》后，温彻斯特主教便尽心尽力地助长国王对《大宪章》的憎恨。而且，比起英格兰人，主教更喜欢外国人。他甚至公开发表声明，称英格兰贵族的地位比法兰西贵族低一等，英格兰贵族对此怀恨抱怨。国王发现英格兰贵族身后有神职人员的支持，便开始担心自己的王位不保，于是把主教和那些外国伙伴全都打发走了。然而，鉴于他和一位名叫埃莉诺的法兰西小姐的婚姻，他重新对外国人挂起了笑脸。埃莉诺是普罗旺斯伯爵的女儿，在他们的婚礼上，他妻子那边来了一大堆亲戚，在宫廷里举行了一场声势浩大的家庭聚会。那些人拿走了英格兰人的很多好东西，兜里还揣着很多英格兰人的钱财。他们对待英格兰人的态度还特别盛气凌人。于是，果敢的英格兰贵族们公然诉怨，提起《大宪章》里有某一条款，规定了那些不讲道理的宠臣应被驱逐流放。然而，外国人只是轻蔑地嘲笑他们，说："你们英格兰的法律跟我们有什么关系呀？"

法兰西国王腓力死后，王子路易继承了王位。他是个短命鬼，仅仅统治了三年就死了，后来，他的儿子继承了王位。他的儿子也叫路易，是一个非常温和的人，温和得简直是这个世界上最不像国王的人。亨利的母亲伊莎贝拉（因为她怀恨在心）非常希望英格兰对这位国王发起战争。由于亨利国王是一个任何人都可以掌控的傀儡，因此伊莎贝拉很容易就让国王认同了她的观点。但国会决定不给这场战争拨款。为了向国会表示自己的蔑视，亨利国王装了30大桶的银子——真不知道他怎么弄到这一大笔钱的，我敢说他很有可能是从可怜的犹太人那里压榨、勒索来的——把那些银子装上船，亲自前往法兰西发动战争，与他同去的还有他的母亲和他的兄弟——康沃尔伯爵理查，他不仅富有而且很聪明。不过，亨利国王最终被打得落花流水，灰溜溜地回去了。

国会的情绪并没有因此恢复，他们指责国王浪费国家的钱财，让贪婪的外国人变得更富有，因此他们决定绝不能再给他机会让他挥霍了，国王为此想尽了办法，无耻地使用各种办法向他的人民压榨，以致人们曾一度说国王是"英格兰最彪悍的乞丐"。他还参加了十字军，想用这种方法弄些钱，但是所有的人心里都很清楚，他根本不可能参加东征，所以他一分钱也没有捞到。

在双方吵来吵去的过程中，伦敦人对国王的憎恨越发强烈，国王也对他们厌恶到了极点。不过恨也好、爱也罢，都不会改变任何事情，在接下来的九至十年的时间里，国王依旧是老样子，没有丝毫改变。贵族们对他说，如果他能郑重地承认他们的自由，国会就将拨给他一大笔钱。

国王立马答应了。于是在天气宜人的5月某一天，在威斯敏斯特厅举行了一场盛大的会议，所有的神职人员身着圣袍，手中拿着一支燃烧着的蜡烛站在那里（贵族们也在场）。坎特伯雷大主教宣布，从今往后任何人以任何形式违反《大宪章》，都会遭到教会的驱逐。宣读完毕后，神职人员将他们手中燃烧的蜡烛熄灭，并诅咒任何一个违反《大宪章》之人的灵魂。整个仪式以国王宣誓将遵守《大宪章》结束，他宣誓时说："我以男人、基督徒、骑士和国王的身份起誓！"

　　起誓很容易，违背自己的誓言也很简单。国王两样都做到了，就像他父亲在他之前所做的一样。当他拿到那笔钱的时候，他又变回了老样子，很快就让仅存的那些还相信他的人清醒了过来。当他把钱花光之后，他又开始不知廉耻地四处借钱、乞讨，卑贱的本性暴露无遗。后来，他与教皇在西西里王位的问题上遇到了麻烦，教皇说国王有权把王位赠送给别人，并向他提议，让他把西西里的王位给他的次子埃德蒙。如果要转让的是还没到手的东西，那么受赠方要想得到它就有点麻烦了。这次遇到的完全就是这个情况。他们得先征服了西西里，才能把王冠戴在年轻的埃德蒙头上。如果没有钱，就根本征服不了。

　　教皇命令神职人员为此事筹集资金，但神职人员并没有像往常一样顺从他的命令，因为他们为教皇对意大利牧师们的过分宠信而起了争执。他们也开始怀疑国王允许有偿布道的牧师们能不能在 700 所教堂里讲道，就算有教皇的支持，也不可能同一时间出现在 700 个不同的地方。伦敦主教说：“教皇和国王勾结起来了，他们要把主教法冠从我头上拿掉。如果他们这样做，我就会戴上士兵的头盔，发动战争讨伐他们，我一分钱也不出。”伍斯特主教和伦敦主教一样勇敢，他也一分钱不出。那些胆小的、没有魄力的神职人员筹集到的钱被挥霍一空时，既没有给国王带来任何好处，也没有让西西里的王冠挨近埃德蒙王子一寸。这件事情的结局是这样的，教皇把西西里的王位送给了法兰西国王的弟弟（因为法兰西国王把这里打下来了），之后给英格兰国王寄去了一张 10 万英镑的账单，作为没有征服这里所应支付的开销。

　　此时的国王愁烦至极，几乎要达到令人同情的程度，如果一个卑鄙无耻、荒谬至极的国王也值得人们同情的话。他聪明的弟弟理查从德国人那里买下了罗马国王的头衔后，开始疏远国王，不再为他提供建议，也不再辅佐他。那些反抗教皇的神职人员与贵族结成了同盟。贵族们的领袖是西蒙·德·蒙特福特——莱斯特伯爵，他娶了亨利国王的姐姐为妻，虽然他自己就是个外国人，但他在英格兰反对异国宠臣的人当中是最受欢迎的。

　　当国王随后召见国会时，贵族们在这位伯爵的带领下，从头到脚全部武装起来，走到了他面前。一个月后，在伯爵的带领下，国会成员再次在牛津聚集，国王被迫发誓同意组建一个被称作政府委员会的机构，由 24 名成员组成，其中 12 名由贵族选出，另外 12 名由国王任命。

　　幸运的是，国王赶上了一个非常好的时机，他的弟弟理查回来了。理查回来后做的第一件事情便是发誓将效忠政府委员会（因为如果他不这么做，贵族们就不让他进入英格兰）——他很快便开始拼尽全力发起反抗。贵族们内部发生争吵，尤其是心高气傲的格洛斯特伯爵和莱斯特伯爵，后者一气之下去了国外。之后，人们开始对贵族们感到不满，因为他们为人民做的并不多。看起来国王好像终于迎来了他绝佳的机会，于是他拿出胆量，抑或是从他弟弟那里借来了胆子，对政府委员会说，他已经把这个委员会废除了，至于他之前的誓言，根本就不需要考虑——因为教皇发话了！随后，他霸占了铸币厂所有的钱，并和长子爱德华一起躲进伦敦塔。他在伦敦塔里向世人公开了一封教皇写的信，以此告诉所有人，这45年来他始终都是一个杰出且公正的国王。

所有人都知道他跟杰出和公正根本不沾边，所以根本没人把那封信当回事。这个时候巧的是，心高气傲的格洛斯特伯爵去世了，他的儿子继承了他的爵位，儿子与他不同，并没有选择继续与莱斯特伯爵为敌，反而（在当时）成了他的朋友。于是，两位伯爵合力攻下了几座王室城堡，并马不停蹄地向伦敦逼近。伦敦人民一直以来都反对国王，于是他们兴高采烈地欢迎他们的到来，并表示了对他们的支持。

国王本人依旧把自己关在塔中，颜面尽失，爱德华王子则尽全力赶往温莎城堡。他的母亲，也就是王后试图从水路追随他，不过当人们看到她的驳船在水上驶过时，对她的愤恨达到了极点。大家纷纷跑到伦敦桥上，当她的船经过时，他们用石头和土块袭击她的船，高喊："淹死这个巫婆！淹死她！"他们差点就做到了，幸好伦敦市长及时把这个老女人保护了起来，并把她藏在了圣保罗大教堂里，直到危险过去。

若想把国王和贵族们之间争吵的来龙去脉，以及贵族的内讧都讲清楚，这部分就要写很多了，你也得读上好一阵子。所以我简而言之，只阐述一下这些纷争中的大事件。有人提议请善良的法兰西国王在中间主持公道，决定他们究竟应该支持英格兰国王还是贵族。法兰西国王认为英格兰国王必须维护《大宪章》，贵族们则必须放弃政府委员会以及议会在牛津做出的所有决议。贵族们则声称这些条件根本不公平，他们不会接受。之后，他们敲响了圣保罗大教堂的大撞钟，把伦敦市民叫醒。伦敦市民听到低沉的钟声后，全部武装起来走上街道，组成了一支相当庞大的军队。然而遗憾的是，他们并没有对保皇主义者发起进攻，而是袭击了可怜的犹太人，死在他们手里的犹太人至少有500人。他们声称，在犹太人中，有人站在国王一边，他们在家里藏了一种可怕的炸药以毁灭这里，名叫"希腊之火"。这"希腊之火"不仅无法用水熄灭，水还会让它烧得更猛烈。然而，犹太人真正藏在家里的是钱，这才是惨绝人寰的敌人们真正想要的。这些禽兽像强盗和杀人犯一样，"拿走"了犹太人的钱财。

莱斯特伯爵率领伦敦市民和其他武装力量，一路追着国王来到了萨塞克斯的刘易斯——国王在这里安营扎寨。在与国王开战之前，伯爵对他的将士们说，亨利三世背弃了太多的誓言，他已经成为上帝的敌人，因此他们应该在胸前戴上白色的十字架。这是为了表明，他们不是与基督徒同胞作战，而是与土耳其人打仗。于是，他们胸前佩戴着白色的十字架，仓促地一拥而上。他们那天原本会被打败的，因为国王有英格兰所有的士兵，还有来自苏格兰的约翰·科明、约翰·巴利奥尔和罗伯特·德·布鲁斯以及手下的人马。然而，由于爱德华王子缺少耐性，急于向伦敦人复仇，导致他指挥得毫无章法，让他父亲的军队陷入了混乱。最后，他被抓了起来，国王以及他贵为罗马国王的弟弟也被抓了起来，草地上堆满了5000具英格兰人的尸体。

他们的这次胜利，使教皇把莱斯特伯爵逐出了教会，不管是伯爵本人也好，还是他的子民也好，都对此毫不在意。莱斯特伯爵深受人民的爱戴和支持，因此他成了真正意义上的国王，尽管表面上他对亨利三世毕恭毕敬，走到哪里都带着国王，就像一个瘸腿的扑克牌国王一样。但实际上他手中牢牢地掌握了所有的政权。他在1265年召开了一次议会会议，这是英格兰历史上第一次人民真正有选举权的议会会议，而这也让他在人民心目中受欢迎的程度日益增加。

其他的很多贵族，尤其是格洛斯特伯爵（此时，他已经变得像他的父亲一样心高气傲）非常嫉妒这位位高权重而又十分受人民爱戴的伯爵（他本人其实也很傲气），开始密谋要与他作对。在刘易斯之战后，爱德华王子被扣为人质，虽然他在其他方面享受到王子的待遇，但他从来不被允许单独外出，除非有莱斯特伯爵指定的随从跟着他。就这样，他始终在莱斯特伯爵的监视下。密谋造反的领主们想方设法秘密地告诉他，他们将帮助他逃跑，还会推举他做他们的领袖，爱德华对此毫不犹豫地欣然接受了。

到了他们约定好的那一天（那天他在赫里福德），午餐过后他对侍从们说："天气这么好，我该骑上马去乡间小路走走。"侍从们也这样想，觉得在阳光明媚的天气里，骑马漫步是一件很惬意的事情。于是乎，一支充满欢乐的小分队骑着马出城了。当他们来到一处十分平坦的草地时，王子提议让他们的马互相比试，他还会在跑得快的那匹马上下注。随从们没有任何怀疑，随后他们就骑着马飞驰而去，你追我赶，一直到他们的马筋疲力尽。王子却没有跟他们比赛，而是坐在马鞍上看着他们，拿着钱下赌注。他们度过了一个非常愉快的下午。到了太阳下山时，他们一起缓慢地驰上山坡，王子的马精力充沛，而其他人的马则筋疲力尽了。这时，一个陌生人骑着一匹灰马出现在山顶上，手上挥舞着他的帽子。"这哥们儿是什么意思？"随从们彼此问道。

王子用行动回答了这个问题，他立即扬鞭策马全速冲了出去，与那个人一起骑马跑到了一群躲在树下的马夫那里，后者立刻将王子簇拥在中央。一阵尘土飞扬之后，他消失了，只剩下还没有回过神来的侍从们。他们骑在马上互相看着对方，此时他们的马耷拉着耳朵，气都喘不匀了。

王子来到拉德洛与格洛斯特伯爵会合。莱斯特伯爵带领一部分兵力以及愚蠢的国王待在赫里福德。莱斯特伯爵其中的一个儿子——西蒙·德·蒙特福特和剩余那部分兵力在萨塞克斯，防止这两拨兵力会师是王子的首要目标。于是他在夜里袭击了西蒙·德·蒙特福特，打败了他并缴获了他的旗帜和财产，把他关进了沃里克郡的肯纳尔沃斯城堡，那座城堡是伯爵家的财产。而他的父亲莱斯特伯爵这个时候正带着他的军队和国王从赫里福德出发，前去与他的儿子会合。

这是一个阳光明媚的 8 月清晨，他来到了四面被美丽的埃文河环绕的伊夫舍姆镇。他十分焦急地望着肯纳尔沃斯，当他看到旗帜正向自己飘来时，脸上露出了欢快的笑容。过了没多久当他发现原来他的旗帜在敌人手中时，他的脸色立刻变了，说："一切都结束了。愿上帝怜悯我的灵魂，因为我们必定死在爱德华王子的手上！"

话虽如此，但他依旧像个真正的骑士一样英勇奋战。在他胯下的战马被杀后，他便在马下继续作战。这是一场惨烈的战斗，到处都是由尸体堆积的小山。老国王则自大地身着一副盔甲，骑着一匹肥壮的战马——那匹马根本不听他的指挥，带着他横冲直撞，不仅挡了所有人的路，还差点被儿子的手下敲碎脑袋。他喊道："我是温彻斯特的哈里！"王子听到了他的叫喊声，随后抓住他的缰绳，将他带出了危险区域。

莱斯特伯爵依旧英勇奋战，直到他最优秀的儿子亨利被杀，他最要好的挚友的尸体挡住了他的退路，直到他倒下，他依旧手中拿着剑与敌人战斗。直到他的身体在乱刀狂砍下倒下，他们把他的尸体送给了一位贵族夫人——我觉得她一定很令人反胃，因为她是他最卑鄙的敌人的妻子。然而，他们没有办法粉碎人们对他的记忆，很多年过去了，人们对他的爱戴之情超过以往任何时候，将他视为一位圣人，始终称他为"正义的西蒙爵士"。

即便莱斯特伯爵死了，但他为之奋斗的事业和理想没有消失，即使国王获胜也不能使之湮灭。亨利发现自己不得不遵守《大宪章》，不管他是多么地仇恨它，他还是要制定与伟大的莱斯特伯爵十分相似的法律。此外，他不仅要温柔地对待子民，最终还要原谅他们——即使对方是那些长期反对他的伦敦市民……

当整个国家的麻烦全部解决了之后，爱德华王子和他的表兄亨利加入了东征的队伍，与很多英格兰领主和骑士一起，前往圣地东征。四年后，罗马国王去世了。次年，他软弱无能的哥哥英格兰国王也死了。

亨利三世活了68年，统治英格兰56年。他的死与他活着的时候一样平淡无奇。在历代国王中，他的存在仅仅是一个苍白的影子。

5 长腿之王

　　时间到了救世主降生后的 1272 年，这时爱德华王子作为王位的继承人远在圣地，根本不知道他父亲过世的消息。贵族们则在王室的葬礼过后立即宣布爱德华登上王位，人们对此毫无反对意见，因为大多数人这时已经深深体会到王位争夺是一件多么可怕的事情。因此，人们对爱德华一世也就平静地接受了，不过却给他起了一个算不上赞美的绰号，因为他的腿又细又长，所以他的绰号叫"长腿之王"。

　　他的腿确实需要强壮些，这两条腿需要支撑他在亚洲炎热的沙漠里承受无数的艰难险阻。他那支人数本来就不多的军队，在那里，还有不少人晕倒、阵亡甚至叛逃，就如同被沙漠融化了一样。但他过人的胆识让他对此毫不在乎。他说："就算我身边只剩下我的马夫，我也要继续前进！"

　　这位拥有如此强大意志的王者给土耳其人制造了很多麻烦。他对拿撒勒发起了猛攻，我非常遗憾地说，他对那里无辜的百姓展开了一场惨无人道的屠杀。而后他来到阿卡，苏丹与他达成了一个 10 年的休战协议。他在这里差点丢掉了性命，因为一位萨拉森贵族背叛了他，那个人被称为"雅法的埃米尔"。他假意声称自己要成为基督徒，想了解关于基督教信仰的一切，于是他经常派一位值得信任的使者去爱德华那里——使者袖口里始终藏着一把匕首。终于，在圣灵降临周的星期五这一天，整个沙漠在强烈日光的照射下，像一块被烤焦了的饼干，让人感到皮肤在燃烧。爱德华正在长椅上躺着，因为天气热，所以他只穿了一件宽松的袍子。那位面色如巧克力、长着黑色炯亮的双眼、牙齿洁白的使者带着一封信来到了这里，像只被驯服的老虎一样跪在爱德华面前。

　　当爱德华伸出手准备将信接过的那一刻，"被驯服的老虎"立即起身向他的心脏刺去。他身手十分敏捷，但爱德华的反应也很快，他抓住了叛徒的脖子，然后把他摔在地上，并用匕首杀死了他。匕首划伤了爱德华的胳膊，虽然伤口不深，但差点要了他的命，因为匕首的刀刃上涂了毒。值得庆幸的是，在军队里有一位优秀的医生，及时给他敷上了草药，尤其是在忠诚的妻子埃莉诺的精心呵护下，爱德华没过多久就恢复了健康，据说埃莉诺甚至亲自从伤口处把毒吸了出来（我非常愿意相信这是真的）。

由于他的父亲（也就是先王）曾经派人告诉爱德华希望他能回家，于是他启程回国。当他来到意大利的时候，他见到了前来报信的信使们，他们告诉他国王已经去世。他听闻国内非常太平，便没有急着赶回去，而是先去拜访教皇，还正式地访问了意大利多个城镇。他在这些地方受到了热烈的欢迎，人们在道路两侧为这位从圣地归来的伟大的十字军战士欢呼。人们送他紫色的袍子、欢腾雀跃的骏马。这些欢呼的人根本不知道，他是最后一位参加十字军东征的英格兰君王，而且也不知道在不到 20 年的时间里，基督徒们在圣地用鲜血换来的所有胜利，都被土耳其人夺走了。

那时，在法兰西平原上有一座名叫沙隆的古老城镇。当国王在回家的路上准备经过这里时，一位诡计多端名叫沙隆伯爵的法兰西领主向他发出了一个十分有礼貌的挑战，邀请他带着他的骑士与自己的骑士进行一场公平的比赛，用剑和长枪来一决高下。有人对国王说，沙隆伯爵这个人不可信，他想要的根本不是一场点到为止、充满欢乐的假日比赛，而是想凭借兵力上的优势，真刀真枪地消灭国王一行。

然而，国王却无所畏惧，在约定好的那一天带着 1000 名属下来到约定的地点。当伯爵带着 2000 人马对英格兰人发起进攻并想要消灭他们时，英格兰人向他们勇猛地冲了过去，很快伯爵的人马便溃不成军。伯爵抓住了国王的脖子，国王却把他打落马下，作为伯爵对自己致敬的还礼。

国王踩在伯爵的身上，像铁匠用锤子击打铁砧一样对着他的盔甲一顿猛打。伯爵投降求饶并献上自己的剑，国王也不给他留一点面子——没有接过他的剑，而是让一名普通的士兵接过了它。这场战斗打得非常激烈，后来，人们把它称作沙隆小战役。

英格兰人对国王的这些冒险经历，以及他们拥有这样一位国王感到非常自豪，因此当 1247 年国王（当时 36 岁）在多佛尔登陆，准备前往威斯敏斯特和他的王后一起举行盛大的加冕仪式时，举国上下沉浸在一片欢乐的气氛当中。在加冕仪式的宴会上，总共准备了 400 头牛、400 头羊、450头猪、18 头野猪、300 片烟熏猪肋培根，还有 20000 只家禽。街头的喷泉和水管里装的是红酒和白葡萄酒。为了给这场盛宴锦上添花，富人们在他们的窗户上挂上了色彩鲜艳的绫罗绸缎，还从窗户上撒下大把金银让人们争抢。总之，人们大吃大喝、奏乐欢呼、敲响钟声、抛飞帽子、歌唱高喊、跳舞狂欢，古老的伦敦街道上很久没有看到这般张灯结彩、欢呼雀跃的景象了。所有的人都沉浸在欢乐中，除了可怜的犹太人，他们躲在家中瑟瑟发抖，吓得根本不敢往外看，因为他们已经预料到，这场狂欢的花销迟早要由他们来埋单。

我们暂时先结束有关犹太人的凄凉话题吧！在结束之前，我还应补充一些内容。此时的他们，受到了最无情的剥削。他们中有很多人被处以绞刑，罪名是毁坏王国硬币的边缘——这是任何一个民族的人都会干的事情。他们被课以重税，受尽羞辱。在加冕仪式13年后的某一天，犹太人连同他们的妻儿一起被扔进了不是人待的监狱，直到他们支付给国王1.2万英镑才得以赎身。最终，他们所有的财产都被国王强行霸占，只剩下一点仅够他们逃到国外的路费。之后，在相当长的一段时间里，这个民族中没有一个人抱着发财的念头回到英格兰，因为他们在这里受到了最残酷无情的对待，受尽了折磨。

如果爱德华一世对待基督徒也像对待犹太人那样坏，那他可真是一个坏透了的国王。不过从整体上来说，他是一位伟大的君主。在他的统治下，国家的实力有了很大的提升。他对《大宪章》一丁点好感也没有（在相当长的一段时间里，几乎没有一位国王喜欢《大宪章》），但他身上有很多可贵的品质。他回国后提出的第一个大胆的目标就是要将英格兰、苏格兰和威尔士统一为一个政权，因为后两个国家的国王都太年幼，国王身边的人总是吵来吵去、打个不停，给国家造成了巨大的骚乱。这些都发生在爱德华一世统治期间，在这个过程中，他还与法兰西交过战。为了厘清这些冲突的来龙去脉，我将按照威尔士、法兰西、苏格兰的顺序依次讲述它们的历史。

卢埃林是威尔士的亲王。在愚蠢的老国王统治时期，他选择了站在贵族那边，但随后宣誓效忠老国王。爱德华一世继承王位时，卢埃林也被要求宣誓效忠，但卢埃林拒绝了。后来，国王先后三次要求卢埃林效忠自己，但三次卢埃林都说他不会这么做。他当时要与埃莉诺·德·蒙特福特结婚——这位年轻小姐的家族我们在上一个统治时期提到过。不巧的是，这位年轻的小姐和她最年幼的弟弟乘着一艘英格兰船从法兰西而来，被英格兰国王下令扣押。此事一出，冲突的事态发展到了顶点。国王带着他的舰队来到威尔士海岸，包围了卢埃林。

可怜的卢埃林只能躲进寒冷的斯诺登山避难。在这里，他得不到任何补给，饥寒交迫的他很快出来道歉，达成了一项和平条约，同意支付战争赔款。爱德华删除了条约中最苛刻的条款，并同意了他的婚事，因为国王认为他已经降服了威尔士。

威尔士人从本质上来说是一群温和、安静、热情好客的人。他们喜欢邀请陌生人到他们位于山里的小屋，热情地设宴款待他们，还会弹奏竖琴唱他们的歌谣给客人听。但是，当他们热血沸腾进入战斗状态时，也拥有非常顽强的意志。这件事情过后，英格兰人开始摆出一副主人的架子，这令威尔士人的自尊无法承受。更甚的是，他们依旧相信倒霉的老梅林①，每当有机会派上用场时，注定会有人想起他那些倒霉的古老预言。就在这时，一位长着白色长胡子，手拿竖琴，双目失明的老绅士（他是一个非常好的人，但是已经到了行动缓慢的年纪了），突然冒出来宣布，梅林曾预言，当英格兰的钱币变成圆形时，将会有一位威尔士王子在伦敦加冕。这个时候正好赶上前不久爱德华国王禁止将英格兰便士对半切成半便士或四分之一便士。英格兰钱币真的变成了圆形货币。因此，威尔士人都说梅林预言的时刻到来了，纷纷揭竿而起。

爱德华国王通过大施恩惠一度收买了戴维兹王子，他是卢埃林的弟弟。但他正是第一个造反的人，可能是他受不了良心上的谴责吧。在一个暴风雨的夜晚，他偷袭了英格兰贵族留守的哈登城堡，杀了所有的驻防人员，并把贵族掳去了，当成犯人关在斯诺登监狱。以此为契机，威尔士人民奋起反抗。

爱德华国王带着他的军队从伍斯特出发，来到了麦奈海峡。今天距离他们横渡海峡很近的位置上，已经架起了雄伟的管桁铁桥，还有火车在上面行驶。可当时情况就大不一样了，他们用船架起了一座能让40人肩并肩行进的桥。国王占领了安格尔西岛，并派他的手下到前方打探敌情。然而，突然出现在他们面前的威尔士人打乱了他们的阵脚，惊恐之下他们退回到那座用船架起来的桥上。此时，正赶上潮水上涨，冲散了船只，威尔士人对他们穷追不舍，把他们赶到了海的中央。由于他们身上的铁甲过于沉重，数以千计的人沉入大海，葬身于此。这场战役胜利后，在威尔士恶劣的严冬气候的帮助下，卢埃林又取得了一场战役的胜利。

---

① 老梅林：传说是亚瑟王的顾问、魔法师和先知，有史以来最著名的魔法师，能预言，还能控制命运，常以年迈的老人形象示人。

爱德华一世命令一部分英格兰军队前往南威尔士，两路包夹。当勇敢的卢埃林与敌人这支新部队短兵相接时，他遭到了敌人的偷袭并被杀害——因为他当时手无寸铁，毫无招架之力。他的头被砍了下来送到了伦敦，之后被钉在伦敦塔上，周围还放了一圈花环。有人说那是常青藤，还有人说是柳条或白银。总之，它看起来像一枚非常令人反胃的硬币，嘲笑着那个预言。

虽然国王对戴维兹穷追不舍，就连他本国的同胞们也在四处追杀他，可戴维兹依旧坚持了六个月，直到一个威尔士人出卖了他和他的妻儿。他被处以绞刑，开膛剖肚并五马分尸。自那以后，这就成为对英格兰叛徒的固定刑罚——这刑罚在惩罚的对象死后还折磨尸体，实在是卑鄙、残忍、令人生厌。

此时的威尔士已经被征服了。王后在卡那封城堡生了一位小王子，国王以威尔士人的同胞的身份把他带到威尔士人面前，并封他为威尔士亲王。自那以后，这也成了英格兰王位法定继承人所拥有的头衔——小王子很快真的成了威尔士亲王[1]，因为他的哥哥死了。不过国王为威尔士人做了很多比这件事要好得多的贡献，他改善了威尔士的法律，并鼓励他们进行贸易活动。虽然反抗的事情时有发生，但主要是那些被赐予了威尔士封地和城堡的英格兰领主身上的贪婪和高傲导致的。反抗很快被镇压下去，这个国家再也没有反叛了。有一个传说在威尔士流传：爱德华为了防止人民受到吟游诗人和弹唱者的蛊惑，便处死了他们。不过，我认为这仅仅是他们中的一些人偶然遇到一些反对国王的人罢了。

爱德华一世统治期间的对外战争，则是这样被引起的：有一艘诺曼底船和一艘英格兰船，两艘船上的船员碰巧要到同一个地方补充淡水，由于双方都是脾气不怎么好的粗人，他们很快便争吵起来，还动了手，英格兰人用他们的拳头，诺曼人则用他们的小刀。在战斗中，有一个诺曼人被打死了。诺曼船员却没有向他们的对手——英格兰水手报仇（我猜是因为那些船员太强壮，吓到他们了），而是怒气冲冲地回到船上，向他们遇到的第一艘英格兰船只发动了攻击，抓住了一个碰巧在甲板上的无辜商人。他们把他挂在绳索上，还在他的脚下放了一条狗。这件事彻底激怒了英格兰水手们，他们彻底失去了控制。自那以后，无论何时

---

[1]　威尔士亲王：威尔士公国的元首。自1301年英格兰吞并威尔士之后，英王便将这个头衔赐予自己的长子。从此以后，给国王的男性继承人冠以"威尔士亲王"的头衔逐渐相沿成习，"威尔士亲王"便成了英国王储的同义词。

何地，只要英格兰水手遇到诺曼水手，他们便会大打出手。爱尔兰和荷兰水手加入了英格兰人的阵营，法兰西和热那亚水手则帮助诺曼人。就这样，在海上漂泊的水手中的绝大部分变得非常愤怒和暴力，就像海洋在发怒的时候一样。

爱德华国王的名声在海外享有盛誉，经常充当裁判的角色——在法兰西与其他外国势力产生分歧时做出裁决，然后在欧洲大陆生活了三年的时间。最初，无论是他本人还是法兰西国王腓力都没有出面介入这些冲突。但后来，在一艘抛锚停泊的船只附近，当一支由 80 艘船只组成的英格兰舰队，在一场激烈的战斗中击败了一支 200 多艘船的诺曼舰队，英格兰人下手毫不留情时，整个事态已经严重到无法忽视的程度了。于是，法兰西国王在巴黎召见身为吉耶纳公爵的爱德华国王，要他亲自为他的水手们造成的损失负责。起初，爱德华派了伦敦主教作为他的代表，随后又派去了自己的兄弟埃德蒙，埃德蒙的妻子是法兰西王后的母亲。我猜恐怕埃德蒙是一个生性随和的人，于是他被法兰西宫廷的贵族小姐们说服了，他同意放弃爱德华的公爵领地 40 天——法兰西国王说，这仅仅是走一个形式而已，因为要照顾一下自己的面子。然而，当期限到了之后，他发现法兰西国王根本不打算归还领地，他大吃一惊。我想这件事导致了他的死亡，因为没过多久他就死了。

如果国外的公爵领地能通过活力和勇气收复的话，那么爱德华一定是一个能做到此事的国王。他集结了一支庞大的军队，宣布自己放弃了吉耶纳公爵的头衔，然后渡过海峡准备向法兰西宣战。然而战事未起，双方就达成了一个为期两年的停战协议——因为教皇出面干预，让双方达成了和解。此时的爱德华国王失去了他挚爱的妻子——善良的埃莉诺，成了一个鳏夫，他便娶法兰西国王的妹妹玛格丽特为妻，威尔士亲王则与法兰西国王的女儿伊莎贝拉定下了婚约。

有时，一些坏的事情反而会带来好的结果，就像因为吊死了无辜商人而引起的流血冲突，确保了英格兰人民现在所拥有的强大力量。然而，为战争做准备的代价是非常大的，因此爱德华国王非常需要钱。他筹钱的方式极其专横霸道，一些贵族开始坚定不移地反对他，尤其是这两位——赫里福德伯爵汉弗莱·德·波鸿和诺福克伯爵罗杰·比歌德，他们坚称国王没有权力命令他们率军前往吉耶纳，所以毅然决然地拒绝前往那里。"我指着天堂起誓，伯爵大人，"国王情绪非常激动地对赫里福德伯爵说，"你要么乖乖出兵,要么就等着上绞刑架吧!"伯爵回答道:"我也指着天堂发誓,国王大人,我既不出兵去那里,也不会被绞死!"说完,他和另一位伯爵当着众多贵族的面,头也不回地离开了宫廷。

国王为了筹钱想尽了各种办法,他对神职人员征税,根本不顾教皇的反对。当神职人员拒绝纳税时,国王为了制服他们便昭告民众说,他们不缴纳税金就无权享受政府提供的保护,任何人都可以对他们进行抢劫——这是很多人想干的事儿啊,便兴高采烈地做了。神职人员发现长此以往他们根本得不偿失。此外,国王还霸占了商人们的羊毛和皮革,并承诺会在将来某一天付钱给他们。他还设立了出口羊毛税,这在商人中实在是不得人心,他们把这项税收称为"恶魔之税"。但这些办法最终都没有效果。贵族们便在两位伟大的伯爵的带领下,宣称任何没有经过议会同意的税收都是不合法的,议会将拒绝征税,直到国王重新认可《大宪章》,并以书面形式发表庄重声明:从今以后,除了代表基层人民权利的议会之外,任何人都无权向人民征收钱财。国王自然是非常不愿意把这项特权交给议会的,但他对此无能为力,最终只得同意。很快,我们就会看到,未来有另一位国王若能从爱德华的做法中吸取教训,他就能保住自己的脑袋。

现在,我们来说说苏格兰。这里是爱德华一世统治期间的一个心头大患,麻烦持续了相当长的一段时间。

爱德华加冕后过了13年,苏格兰国王亚历山大三世从马上摔下来死了。他娶了爱德华的妹妹玛格丽特为妻,他们所有的子女都死了。苏格兰王位的继承权落到了一个年轻的公主身上,她只有8岁,是挪威国王艾瑞克的女儿,艾瑞克的妻子则是已故先王的一个女儿。因此爱德华提议,这位被称作"挪威少女"的公主应该嫁给他的长子。不幸的是,她在前往英格兰的途中染上了疾病,在登陆奥克尼群岛后死在了那里。于是,在苏格兰爆发了极大的骚乱,多达13个人声称自己有权继承空缺的王位。这些人让全国上下陷入了一片混乱。

爱德华国王因他的睿智和公正名扬海外,因此,人们同意邀请他来解决这一争端。他接受了人们对他的信任,并带着一支军队来到了英格兰和苏格兰的交界处。他要求苏格兰绅士们去特威德河英属岸边的诺拉姆城堡见他,于是他们便来到了这里。在开始谈正事之前,他要求苏格兰绅士们宣誓效忠他,宣誓他是他们的君主。当看到他们犹豫时,他说:"我对着我所戴的圣爱德华王冠起誓,我该拥有我的权力,不然我将维护它们至死!"苏格兰绅士们根本没料到这个情况,他们仓皇失措,要求爱德华给他们三个星期的时间考虑。

三个星期过去了,另一场会议在河的苏格兰属岸边的一片绿色草坪举行。在那些争夺王位的人中,只有两人真正拥有王室近亲的血统,是货真价实的合法继承人,他们分别是约翰·贝利奥尔和罗伯特·布鲁斯。继承权属于约翰·贝利奥尔,我对此毫无疑问。然而,那天的会议,约翰·贝利奥尔没有来,但罗伯特·布鲁斯来了。当罗伯特·布鲁斯被问及是否承认英格兰国王是他的君主时,他清楚明确地回答"承认"。第二天,约翰·贝利奥尔来了,他也给出了相同的答复。至此,关于这个问题的讨论尘埃落定,人们便展开了一系列调查,以便弄清这两人的头衔。

这场调查耗费了一年多的时间。在此过程中,爱德华游历了苏格兰,并要求各阶层的人承认自己是他的臣属子民,不然就把他们关起来,直到承认为止。与此同时,爱德华委任专员进行这项调查工作,还在贝里克举行了一场议会会议,充分听取了两位候选继承人的陈述,并在会上进行了充分的讨论。最后,在贝里克城堡的大会堂里,国王支持约翰·贝利奥尔,约翰本人也同意在英格兰国王的恩典和许可下领受他的王冠,并在斯昆一个古老的石椅上加冕为王。接下来,爱德华国王将苏格兰先王的国玺切成四块,把它放入英格兰的国库。这时,他认为(就像那句谚语所说的一样)苏格兰已经完全在他的掌控之中了。

然而,苏格兰人依旧拥有坚强的意志。爱德华国王认为,苏格兰国王不应该忘记自己臣子的身份。每当听说有人对苏格兰法庭的决定提出上诉时,便反复传唤苏格兰国王,让他当着英格兰议会的面为自己和法官们辩护。其实,约翰·贝利奥尔的内心并没有那么强大,但苏格兰人所拥有的勇敢精神最终让他的内心变得强大,因为他们将这件事看作对他们国家的羞辱,于是约翰·贝利奥尔拒绝再次前往英格兰。此后,国王进一步要求他为自己在海外的战事提供帮助(那时候战争正在进行),并作为日后良好品行的保障,要求他放弃三座坚固的苏格兰城堡——杰德堡、罗克斯堡和贝里克堡。但这些要求他没有照办。恰恰相反,苏格兰人民把他们的国王藏在了高地与山脉之中,以显示他们打算抵抗到底的决心。于是,爱德华率领一支40000名步兵和4000名骑兵的大军来到贝里克,攻占了城堡并杀了所有的守军和城中居民——男人、女人和小孩。萨里伯爵和瓦伦勋爵继续前进,来到邓巴城堡,在这里打了一场战役,苏格兰军队全军覆没。大获全胜之后，萨里伯爵被留在苏格兰作为这里的守护者，而这个国家所有的主要职务，全都由英格兰人担任。原先位高权重的苏格兰贵族们被迫定居英格兰，王冠和权杖也被拿走了。就连那把古老的石椅也被搬到了威斯敏斯特修道院，直到今天，你还能在那里看见它。贝利奥尔则被囚禁在伦敦塔，只被允许在方圆32英里的范围内活动。过了三年，他被允许前往诺曼底，他在那里拥有土地，他人生中剩下的六年就是在那里度过的。我敢说，他在那里的日子，要比他多年生活在愤怒的苏格兰的日子快乐多了。

这时，在苏格兰的西部有一位腰缠万贯的绅士，名叫威廉·华莱士，是一位苏格兰骑士的次子。他身材魁梧、力大无穷，非常勇敢，还拥有过人的胆识。每当他对同胞讲话时，他那些燃烧着激情、充满力量的词语总能引起人们的共鸣。他深爱着苏格兰，同时对英格兰恨之入骨。此时，担任对苏格兰托管任务的英格兰人盛气凌人的行为，让骄傲的苏格兰人忍无可忍，他们之前对威尔士人也是如此。论心中对这些人的怒火，整个苏格兰没有人能与威廉·华莱士相比。一天，一名对威廉不是很了解的英格兰官员冒犯了他，华莱士立即将他打死，之后便逃到了满是岩石的山中。在那里，他加入了他的同胞威廉·道格拉斯爵士的行列，威廉·道格拉斯同样也反抗爱德华国王，但他拥有自己的武装力量。威廉·华莱士就这样成了为苏格兰的独立而战斗的民族中最坚决、最无畏的战士。

负责监管苏格兰的英格兰官员在威廉面前逃跑，因此鼓励了苏格兰人民起义造反，对英格兰人发动了无情的进攻。萨里伯爵奉国王之命，集结了边境郡县的所有兵力，外加两支英格兰大军，涌进了苏格兰。而苏格兰，只有华莱士带领的4万人。他们在距斯特灵不到2英里的福斯河的一处，准备迎战侵略者们。这条河上只有一座破旧的木桥，名叫基尔迪恩。这座桥虽然很窄，但能让两个人肩并肩地通过。华莱士紧盯着这座桥，并把他的军队里大部分人马部署在周围的高地上，泰然自若地等待敌人的到来。当英格兰军队来到了河的对岸时，他们派出使者前来劝降，并向他开出了条件。华莱士则以苏格兰自由为名，让这些使者带回了他的蔑视。萨里伯爵手下的英格兰官员们同样观察着桥上的情况，他们建议他要谨慎行事，不可轻举妄动。然而，另一些官员则催促他赶快开战，尤其是爱德华的财政大臣克莱辛翰这个鲁莽之人。

萨里伯爵下令军队前进，1000名英格兰士兵每两人一排从桥上走了过去，苏格兰军队像石头雕像一样站在那里一动不动。紧接着，2000

人、3000 人、4000 人、5000 人都来到了河的对岸。就在这时，苏格兰人突然行动了。"第一军团，给我上！冲到桥的下面！"华莱士高声喊道，"把英格兰人阻断在那里，不让他们任何一个人过桥！其余的人跟我冲下去，把那 5000 个过来的人全都切成碎片！"余下的英格兰士兵目睹了整个过程，却无能为力。克莱辛翰被杀，苏格兰人剥了他的皮做成了马鞭。

爱德华国王此时正在国外，由于苏格兰人不断取得战事的胜利，胆识过人的华莱士将整个国家都赢了回来，甚至还对英格兰的边境进行了掠夺。但是，过了几个月之后，国王回来了，他亲自上阵，斗志超过以往。一天晚上，他和他的马一起躺卧在地上。马踢了他一脚，踢断了他两根肋骨。有人高喊说"国王死了"。他听后，立即跳上马鞍，根本不在乎身上的疼痛，骑着马在营中穿行。第二天天一亮，他下令前进（带着伤痛），带领他的军队来到福尔柯克附近，因为有人看到苏格兰人驻扎在附近一处沼泽地后的多石地带。

在这里，他打败了华莱士，杀掉了华莱士手下 1.5 万人。华莱士带着剩下的人马撤退到斯特灵。由于一路上被英格兰军队穷追不舍，为了不让英格兰人沿途得到补给，华莱士放火烧了那座城镇。珀斯城的居民们出于同样的原因，也放火烧了自己的房子。爱德华发现他们无法找到任何补给，不得不带着军队撤退了。

另一位之前与贝利奥尔争夺苏格兰王位的罗伯特·布鲁斯的孙子，也在反抗国王的军队中（老布鲁斯此时已经死了）。同样在军中的还有约翰·科明，也就是贝利奥尔的侄子。这两位年轻人除了在反抗爱德华这一共同点，几乎没法在其他问题上达成一致，因为他们都是苏格兰王位的竞争者。可能因为他们都知道这点，也非常清楚即便他们有可能打败伟大的英格兰国王，他俩之间也会产生很多麻烦，因此苏格兰的主要人物请求教皇出面干预。而对教皇来说，试着争取一下即便得不到苏格兰这块地盘，也没有什么损失，于是便十分冷淡地声称苏格兰属于他。但这确实有点太过分了，英格兰议会也以一种友好的方式告诉了他这一点。

1303 年春，国王派约翰·西格雷夫爵士出任苏格兰总督，并派他带着 2 万名士兵镇压叛军。约翰爵士本应该小心行事，然而他没有。他把军队分成三部分驻扎在爱丁堡附近的罗斯林。苏格兰军队分别对被分散的各部分敌军发起了进攻，逐一将他们击破，并杀死了所有的俘虏。于是，国王集结了一支大军后，再次亲征。他率军穿过苏格兰北部，所到之处都被他变成了废墟。之后，他把丹弗姆林作为冬季安营扎寨的地方。

苏格兰人的目标看起来已经没有希望实现了，科明和其他几位贵族纷纷投降并获得了赦免，只剩下华莱士依然在抵抗。有人劝他投降，却没有明确保证会饶他不死。不过，他依旧与愤怒的国王做斗争，躲藏在高地峡谷的悬崖峭壁之中。老鹰在这里筑巢，山洪在这里呼啸而过，地上积满了一层厚厚的白雪，在无数个伸手不见五指的漆黑夜晚，他身上裹着格子呢披肩，刺骨的寒风从他毫无遮盖的头上吹过。然而，没有什么力量能摧毁他的意志，没有什么能减弱他的勇气，没有什么能让他忘记或是原谅这个国家所犯下的错。即便是长久以来一直坚守的斯特灵城堡被国王用各种武器围攻，即便是教堂屋顶上的铅板被拆下来制作成攻城的武器；即便已经是一个老头的国王依旧像一个精力充沛的小伙子一样指挥着攻城，并抱着坚定的决心要征服这里；即便是勇敢的守军们在忍饥挨饿的条件下被打败（令人震惊的是，他们居然还不到 200 人，其中包括几个女人），受尽了各种耻辱和折磨；即便苏格兰在已经没有一丝希望的情况下，威廉·华莱士依旧骄傲且坚定，他仿佛已经看到强大而无情的爱德华死在了他的脚前。

究竟是谁背叛了威廉·华莱士已经不得而知，但毫无疑问他遭到了背叛，背叛他的人很有可能是一个随从。总之，他被约翰·门蒂思爵士押送到邓巴顿的城堡，再解送到伦敦。他的勇敢早就传遍了英格兰，在伦敦吸引了大批群众前来围观。他被当作强盗、杀人犯和叛徒，在威斯敏斯特厅接受了审判，审判的时候他头上戴了一顶桂冠——据说，他声称自己应该戴上王冠。他们称他强盗，是因为他从国王的手里抢夺了战利品；他们称他杀人犯，没错，他杀了一个傲慢的英格兰人；他们称他叛徒，这个他还真不是，因为他从来没有发誓效忠国王，他从来都不屑于而且鄙视这么做。他被拴在马尾上，一路拖到西史密斯菲尔德，挂在高高的绞刑架上，绞死了。死之前被开膛剖肚，死后则被五马分尸。他的头被挂在伦敦桥的一个柱子上，右臂被送到纽卡斯尔，左臂送到贝里克，两条腿则分别被送到珀斯和阿伯丁。然而，即便是爱德华国王把他的尸体切成几英寸大小的碎块，每一块送到不同的城镇，也不能阻止华莱士的声名流传得更广。只要是说英语的地方，就会有人知道他的事迹；只要苏格兰的山河还在，华莱士就会被铭记。

摆脱了这支可怕的军队后，爱德华国王为苏格兰政府制订了一份更公平的计划，他把政府的职位在苏格兰和英格兰的绅士中平均分配，并对苏格兰人的过错既往不咎。至此，上了岁数的国王心想，他的任务终于完成了。

然而，他是在自己骗自己。科明和布鲁斯两个人勾结起来，约定在邓弗里斯的灰修士教堂见面。有一则故事讲述了科明是如何对布鲁斯背信弃义的：科明背着他向国王通风报信，之后的一天夜里，布鲁斯正在吃晚饭，他的朋友格洛斯特伯爵寄给他12便士和一双马刺，以此警告他现在身处险境，有必要赶快逃跑。然而，他却怒气冲冲地骑马前去赴约（当时正赶上一场暴风雪，于是他把马蹄铁反过来钉上，目的是防止被人跟踪），他在约定地点看到了一个面目邪恶的男仆，便将他杀死了，并在他穿的衣服上找到了一封能证明科明叛变的信件。不管这个故事是真是假，他们很有可能在任何一件事情上吵得面红耳赤的，而且不管他们为何事而争吵，他们肯定在会面的教堂里吵起来了。而后，布鲁斯拔出匕首刺伤了科明，科明中刀后倒在了地上。

当布鲁斯走出来的时候，他面色苍白、神情恍惚，在外面等候他的朋友们问他究竟发生了什么。"我想，我把科明杀死了。"他回答道。"你不确定他到底死了没有吗？"其中一个人说，"我去看看，没死的话，再补上几刀，确保他必死无疑！"这个人走进教堂发现科明还活着，便随手补了几刀。由于他们清楚国王不会原谅这一暴行，便宣布布鲁斯为苏格兰国王，并在斯昆为他加冕——当然，这一次没有那把石椅了。紧接着，他们又举起了反叛的战旗。

当国王听说这件事情后，他燃起的怒火超过了以往任何时候。他将威尔士亲王和270名年轻的贵族册封为骑士，并命人砍下圣殿花园的树木为他们做帐篷。根据古老的习俗，他们整夜看守着自己的盔甲，一些人在圣殿教堂守夜，一些人在威斯敏斯特大教堂守夜。在接下来举行的公众盛宴上，吟游诗人们把两只裹着金网的天鹅摆在桌上，国王则以此以上帝之名起誓，声称他要为科明报仇，并惩罚虚伪的布鲁斯。他当着所有人的面告诉他的儿子威尔士亲王说，如果他在完成他的誓言之前去世，那么除非誓言完成，否则不要埋葬他。第二天早上，威尔士亲王和其余所有年轻的骑士起程前往边境，加入了那里的英格兰军队，国王此时已是一个体弱多病的老人了，他坐在马车上跟随在后。

在输掉一场战斗，并历经了艰险和无数的痛苦之后，布鲁斯逃到了爱尔兰，在那里度过了冬天。这个冬天，爱德华则在四处追杀和处决布鲁斯的亲戚和追随者中度过。对于这些人，无论男女老少，他一个都不放过，没有表现出一丝同情和一丝怜悯。第二年春天，布鲁斯又露面了，并取得了几场胜利。在这些战斗中，双方都表现得极其残忍。比如说，布鲁斯的两个兄弟在身受重伤的情况下被俘，爱德华下令立即将他们处死；布鲁斯的朋友约翰·道格拉斯爵士从一位英格兰领主手里夺回了自己的道格拉斯城堡，他屠杀了所有的守卫，并放了一把大火，烧焦了所有的尸体，这种可怕的"烹饪"方法被他手下称作"道格拉斯储肉柜"。

布鲁斯依旧取得了胜利，他把彭布罗克伯爵和格洛斯特伯爵赶到了埃尔城堡，并把那里围了起来。

国王整个冬天都卧床不起，在病床上指挥他的军队。这时，他起程前往卡莱尔。在那里，他把这一路乘坐的马车放到教堂中作为祭品奉献给天堂。之后，他再次骑上了他的战马，而这也是他最后一次骑在马背上了。

他已经 69 岁了，统治了英格兰 35 年。他已经病得很严重了，在四天的时间里他只行驶了不到 6 英里的路程。然而，即便是这样的行军速度，他依然坚定前行，目光始终望着边境的方向。最后，他在一个名叫沙堡村的地方停了下来。

躺在床上的爱德华叮嘱他周围的人要让威尔士亲王时刻牢记他父亲的誓言，永远不要停歇，直到彻底征服苏格兰。

说完，他咽下了最后一口气。

6 被宠臣操纵的国王

第一任威尔士亲王爱德华二世在他父亲去世的时候，只有 23 岁。他有一个非常宠信的人来自加斯科尼，名叫皮尔斯·加韦斯顿，但爱德华二世的父亲非常不喜欢他，并将他赶出了英格兰，还让他的儿子坐在病床旁发誓，永远不让这个人回来。然而，爱德华二世刚当上国王，立即打破了他的誓言（起誓对他们来说，根本就无关痛痒），派人把他这位亲爱的朋友请了回来。

加韦斯顿是一个足够英俊，却鲁莽至极、不懂礼数而胆大包天的人。心高气傲的英格兰贵族们对他十分厌恶，憎恨他的原因不仅仅是他对国王有非常大的影响力，把整个宫廷变成了一个花天酒地的糜烂之地，更重要的是他的骑术在比赛中胜过了所有的人，并傲慢地讥讽嘲笑那些失败者：有人被他称为"老肥猪"，有人被他称为"演戏的"，还有人被他称为"犹太佬"，有个人甚至被他称为"阿登黑狗"。这些外号毫无技术含量，却让贵族们气得暴跳如雷，而那个"阿登黑狗"正是脾气暴躁的沃里克伯爵，他发誓称有朝一日一定要让皮尔斯·加韦斯顿尝尝黑狗牙齿的滋味。

然而，尝狗牙滋味的那一天没有来临，看起来也不太可能会有那一天了。因为国王封加韦斯顿为康沃尔伯爵，并赐给他大量的财富。更有甚者，在国王去法兰西准备迎娶法兰西公主——腓力四世（美男子腓力）的女儿伊莎贝拉（据说她是世界上最美丽的女子）时，还任命加韦斯顿为英格兰摄政王。国王在布洛涅的圣母大教堂举行了盛大的结婚典礼，有四位国王和三位王后出席了婚礼（差不多正好能凑成扑克牌中所有的人头牌了，因为我敢说杰克是肯定不会缺的）。婚礼结束后，国王似乎对美丽的新娘一点也不关心，反倒迫不及待地要去见加韦斯顿。

当他回到英格兰在口岸登陆后，他不顾在场的任何人，直接奔向了那宠臣的双臂中，而且是在众目睽睽之下。之后他拥抱他、亲吻他，并称他为兄弟。在随后的加冕仪式上，加韦斯顿成为在场的所有权贵当中最富有、最耀眼夺目的一位，还得到了护送王冠的殊荣，这让骄傲的贵族们更憎恨他了。人民也非常厌恶这个宠臣，他们从不叫他康沃尔伯爵，而是直呼其名。尽管他再三要求国王对他们如此不尊重自己进行惩罚，但他们依旧坚持直呼他皮尔斯·加韦斯顿。

为了让国王明白他们对这个宠臣已经到了忍无可忍的地步，贵族们甚至不惜冒犯国王，强迫国王把他送出英格兰，同时也要求宠臣发誓（又是发誓！）绝不再回来。贵族们认为他将会抱愧蒙羞被驱逐出英格兰，直到听说他被任命为爱尔兰总督。可就连这样也无法满足这个昏庸的国王，一年后，他又把加韦斯顿弄了回来。他愚蠢的溺爱不仅让宫廷和人民反感透顶，还把他美丽的妻子得罪了，他的妻子从此便不再喜欢他了。

他有一项王室古老的需求——钱，而贵族们这时拥有了可以公开禁止他筹集钱财的权力。国王准备在约克召集一次议会会议，但只要宠臣在国王身边，贵族们就拒绝出席。无奈之下，国王只得把加韦斯顿打发走，之后在威斯敏斯特召集了一次议会会议。这一次，贵族们来了，而且是全副武装。贵族们提出成立一个由他们自己组成的委员会，旨在纠正这个国家和皇亲国戚中存在的滥用权力的行为。

国王答应了这些条件，便得到了一些钱。之后，他直接与加韦斯顿一起去了边境地区，在那里消磨闲暇的时光，饮酒宴乐。此时，布鲁斯一直在为把英格兰人赶出苏格兰进行准备。虽然老爱德华曾让自己的儿子发誓（据说是）不要埋葬他的尸骨，而要用一个大锅将它煮干净，出征之时就列在英格兰军队阵前，直到完全征服苏格兰。但第二个爱德华跟第一个爱德华完全不一样，所以布鲁斯的力量便日益强大起来。

这个由贵族组成的委员会在经过几个月的商议之后，颁布规定命国王从今往后每年召开一次议会会议，如有必要甚至可以一年召开两次，以此替代原本由国王一人决定何时召开议会的制度。此外，加韦斯顿应当被驱逐出境，他如果回来，就把他处死。国王的眼泪也起不到任何作用，他被要求将他的宠臣送到佛兰斯。然而，他刚把宠臣送走，就用十分卑劣且愚蠢的手段解散了议会。他去了英格兰北部，企图集结一支军队与贵族们进行抗争。他又一次把加韦斯顿接了回来，赐给他一大堆之前被贵族们剥夺的财富和头衔。

贵族们发现，除了把那个宠臣处死，别无他法。其实，依据对他的放逐条款，他们完全可以光明正大地处死他。遗憾的是，他们并没有这么做，相反，他们选择了十分卑鄙的手段。在国王的堂兄兰加斯特伯爵的带领下，他们先攻打了国王和加韦斯顿。后者有时间走海路逃跑，可那个卑鄙的国王只带上他宝贝的加韦斯顿，把他惹人喜爱的妻子扔下不管。

当相对安全之后，他俩便分开了。国王去约克郡招募士兵；宠臣则把自己关入高耸于海面之上的斯卡布罗城堡。这正是贵族们想看到的，他们知道城堡是守不住的，因此他们对城堡发起了进攻，逼着加韦斯顿投降。加韦斯顿把自己交到彭布罗克伯爵手上，这位伯爵就是他之前起外号称为"犹太佬"的人，因为伯爵以他的信仰和骑士的身份发誓保证不会伤害他，也不会让他受到任何暴力的对待。

他们与加韦斯顿达成一致，准备把他带到沃灵福德的城堡，并在那里把他软禁起来，将给他一个不错的待遇。他们一路来到了班伯里附近的德丁顿，他们在那里的城堡停留了一个晚上。至于彭布罗克伯爵把犯人留在那里，是因为心里清楚接下来会发生什么，还是真的觉得把他留在那里不会出事，就去探望他的妻子，这已经不重要了（伯爵夫人就在邻近的镇子里）。因为无论是何种情况，作为一个有荣誉感的绅士，他都有义务保护好他的囚犯，但他没有这么做。第二天早上，当宠臣还躺在床上的时候，他被要求穿好衣服，下楼去院子里。他照做了，而且丝毫没有任何怀疑，但当他看到一群陌生人全副武装地在那里等他的时候，他的脸色立刻就变了，变得苍白。"你还认识我吧？"领头的人问，他也是全副武装，"我是'阿登黑狗'！"

这回真让皮尔斯·加韦斯顿尝到"黑狗"牙齿的滋味了。他们把他放在一头骡子上，把他弄成一副十分狼狈的模样羞辱他，奏着军乐一路驮着他来到"黑狗"的"狗窝"——沃里克城堡。在这里，一些位高权重的贵族匆匆忙忙地召开会议，商讨应该怎么处置他。一些人倾向于放了他，但有一个洪亮的声音高喊——是"黑狗"的声音，我敢说肯定响彻了整个城堡，他说："我们已经抓到了这只狐狸，如果现在把他放走，以后还得想法子再把他抓回来。"

他们决定将加韦斯顿处死。加韦斯顿急忙在兰加斯特伯爵的脚前跪下来求饶，兰加斯特伯爵之前被他称为"老肥猪"，然而"老肥猪"和"黑狗"一样坚决。于是，加韦斯顿被带到了从沃里克通向考文垂的大道上。这条路在美丽的埃文河旁，而在遥远的未来，威廉·莎士比亚就在那里出生，死后也埋葬在那里。在 5 月一个阳光明媚的日子里，埃文河倒映着岸边的美景闪闪发亮，他们砍下了加韦斯顿可怜的脑袋，他的鲜血染红了这里。

国王听说此消息后悲痛不已，怒火中烧的他向贵族们发动了残酷无情的战争，双方的对抗持续了半年时间。然而，形势后来演变成他们不得不联合起来对抗布鲁斯，因为他趁着他们决裂的这段时间，不断壮大自己在苏格兰的势力。有情报称，布鲁斯对斯特灵城堡展开了围攻，还强迫总督做出承诺，除非他在一个约定日前能够解围，否则必须献城投降。于是，国王命令贵族们带着他们手下的士兵在贝里克会合。

贵族们根本没有把国王放在眼里，因此也就没在意国王的集合命令，于是他们失去了战机，在距离期限还有一天的时间，国王来到了斯特灵，他发现他的军队数量比他预想的要少得多，不过即便如此，他手下所有的人加起来也有 10 万人了。虽然布鲁斯只有 4 万人，但布鲁斯的军队分成了三个方阵，把守在班诺克河与斯特灵城堡之间，踞险而守。

就在国王抵达的那天晚上，布鲁斯通过一项英勇的壮举大大地鼓舞了手下将士们的士气。他当时被一位名叫亨利·德·波翰的英格兰骑士发现，布鲁斯骑着一匹矮马，手里拿着一把轻型战斧，头上戴着一顶金王冠。英格兰骑士则骑着一匹强壮的战马，身披钢铁战甲。全副武装的他以为凭他自己就能把微不足道的布鲁斯打倒在地，于是便打马上前，冲向布鲁斯，并用他沉重的长矛朝布鲁斯刺去。布鲁斯则躲过了刺向他的长矛，用他手中的战斧打碎了波翰的脑袋。

苏格兰人不会忘记这样的胜利的，第二天当战斗打响时，布鲁斯强悍的侄子伦道夫带着手下的小部队冲入了英格兰大军。这群英格兰人的铠甲在日光的照射下闪闪发光。苏格兰人被迅速包围，眼看就要全军覆没了，仿佛是一头跳入大海，马上就要被淹死了。然而，他们个个英勇善战，奋力杀敌，无数的敌人死在他们的砍杀下，使英格兰人吓得乱了阵脚。紧接着，布鲁斯亲自带领剩余的部队向他们冲了过来。正当他们被苏格兰人打得晕头晕脑时，周围的山上又出现了一支苏格兰军队。其实，他们是苏格兰军队随行的平民，总共有 1.5 万人，是布鲁斯事先告诉他们要在那个时间出现在这个地点的。

格洛斯特伯爵对英格兰骑兵下令，发起最后一次冲锋，企图改写那一天的战局，但布鲁斯（就像故事中的巨人杀手杰克一样）早已在地上挖好了陷阱，并在上面搭上木桩，用泥土和草皮盖好。当英格兰骑兵冲到这里时，马连同骑在上面的骑士，一起跌入坑中。就这样，成百上千名英格兰骑士倒在了这里，英格兰军队惨败，他们所有的财物、辎重还有武器都被苏格兰人缴获。大量的马车还有其他带轮子的战车被缴获，据说如果把那些战车排成一排，足有 180 英里长。啊，苏格兰的命运就是在这时发生了翻天覆地的变化，此后再也没有一场在苏格兰土地上进行的战役，比这场班诺克本之战更出名了。

在英格兰，瘟疫和饥荒接踵而至，软弱无能的国王和高傲的贵族们依然吵个不停。爱尔兰一些蓄谋骚乱的首领向布鲁斯提议，希望他接管爱尔兰。于是，布鲁斯派出了他的弟弟爱德华。爱德华被加冕为爱尔兰国王。后来，在对爱尔兰的战争中，布鲁斯为他弟弟提供帮助，但他的弟弟最终被打败，而后被杀。无奈布鲁斯只得回到苏格兰，继续在那里壮大自己的势力。

英格兰国王的灭亡始于一个宠臣。爱德华二世是一个生活无法自理的生物，于是他又找了一个名叫休·德斯潘塞的新宠臣（他是一个古老家族的绅士之子）。休是一个英俊且勇敢的人，但由于他是一个软弱无能的国王的宠臣，所以根本没有人把他放在眼里，因此这是一个非常危险的身份。贵族们团结起来反对他，因为国王喜欢他，所以他们埋伏以待，准备废了他和他的父亲。而此时，国王已经将已故格洛斯特伯爵的女儿许配给了他，并在威尔士赐给了他和他的父亲一人笔财产。

父子二人为了增加自己的财产用尽了一切办法，他们用暴力的手段得罪了一位名叫约翰·德·莫布雷的威尔士绅士以及其他愤怒的威尔士绅士，他们还用武力手段夺取了很多爱尔兰绅士的城堡，霸占了他们的财产，所以把他们也得罪了。最初，这个宠臣是被兰加斯特伯爵安置在宫廷里的（因为他是伯爵的一个穷亲戚），但后来由于他深得国王的宠信，还得到了很多荣誉，伯爵便认为这是对他尊严的侵犯，于是他加入了威尔士人的队伍，一起杀进伦敦，并要求国王放逐宠臣和他的父亲。一开始，国王也不知道是哪来的勇气，毅然决然地否决了他们的要求，还给了他们一个十分不客气的答复，但当这些人在霍尔本和克勒肯维尔附近扎营，全副武装地来到威斯敏斯特的议会时，国王便投降了，并答应了他们的要求。

不过，国王很快就时来运转了，这是一个很偶然的意外。美丽的王后碰巧在外旅行，一天夜里来到一个王室城堡，打算在那里过夜。这座城堡的管理者正好是愤怒的贵族之一，他那时恰巧不在，他的夫人则拒绝让王后进入。于是，双方的侍从扭打起来，有几个王室侍从被打死了。那些原本根本不关心国王死活的人，反而对美丽的王后在自己的土地上遭到如此待遇而感到十分愤慨。国王便利用他们的不满对城堡发起围攻，并攻下了城堡。此事过后，组成同盟的贵族和威尔士人都投入了布鲁斯的阵营。

国王在巴勒布里奇遇到了他们，跟他们打了一仗，抓获了好几个身份显赫的俘虏，其中就包括兰加斯特伯爵。这时，伯爵已经是一个老头子，而他也正是国王想除掉的人。伯爵被带到庞蒂弗拉克特城堡，并在那里接受了一个不公正法庭的审判，最后被定罪。在法庭上，他甚至不允许为自己辩护。他受到羞辱，被抬到一匹快要饿死、没有马鞍和缰绳的矮种马上，他就这样被抬了出去，被砍下脑袋。同时被处死的还有 28 位骑士，他们被绞死后还遭到五马分尸的"惩罚"。当国王进行这些血腥勾当的时候，他还与布鲁斯达成了一项新的长期停战协议。同时，他对德斯潘塞的宠幸比以往更甚，他还将后者的父亲封为温彻斯特伯爵。

然而，一名被俘的囚犯——是很重要的一位，他成功地逃走了，并彻底地扭转了局势，终结了国王的好运，他就是罗杰·莫蒂默。他最初被判处死刑，之后被关押在伦敦塔中严加看管。他用葡萄酒犒劳看管他的守卫们，并在酒里放了安眠药。等到他们失去意识的时候，他便从牢房中逃了出来。他跑到厨房后，爬进烟囱，从伦敦塔顶上顺着一个绳梯爬了下来，绕过哨兵后来到河边的一艘船上，那里有等待他的人。他们急忙乘船离开，他最终逃到了法兰西。

美丽的英格兰王后的哥哥查理四世（美王子查理）是法兰西国王。查理借机向英格兰国王挑衅，借口是英格兰国王没有出席自己的加冕礼，这是对法兰西国王的不敬。有人建议美丽的王后设法调停这一争端，于是她去了，并写信给国王说，既然他体弱多病没办法亲自过来，那么让年轻的王子过来替他向王后的哥哥致以敬意，待典礼结束后，她与王子立即返回英格兰。于是，国王命王子过去。然而，王子和王后却留在了法兰西的宫廷中，而罗杰·莫蒂默则成了王后的情人。

当国王一遍又一遍写信给王后，催她赶快回家时，她并没有说她打心眼里看不起他，以致她再也不想和他一起生活了（事实也的确如此）。相反，她说她非常惧怕德斯潘塞父子。总而言之，她的计划是打算推翻那两个宠臣的势力，还有国王的势力，也就是说，她打算入侵英格兰。在相继得到一支由 2000 名法兰西人组成的军队，和所有被流放在法兰西的英格兰人的加盟后不到一年的时间里，她便在萨福克郡的奥威尔登陆了。她刚上岸，国王的两个同父异母弟弟——肯特伯爵和诺福克伯爵便加入了她的队伍，来的还有其他位高权重的贵族，甚至最后连国王派去阻止她的第一位将军也带着手下人加入了她的阵营。伦敦人民听到这些消息后，不仅不帮助国王排忧解难，甚至还打开伦敦塔，释放了所有的囚犯，并将自己的帽子扔向天空，为美丽的王后欢呼。

国王见状便和他的两个宠臣逃到了布里斯托尔。他把老德斯潘塞留在那里驻守城镇和城堡，自己则带着小德斯潘塞前往威尔士。由于布里斯托尔人始终反对国王，因此想要守住城是不可能的，德斯潘塞第三天就投降了。他刚投降便立即被带去接受审判，罪名是以大逆不道的方式蛊惑"国王的心智"——在我看来，我怀疑国王是否真有这个东西。老德斯潘塞实际上是一个应当得到尊重的老人，因为他已经年过90岁了，但他的年龄却没有给他换来任何尊重和同情。他被绞死了，当他意识尚存的时候被开膛剖肚，而后被切成碎块丢去喂狗。他的儿子很快也被抓了，并在赫里福德受审，审判他的就是那个审判他父亲的法官。小德斯潘塞最后被定罪，在一个50英尺高的绞刑架上被绞死，头上还戴着一个荨麻做的花环。他可怜的父亲和他其实是很无辜的，他们最大的罪过就是成为国王的朋友，作为一个微不足道的普通人，他们不应该低三下四地向国王献媚。我知道这是一个不小的罪过，它甚至还会招致更大的祸患，但英格兰的贵族、绅士，甚至一些小姐们（如果我没有记错的话）也曾干过这样的事情，而他们既没有被喂狗，也没有被绞死在50英尺高的地方。

卑鄙到可怜的国王在那段时间里四处逃窜，但无论到哪里都找不到容身之处，直到他最后投降，他被移送到凯尼尔沃思城堡。当他被安顿妥当之后，王后便来到伦敦与议会会面。她朋友中最老到的赫里福德大主教说："现在该怎么办呢？有这么一个愚蠢透顶、懒惰至极的悲惨国王，头上还戴着王冠，难道不应该让他退位，然后把王冠戴在他儿子的头上吗？"我不知道王后这个时候是不是真的怜悯他，但她开始哭泣，于是主教便说："各位大人和绅士，你们看这样如何，我们派人去凯尼尔沃思，看看国王陛下是否愿意退位？"他心里想说的其实是：求上帝怜悯他，不要让我们将他废掉！

大人和绅士们认为这是一个很好的提议，于是他们组成了一个代表团去凯尼尔沃思。国王一副普通平民的打扮，穿着一件破旧的黑色长袍来到城堡大厅。当他看到这群人中有一位主教时，他立即摔倒在地，装出一副可怜兮兮的样子。有人把他扶了起来，可下议院发言人威廉·特吕塞尔爵士的精彩发言又把国王吓了个半死，因为爵士在演讲中宣布他不再是国王，因此所有的人自然而然地解除了对他效忠的义务。紧接着，王室管家托马斯·布朗特爵士的行为又一次要了国王的命：他走上前把国王的白色权杖折断——这是当国王去世时才会进行的仪式。在这样的压迫之下，国王被问到他对退位有何想法时，国王说他认为这是他能做到的最好选择。因此，他退位了，紧接着第二天他们就宣布他的儿子即位。

我希望我可以用这样的方式结束这段历史，告诉大家国王在凯尼尔沃思的城堡和花园中度过了最后一段没有给任何人带来任何麻烦的日子，身边有一个宠臣，有吃有喝，什么也不缺。但事实是，他受尽了羞辱。人们将怒火撒在他的身上，侮辱他，让他用地沟里的脏水剃须刮脸。国王在无奈之下只能哭诉，说自己至少应该有温热的清水。总之，他的情况很糟糕。他从这座城堡被送到那座城堡，又从那座城堡被转移到另一座城堡，原因是这个主人，或那个贵族对他过于"仁慈"。直到他最后来到了塞文河畔附近的伯克利城堡，在那里（伯克利的领主当时患病，并不在那里）他落入了两个心狠手辣的恶棍之手，这两个人是托马斯·古尔奈和威廉·奥格尔。

1327 年 9 月 27 日的夜里，邻近城镇的人听到了从城堡厚厚的城墙里传来的惨叫声，在这个黑暗的深夜，被惨叫声从睡梦中惊醒的他们害怕极了，并为他祷告说："求上天怜悯国王！"第二天早上，退位国王死了，身上没有被殴打后的瘀青，也没有被利器所伤的痕迹，身上甚至连一处伤都没有，但面部极度扭曲。有传言说古尔奈和奥格尔把一块烧红了的铁块，硬塞进他的嘴里，让他吞了下去。

如果你有机会来到格罗斯特附近，你能看到这里美丽的大教堂上的中心塔柱，四边有四个小尖峰高高地耸立在空中，你也许会想起可怜的爱德华二世。在 19 年半的庸君生涯结束后，他被埋在了这座古老的修道院中，死的时候年仅 43 岁。

7 好战者

王后的情人罗杰·莫蒂默（在上一章中他逃到了法兰西）显然没有从宠臣的前车之鉴中吸取教训。通过王后的影响力，那些之前属于德斯潘塞父子的财产现在归他所有。暴富后的他变得极其高傲，野心也极大，他想成为英格兰实际的统治者。年轻的国王在接受加冕仪式的时候只有 14 岁，然而他却不打算忍受这些，于是，他很快就把莫蒂默废掉了。

人民也不喜欢莫蒂默，首先，因为他是王室的宠臣；其次，因为他本应帮助英格兰与苏格兰之间达成和解，虽然现在和解了，但害得年轻国王的妹妹琼，一个年仅 7 岁的小女孩被许配给罗伯特·布鲁斯的儿子戴维，而他当时只有 5 岁。贵族们恨莫蒂默则是因为他的高傲、拥有的财富和权力，他们甚至武装起来要讨伐他，但最终他们也被迫投降了。肯特伯爵就是其中拿起武器的人之一，只是他后来归顺了莫蒂默和王后，却被极其残忍的手段用来杀一儆百。

肯特伯爵看起来并不是一个明智的人，他受宠臣莫蒂默和王后派来的特务们的蛊惑，相信了可怜的爱德华二世并没有死，便写了几封信表示支持他为王位的合法拥有者。这一行为被视为严重的叛国行为，于是对他进行了审判，宣判他有罪并处以死刑。他们把这可怜的老伯爵带到温彻斯特城外，并让他在那里等了三四个小时，因为一直找不到愿意砍掉他脑袋的人。最后，一个罪犯说他愿意效劳，条件是政府赦免他之前的罪行，他们同意并赦免了他，他便一刀结束了肯特伯爵最后的等待。

王后在法兰西的时候，认识了一位非常可爱也非常善良的年轻小姐，名叫菲莉帕，她觉得这位小姐会成为一个非常出色的儿媳妇。于是，年轻的国王登基后，很快便与她结婚了，她生下的第一个孩子，威尔士亲王爱德华就是非常著名的"黑太子"，我在后面很快就会讲到。

年轻的国王认为除掉莫蒂默的时机已经成熟，于是他与蒙塔丘特男爵商议除掉莫蒂默的具体办法。当时在诺丁汉正要召开一次议会会议，宠臣肯定会去诺丁汉城堡，因此男爵建议在夜里把他抓住。不过，这个办法就像很多其他事情一样，说来容易做起来难。为了防止叛变行为发生，城堡的大门每天晚上都会被锁，而大门的钥匙在楼上的王后手里，她把钥匙放在枕头下面。幸运的是，这座城堡有一个管理者，而这位管理员是蒙塔丘特男爵的好友，管理员告诉他有一条地下秘道，入口处荆棘、杂草丛生，很难被发现。他们可以趁着夜深人静的时候，穿过这条秘道直接到达莫蒂默的房间。

在一个月黑风高的午夜时分，他们穿过阴森凄凉的地下，一路吓跑了老鼠，惊醒了猫头鹰和蝙蝠，安全地抵达了城堡主塔的底部。国王在这里与他们会合，带着他们悄无声息地沿着伸手不见五指的漆黑楼道走了上去。很快，他们便听到莫蒂默和几个朋友在一起聊天的声音。他们冲进屋把他抓了起来。王后听说此事之后，从自己的卧室大声哭喊道："哦！我可爱的儿子，我亲爱的儿子啊，求你放过温柔的莫蒂默吧！"然而，来人还是把他带走了。他被带到了议会会议前，被指控挑拨离间年轻的国王与他的母亲之间的关系。同时，就连肯特伯爵的死，甚至是老国王的死也算在了他的头上。想必你已经明白了，在那个古老的年代，当他们想要除掉一个人的时候，对这个人的指控根本不需要准确无误。所有的指控都成立，莫蒂默被定罪，被判处绞刑。而国王也把他的母亲软禁了起来，他的母亲就这样度过了她的余生。此时，爱德华三世成了一个名副其实的国王。

爱德华三世做的第一件事便是征服苏格兰。那些在苏格兰拥有土地的英格兰贵族发现依照之前达成的和平协定，他们的权利并没有得到尊重，便为了自己的利益发动了战争。他们推举约翰·贝利奥尔的儿子爱德华做他们的将军。他打起仗来英勇无比，不到两个月的时间便把整个苏格兰攻打下来。取得这些胜利后，国王和议会也加入了他的队伍，国王亲自把苏格兰军队围困在贝里克，双方血战一场，据说伤亡人数达到了 3 万多人。贝利奥尔加冕为苏格兰国王，同时他也向英格兰国王宣誓效忠于他。不过，他取得的成功并没有帮上他多少忙，因为没过多久苏格兰人便起来反对他，而且在不到 10 年的时间里，戴维·布鲁斯杀了回来，从他手里把国家抢了回来。

法兰西与苏格兰相比，富庶得多，所以国王征服那里的想法也比征服苏格兰要强烈得多。因此，他便把苏格兰丢在一边不予理会，然后谎称他拥有母亲传给他的法兰西王位的继承权。事实上他一丁点继承权也没有（在那个年代这根本无所谓）。他入侵法兰西这一理想还说服了很多小国的亲王和君主，甚至他还成功地与弗莱芒人组成了同盟——这是一个整天辛勤劳作的群体，他们几乎不把任何国王放在眼里，而且他们的首领是个酿啤酒的。率领着这些通过五花八门的办法招募来的军队，爱德华入侵了法兰西，不过却没有任何斩获，反倒因为发动这场战争而背上了高达30万英镑的债务。第二年，他的情况有所好转，在斯勒伊斯港打了一场大规模的海战，并取得了胜利。然而，这场胜利并没有持续多久，因为弗莱芒人在圣奥梅尔的围城之战中被吓破了胆，丢盔卸甲逃跑了。法兰西国王腓力带着他的军队来到这里，爱德华急于决出胜负，便向法兰西国王提议他们二人单打独斗，或双方各带100名骑士决斗。法兰西国王对此表示感谢，他还表示，虽然他身体非常健康，但决斗之事还是算了吧。因此，在经历了几场小规模的战斗和一系列的谈判之后，双方达成了一个短暂的休战协议。

和平局面很快被爱德华国王打破了，因为他对蒙福尔的约翰伯爵表示了支持。这位法兰西贵族宣称自己才是法兰西王位的合法继承人，并承诺如果英格兰能帮助他获得法兰西王位，他将宣誓对英格兰效忠。这位法兰西贵族很快便被法兰西国王的儿子打败，然后被关进了巴黎的一座高塔。他的妻子是一位勇敢过人、美貌如花的女子，据说她拥有男人一样的胆量和一颗狮心。她召集了布列塔尼的人民，因为她当时就在那里，并将还是婴孩的儿子展示给大家，她动情地恳求他们不要抛弃她和她的儿子。这些人在她的恳求下慷慨激昂，团结一致，他们死守在埃讷邦城堡中。在这里，外面不仅有夏尔·德·布卢瓦率领的法国军队围困，城堡内还有一个令人厌恶的老主教大肆向忠于伯爵夫人的人们散播谣言，宣称他们将遭受许多痛苦：先是饥荒，之后是烈火和刀剑。然而这位贵族夫人强大的内心从未退缩，她以身作则鼓励着手下的士兵，像将军一样游走于各个岗位间，甚至全副武装地骑上马，从城堡出发抄小路来到法兰西军营，偷袭那里，并放火烧了对手的帐篷，让整个军营乱作一团。

事成之后，她全身而退再次回到了埃讷邦城堡，城中的卫军高声欢呼迎接她的归来，他们中有很多人甚至以为她已经战死。然而，热情无法替代人们对物资的需要，由于他们这时十分缺少补给，再加上老主教不停地唠叨"我早就告诉你们会是这样的结果"，他们的信心开始动摇，纷纷谈论着准备弃城投降。勇敢的伯爵夫人来到城堡中位于高处的一个房间，悲痛欲绝地望向海面，期待能有英格兰救兵赶来。就在这时，她看到了远处英格兰的船只，她有救了！瓦尔特·曼宁爵士——英格兰军队的指挥官，十分钦佩她的勇气，他带着英格兰骑士来到了城堡中，在那里享受了一顿大餐，并把法兰西军队当作餐后甜点，对他们发起了进攻，成功地击溃了他们。之后，他和他的骑士们凯旋，带着极大的喜悦返回城堡。整个作战过程，伯爵夫人一直在高塔上观望，他们回来后，她亲吻了他们每个人，并对他们表示了衷心的感谢。

这位贵族夫人在前往英格兰征集士兵的途中，与法兰西人在根西岛打了一场海战，这场战役让她一战成名。她的伟大精神还激励了另一位法兰西贵族夫人，她是一位法兰西领主的妻子（她的丈夫被法兰西国王残忍地杀害了），她也为自己赢得了不逊色于前者的名声。很快，在这场英法战争中就会出现一颗耀眼的明星——威尔士亲王爱德华。

那是 1346 年的 7 月，国王从南安普敦出发，率领约 3 万人的军队前往法兰西，与他同行的还有威尔士亲王以及其他几位重要的贵族。国王在诺曼底的拉奥格登陆，依照传统一路烧杀来到塞纳河的左岸，他们烧了很多距巴黎很近的小镇。

1346 年 8 月 26 日，在一座名叫克雷西的法兰西小镇后面的高地上，出现了法兰西军队，爱德华迎来了与法兰西军队面对面的决战。尽管法兰西国王统领的大军在人数上是英格兰军队的八倍有余，但爱德华依旧决心与法兰西国王展开一场你死我亡的决战。

年轻的威尔士亲王在牛津和沃里克两位伯爵的帮助下，指挥英格兰军队的第一师；另有两位位高权重的伯爵指挥第二师；国王则指挥第三师。破晓时分，国王领了圣餐，听完祷告，便骑上战马，手拿白色的权杖，在各小队、各士兵间穿梭，为他们每个人、每个长官和士兵打气，鼓舞他们的斗志。之后，他们在原地吃早餐，士兵们坐在地上，他则站在那里，然后他们便安静地准备好他们的兵器。

法兰西国王带着他的大军来了。当日天空阴暗，狂风大作。先是出现了日食，紧接着就是巨大的暴风雨，受到惊吓的鸟儿尖叫着从士兵们的头上飞过。一位法兰西军队的长官建议法兰西国王明天再开战，尽管国王一点也不高兴，但还是接受了建议，下令停止进攻。不过队伍后面的人不清楚发生了什么，有的人想奋勇争先，就一直向前推进。这支数量庞大的军队占据了很多街道，中间还有很多来自周边村庄手拿粗糙武器的平民，这群人兴奋雀跃，吵闹着发出了不小的动静。在这种情况下，法兰西军队一片混乱地向前推进，每个法兰西领主都随心所欲地指挥着自己的人马，还把其他领主手下的人撵走，从而惹怒了他们。

法兰西国王非常依赖一支来自热亚那的十字弓弩手队伍，而这个时候他发现自己已经无法阻止战争，于是便命令这些十字弓弩手到阵前准备开战。他们大声吼叫着，一次、两次、三次，想用这种方式给英格兰长弓手们造成恐慌。然而，英格兰军队就算听他们喊上3000次也不会有任何动摇。终于，十字弓箭手们向前挪动了一小段距离，便开始放出弩箭。就在这个时候，英格兰人也让天空下起了一阵箭雨，热那亚人很快就逃跑了。热那亚人的十字弓不仅非常沉重、不方便携带，而且每次都需要拉动一个把手才能将弩箭上紧，因此装箭的速度非常慢。相反，英格兰人换箭的速度几乎就像弓箭在空中飞行的速度一样快。

当法兰西国王看到热那亚人转身逃跑时，他高声命令手下杀了这些混账的恶棍，因为他们不但没有起作用，反而帮了倒忙，这让法兰西军队更混乱了。与此同时，英格兰弓箭手们继续疾风暴雨般地射出箭矢，法兰西很多士兵和骑士倒在了他们的弓箭下，英格兰军队中一些狡猾的康沃尔人和威尔士人从军中出来，悄悄地爬到倒地的法兰西人跟前，用大砍刀给了他们致命的一击。

这时候，威尔士亲王和他所统领的第一师受到了猛烈的攻击，沃里克伯爵派人给国王报信，恳求国王派援军，国王此时正在一个风车房中观察着战场的局势。

"我的儿子死了吗？"国王问。

"没有，陛下，感谢上帝。"报信的人回答说。

"那他受伤了吗？"国王接着问。

"没有，陛下。"

"他被打倒在地了吗？"国王继续问。

"没有，陛下，他没有被打倒在地，但是他正遭到猛烈的进攻。"

"噢，"国王说，"你回去告诉差你来的人，告诉他们说我不会派兵去增援，因为我已经下定决心要让我的儿子证明他是一个勇敢的骑士，而且我坚信，如果上帝保佑，一场伟大胜利的荣耀必将属于他！"

当亲王和他的将士们听到此番豪言壮语时，士气大增，在之后的作战中他们无比勇猛。虽然法兰西国王带着他的手下勇敢地发起了无数次冲锋，但丝毫没有起到任何作用。夜幕即将降临的时候，腓力的马被英格兰的弓箭射死了，而早些时候还围在他左右的那些骑士和贵族早已四散而逃。最后，他身边仅剩的几个侍从，用武力强行把他从战场上架走——因为他不愿撤退，他们一路退到了亚眠。

　　取得胜利的英格兰人生起了营火，尽情享乐，而国王则骑马去见他英勇的儿子，他伸开双臂抱住了儿子，亲吻他并告诉他，他今天的表现十分勇猛无畏，证明了他配得上今天所取得的胜利，也配得上戴上王冠。当时是晚上，爱德华国王根本不知道他的胜利成果究竟有多大，但到了第二天他们发现，法兰西军队总共有11位王子、1200名骑士和3万名步兵战死。在这些人当中，有波希米亚国王，他是一个双目失明的老头，因为之前有人告诉他说他的儿子在战斗中负伤，没有力量抵挡"黑太子"，于是他便叫来两个骑士，让他们将他放到马背上，把自己的马鞍同他们的绑在一起，就这样冲进了英格兰军中，没多久他就被杀了。波希米亚国王的头盔上有一个三根白色鸵鸟羽毛做成的装饰，上面用法语刻着"效忠"。这个羽冠和上面的信条被威尔士亲王当作纪念品拿走了，而且自那以后就戴在了威尔士亲王的头上。

　　这场伟大的战斗结束了五天之后，爱德华三世便将加来城包围了。这场令后人永世难忘的围城战持续了将近一年的时间。为了迫使城内的居民因饥饿断粮投降，爱德华造了很多木头房子让他的军队居住，有人说，他们的营地看起来就像一座新的加来城拔地而起。在围城初期，那座城镇的总督赶走了1700个他称之为吃闲饭的人，男女老少都有。而爱德华国王则让他们通过自己军队的防线，给他们食物吃，把他们打发走的时候还给他们钱。但在围城后期，他就不仁慈了：随后被赶出的500人被活活饿死。最后，城中焦头烂额的守军实在没办法，他们写信给腓力求援说，他们已经把所有的马和狗，还有这里能找到的老鼠都吃光了，如果他再不来解救他们，那他们就只剩下两条路可以走了，要么向英格兰人投降，要么互相人吃人。腓力收到信后试图救援他们，但由于他们被英格兰军队围得水泄不通，所以没有成功，于是不得不离开。获救的希望破灭后，守军便升起英格兰国旗，并向爱德华国王投降。"告诉你们的将军，"国王对那些低声下气从城中走出来的使者说，"我要你们挑出城中最有声望的六个市民来，让他们光着双腿，只穿衬衫，脖子上绑上绳索，把城堡和城镇的钥匙带给我。"

　　当加来的总督把爱德华的话转告给人民时，他们痛哭流涕，悲痛至极。这时，人群中一位受人尊敬的人站了出来，他的名字叫尤斯塔斯·德·圣皮埃尔，他对大家说如果不牺牲六个人，那么牺牲的将是所有的人，因此，他毛遂自荐当了第一个。受这个充满正能量的榜样的鼓舞，另外五位德高望重的市民先后站了起来，愿意牺牲自己来拯救剩下的人。总督由于身负重伤没办法行走，所以他骑上一匹可怜的、没有被吃掉的老马，带着这六位值得尊敬的市民来到城门口，所有的人都为他们痛哭哀号。

爱德华用怒火迎接了他们，并下令砍掉六个人的脑袋，不过善良的王后在国王面前跪了下来，并恳求国王把他们交给她处理。国王回答道："我真希望你此时此刻在别的地方，而不是在这里，但我没办法拒绝你。"于是，王后给这些人穿上体面的衣服，并设宴招待他们，把他们打发回去的时候还给了他们每个人很多礼物。王后的做法让整个军营都为她欢喜振奋。没过多久，王后生下了一个女儿，希望加来人民日后能看在这位慈母的分上，喜欢她。也就是在这个时候，可怕的瘟疫——黑死病以迅雷不及掩耳之势蔓延欧洲，很多可怜人因此丧命，尤其是穷人，英格兰居民中有一半因此而丧命。大批家畜也因黑死病丧命，能活下来的成为劳动力的人所剩无几，因此大面积的土地没有人耕种。

经历了八年的意见不合与争吵之后，威尔士亲王带领一支由 6 万人组成的军队再次入侵法兰西。他从法兰西南部进军，所到之处烧杀抢掠。与此同时，他的父亲依旧继续着自己的苏格兰战争，他在苏格兰也干了很多与他儿子相同的事情。然而，在他撤军的途中，苏格兰人给他造成了很多麻烦，他们让爱德华国王的残暴行径连本带利一并奉还。

法兰西国王腓力这个时候已经死了，接替他王位的是他的儿子约翰。爱德华王子已经得到"黑太子"这个称呼，因为他总是穿着黑色的盔甲来衬托自己白皙的皮肤。他继续在法兰西放火、搞破坏，而约翰则下定决心要进行反抗。由于"黑太子"在这片土地上的行为过于残暴，法兰西农民因此受了很多苦，所以他无论是施以恩惠，还是用钱收买，甚至以死威胁，都找不到一个人愿意告诉他法兰西国王此时正在做什么、身在何处。因此，他在普瓦捷与法兰西国王的军队相遇时，完全出乎他的意料，他发现周边整个地区被数量庞大的法军占据了。"愿上帝帮助我们！""黑太子"说，"我们必须全力以赴。"

就这样，在一个星期天的早晨（这一天是 9 月 18 日），兵力总数已减少到 1 万人的"黑太子"准备向有 6 万骑兵的法兰西国王宣战。就在他势必与法兰西军队决一死战时，一匹战马从法军阵营飞奔而来，原来，红衣主教说服了约翰，试图阻止基督徒血流成河。"保全我的荣誉，""黑太子"对那位善良的主教说，"同时保全我军队的荣誉。倘若条件合理，我就接受。"他提出放弃所有他占领的城镇和城堡，并释放他俘虏的所有囚犯，同时发誓在之后的七年内不再向法兰西宣战。但由于约翰除了让"黑太子"带着他手下100名骑士前来投降之外，别的条件一概不予考虑，因此和谈破裂。而后，"黑太子"平静地说："愿上帝帮助正义的那一方，我们明日再战。"

到了星期一的破晓时分，两支军队准备开战。英格兰人占据了有利的地形，只有一条很窄的小路才能到达那里，两边都是树篱形成的障碍物。法军通过这条小路前来进攻，但遭到了躲在树篱后面的英格兰弓箭手的射杀，逼得他们不得不撤退。就在这时，有600名英格兰弓箭手迂回到了法军后方，对他们进行了包抄，向他们射出了一阵疾风般的箭雨。法兰西军队陷入了一片混乱，丢下他们的旗帜四散而逃。约翰·钱多斯爵士对"黑太子"说："尊贵的王子殿下，向前冲锋吧，今天的胜利是属于你的！法兰西国王是一个非常勇敢的人，我知道他肯定不会逃跑，所以我们有机会生擒他作为俘虏。""黑太子"听后对士兵们说："以上帝和圣乔治之名，前进！举起英格兰的旗帜！"

他们一路猛攻压制敌军，径直来到法兰西国王面前，法兰西国王身边所有的贵族都已经抛弃了他，但他依旧挥舞着战斧凶猛奋战，他身边只剩下了他忠实的小儿子菲利普，寸步不离，他当时只有16岁。父子二人虽然英勇作战，但国王的脸上已经有了两道伤，被打倒在地，最终他向一位被驱逐的法兰西骑士投降，并把自己右手戴着的手套交给他，作为自己投降的标志。

"黑太子"不仅勇敢，还十分慷慨。他邀请他尊贵的王室俘虏到他的帐中与他共进晚餐，甚至还在饭桌上为他们斟酒。当他们浩浩荡荡地回伦敦时，他让法兰西国王骑上一匹白色的高大骏马，而他则在旁边骑了一匹小矮马。所有这些都展示出"黑太子"的仁慈，不过我觉得多少有一些作秀的成分，这些举动受到的夸奖远远超过了应得的程度。其实，我认为，对法兰西国王来说，最大的仁慈应该是压根儿别让他在众人面前亮相。不过，必须要讲明一点，因为有了这些礼貌的善举，所以随着时间的推移，逐渐减弱了战争带来的恐惧，以及征服者们强烈的好战心。普通的士兵们过了相当长一段时间后才开始享受这些尊重敌人尊严的善举所带来的好处，但他们最终享受到了。因此，很有可能当一个可怜的士兵在滑铁卢或其他类似的大战中，请求敌人饶过自己性命的时候，他或许应间接感谢"黑太子"爱德华救了他的命。

当时，在伦敦的斯特兰德有一座名叫萨沃伊的宫殿，供被俘虏的法兰西国王和他的儿子居住。鉴于苏格兰国王此时已经在爱德华国王的手下当了 11 年的俘虏，因此可以说爱德华的成功已经在相当程度上达到了圆满。苏格兰的问题最终是这样解决的：被俘虏的苏格兰国王在保证支付一大笔赎金的前提下，获得释放，并被赐予戴维爵士的头衔。而法兰西的局势则促使英格兰不得不针对这个国家提出苛刻的条款了，因为那里的人民正在反抗贵族们难以启齿的残酷暴行，而贵族们也开始对平民百姓进行镇压，两边均处于一触即发的紧张状态。

该国还发生了一场名为"雅克雷"（Jacquerie）的农民起义。之所以叫这个名字，是因为雅克（Jacques，法语 Jacob 的变体）是很多法兰西乡村的基督教信徒在受洗的时候取的名字。暴动让本来就没有彻底消失的恐惧和憎恨又一次被唤醒。最终《和平条约》被签署。依据条约，爱德华国王放弃大部分他占领的法兰西领土，而约翰国王需要支付一笔总数为 300 万克朗的赎金，六年内付清。法兰西贵族和侍臣们对约翰国王接受了这些条件感到非常不满，尽管他们自己也没办法帮助他改变，于是，约翰国王自愿回到他所熟悉的萨沃伊宫，直到他去世。

那时，在卡斯蒂利亚有一个君主名叫"暴君佩德罗"，他和这名字实在是太般配了，因为他不仅实施过各种各样的暴行，还滥杀无辜。这位"和蔼可亲"的君王因为他犯下的种种罪行被赶下王位。于是，他来到波尔多向"黑太子"求助。因为"黑太子"此时就住在这里，他娶了自己的远亲琼——一位美丽的寡妇为妻。"黑太子"十分仁慈地接待了他。呀，一个拥有声誉的王子本不该厚待一个卑鄙的恶棍，不过"黑太子"听信了他许下的美好诺言，同意帮助他。他给之前曾在他和他父亲的军中效力，却因为惹是生非而被遣散了的士兵们下达了秘密的命令，要求他们协助佩德罗。这些人组成了一个被称为"自由的伙伴"的雇佣兵组织，曾有一段时间给法兰西人民造成了不少麻烦。"黑太子"本人亲自率领援军来到西班牙，很快便帮助佩德罗重新夺回了王位。佩德罗刚登上王位，立即恢复了他那副恶棍嘴脸，没有任何羞耻地背信弃义，立刻就违背了他对"黑太子"许下的所有承诺。

为了帮助这位穷凶极恶的国王，"黑太子"雇来的那些士兵让他花了不少钱，当气急败坏的他回到波尔多时，他不仅身患重病，还发现自己欠了一屁股债。为了还债，他开始向法兰西人民征税。法兰西人民便向国王查理求助，战争再次打响了。法兰西城镇利摩日是"黑太子"之前恩赐有加的地方，就连他们也倒向了法兰西国王那边。此事一出，"黑太子"便用传统的烧杀抢掠的方式，让城镇变成了一片废墟。抓到的所有俘虏，无论男女老少，他都拒绝施以任何仁慈。虽然他已病入膏肓，只能坐在马车里，非常需要来自天堂的怜悯，但他还是活着回到了英格兰。

1376 年 6 月 8 日，"黑太子"去世了，享年 46 岁。

英格兰举国上下为他哀悼，他的葬礼十分隆重，他被葬在了坎特伯雷大教堂。他的坟墓距离"忏悔者"爱德华的坟墓很近，他的纪念碑上有一个用石头雕刻的他的雕像，他身披黑色的战甲躺在那里，这些今天依然能够看到。墓碑上的横梁吊着一副古老的铠甲、头盔和一副护手，很多人相信这就是"黑太子"穿过的那套战甲。

爱德华国王并没有比他这个极具声望的儿子多活了多久。他已经年迈，一位名叫艾丽斯·佩勒斯的美丽女子设法让他在高龄之年迷上了自己，爱德华没有办法拒绝她的诸多要求，甚至还因此让自己变得荒唐至极。她根本配不上国王对她的爱，也配不上国王给她的很多奢华的礼物（我敢说，她更看重的是已故王后的珠宝）。国王死去的那天早上，她把他手上戴的戒指摘了下来，并把他的尸体扔在那里，任凭他手下一些毫无忠诚可言的侍从把他的财物抢夺一空。只有一位善良的神父对国王忠心耿耿，一直到最后都守在他的身边。

除了我提到的那些赫赫有名的战功之外，爱德华三世统治期间还有很多值得人们记住的事情，比如建筑学方面的发展以及对温莎堡的修建等，更值得人们记住的是威克里夫的改革。威克里夫最初是一个贫穷教区的神父，不过他投身于揭露教皇和他领导的整个教会的野心和腐败，并取得了巨大的成功。

一些弗莱芒人在爱德华三世统治期间被吸引来到了英格兰，在诺福克定居，他们制造的羊毛纺织品要比英格兰人做的棒得多。嘉德骑士团（这也是件非常值得纪念的事情，但远没有让国民穿上好衣服重要）的设立也是起源于这个时候。据说国王在某次舞会上捡起了一位女士的吊带袜，然后用法语说："愿心怀恶意者遭辱。"朝臣们总是喜欢模仿国王的所作所为，因此，这桩小事促成了嘉德骑士团的成立，能获得嘉德勋章也就成为至高的荣誉——至少流传下来的故事是这样说的。

8 被废黜的国王

理查——"黑太子"的儿子，一个只有 11 岁的男孩，以理查二世国王的头衔继承了王位。因为他父亲，整个英格兰都敬仰他。至于宫廷中的贵族和小姐们，口口声声地说他是最英俊、最睿智，甚至是天下所有王子中最杰出的一位——尽管在他们口中，只要是王子他们都会说："哈，你是天底下最英俊、最睿智的王子啊！"用低劣的方式对一个可怜的男孩阿谀奉承，是不可能让他发展自己的优点的，而且会让他没办法拥有一个幸福或快乐的结局。

兰加斯特公爵是这位年轻国王的叔叔，因为他出生在根特，所以人们通常称他为"冈特的约翰"。很多老百姓都说他对王位有觊觎之意，但由于他没有名气，而人们对"黑太子"的怀念太过强烈，所以他只能向自己的侄子俯首称臣。

与法兰西之间的战争还没有打完，英格兰政府十分需要钱来支付战争可能产生的开销，因此，从上个政权开始，政府就下令对人民征收被称为"人头税"的税金。这是一项在英格兰凡年满 14 周岁的人，无论男女，每年都要缴 12 便士的税，神职人员缴纳得更多，只有乞丐才可以免缴。

我根本不需要再重复，英格兰的平民百姓长期以来生活在残酷的压迫下，他们只是领主们的奴隶而已。在绝大多数情况下，他们受到的都是非常苛刻且不公平的待遇。不过，这个时候他们开始认真思考，他们已经不想再忍受下去了，而且很有可能是我上一章提到的法兰西人民的起义，给了他们胆量。

埃塞克斯郡的人民对人头税进行了反抗，由于政府对他们的残酷镇压，他们还杀了政府的几个官员。就在这个时候，有一个收税的税吏正在肯特郡的达特福德镇挨家挨户收税，当他走进一户名叫沃特的砖瓦匠人的家时，他要对那家人的女儿征税，她的母亲那天正在家里，她说自己的女儿还不满 14 岁。税吏听后露出了野兽般的嘴脸，残忍地羞辱了沃特·泰勒的女儿（这种事在英格兰其他地方的税吏身上，早已屡见不鲜）。女儿大声哭喊，她的母亲也尖叫了起来。沃特那个时候正在离家不远的地方劳作，他听到后跑回家。看到这种情况，他做出了一个任何朴实的父亲都会做的事情——把税吏打死了。

此事一出，埃塞克斯郡的人民立即团结起来。他们推举沃特·泰勒为他们的首领，并在埃塞克斯一位名叫杰克·斯特劳神父的带领下组成了武装力量。他们从监狱救出了一位名叫约翰·保尔的神父，一路向着布莱克希思前进，一路上，不断有大批穷苦的人民加入他们。就这样，各地的穷人组成了一支强大的军队。有人说他们想要废除一切财产，实现人人平等。

伦敦桥中间有一座吊桥，伦敦市长威廉·沃尔沃思为了防止他们进城，命人把吊桥升了上去。但很快他们便通过恐吓市民的方式，让他们又把吊桥放了下来，这些人高声怒吼着冲向大街小巷，他们打开监狱的大门，焚烧了兰贝斯宫的文件，在斯特兰德大街毁坏了兰加斯特公爵的宫殿——萨沃伊宫，据说那是英格兰最华丽、最辉煌的宫殿。他们还放火烧了神殿中的书籍和文件，把整个伦敦折腾得天翻地覆。在这些愤怒的暴行中，有很多是起义者在喝醉后干出来的，因为那些拥有很多琼浆美酒的市民十分乐意打开他们的酒窖以保住他们的财产。不过，就算造反者喝醉了，他们也没有干偷鸡摸狗的事。有一个人在萨沃伊宫偷了一个银杯藏在自己的衣服里，造反者便对他大大地发怒，竟把他连人带杯一起扔到了河里……

年轻的国王曾被人带出来与他们交涉。但是，他和他身边的人被起义者暴怒的呐喊声吓坏了，于是他们便选择明哲保身，退回到伦敦塔中。这让起义者的胆子更大了。他们继续他们暴力的行为，凡是没有在第一时间宣布忠于理查国王和人民的一律被他们砍掉了脑袋，还有那些不受欢迎的人，只要被他们抓到，最后的下场都是性命不保。暴乱以这种方式持续了整整一天。后来，国王发布公告说，他将在麦尔恩德接见他们，并答应他们的要求。

前往麦尔恩德的起义者总共有6万人，国王在那里接见了他们，他们心平气和地对国王提出了四个条件：第一，无论是他们还是他们的孩子，以及他们的子孙后代，都不得再变为奴隶；第二，他们租的土地应该确定一个固定租金，而不是用劳务支付；第三，他们应该像其他自由人一样，拥有在所有市场和公开场合进行买卖的权利；第四，他们过往的所有"罪过"都应得到赦免。上帝知道他们提出的这些条件一点也不过分！年轻的国王也虚伪地装作同意的样子，并留下30名文书，连夜起草了一份相应的契约。

然而，沃特·泰勒本人并不满足于此，他想要的更多，他希望将整部森林法都废除。当他们召开会议的时候，他闯进伦敦塔，杀了大主教和财政大臣，因为就在前一天他们还在到处搞破坏。沃特和他的手下甚至用剑在威尔士王妃的床上乱刺，而王妃当时就躺在上面，此举目的是确保没有敌人藏在床的下面。

沃特和他的手下们依旧全副武装，骑着马在城中巡逻。第二天早上，国王带着由 60 名绅士组成的队伍骑马来到了史密斯菲尔德，市长沃尔沃思也在其中。他们在稍远处看到了沃特和他的手下。沃特对手下说："看，国王就在那里，我去和他说两句话，把我们的要求告诉他。"

沃特骑马跑向国王，开始与国王交谈。"国王陛下，"沃特说，"你看到我手下的人都在那里了吗？"

"看到了，"国王回答说，"为什么这么问？"

沃特说："因为他们都服从我的指挥，并且已经发誓，无论我吩咐他们什么，他们都会去做。"

后来，有人说当沃特说出上面这些话的时候，沃特伸手去抓国王的马缰，还有人说他们看到他手里正在玩弄自己的匕首。而我个人却认为，他只是一个愤怒的大老粗而已，所以跟国王讲话时也是一副愤怒大老粗的做派。不管怎样，至少当市长沃尔沃思拔出短剑，向沃特喉咙刺去的那一刻，他既没有打算伤害国王，也没有打算反抗。

受伤的沃特从马上摔了下来，国王手下的一个人立即上前了结了他，沃特·泰勒就这样死了。马屁精和阿谀奉承之辈把这件事大肆渲染成一个伟大的胜利，直到今天还偶尔能听见有人歌颂这件事。沃特其实是一个很勤勉的人，他经历了太多的痛苦，遭受了太多的羞辱，他远比对他的失败而感到幸灾乐祸的寄生虫们要高尚得多，也勇敢得多。

见沃特倒下，他的手下立即掏出弓箭，准备为他复仇。如果不是年轻的国王在这个时刻保持了镇定，那么连他本人外加市长很快也会与沃特的下场一样。

这次起义的结局与那个时代其他类似的情况差不多。国王刚脱离危险，便收回了之前说过的所有的话，并反悔自己之前所做的所有的事。大约有1500 名起义者受到了极其严酷的审判（主要是在埃塞克斯进行的），并以极其残忍的方式被处死。他们中的很多人死在绞刑架上，尸体留在那里作为对造反者同胞的震慑。此外，由于一些死者的亲友将尸体埋葬，因此国王下令把余下的尸体用锁链吊起来，这个野蛮残暴的传统就是从这时开始的。国王在这件事上的背信弃义让自己的形象变得非常可悲，我觉得，相比之下，沃特·泰勒在历史上要比国王更可敬，也更诚实，事实上他们根本不具备可比性。

这个时候的理查已经16岁了，他娶了波希米亚的安妮公主为妻。安妮是一位非常出色的公主，人们称她为"善良的安妮王后"。她其实应当配更出色的丈夫，因为国王是在一个溜须拍马、阿谀奉承的环境中长大的，因此他是一个狡猾奸诈、荒淫无度、放荡成性的恶劣年轻人。

这个历史时期有两位教皇（一个好像不够似的！），他们总是吵个不停，而他们之间的争吵给整个欧洲带来了一大堆麻烦。苏格兰依旧不让人省心，英格兰国内也充满了猜忌、不信任、阴谋和反阴谋，国王害怕他的亲戚怀有野心，尤其是害怕他的叔叔——那位兰加斯特公爵，因为公爵拥有反对他的势力集团，而国王也有反对公爵的势力集团。当公爵跑到卡斯提尔强烈要求出任那里的国王时（理由是他有相应的权利），国内的麻烦并没有因此减少，因为当时格洛斯特公爵——理查的另一个叔叔，也反对他，并游说议会，要求将国王宠信的大臣全都撤职。国王则回答说，他决不允许这样的人解雇他的手下，就连厨房里打杂的也不行。然而，这个时候标志着一旦议会做出了决定，无论国王说什么都已无法改变的时代开始了。因此，理查最终不得不放弃，还同意成立另一个政府机构，该机构是由14位贵族组成的委员会，为期一年。格洛斯特公爵就是这个委员会的头儿，而且委员会的所有成员都由他任命。

这些事都做完之后，国王看到了一个机会，他立即宣布这些都不是他自愿做的，因此都是不合法的。然后他让法官秘密地签署了一项声明，称那些都不合法。然而，他们的密谋很快就败露了，传到了格洛斯特公爵的耳朵里。公爵带着4万人在国王来到伦敦时前来迎驾，逼迫国王承认他的权威。国王对公爵无能为力，而且国王的大臣们还遭到弹劾并被无情处死。这些人中有两个人，人们对他们有着截然不同的看法：一个是罗伯特·特雷西利亚，他是首席大法官，由于设立了用来审判起义者的"血腥量刑"而被人们恨之入骨；另一个是西蒙·伯利爵士，是一位受人爱戴的骑士，他是"黑太子"的挚友，同时也是国王的导师和监护者。为了这位绅士的性命，王后甚至跪下来求格洛斯特公爵。但格洛斯特公爵对这个人既恨又怕（不知道背后是不是有别的原因），他回答说，如果王后还在乎自己丈夫的王位，那她最好别再为这个人求情。这些人在议会的授权下被处死，有人说议会是一个完美的议会，也有人说是残忍的议会，相比较而言，还是后者说得更有道理。

　　格洛斯特公爵的权力也并非持续了千秋万代。事实上，权力在他手上只多拥有了一年而已，因为古老的《切厄维特丘陵上的追逐》歌谣中所传唱的那场著名的奥特伯恩战役，在那一年打响了。年底的时候，在一场隆重的会议上，国王突然转向格洛斯特公爵，问："叔叔，我今年多大了？"公爵回答说："陛下，您今年22岁了。""我已经这么大了？"国王说，"那么以后我自己的事情，我自己说了算！我非常感谢你们过去所做的一切，但现在我不需要你们的付出了。"紧接着，他任命了新的大法官和财政大臣，并向人民宣布政府内阁将重新由他掌管。在接下来的八年时间里，他统治的政府和国家没有遭到任何反对，之前他曾下定决心，有朝一日要亲自向他的叔叔格洛斯特公爵复仇。在这段时间里，他始终没有忘记复仇的决心。

　　后来，善良的王后去世了，她去世之后国王想再娶一个妻子，他向议会提出自己应该娶法兰西的伊莎贝拉——查理六世的女儿为妻。法兰西的廷臣奉承者们说，她是美貌和智慧的完美结合（就像英格兰的朝臣们说理查一样），年仅7岁的她简直是一位绝世佳人。尽管在议会中有人赞成也有人反对，但他们还是结了婚。他们的婚姻让英格兰和法兰西之间维持了25年的和平，不过英格兰人却强烈反对他们的婚姻，并对此抱有极深的偏见。格洛斯特公爵十分迫切地想利用这个机会笼络人心，于是他拼命反对他们的婚姻，而这也让国王最终下决心实施他酝酿已久的复仇计划。

　　他带着一支欢快的队伍来到埃塞克斯普莱舍城堡——格洛斯特公爵的家。公爵没有产生任何怀疑，他来到庭院中迎接了他的王室客人。国王的手下们趁着国王与公爵夫人友好聊天时，悄悄地把公爵抓了起来，之后把他转移到加来，关在城堡里。格洛斯特公爵的两个朋友——阿伦德尔和沃里克两位伯爵也被囚禁在了他们自己的城堡里。几天后在诺丁汉法庭，他们被指控犯有叛国罪。阿伦德尔伯爵被定罪，砍掉了脑袋，沃里克伯爵则被放逐。

　　后来，有一位信使将一封令状带给加来总督，要求他把格洛斯特公爵带来受审。三天后，他答复称自己无法这么做，因为公爵已经死在监狱里了。

公爵被定罪为卖国贼，他的所有财产被全部没收，交给了国王，还有一份他在狱中向一位高等民事法院的法官递交的认罪供词被用作给他定罪的证据（也不知道是真是假）。至于倒霉的公爵究竟是怎么死的，根本没有人关心。自然死亡、自杀，或是国王下令命人用枕头把他闷死（一位名叫豪尔的总督的侍从后来是这么说的），已经无从考证了。不过，他是被自己的侄子下令以某种方式杀死的，这一点应该是毫无疑问的。在这一系列事件中，行动最积极的贵族是国王的表兄弟，名叫亨利·博林布罗克，他被国王册封为赫里福德公爵。为了平息家族中的陈年积怨，这中间有很多人在家族钩心斗角的过程中，也干过很多他们类似于给公爵定罪的那些事。这些人看起来就像是一群由腐败的人组成的乌合之众。败类在那个时候的朝廷中，实在是太常见了。

这一切让英格兰的人民怨声载道，大家依然对国王的婚姻感到十分恼火。贵族们看到国王对法律的不屑一顾，以及他的狡猾阴险，便开始为自己感到担忧。国王持续不断地宴乐和毫无节制地挥霍。他的侍从们，就连最卑微的仆人的穿着打扮都是极为奢侈的。据说，每天有1万人与国王一起胡吃海喝。此外，他还有1万名弓箭手护卫在他身边。靠着平民百姓上缴的羊毛税，支撑自己荒淫无度的生活，他丝毫不觉得这样手握大权会有什么危险，而且作为一个国王，他的残暴和傲慢也到了令人发指的程度。

国王还剩下两个宿敌：赫里福德公爵和诺福克公爵。像对待其他人一样，他绝不会饶过这两个人。他对赫里福德公爵威逼利诱，直到赫里福德公爵在议会声称诺福克公爵最近对他讲了很多大逆不道的话，就在他去布伦特福德附近骑马的时候，诺福克公爵还声称自己无法相信国王的誓言——我想国王的誓言是无人会相信的。他的背信弃义为自己换来了赦免，而诺福克公爵被传唤出庭。由于他否认对他的指控，称控告他的那个人是一个说谎的骗子和叛徒，于是两名贵族依照当时的传统都被关了起来，要到考文垂通过决斗诉讼法来分辨真相。

这种决斗诉讼法意味着在决斗中胜出的那一方将被认为是正确的一方，这真是一派无稽之谈呵。这样一来，强悍的人根本不可能有罪了。人们特意为这一天举行了盛大的庆典，无数人在此聚集，到处都是华丽的游行和表演。两名决斗者也迫不及待地想要用自己手中的长枪刺向对方。当国王坐进亭阁准备做出公平的裁决时，他扔出了手中拿的权杖，终止了决斗。"放逐赫里福德公爵10年，诺福克公爵终生放逐。"国王说道。就这样，赫里福德公爵去了法兰西，并留在了那里；诺福克公爵则踏上了前往圣地的朝圣之旅，不过后来因为伤心欲绝死在了威尼斯。

自那以后，国王用更放荡、更残忍的方式继续着他的统治。兰加斯特公爵是赫里福德公爵的父亲，他在儿子出发后没多久便去世了，虽然国王此前曾郑重地向他的儿子许诺，如果在他被放逐期间他的父亲去世，他可以继承父亲的财产。但他的父亲刚去世，国王立刻像强盗一样霸占了他所有的财产。法官们都非常惧怕国王，因此他们昧着良心称这一强盗般的偷窃行为是合法的。然而，他贪婪的欲望是无边无际的，他找了一个十分轻率的借口，剥夺了 17 个县的法律保护权，仅仅是为了能通过对不当行为的罚款进行敛财而已。总而言之，背信弃义的事情有多少，他就能干出来多少，他根本不在乎人民的不满，就连他身边的马屁精们都在他耳边说人民的不满已经到了怨声载道的地步了。可他依然不在乎，偏偏就在这个时候，他居然要去远征爱尔兰。

他留下约克公爵作为他离开期间的摄政王。他刚走，他的表兄赫里福德的亨利就从法兰西回来了，声称要将之前他卑鄙抢夺的权力要回来。亨利刚回到英格兰，诺森伯兰和威斯特摩兰这两位势力强大的伯爵就加入了他的阵营。他的叔叔摄政王发现国王不得人心，士兵们也不愿意与亨利开战，于是他便带着王室军队撤退到布里斯托尔。亨利率领军队从约克郡（他是在这里登陆的）来到伦敦，也跟着摄政王来到了布里斯托尔。两支军队联合了起来，至于他们这么做的原因却不是很清楚，两支军队会师之后就一起前往布里斯托尔城堡。这时，那里有三名贵族把王后抓了起来，城堡在他们的围攻下被迫投降。他们攻下城堡后，立即将三位贵族处死。摄政王之后便留在了那里，亨利则继续前往彻斯特。

恶劣的天气阻止了国王收到有关这些事情的任何信息，所以他最初对发生的事情一无所知。最后消息终于传到了爱尔兰，传到了他的耳朵里，他便派索尔兹伯里伯爵先行一步回到英格兰。索尔兹伯里伯爵在康威登陆后，召集了威尔士人的军队，这些人等了国王足足两个星期。可能是威尔士人打一开始就不太喜欢他吧，而且等了这么久热情也没了，于是回家去了。等到国王终于在海岸登陆时，他其实带了一支强大的军队，但由于他手下的人对他毫不在乎，于是没过多久就都跑了。国王以为威尔士人还在康威，便伪装成牧师，带着他的两个兄弟和几个随从去了那里。但在那里只有索尔兹伯里伯爵和 100 名士兵，威尔士人早就一个不剩了。面对如此窘迫的困境，国王的两个兄弟埃克塞特和萨里提出他们愿意去见亨利，问问他到底有什么打算。萨里非常忠于理查，于是他被关进了监狱。埃克塞特是一个虚伪的小人，他把王室的雄鹿徽章从他的盾牌上拿了下来，换上了亨利的玫瑰徽章。这件事情发生后，亨利的意图对国王来说已经很明显了，因此国王也没有再派使者前去打听了。

大势已去的国王此时已是众叛亲离、四面楚歌的状态了，甚至他还受饥饿所困，四处奔波，从一座城堡跑到另一座城堡，希望能找些食物来填填肚子，但他一无所获。可怜的国王低三下四地回到康威，向诺森伯兰伯爵投降。伯爵其实是亨利派来抓捕国王的，但表面上要与国王谈条件，而且他手下的人马就藏在附近。伯爵带着他来到弗林特城堡，国王的表兄亨利在这里接见了他，他甚至还向国王屈膝下跪，就好像他对国王的政权依旧心怀敬意一样。

"亲爱的兰加斯特表兄，"国王说，"我非常欢迎你的到来。"（他当然非常欢迎了，如果他表兄是被锁链绑着送来的，或者少了一个脑袋的话，那他就更欢迎了。）

"国王陛下，"亨利回答说，"承蒙你的美意，我就告诉你我来此的原因。你的子民痛苦地抱怨说，你统治他们这 22 年的时间里，他们的日子苦不堪言。如果上帝喜悦的话，从今往后就由我来帮你管理他们吧！"

"亲爱的表兄啊，"悲惨绝望的国王回答说，"只要你高兴，我便求之不得。"

说完之后，小号便响了起来，国王被放在一匹瘦弱的马上，被带到彻斯特沦为了阶下囚，还被逼着发布一份公告，并召集议会。后来他从彻斯特被带到伦敦，途中在利奇菲尔德的时候，国王顺着窗户跳到了花园中试图逃跑，然而他的努力全都是徒然的，他被抓起来后被关进了伦敦塔。没有人怜悯他，英格兰人民的耐心早就被他折腾得消失殆尽，于是人们毫不留情地指责他、批评他。在他被关进伦敦塔之前，据说连他的狗也弃他而去，转而去舔亨利的手。

在议会会议召开的前一天，议员们派出一个代表团去见可怜的国王，提醒他曾在康威城堡答应过诺森伯兰伯爵退位让贤。国王回答说自己已经准备这么做了，于是他签署了一份宣布放弃权力并解除人民对他效忠义务的文件。

此时的他已经一蹶不振，一点骨气都不剩了，他把自己的王室戒指摘下来，亲手送给了得意扬扬的表兄亨利，还说，如果让他按照自己的意愿指定一位继任者，他依旧会让亨利继承王位。第二天，议会会议在威斯敏斯特厅召开，亨利坐在王座旁边，而王座上空无一人，还用一块金丝线布料盖在上面。刚刚由国王签字的文件在众人的欢呼声中被宣读出来，人们的欢呼声响彻大街小巷，当人们的呐喊声逐渐平息后，国王正式退位了。紧接着，亨利起身在胸前比画十字架的形状，并正式宣布英格兰成为他的王国。坎特伯雷大主教和约克大主教将他扶上了王位。

民众再次欢呼，呐喊声再次响彻了每一条大街小巷。此时，根本没有人记得理查二世曾是他们最英俊、最睿智、最杰出的王子。他现在在伦敦塔里苟且度日（我猜测），比沃特·泰勒惨死在王室马蹄下的那一幕要凄惨得多。

人头税随着沃特的死被取缔了。因为王室专用的金属匠们技术再高超，也无法锻造出铁链来绞杀人们对他的思念，所以人头税自那以后再也没有征收过。

9 篡位

在上一个政权的统治期间，威克里夫与心高气傲、老奸巨猾的教皇和他手下之间的对抗，曾在英格兰掀起了一阵轩然大波。新任国王装出一副十分虔诚的样子，要么是想得到神父们的支持，要么是希望借此蒙骗上帝，让其相信自己并不是一个篡位者，两种推测的可能性都很大，究竟哪一种是真的我也不得而知。不过可以肯定的是，他刚登上王位便开始表现出对威克里夫的追随者们的强烈反对，这些人被称为"罗拉德派的信徒"，也有人说他们是异教徒。然而亨利的父亲"冈特的约翰"在思想上和威克里夫完全一致，很有可能亨利自己也是这样。除此之外，同样可以确定的是，为了惩罚意见相左的人，把他们活活烧死，这令人憎恶而又残暴的习俗，是亨利第一个从海外引入英格兰的。他引入的这种刑罚是一个被称为"神圣审判所"的刑罚之一，是历史上最污秽、最臭名昭著的法庭，它的存在是人类的耻辱，他让基督的信徒们看起来更像是一群恶魔。

正如你所知道的，这位国王其实对王位并没有名正言顺的继承权。爱德华·莫蒂默——年轻的马奇伯爵当时只有八九岁大，他的父亲是克拉伦斯公爵，他是亨利父亲的哥哥，按照继承顺序来说，爱德华·莫蒂默才是王位真正的继承人。然而，亨利宣布将自己的儿子封为威尔士亲王，并霸占了马奇伯爵和他弟弟的土地和财产，并把他们两人关在了温莎城堡（正确地说是软禁）。接下来，他要求议会决定如何处理被废黜的国王，这时后者完全是听天由命的状态了，只说他希望他的表兄亨利能对他"仁慈一些"。议会回答说，他们建议把他关到一个人烟稀少的地方，同时不允许他的朋友们去探望他。紧接着，亨利批准了这一判决。现在，对英格兰的人民来说，他们很清楚理查二世的命已经不长了。

那时的议会毫无原则可言，贵族们还整天吵个不休。据说，有一次他们将40只手套扔在地上，他们用这种方式以示对彼此的挑战。然而事实是，他们全是一群虚伪卑鄙的小人，他们一会儿站在老国王那边，一会儿又站在新国王那边，他们很少对某个人自始至终地尽忠尽责。他们很快又开始策划阴谋诡计了。他们想出了一个阴谋，打算邀请国王去牛津观看一场比赛，然后趁其不备把他抓起来杀掉。这项弑君大业，是他们在威斯敏斯特大教堂里召开了几次秘密会议而策划的，不过却遭到拉特兰伯爵的背叛，他也是同谋者的一员。

国王根本没有去观看比赛，也没有留在温莎（阴谋者们发现自己的阴谋败露后，立即前往那里，想把国王抓住），而是回到了伦敦。他宣布所有人都是叛徒，并带了一支庞大的军队向他们逼近。阴谋家们退到了英格兰西部，并宣布他们拥护理查国王。不过人们却起来反抗，阴谋家们最后全都被杀了。他们的背叛加速了被废黜的君主的死亡。没有人知道他究竟是被雇用的刺客杀死的，还是被活活饿死的，抑或是听说了他的兄弟们被杀之后（因为他们也是阴谋的策划者之一）绝食而死的。总之理查死了，他的尸体在圣保罗大教堂对公众开放，但只有脸的下半部分露在外面，其他地方全被遮住了。我几乎敢肯定地说，是国王下令将他杀死的。

悲惨的理查的法兰西妻子还只有 10 岁，当她的父亲——法兰西查理听说了她遭遇的不幸，并得知她在英格兰孤立无援的情况后，整个人都疯了，在过去的五六年时间里，他疯过不止一次。法兰西的勃艮第和波旁公爵主动承担起帮助这个可怜女孩的责任，但实际上他们一点也不关心她的死活，只想借此机会从英格兰捞上一笔而已。波尔多人民对理查的怀念达到了一种迷信般仰慕的程度，因为他在那里出生，他们还对上帝发誓说他曾是英格兰最杰出的人——他们这个说法实在是离谱得有点过头了，他们还发誓说要让英格兰人为他的死付出代价。不过，当他们想到他们自己，还有所有的法兰西人被贵族蹂躏得苦不堪言，英格兰人的统治相对比法兰西要好得多时，他们便冷静了下来。

两位公爵都是了不起的人物，但他们离开了人民什么也做不成。紧接着，法兰西和英格兰之间的谈判开始了，法兰西要求英格兰把可怜的王后连同她所有的珠宝首饰总共 20 万法郎的财产全都送回巴黎。亨利国王非常乐意把那位小女孩和她所有的珠宝首饰全都返还，但他说他没办法付钱。因此，她最后平安地回到了巴黎，但她的财产却没有回来。之后，勃艮第公爵（他是法兰西国王的表亲）和奥尔良公爵（他是法兰西国王的弟弟）因为这件事吵了起来，这两位公爵也让法兰西人民的日子比以往更悲惨。

由于在英格兰仍然有不少人支持征服苏格兰的行动，因此国王率军来到了泰恩河，要求苏格兰国王宣誓对自己效忠。他的要求被拒绝了，于是他带领军队来到爱丁堡，不过他在那里的成就甚微，因为他的军队特别需要补给，而苏格兰人则小心翼翼地牵制他，不与他交战，最后逼得他不得不退兵。这次出兵虽然没有能拿下苏格兰，却给了他一份不朽的荣耀，因为这次他一座村庄也没有烧，一个人也没有杀，还特别注意约束他的军队，不允许搞任何破坏。这在那个残忍无情的年代里，开创了非常伟大的先例。

英格兰和苏格兰边境的人民打了一场持续了 12 个月的战争，那位曾帮助亨利坐上王位的诺森伯兰伯爵开始造反，估计可能是亨利再也没有办法满足他越来越膨胀的贪欲了吧。那个时候有一个威尔士的贵族名叫欧文·格伦道尔，他在伦敦一所律师学院读书，还曾在前任国王的手下效劳。他在威尔士的财产被一位位高权重的贵族抢走了，这个人与现在的国王有亲戚关系，还是他的邻居。欧文要求得到赔偿，但最后什么也没得到，于是他便拿起了武器，在被剥夺了法律的保护权之后，他声称自己是威尔士的统治者。他还假扮成巫师，不仅骗过了威尔士民众，就连亨利也信了。因为亨利曾三次征讨威尔士，而他三次都被打退了：第一次是因为当地居民的疯狂和野蛮；第二次是因为恶劣的天气；第三次是因为格伦道尔的军事才能，不过亨利以为自己是被威尔士人的魔法打败的。格伦道尔把格雷勋爵和埃德蒙·莫蒂默爵士抓了起来，关进了监狱。他允许格雷的亲戚们花钱将他赎回，却不允许埃德蒙·莫蒂默爵士被赎。诺森伯兰伯爵的儿子亨利·珀西外号叫"急性子"，他的妻子是莫蒂默的妹妹。此时，他对这件事感到非常生气，因此他和他的父亲还有一些人投靠了欧文·格伦道尔，他们共同抵抗亨利。他们所组成的同盟势力十分强大，他们的阵营中还有约克大主教斯克罗普以及道格拉斯伯爵，这位伯爵是一位非常强大和勇敢的苏格兰贵族。国王的反应也很迅速，两支军队在什鲁斯伯里相遇了。

双方各有大约 1.4 万人。诺森伯兰老伯爵由于疾病缠身，因此叛军的队伍就由他的儿子指挥。为了欺骗敌人，国王穿上了一身普通士兵的盔甲，另有四名贵族穿上了王室的盔甲。叛军们发起了猛烈的冲锋，贵族全都被杀，王室的旗帜被砍倒，年轻的威尔士亲王脸上也伤痕累累。但他是有史以来最勇敢、最出色的战士之一，他英勇作战，国王的军队在他这个勇敢的榜样的鼓舞下，很快便再度集合并恢复了士气，他们把敌军全数歼灭。那位"急性子"被一箭射中头部而丧命，叛军也因为他的倒下而全面溃败。诺森伯兰伯爵听说自己的儿子战死后，立即投降，而他所有的罪过也得到了赦免。

这次叛乱还没有彻底结束：一方面是欧文·格伦道尔退到了威尔士；

另一方面是人民中间流传着这样一个荒唐的故事，称理查国王还活着。很难想象他们怎么会相信这个无稽之谈。不过，他们的确将前任国王的宫廷小丑误认成国王了，因为他与国王有几分相似。所以这样看来，理查二世不仅活着的时候把这个国家折腾得够呛，就连死后也没消停。这还不是最糟糕的，因为年幼的马奇伯爵和他的弟弟被人从温莎城堡带了出来。之后，人们又把兄弟俩抢了回去，并得知把他们拐走的是一个名叫斯潘塞的贵族夫人，她声称自己的哥哥就是参与之前的反叛的诺森伯兰伯爵。

现在，约克伯爵也参与了这件事。这一罪名让他失去了所有的财产，所幸的是，他保住了性命。诺森伯兰老伯爵联合其他贵族，与叛军里的战友约克大主教斯克罗普一起，又想出了一个新的阴谋。这群想要造反的人在教堂门上贴了一张写有国王犯下的各种罪行的罪状。由于国王十分迫切想要除掉他们，于是所有的人被抓了起来，大主教也被处死了。这是第一次位高权重的教会人员在英格兰的土地上依据法律被处死。

在那段时间里还发生了一件非常不可思议的事情：亨利抓住了苏格兰王位的继承人詹姆士，他当时是一个只有 9 岁的男孩。他的父亲——苏格兰国王罗伯特把他藏在船上，以躲避他叔叔的暗算。不过，在他前往法兰西的路上，意外地被几艘英格兰游艇抓走了。他被关在英格兰 19 年，在狱中成为一名学者和著名诗人。

除了与威尔士和法兰西偶尔发生冲突之外，亨利国王统治时期还是非常平静的。但国王一点儿也开心不起来，可能是因为他篡了王位还害死了自己的表弟，一直受到良心的谴责。威尔士亲王虽然勇敢且有气量，但据说他胡作非为、放荡不羁，甚至有一次对首席法官加斯科因刀剑相向，因为加斯科因坚定、大公无私地处理他的一位酒肉朋友。据说首席法官见到威尔士亲王的举动后，立即下令把亲王抓进监狱，而亲王也兴高采烈地服从了，据说国王还非常高兴地说道："身为一个君王，我拥有这样一个公平公正的法官和这样一个遵纪守法的儿子，实在是太高兴了。"不过，这一切都很值得怀疑。另一个故事是说，有一天夜里，亲王趁国王睡觉溜到了国王的卧室里，把王冠戴在了自己头上。这个故事同样没有真实性可言（莎士比亚以这个故事为素材，创作出一个非常精彩的作品）。

国王的身体每况愈下，他的脸上长出了很多恶性的疹子，还得了癫痫病，精神状况也越来越差。后来，当他去威斯敏斯特大教堂，在圣爱德华的圣骨匣前祷告的时候,癫痫病突然发作。于是,他被抬进院长的房间,没过多久就死了。之前曾有人预言说,他将死在耶路撒冷,而威斯敏斯特不是耶路撒冷。但是,由于修道院院长的房间一直以来都被称为"耶路撒冷圣厅",人们就说这两个耶路撒冷是一回事,所以该预言也算应验了。

亨利四世去世的那一天是 1413 年 3 月 20 日,他活了 47 年,统治英格兰 14 年,他被埋葬在坎特伯雷大教堂。他一生结过两次婚,与第一任妻子生了四个儿子和两个女儿。

他登上王位前就是一个表里不一的人,用阴谋诡计篡夺了王位,最重要的是,他颁布了把神父口中的异教徒活活烧死的残忍律法。从这些方面来看,他和在他之前的国王们一样,也算得上是一个"相当不错"的国王了。

10 征服法国

　　威尔士亲王刚刚统治英格兰的时候，他表现得像一个慷慨而诚实的人。他不仅释放了年幼的马奇伯爵，还恢复了珀西家族的财产和荣誉，这些都是他们当初反叛他父亲时失去的。他下令厚葬愚蠢且倒霉的理查，把他和英格兰历代先王葬在一起。此外，他还把那些荒淫无度的酒肉朋友也都遣散了，他还保证，只要他们以后恪守本分、忠心耿耿，他就不会让他们缺衣少食。

　　把人烧死远比把他们的思想烧死要简单得多，罗拉德派的信徒每天都在传播他们的思想。神父们声称罗拉德派信徒密谋要对新国王发起反叛，虽然他们说的绝大部分都不是事实，但亨利却听信了他们的说辞，还让自己的好友科巴姆领主约翰·奥尔德卡斯尔爵士因此而丧命。

　　国王原本想通过与他激烈的争论以转变他的想法，却是徒劳一场。爵士以该教派头目的身份被定罪，并处以火刑。就在处刑的前一天，他从伦敦塔逃跑了（国王亲自把处刑的日期向后推迟了 50 天），还召集了罗拉德派信徒们在某一天与他在伦敦附近的某个地方见面——神父们是这么报告国王的。我怀疑除了密探们捏造的那些阴谋之外，是否还存在别的阴谋。因为到了约定的那一天，在圣伊莱斯根本没有 2.5 万名听令于约翰·奥尔德卡斯尔爵士的信徒（只有 80 名信徒），而约翰·奥尔德卡斯尔爵士也根本没有在那里。而且在另一个地方，有一个稀里糊涂的酿酒匠给自己的马套上金具，怀揣着一对镀金的马刺，满怀喜悦地期待着第二天约翰爵士将自己封为骑士，这样他就拥有使用它们的权利了。

　　这两个地方的人都没有看到约翰的影子，也没有人知道他的下落。尽管国王承诺将重赏提供线索的人，但没有人带来任何关于约翰爵士下落的消息。倒霉的罗拉德派信徒当中，有 30 人当时就被绞死且被掏出了内脏。之后，这些信徒连人带绞刑架一起被烧掉了，其余人则被关进伦敦附近的监狱。这些倒霉的人中有几个人供认了各种奇葩的叛国阴谋——在严刑拷打和威胁要烧死他们的情况下，让他们招供是轻而易举的事情，所以根本不足为信。

长话短说，约翰·奥尔德卡斯尔爵士的悲惨故事的结局是这样的：他逃到了威尔士，在那里平安地度过了四年的时间。后来被波伊斯勋爵发现，若不是一个卑鄙的老妇人在约翰背后用一个凳子打伤了他的双腿，以这位老战士的英勇，波伊斯勋爵能不能活捉他，还是一个大大的未知数。之后，爵士被人用一辆马车运到伦敦，在那里被人用铁链绑到绞刑架上，活活地烧死了。

法兰西这边的情况我也尽量讲得简单明了一些，奥尔良公爵和勃艮第公爵（他被人们称为"无畏者"约翰）一向关系不好，但两人却在亨利四世在位期间郑重其事地握手言和。然而，在他们刚和解没多久的一个星期天，奥尔良公爵就在大街上被某团伙刺杀了，而背后的指使者正是勃艮第公爵——这是他亲口承认的。理查国王的遗孀嫁给了奥尔良公爵的长子，她已经疯了的、可怜的国王父亲根本无力帮助她，因为这个时候勃艮第公爵已经成为真正手握法兰西实权的人。伊莎贝拉死后，她的丈夫（接续他死去的父亲，成为新的奥尔良公爵）又娶了阿马尼亚克伯爵的女儿为妻。这位伯爵比他年轻的女婿要能干多了，是他们势力集团中的头目。自那以后，他们那群人就改名为"阿马尼亚克党"。于是，法兰西陷入一片混乱的局面：既有王太子路易的势力集团，又有勃艮第公爵的势力集团，勃艮第公爵是王太子的岳父，他的女儿嫁给王太子后受尽了折磨和虐待，还有奥尔良公爵的阿马尼亚克党。这三伙人搅在一起，相互憎恨，打来打去，让整个不幸的法兰西四分五裂，人民苦不堪言。

老国王亨利四世隔岸观火，很清楚（像法兰西人民一样）没有哪个敌人会比贵族对这个国家的伤害更大。如果亨利四世只是观望，那么亨利五世就是打算直取法兰西王座了。亨利五世向法兰西索取一大块地盘，并要求娶法兰西的公主凯瑟琳为妻，同时附带 200 万克朗的嫁妆。法兰西人与他讨价还价，提出只能给他一小块地盘和一小部分克朗，但公主不能嫁给他。于是，他便召回了大使，准备对法兰西发动战争。后来，他又提出要娶公主，且只要 100 万克朗。法兰西宫廷回复他说，他可以娶公主，但要减少 20 万克朗。他告诉法兰西人，他不能接受（他还从来没有见过公主）。于是，他便在南安普敦集结了军队。这时，英格兰国内出现了一起短暂的阴谋，有人计划将现任国王废掉，拥立马奇伯爵为国王。策划这起阴谋的人很快被抓了起来，而后被定罪，接着被处死。破获这起阴谋后，亨利国王就出征法兰西了。

坏人坏事阴魂不散固然让人垂头丧气，而优良传统的发扬光大却使人欢欣鼓舞。国王在距离阿夫勒尔5英里处的塞纳河口登陆后，做的第一件事便是效仿他的父亲，郑重地宣布他的命令：胆敢侵犯这里居民的生命和财产者格杀勿论。因此他得到的声誉连一些法兰西的作家都表示认同，甚至当他的士兵因缺少食物而陷入危机时，他的这些命令也被严格地执行着。

他的军队共有3万人。他带着这些人包围了阿夫勒尔镇，陆路和水路都被他们封锁了。持续了五个星期的时间，镇子投降了，居民们被允许离开这里，但每个人只能携带5便士和一部分衣物，其余财产都被英格兰军队瓜分了。虽然英格兰军队打胜了，但由于疾病和艰苦的生活条件，士兵的人数减少了一半。然而，国王依旧不打算撤退，决定继续率军前进，直到取得更大的胜利为止。他不顾谋士们的反对，带着所剩不多的军队向加来进军。当他来到索姆河的时候，发现无法渡河，因为敌人在那里筑起了防御工事。英格兰人来到河的左岸寻找渡口，而法兰西人在破坏了河上所有的桥之后，来到了河的右岸，监视着他们的举动。一旦发现英格兰军队试图渡河，便准备向他们发起进攻。最后，英格兰人找到了一个渡口，并安全地渡了河。法兰西人在鲁昂召开军事会议，决定与英格兰人开战，并派了几位信使去打探亨利国王要走哪一条路。"我就走直接通向加来的那条路！"国王告诉几位信使，然后给了他们100克朗作为礼物，把他们打发走了。

英格兰人继续前进，直到他们看到了法兰西人。国王随后下令摆好阵势，准备作战。法兰西军队并没有前来应战，英格兰人的阵势一直保持到晚上才解散，他们在邻近的一个村庄里养精蓄锐，好好地休整了一夜。法兰西人则躺在另一个村庄里，他们知道那里将是英格兰人的必经之路，决定让英格兰人率先开战。英格兰人此时已无路可退，而国王丝毫没有退兵的打算。于是，两支军队在彼此相距没多远的地方过了一夜。

在法兰西大军中，叫得上名字的几乎全是卑鄙的贵族。由于他们的荒淫无度，把法兰西变成了一个不毛之地。愚蠢的他们还狂傲得很，看不起平民。这支庞大的军队，兵力至少是英格兰军队的6倍，但其中竟然没有几个弓箭手（其实一个都没有）。这些高傲的傻瓜们声称，弓箭是一个与骑士的双手不相称的武器，而法兰西必须只能由绅士来守护。我们很快就会看到，这些绅士究竟有什么本事。

英格兰军队在人数上虽然不占优势，但其中有一群人占了很大的比例，他们虽然与贵族、绅士一点也不搭边，可膀大腰圆，是出色的弓箭手。法兰西人整夜狂欢作乐，以为自己胜券在握，而英格兰国王几乎一夜没睡。到了早晨，他骑上一匹灰色的马，头戴一顶闪闪发亮的头盔，头盔上顶着金子做的王冠，王冠上镶着璀璨的宝石。他的战甲上同时绣着英格兰和法兰西的纹章。当弓箭手们看到闪闪发亮的头盔、金子做的王冠和耀眼的宝石时，全都赞不绝口。最让他们钦佩的是，国王那张鼓舞士气的面孔和他宝蓝色的双眸。国王告诉他们，他已经下定决心，要么征服这里，要么死在这里，他绝不允许英格兰拿钱为他赎身。这时，有一位勇敢的骑士不经意地说，他希望此时正闲在英格兰的勇猛骑士和战士们能前来相助。国王听后却对他说，他并不希望英格兰再添一兵一卒。他说："我们的人数越少，胜利后的荣耀就越大！"他手下的将士们这个时候已经酒足饭饱，士气高涨的他们静静地等候法军的到来。国王选择等待法军前来进攻，是因为法军排出了三十列横队（英格兰军队的人数只够排出三列横队），他很清楚在这样难以通行的崎岖地带，当法兰西人前进的时候，肯定会产生混乱。

由于法军按兵不动，亨利国王便派出两支小部队：其中一队埋伏在法军左侧的树林中；另一队准备在开战后，放火点着法军身后的房子。他刚派出这两支小队，就有三个趾高气扬的法兰西贵族骑马跑来，"命令"英格兰人投降。国王则警告这三位绅士，如果想要活命，就赶紧掉头滚回去。而后，他下令军队前进。这时，英军中一位伟大的将军托马斯·欧平汉爵士激动地将指挥棒扔向天空，英格兰士兵们跪在地上，用武器刺向地面，表明他们已经占领了这个国家。起身之后，他们高声呐喊，向法军发起了进攻。

每个弓箭手都配备了一根又粗又大的棍子，顶端有一个铁的枪头。他们接到的命令是：把棍子插在地上，等法军骑兵们冲上来的时候就放箭，然后往后撤。当傲慢的法兰西贵族们想用手中的长枪击溃英格兰的弓箭手，骑着马冲上来的时候，迎接他们的是一阵遮天蔽日的箭雨，毫无招架之力的法军不得不掉头撤退。法军骑士们被打得人仰马翻、乱作一团。重整旗鼓朝着弓箭手们冲过来的骑兵则冲到了大木棍中间，被挡住了去路，陷进了湿滑泥泞的沼泽，不知所措。

英军中的弓箭手不仅没穿盔甲，为了行动更加灵敏，还把上身的皮外套也脱了。他们就像砍瓜切菜一样，把对方的骑兵全都消灭了。只有三个法兰西骑士从木桩子中突围，但很快也被干掉了。整个作战过程中，蠢到家的法军穿着沉重的盔甲，在没过膝盖的沼泽地中行军，而轻装上阵、上身半裸的英格兰弓箭手，则像在大理石地面上作战一样，十分灵活。

法军的第二师赶过来营救第一师，英格兰人则在国王的带领下向他们发起进攻，于是最惨烈的战斗开始了。国王的弟弟克拉伦斯公爵被打倒在地，被好几个法军士兵包围，亨利国王则站在他弟弟身旁，像一头狮子一样奋力厮杀，直到把他们全都打退。

很快，又有一队18名法军骑士冲了过来。他们打着一位法兰西领主的旗号，这位领主曾发誓要杀了或活捉英格兰国王。其中一个人冲上来用手中的战斧抢向亨利。亨利挨了这一下后没有站稳，直接跪到了地上，但他手下忠实的将士们很快冲到他身边，并把18名骑士全都杀掉，法兰西领主的誓言最终也没有实现。

法兰西的阿朗松公爵目睹了这一切，向英军发起了孤注一掷的冲锋。他一路砍杀冲到英格兰王室旗帜前，打倒了站在旁边的约克公爵。当国王前来救援的时候，国王头上的王冠被他打掉了一小块。不过，这是他在世上最后一次挥舞武器了，因为之后他便向国王投降并透露了自己的身份。国王伸出手，充满敬意地接受了他的投降，并承诺保护他的安全。就在这时，身上已经有无数伤口的公爵突然倒地身亡。

阿朗松的死，对整个战役起了决定性的作用。法军第三师的兵力是英格兰军队的两倍有余，但他们立即被吓破了胆，四散而逃。突然，法军后方传来了一阵巨大的骚动，有人看到法军在风中飘扬的旗帜停住不动了。亨利国王以为是法军的援军到了，但很快就发现这阵骚乱是由一群正在抢夺财物的农民引起的。

接着，亨利国王把法军的使者叫了过来，问他这场胜利属于谁。

使者回答说："属于英格兰国王。"

"这场浩劫和屠杀的制造者并不是我们。"国王说，"是上天降怒于法兰西的罪恶。远处的那个城堡叫什么名字？"

使者回答说："国王陛下，那里是阿赞库尔城堡。"国王便说："从今往后，这场战役就叫'阿赞库尔之战'，它的名字会被子孙后代铭记的。"

英格兰的史学家们将那场战役写成"阿让库尔战役"，而原来的名字也依然被载入英格兰史册，被人们铭记。

法兰西在战争中损失惨重：3 名公爵和 7 名伯爵被杀，2 名公爵和 3 名伯爵被俘，1 万名骑士和贵族在战场上被杀。英格兰军队的损失总数只有 1700 人，其中包括约克公爵和萨福克伯爵。

战争是一件非常可怕的事情，更可怕的是英格兰人第二天早上不得不杀掉身负重伤的俘虏，他们痛苦至极地在地上翻滚着。法兰西农夫们还把他们同胞的尸体扒光，搜刮财物，再把阵亡的法兰西士兵全都埋在几个大坑里；英格兰人则把丧生的同伴的尸体堆进了一个谷仓，连人带谷仓一起烧掉。战争的可怕之处不仅仅是这些，还有很多随战争而来的破坏和邪恶，则让人无以言表。

然而，战争的黑暗面很快就会被遗忘，况且战争没有给英格兰民众带来什么阴影，除了在战争中失去了亲人和朋友的人之外。英格兰人民欢呼着迎接国王归来，很多人还跳进水里用他们的肩膀把国王扛在肩上，送到岸边。国王所到之处，人们纷纷聚集欢迎他的归来，窗户上挂上了华丽的挂毯和精美的绣帷，街道上布满了鲜花，喷泉中的水被换成了红酒，就像阿赞库尔战场上的鲜血一样。

祸国殃民、狂傲至极、卑鄙无耻的法兰西贵族们拖垮了整个法兰西，人民对他们的恨意一天比一天强烈，而这些贵族非但不思进取，没有从阿赞库尔一战的失利中吸取教训，还变本加厉地用更暴力、更血腥、更虚伪的方式斗来斗去。阿马尼亚克伯爵劝说法兰西国王，抢夺巴伐尼亚的王后伊莎贝拉的财产，并把她抓为俘虏。伊莎贝拉一直以来与勃艮第公爵是死对头，但为了复仇，她提出与他结盟。公爵把她带到了特鲁瓦，伊莎贝拉在这里自封为法兰西摄政王，并任命公爵为自己的副手。阿马尼亚克党在那时占据了巴黎。一天夜里，其中一个城门被悄悄地打开，公爵手下的一伙人进入巴黎，他们把能抓到的阿马尼亚克党全都关进了监狱。又过了几天，在 6000 名"暴民"的帮助下，他们再次闯进监狱，把他们都杀死了。之前的王太子在这时已经死了，继承王位的是亨利的第三个儿子。当这起大屠杀发生时，他被一位法兰西骑士用被单包着，从床上拖走，去了普瓦捷。在把对手杀光后，复仇成功的伊莎贝拉和勃艮第公爵耀武扬威地进入巴黎，王太子则在普瓦捷昭告天下，自己才是真正的摄政王。

自从在阿赞库尔取得胜利后，亨利国王不仅没有闲着，还打退了一次法兰西人试图收复阿夫勒尔的勇猛进攻，他逐渐地征服了诺曼底的大部地盘，后来他把鲁昂这座重镇整整围了一年半的时间，并趁着这一系列危机的发生，拿下了那里。这一重大损失给法兰西人敲响了警钟，勃艮第公爵提出，法兰西和英格兰国王应在塞纳河畔一处平原上进行一次会面，商讨双方和解的条件。

到了约定的那一天，亨利国王带着他的两个弟弟——克拉伦斯和格洛斯特伯爵，外加1000名士兵来到了那里。不幸的法兰西国王那一天疯得比以往更厉害，因此没能到场，王后却带着凯瑟琳公主来了。凯瑟琳公主是一位非常美丽的女子，曾给亨利留下了深刻的印象，亨利国王终于又见到她了。这也是这次会议中发生的最重要的一件事。

那时，要想让法兰西贵族在一件事上遵守自己的承诺似乎是不可能的，亨利发现，勃艮第公爵与王太子已经达成了秘密协定，遂放弃了谈判。

勃艮第公爵和王太子两个人都有很好的理由互不信任，他们在彼此眼中都是一个身边有一群恶棍包围的浑蛋。此事一出，两人都不知所措了，不过最终他们同意在约纳河的一座桥上见面，并事先在那里竖起两扇大门，门中间留有一些空间，勃艮第公爵从其中一扇门进去，只允许带10个人，王太子则从另一扇门进去，也只能带10个人。

到目前为止，王太子信守了他的诺言，但也只是到此为止了。当勃艮第公爵在谈判开始之前，向国王屈膝下跪的时候，王太子身边一个纨绔子弟用一把小斧子把公爵砍倒在地，其他人则上去迅速了结了他的性命。

尽管王太子装模作样地说这起卑劣的谋杀并不是自己下的令，但根本没有人相信。这件事在法兰西也造成了非常恶劣的影响，在民众中引起了恐慌。公爵的继承人急忙想与亨利国王达成协议，法兰西王后则保证无论什么条件，她的丈夫都会接受。亨利与他们达成了和解，条件是凯瑟琳公主嫁给自己为妻，以及在法兰西国王还活着的时候担任法兰西摄政王，且国王死后将由他继承法兰西王位。很快，亨利迎娶了美丽的公主，兴高采烈地把她带回英格兰，并为她举行了隆重的加冕仪式。

此次签订的和平条约被称为《永久和平条约》，不过我们很快就会看到它究竟持续了多久。可怜的法兰西人民的日子苦不堪言，在庆祝王室婚礼期间，很多人活活饿死在巴黎街头。虽然有几个地方出现了支持王太子的反抗活动，但都被亨利国王镇压下去了。

这时，法兰西的大片土地和财产已经是亨利的囊中之物，美丽的妻子让他喜上眉梢，而儿子的出生更让他欣喜若狂，这一切让他未来的日子看起来一片光明。然而就在他取得全面的胜利，登上了权力巅峰的时候，死神来到了他的面前。当亨利在万塞讷患病，并得知自己无法痊愈时，他十分冷静，还安慰在他病床旁哭泣的人。他将妻子和孩子托付给他的弟弟贝德福德公爵和其他忠实的贵族照顾。他告诉他们说，英格兰应当与新的勃艮第公爵建立起友好关系，并让公爵担任法兰西摄政王。此外，亨利叮嘱众人，不要释放在阿赞库尔抓起来的亲王们，无论以后与法兰西之间发生什么样的冲突，即便是讲和，诺曼底必须牢牢掌握在英格兰手中。之后，他便躺下来，吩咐在场的神父们唱《圣经》中的七首悔罪诗。

1422 年 8 月 31 日，在庄严的歌声中，年仅 34 岁的亨利五世在他统治的第 10 年里，离开了这个世界。他的尸体进行了防腐处理，由一队人马隆重地运到了巴黎。人们一路上一边为他哀悼，一边前行，所以走得并不快。

到了巴黎后，他的尸体被运到了王后的居住地鲁昂。这个悲伤的消息是在他死了几天后才告诉王后的。接着，他们把他放到一张深红和金色相间的床上，头上戴着金王冠，无力的双手分别握着宝球和权杖。他们把他运到加来，随行的队伍声势浩大，看起来像是把道路都染成了黑色。

苏格兰国王担任主祭，王室所有成员跟在他身后，骑士们身穿黑色盔甲，佩戴黑色羽饰，大批人手持火把，把夜晚照得像白昼一样亮。走在队伍最后的是失去了丈夫的凯瑟琳公主。

在加来有一支船队，正等着将送葬的人送往多佛尔。之后，在哀乐的伴随下，他们通过伦敦桥将尸体带到了威斯敏斯特大教堂，并在这里满怀敬意地埋葬了他。

11 圣女贞德

先王的遗愿是，在他的儿子亨利六世（当时还是一个只有 9 个月大的婴孩）成年之前，由格洛斯特公爵担任摄政王。英格兰议会则希望成立一个摄政委员会，由贝德福德公爵领导。在贝德福德公爵缺席的情况下，由格洛斯特公爵代理这一职务。议会的这个决定看起来十分明智，因为格洛斯特公爵很快便暴露了自己的野心，他十分惹人讨厌，甚至为了实现自己的利益，他还用十分危险的方式冒犯了勃艮第公爵，后来解决这件事费了很多周折。

由于勃艮第公爵拒绝担任法兰西摄政王，因此可怜的法兰西国王便将这个职务授予了贝德福德公爵。法兰西国王在那之后过了还不到两个月就去世了，他刚去世，王太子就立即宣布自己将继承王位，并加冕为查理七世。贝德福德公爵这个时候就成了他的对手，因此贝德福德公爵与勃艮第公爵和布列塔尼公爵组成了一个友好的同盟，还把自己的两个妹妹分别嫁给了两位公爵。于是，与法兰西之间的战争再度打响了，那份《永久和平条约》也就过早地结束了。

在这个同盟的帮助下，英格兰人迅速在第一场战役中取得了胜利。不过，由于苏格兰这时已经向法兰西派出了 5000 名士兵，而且，他们可能会提供更多的增援，或趁着英格兰与法兰西交战的时候进攻英格兰北部。面对这一情况，英格兰觉得这个时候应该恢复苏格兰国王詹姆士的自由之身了。他被囚禁的时间的确太长了，但释放条件有二：第一，他需要支付 4 万英镑作为这 19 年来食宿方面的花销；第二，他必须承诺禁止他的国民为法兰西人提供帮助。值得高兴的是，这位和蔼可亲的囚犯不仅接受了这些条件得到释放，还娶了一位英格兰的贵族小姐为妻——他对这位小姐的爱慕由来已久，同时他也成了一位非常出色的国王。我们在这段历史中已经见到过很多位国王了，还将认识更多，我想如果统统把他们在监狱里关 19 年，那么他们肯定也会成为更好的国王，也会让这个世界更加美好。

在第二场战役中，英格兰人在韦尔讷伊取得了一场全面的胜利，其中有一场战役打得尤为出色，但他们取胜所采用的手段却很奇怪。他们把运输辎重的马匹的头和尾巴一匹挨一匹地绑了起来，然后把辎重全都堆放在它们身上。这样一来，它们就变成一种可以移动的防御工事了。这对军队来说是非常有帮助的（我敢说马匹们可就遭殃了）。在接下来的三年，局面一直没有进展，因为两边都穷得打不起仗了，战争是一项十分昂贵的娱乐。不过在巴黎召开的一场会议上，英格兰做出了一个重要决定：对奥尔良镇展开围攻，因为对王太子来说，那里是一个非常重要的地方。一支由1万人组成的英格兰军队被派去执行此项任务，指挥官是索尔兹伯里伯爵，他是一位名将。不幸的是，他在围城战初期就被杀了，接替他指挥官位置的是萨福克伯爵。在他的指挥下，奥尔良镇陷入了被全面围困的状态，于是，被围困的人们向他们的同胞勃艮第公爵投降。这个过程中，约翰·法斯塔夫爵士还为英格兰军队提供了增援，带领400辆装满腌制鲱鱼的马车和军队所需的补给前来助战，途中还打退了一伙试图拦截他的法兰西人。后来，这场战斗被戏称为"鲱鱼之战"。不过，英格兰将军则回答说，这座城镇是英格兰人用鲜血和勇猛攻下来的，所以必须归英格兰人所有。这个时候无论是对这座城镇，还是对王太子来说，几乎都看不到任何希望了，王太子甚至灰心得想要跑到苏格兰或西班牙去了。就在这个时候，一个乡下女孩的出现，让整个局面发生了改变。

现在，我就来讲讲这个乡下女孩的故事。

在法兰西洛林的荒郊野岭中有一座村庄，那里住着一个名叫雅克·达克的人。他有一个女儿，名叫贞德，20岁。她从小就是一个独来独往的女孩，经常在一些看不见人影、听不见人说话的地方放牛、放羊，一放就是一整天。她还经常到村里那个阴沉、空荡荡的小礼拜堂中跪上数小时，眼睛一直盯着圣坛和前面昏暗的烛灯，直到她认为自己看到了几个模糊的人影站在那里，听到了他们在对她说话。生活在那里的人都非常迷信，所以他们相信了贞德看到的奇异景象，还彼此议论说有天使和圣灵与她说过话。

一天，贞德告诉自己的父亲，她看到了一道奇异的光芒，吓了一跳，之后听到一个神圣的声音自称圣米迦勒，指示她去帮助王太子。这之后过了没多久（贞德说），圣加大肋纳和圣玛加利大头戴闪闪发亮的冠冕出现在她面前，鼓励她要善良、坚定。这些异象她偶尔还会看到，声音她却经常能听到，总是有一个声音对她说："贞德，你是被上天选中去帮助王太子的！"几乎只要教堂的钟声一响起，她就能听见这个声音。

　　这种妄想和错觉其实是一种疾病，而且这疾病一点也不罕见。那座小教堂里很有可能有圣米迦勒、圣加大肋纳和圣玛加利大的画像（而且很有可能他们的头上都戴着一顶闪闪发亮的冠冕），这就是造成贞德看到这三个人形象的原因。一直以来，她是一个郁郁寡欢、充满幻想的女孩子，虽然她是一个非常善良的人，不过我敢说她多少有一点爱慕虚荣，而且渴望能得到人们的关注。

　　她的父亲比周围的邻居们更有智慧，对她说："贞德，那些都是你想象出来的。你应该嫁人了，嫁一个善良的丈夫，让他好好照顾你。行了，孩子，好好工作吧，别想没用的了！"不过，贞德回答说，她发过誓终身不嫁，而且她必须遵照上天给她的指引，去帮助王太子。

　　父亲的劝说没有起到一丁点作用。这个可怜的女孩才是最不幸的，因为这个时候碰巧有一伙王太子的敌人来到村子里，他们烧掉了教堂，赶走了这里的居民。贞德目睹了这一切的发生，它触动了她的心灵，也加剧了她的幻想。她说那些声音和异象不断地出现在她眼前，而且他们告诉她，她就是古老的语言中所说的那个将拯救法兰西的人。因此，她必须帮助王太子，必须留在他身边，直到他在兰斯加冕为王。为此，她必须走很远的一段路去见一位名叫博德里古的领主，这个人愿意把她带到王太子面前。

　　尽管她的父亲一再对她说："贞德呀，这只是你的幻想而已。"可她还是出发去找那位领主了。与她同行的是她的叔叔，她的叔叔会制造车轮和马车。可怜的叔叔相信她看到的异象是真的。他们走了很远的一段路，一刻也没有停歇。他们走过一个崎岖的地带，那里全是勃艮第公爵的人，还有强盗和掠夺者，经历了一系列的艰难险阻，他们最终到达了领主的所在地。

　　领主的仆人告诉领主，有一位名叫贞德的贫穷乡下女孩，在一个制造车轮和马车的老头的陪伴下来到这里，想见他，她声称自己受上天之命前来帮助王太子拯救法兰西。博德里古听后大笑起来，吩咐手下把女孩打发走。不过他很快便听到很多关于她的传闻，她在城镇中四处游荡、在各个教堂中祷告、看到各种异象……于是，他便派人把她找回来，向她询问情况。博德里古开始觉得这其中可能没那么简单，但不管怎样，他觉得值得打发她去希农，那里便是王太子的所在地。

　　博德里古给她买了一匹马和一把剑，还给她配了两名侍从。由于圣灵的声音告诉贞德应该穿男人的装束，于是她便穿上了男装，把剑佩在腰间，鞋跟绑上马刺，骑上马出发了。至于她那个造车轮的叔叔，他在惊讶中望着侄女久久地站在那里，直到她消失在视野中，便回家去了。

贞德和两名侍从一路没有停歇，一直走到了希农，尽管她在这里遭到了怀疑，但还是被获准面见王太子。当时，王太子在一群朝臣之中，但她一眼就认出了王太子，告诉他说，自己是奉上天之命前来帮助他的。她还说出了很多只有王太子本人才知道的秘密（这可能是王太子后来为了让他手下的将士们信服而编出来的）。此外，她还说在菲耶尔布瓦的圣加大肋纳大教堂有一把非常非常古老的剑，刀刃上刻有五个古老的十字架，圣加大肋纳要求她佩带这把剑。

这个时候没有人知道这把古剑的存在，于是王太子立即命人到教堂检查，而他们真的找到了这把古剑！

贞德马不停蹄，一直到奥尔良。她骑着一匹白色战马，身穿闪闪发光的战甲，腰间别着那把古剑。古剑被重新打磨过了。她的前面竖着一面白色的旗帜，旗子上面有一幅上帝的画像，上面还写着"耶稣 – 马利亚"。她就这样声势浩大地率领着一支大军，护送着忍饥挨饿的居民们所需的补给来到了奥尔良，出现在那座被围困的城镇前。

当城墙上的人们看到她时，大声喊道："预言中的那位少女来救我们了！"这样的呐喊，再加上他们看到这位少女带领着将士们英勇奋战的场景，让法兰西人士气大振，同时也让英格兰人感到畏惧，英格兰人的防线很快被攻破，贞德的大部队带着补给开进了城。奥尔良得救了！

贞德在这之后被人们称为"奥尔良的少女"。她在城内停留了几天，给萨福克伯爵送去了多封书信，要求他带着手下的英格兰人立即离开这里，因为这是上天的旨意。由于英格兰将军认为贞德根本不清楚天意是什么，于是她再次骑上战马，带着她的白色旗帜向前进军。

围城的军队占据了桥和桥上几座坚固的堡垒，"奥尔良的少女"在这里向他们发起了进攻。战斗持续了14个小时。贞德亲手将一架云梯架到堡垒的墙上，爬了上去，却被一支英格兰人的箭射中了脖子而摔进了战壕。

她被抬走，箭也被取了出来。在手术过程中，她像一个普通女孩一样被疼痛折磨得大喊大叫。但没过多久，她说圣灵对她说话了，于是平静了下来。过了一会儿，她便起身，再次冲到战斗最前线。当英格兰人看到她摔下去的时候，都以为她已经死了，当再次看到她时，都感到了一种莫名的恐惧，他们之中一些人甚至叫喊说他们看到了圣米迦勒（很可能是贞德本人）骑在一匹白马上，为法兰西人而战。就这样，英格兰人失去了那座桥和桥上的堡垒。第二天，他们放火烧了他们构筑的防御工事，之后就离开了那里。

由于萨福克伯爵只是退到雅尔若，这里距离奥尔良只有几英里远，于是"奥尔良的少女"在那里对他展开了围攻，并俘虏了他。当她的白色旗帜在墙上升起时，她被石头击中了头部，再一次摔进壕沟，不过这只会让她的气势更加高涨，她躺在那里大声地喊道："前进，前进，我的同胞们！什么都不要怕，前进！前进！"在"奥尔良的少女"取得了新的胜利之后，之前反抗王太子的堡垒和城镇全都不战而降，而在帕泰她打败了英格兰军队剩余的人马，并把胜利的白色旗帜插在了一个1200名英格兰士兵丧命的地方。

她催促王太子（只要一打仗，他就躲得远远的）前往兰斯，因为她的任务前半部分已经完成，而王太子去那里完成加冕之后，她的使命也就完成了。但王太子一点也不着急，因为到兰斯路途遥远，而且英格兰人和勃艮第公爵在法兰西的势力依旧很强大，去兰斯的路上还要经过他们的地盘。最后，他们带着1万人马出发了，"奥尔良的少女"骑着她的白色战马、穿着闪闪发亮的战甲，一路马不停蹄地率领军队前行。

"奥尔良的少女"、王太子，还有1万名士兵，马不停蹄地赶路，终于来到了兰斯。在兰斯大教堂中，王太子在众多民众的见证下，以查理七世之名加冕为王。手握白色旗帜、站在国王身边的少女在这荣耀的一刻，跪在国王脚前激动地掉下了眼泪，她说自己已经完成了圣灵要她做的事情，她现在唯一想要的就是回到她远方的家乡，回到她的老父亲身边。但是国王不答应，还封给她和她的家族最高的贵族头衔，让她享受伯爵的俸禄。

唉！如果"奥尔良的少女"在那一天穿上她的乡村衣服，回到她的家乡，回到曾经放牧的山野中，她会多么幸福啊！她会把这些事情全都忘掉，然后嫁给一个好人，再也不会听到奇怪的声音，伴随她的只有小孩子的欢笑声！

可她没能如愿，继续辅佐国王（她与理查德修道士一起为国王打理这个国家）。她努力改善士兵们简陋的生活，她是一个毫不自私的人，她非常虔诚，过着十分朴素的日子。她曾多次恳求国王让她回到家乡，甚至有一次还脱下了那套闪闪发亮的战甲，把它挂到一个教堂中，意思是说她以后不会再穿这套战甲了。但每次国王都把她留住了，因为她对国王依旧还有用处，于是，她就像打仗的时候一样，一路马不停蹄，马不停蹄……

贝德福德公爵是一个非常能干的人，当他开始在英格兰活跃的时候，他再度向法兰西开战，还让勃艮第公爵始终都为自己效劳。这一切都让查理烦躁不安，查理有时候会询问贞德，她脑海里的声音是怎么说的。但圣灵的声音（就像普通人在不知所措的时候一样）变得自相矛盾、晦涩难懂，一会儿她这么说，一会儿又是另一套说辞，所以她每天都在失去别人对她的信任。

查理率领军队向反抗他的巴黎行进，对圣奥诺雷郊区发起了进攻。在这场战斗中，贞德又摔进了壕沟，不过这次她被全军抛弃了。她无助地躺在一堆尸体中，拼尽全力爬了出来。这时，她之前的信徒们转而去追随一个反对她的少女——拉罗歇尔的凯瑟琳。她声称自己受圣灵的感动，能说出哪里埋有宝藏和钱财——虽然她一次也没说中过。这个时候，贞德不小心把她的那把古剑折断了，于是人们便说她的力量随着古剑的折断而消失了。终于，在对勃艮第公爵把守的贡比涅发起攻击的时候，她虽然奋力作战，却在撤退时被士兵扔下不管。她英勇地奋战到最后，却被一个弓箭手射落马下。

抓住这个可怜的乡下女孩后，他们振臂高呼，还唱起了感恩之歌。他们以行巫术、异端和其他罪名审判她，审判者是法兰西宗教法庭庭长等，从这位大人到那位大人，他们轮番对她进行审判，直到最后懒得去想还有谁没有审判过贞德！最后，她被博韦主教以1万法郎的价格买下来，关在了狭小的监狱中，于是她又变成那个平凡的贞德，再也不是什么"奥尔良的少女"了。

我真的不想把她接下来的遭遇写出来——他们是如何审讯她、如何盘问她，又是如何对她审了又审的。她前前后后一共16次被押出监狱接受审讯、拷问、被他们下套、与他们争执，之后又被关了回去，直到她的心灵被这痛苦的过程折磨得疲惫不堪。在最后一次对她的拷问中，她被带到鲁昂的一处墓地。那里竖着一个令人毛骨悚然的绞刑架、一个火刑台和柴火等阴暗的陈设，旁边站着个刽子手。此外，这里还有一个讲道坛和站在那里准备进行一场令人反胃的布道的牧师。让人感动的是，即便是在这样的困境中，这个可怜的女孩依然维护着那个卑鄙的浑蛋国王的荣誉。要知道，国王为了自己的利益彻底地利用她，之后把她彻底地抛弃了。而她对自己遭受的那些谩骂置之不理，勇敢地为国王辩护。

对一个像她这么年轻的女孩来说，求生的欲望是她的本能。为了活命，她在一份事先为她准备好的声明上签了字，由于她不识字，所以她在上面画了一个叉来代替。声明表示，她看到的异象和听到的声音全来自魔鬼。在她承认过去说的全来自魔鬼，并承诺从此以后再也不穿男人的装束之后，她被判处终身监禁，"以艰难为食，以困苦为水"。

就在她"以艰难为食，以困苦为水"的过程中，之前的异象和声音很快又来"找"她了，它们再次回到她的身边。这实际上是非常正常的，因为对这种疾病来说，饥饿、孤独和思想上的焦虑都会使病情加重。这不仅让贞德认为自己再次感应到了圣灵，她还穿上了男装，这套男装是放在监狱里用来引诱她的。她孤独地穿上男装，可能是为了怀念自己曾经的荣耀，也可能是因为她幻想出来的声音告诉她应当这么做。她这次旧病复发，使她变回了那个被指控会用巫术的异教徒。在鲁昂的集市上，修道士们给她穿上为这个场合准备的丑陋服装，神父和主教们坐在楼座上观刑，有一些拥有基督徒的慈悲之心的人不忍看到这一无耻场面，于是便离开了。这个发出尖叫声的女孩子，身在浓烟和烈火中，双手拿着一个十字架。最后，人们听到她高喊基督的声音，而她就这样被烧成了灰烬。他们把她的骨灰撒进塞纳河，但到末日审判的那一天，这些灰烬将会从河底升起，去声讨谋害她的人。

自她被抓的那一刻起，无论是法兰西国王还是宫廷中的朝臣们，没有一个人伸出一根手指头去营救她。说不定他们从来没有真正地相信过她，或者他们觉得她的那些胜利其实是凭借他们的智慧和勇气取得的，他们想必也不会对这种说法找任何借口反驳。他们越是装作相信她，就越使她相信自己，于是贞德就越发对他们忠诚，越发勇敢，越发全身心投入、全身心奉献。但毫无疑问的是，这些人本身就会虚伪地骗他们自己、虚伪地对彼此背信弃义、虚伪地对待国家、虚伪地对待天地，所以他们自然也会像忘恩负义的禽兽一样，对待这个无助的农家女。

在风景如画的鲁昂老镇，大教堂的塔上杂草丛生，虽然在这里一度燃烧的可怕的火焰早已熄灭，但庄严的诺曼底街道在灿烂的日光照射下依旧十分温暖。在这里有一座贞德的雕像，展现了她最后的痛苦，这里的广场现在也以她的名字命名。我觉得很多现代的雕像，包括那些国际大都市的雕像，根本没有蕴含恒久不变、引人沉思的意义，也根本不会在世界上引起关注，那只是些徒有其表的东西而已。

对于人类来说，行邪恶之事的人终究不会有好下场。英格兰人在圣女贞德惨死之后，没有得到任何利益。激烈的战争持续了相当长的一段时间。贝德福德公爵在这期间去世了，他的死让英格兰与勃艮第公爵之间的同盟瓦解。塔尔博特男爵这时成为英格兰军队驻法兰西的大将军。

战争通常会带来两种恶果：一是饥荒，因为人民无法安宁地耕种土地；二是瘟疫，因为物资匮乏、贫困和灾害导致。这两个可怕的恶果同时在这两个国家爆发了，而且持续了两年时间。之后，战争再次打响，英格兰政府的拙劣指挥让之前英格兰军队攻取的巨大胜利果实被一点点蚕食，在"奥尔良的少女"被处刑后不到 20 年的时间里，英格兰手中就只剩加来了。

战场上有胜有败，而在这个过程中，英格兰本土发生了很多奇怪的事情。年轻的国王一天天长大，而他与自己那位伟大的父亲一点也不像，他简直就是一条弱小的可怜虫。他的确没有害过人，因为他根本见不得血，这是一方面；同时他还是一个懦弱、愚蠢、不可救药的年轻人，就像一只羽毛球一样，在宫廷中被傲慢的贵族打来打去，被耍得团团转。

在所有的"球拍"中，权力最大的是红衣主教博福特——他是国王的亲戚，以及格洛斯特公爵。格洛斯特公爵的妻子被荒谬地指控说企图用巫术害死国王，为的是让她作为下任王位继承人的丈夫能够登上王位。指控声称，她在一位名叫玛格丽（她被人说成是一个女巫）的老太婆的帮助下，做了一个蜡制的玩偶，是照着国王的模样做的。她把蜡人放在微弱的火上烤，使它慢慢融化。

据推测，在这种情况下，那个玩偶所代表的人将必死无疑。我不知道公爵夫人是不是与其他人一样蠢，真的为了达到这个目的而做了玩偶。但是你和我都非常清楚：就算她真的足够愚蠢，做了 1000 个这样的小蜡人并把它们烤化，也不会给国王或任何一个人造成一丁点伤害。

她因为这一罪名遭到了审判，同时被审判的还有那个老玛格丽和公爵的一个牧师。牧师和玛格丽都被处以死刑，而公爵夫人先手持一个点燃的蜡烛徒步绕城三圈作为对她的悔罪惩罚，之后被判处终身监禁。公爵本人对所有这一切都非常平静地接受了，而且整个过程中他一点也没捣乱，就好像他很高兴能摆脱自己的夫人一样。

公爵大人躲得了一时躲不了一世。被耍得团团转的国王这个时候已经23 岁了，贵族们都非常着急地想让他结婚。格洛斯特公爵想让他娶阿马尼亚克伯爵的一个女儿为妻，但红衣主教和萨福克伯爵都希望国王娶玛格丽特——西西里国王的女儿为妻。他们两个都知道，玛格丽特是一个意志坚定且有野心的女子，她完全能把国王控制住。为了和这个贵族小姐搞好关系，萨福克伯爵前去安排这桩婚事，并同意了她嫁给国王不带任何嫁妆，甚至还同意放弃了英格兰在法兰西拥有的最有价值的两块地盘。于是，婚事就这样安排妥当了，这位小姐可谓赚得盆满钵满。

萨福克伯爵把她带到英格兰，随后她就与国王在威斯敏斯特完婚了。过了没几年，王后就和她的党羽找了个借口指控格洛斯特公爵犯有叛国罪（具体以什么借口指控他叛国已经弄不清楚了，因为这其中的情况实在太复杂）。他们谎称国王的生命有危险，于是把公爵抓了起来。两个星期后，公爵被发现死在床上（这是他们给出的说法）。之后，他的尸体被示众，他的地盘中最好的那部分给了萨福克伯爵。现在，你应该知道了吧，离奇的死亡对那个年代的政治犯来说，是一件多么容易发生的事情呵。

如果红衣主教博福特也参与了此事的话，那他可没得到什么好处，因为过了不到六星期他就死了。他死的时候是 80 岁，令人匪夷所思的是，他活着的时候竟然没有当上教皇。

至此，英格兰原先在法兰西的领土已经所剩无几。人们把这件事主要怪罪到萨福克伯爵的头上——这时他已经是公爵了，因为他在国王的婚事中轻易地答应了那些条件，人们甚至认为他被法兰西收买了。于是，他被怀疑是卖国贼而遭到弹劾，指控他的罪名数不胜数，其中主要的是指控他为法兰西国王提供了帮助，并密谋让他自己的儿子成为英格兰国王。平民百姓反对他的情绪特别强烈，国王则被迫进行干预，以解救他（是他的朋友逼着国王这么做的），将他流放五年，同时让议会休会。

公爵费了很大一番周折，才从 2000 名彪悍的伦敦暴徒手里逃脱，之后从伊普斯维奇乘船逃跑。公爵横渡英吉利海峡的时候途经加来，于是派人去那里打探看他能不能在那里登陆。可加来人把他和他手下的人扣留在了海港，直到一艘载着 150 人的英格兰舰船停靠在他旁边。这伙人称自己为"尼古拉斯之塔"，他们命令公爵来到他们的船上。"欢迎你，叛徒。"那伙人的首领充满敌意和轻蔑地问候道。他被扣押在船上 48 个小时，成了一名罪犯。

之后，有一艘小船向他们所在的这艘船驶来。随着这艘船逐渐靠近，他们看到里面有一个断头台、一把生锈的大刀和一个戴着黑色面具的刽子手。公爵被送到了那艘船上，在那里处以死刑，那把生锈的刀砍了六下才把他的脑袋砍掉。之后，小船划向多佛尔的海滩，把公爵尸体扔在了那里，直到公爵夫人前去认领。这起谋杀幕后的黑手从来没有浮出水面，但肯定是一个位高权重的人，因为没有人为此受到惩罚。

　　这时，肯特出现了一个爱尔兰人，他给自己取名叫莫蒂默，不过他的真名叫杰克·凯德。他模仿沃特·泰勒的口吻（尽管他跟泰勒一点也不像，而且品行要比泰勒差得多）对肯特人民说，他们遭受的苦难全是邪恶的英格兰政府造成的，无能的君王任由众多位高权重的人摆布。肯特人中有2万人响应他的号召，站了起来。他们在布莱克希思集会，在杰克的带领下递交了两份文件，称之为《肯特平民申诉书》和《肯特大议会领导人的要求》。之后，他们便退到了塞文欧克斯，王室军队紧随其后，却被他们打败了。他们还把军队里的将军杀了。之后，杰克穿上被杀将军的战甲，率领他的人去了伦敦。

　　杰克经由南华克渡过伦敦桥，耀武扬威地进了伦敦城，他下达了最严格的命令，不允许他的手下抢劫。充分地展示了他的军威后，他带着军队秩序井然地回到了南华克，在那里过夜。第二天，他又来了，还抓了塞伊男爵——他是一个很不受欢迎的贵族。杰克对市长大人和法官们说："请问，你们能不能在市政大厅里弄一个法庭，审讯一下这位贵族呢？"于是，法庭被匆忙地搭建好。经审讯，发现他确实有罪，杰克和他的人便在康希尔把他的头砍了下来，还砍了他女婿的头。之后，他们再次秩序井然地回到南华克。

　　市民们虽然可以容忍一名不受欢迎的贵族被砍头，却无法容忍自己的家遭到抢夺，而这的确发生了。杰克在吃过晚饭之后，可能是因为喝多了，便开始抢劫他寄宿的那户人家。此事一出，他的手下自然也就模仿他，跟他干起了同样的事情。因此，伦敦的市民与斯凯尔斯勋爵商议，请他率领1000名士兵在伦敦桥驻守，把杰克和他手下的人挡在城外。在取得了这一优势之后，位高权重的人决定采用古老的方法离间杰克的军队——派出各色大人物代表国家对他许下一堆并不打算兑现的承诺。他们这招的确起到了作用，杰克手下的一部分人说他们应该接受这些条件，另一些人则说他们不应该接受，因为这些条件只是一个陷阱。于是，有些人立刻回老家去了，另一些人则留在了那里，他们内部之间争论不休、吵个不停。

　　杰克则是在继续抗争和接受赦免这两个选择之间犹豫不决，他实际上两个选择都做了，因为他最后根本无法指望手下的这些人——他们当中有可能有人为了1000马克的赏金而把他交给敌人，因为那边已经发出了逮捕他的悬赏。因此，他们从南华克到布莱克希思的一路上不停地争吵，又从布莱克希思到罗彻斯特一路上不停地争吵。杰克便骑上一匹好马向萨塞克斯飞奔而去。一个名叫亚历山大·艾登的人骑着一匹更好的马在他后面追，并与他展开了一场激烈的打斗，最后将他杀害。杰克的头颅被挂在伦敦桥的高处，面朝布莱克希思的方向，因为那里是他起义的地方。亚历山大·艾登则得到了 1000 马克的奖赏。

一些人猜测约克公爵在幕后为杰克的起义和他手下的人提供了支持，目的是想给政府造成麻烦，因为之前他曾被派去管理爱尔兰。他声称（但不是在公开场合）自己作为马奇伯爵家族中的一员，比兰加斯特的亨利更具备坐上王位的资格。不过，马奇伯爵家族势力曾被亨利四世削掉了很大一部分，而且他说的对王位的继承权，实际上是母系方面与王室间的亲戚关系，这不符合血统继承惯例。所以，说亨利四世是人民和议会自由意志的选择是完全没有问题的，更何况他的家族已经无可争辩地在位统治了 60 年。除此之外，亨利五世在人们心中是无法撼动的。若不是这个倒霉的国家由于现任国王的愚蠢陷入了一塌糊涂的状态，恐怕人们对亨利五世的爱戴之情会让他们根本想不起来约克公爵的主张。然而，没有办法，这两种情况赶在了一起，让约克公爵拥有了极大的权力。

究竟公爵知不知道杰克·凯德这个人，我们不得而知，但他的确在杰克的头颅还挂在伦敦桥上的时候，从爱尔兰回来了。有人秘密地告诉他，王后正在帮助他的敌人萨默塞特公爵与他作对。于是，约克公爵带领 4000 人来到了威斯敏斯特，在国王的面前跪下，对国王诉说了国内令人担忧的状况，请求国王召集议会来商讨对策。国王答应了他的请求。当议会会议召开的时候，约克公爵与萨默塞特公爵互相指责，无论是会上还是会下。两位公爵的手下也对彼此暴力相向，相互之间充满了仇恨。最后，约克公爵把他地盘上的佃户组织起来，全副武装，要求对政府进行改革。由于公爵被挡在伦敦城外，于是在达特福德安营扎寨，王室军队则在布莱克希思安营扎寨。无论是哪一方获胜，都将有个被抓，或者是约克公爵，或者是萨默塞特公爵。这时，约克公爵再次宣誓自己效忠国王，于是平安地回到了自己的一座城堡中，为这场麻烦画上了句号。

半年后，王后生下了一个儿子，但人民非常不喜欢这个王子，甚至不相信这是国王的儿子。事实证明，约克公爵是一个非常沉稳的人，不愿让英格兰再卷入新的麻烦。他没有利用广大民众的不满情绪，而是为人民做了很多好事。后来他被选为内阁成员，由于此时国王的健康状况急转直下，以致他不能正常出行，或在公众面前露面，于是约克公爵又被任命为英格兰护国公，直到国王恢复健康或王子成年。与此同时，萨默塞特公爵被关进了伦敦塔。因此，萨默塞特公爵处于劣势，而约克公爵则占了上风。

到年底的时候，国王恢复了一部分记忆和理智，于是王后利用她的权力（她的权力是与国王一起恢复的）先贬黜了约克公爵，之后又把她的亲信放了出来。这样一来，约克公爵处于劣势，萨默塞特公爵则占了上风。

两位公爵的权势起伏逐渐让整个国家的政治力量分裂成约克和兰加斯特两派，导致了漫长而又可怕的内战，也就是后世所熟知的"玫瑰战争"。红玫瑰是兰加斯特家族的徽章，白玫瑰则是约克家族的徽章。

约克公爵在"白玫瑰"派中几位有权有势的贵族的陪伴下，带着一支小部队来到了圣奥尔本斯，国王也带着一支小部队来到那里与他们会面，他们要求国王把萨默塞特公爵交出来。可怜的国王说他宁愿死也不会这么做。他此话一出便立即遭到了攻击。萨默塞特公爵被杀，国王本人则被打伤了颈部，逃到了一个皮革匠人的家里。约克公爵来到这里找他，毕恭毕敬地把国王接到修道院，并对发生的事情表示遗憾。这时，公爵已经将国王牢牢地掌握在了自己手中，于是召集了议会会议，重新当上护国公。但只当了几个月，因为几个月后国王的状况有所好转，于是王后和同党又把国王抢了回来，再次把公爵贬黜了。公爵又一次处于下风。

当权者中的一些有识之士看到了这些反复无常的变化所蕴含的危险，试图阻止"玫瑰战争"的继续。他们在伦敦这两个党派间召开了一场大规模会议。"白玫瑰"在黑衣修道士那里聚集，"红玫瑰"在白衣修道士那里聚集。一些品行端正的神父负责双方之间的沟通，并在晚上向国王和法官们报告进展情况。他们最终达成了一项和平协议，同意不再争吵。紧接着，他们举行了一场盛大的游行，声势浩大的队伍向圣保罗大教堂的方向行进。在队伍中，王后与她的宿敌约克公爵手挽着手走在一起，向人们展示他们已经冰释前嫌。然而，这样和平的局面仅仅持续了半年，沃里克伯爵（他是公爵位高权重的朋友之一）和国王的几个仆人在宫廷里发生了争执，导致"白玫瑰"派的伯爵被打。紧接着，积蓄已久的仇恨一下子爆发了出来。于是，比以往更跌宕起伏的争斗开始了。

双方的冲突再次升级。在打了几场仗之后，约克公爵逃到爱尔兰，他的儿子马奇伯爵和朋友索尔兹伯里伯爵以及沃里克伯爵则逃到了加来。随后，英格兰召开了议会会议，宣布他们都是叛徒。然而这还不算糟糕的，更要命的是沃里克伯爵很快就回来了。他在肯特登陆，坎特伯雷大主教以及其他手握大权的贵族和绅士加入了他的阵营，他们与国王的军队在北安普敦交战。国王的军队大败，还被人在自己的帐下抓为俘虏。如果沃里克伯爵能抓到王后和王子，那他肯定会更高兴，但他们已经从威尔士逃到苏格兰去了。

国王被这支胜利之师带回了伦敦，并在他们的逼迫下成立了新的议会。新议会立即宣布约克公爵和其他几位贵族不是叛徒，而是杰出的臣民。随后，公爵带着 500 名骑士从爱尔兰回来，他们从伦敦来到威斯敏斯特，之后进了上议院。在那里，约克公爵把手放在遮盖王座的金丝布料上，似乎想要坐上去，但最终没有这么做。坎特伯雷大主教问他是否要去拜访一下国王时，他回答道："主教大人，我不知道这个国家有哪个人是不应该来拜见我的。"在场的贵族没有一个人说话，于是公爵像他进来的时候一样走了出去，以这种方式来给自己树立威信。六天后，他向贵族们发出正式通告，要求登上王位。贵族们跑到国王那里，就这个关键问题展开了激烈的讨论，由于法官和司法官员们不敢给任何一方提供意见，于是就这个问题做了妥协：双方同意现任国王在世期间，依然保留王位，死后传给约克公爵和他的后裔。

不过，意志坚定的王后对这一决定毫不理会，她决定维护自己儿子的权利。她从苏格兰来到英格兰北部，在这里，几位有权有势的贵族武装起来加入了她的阵营。约克公爵带着 5000 人马在 1460 年的圣诞节前夕，与她开战，他驻扎在韦克菲尔德附近的桑达尔城堡，"红玫瑰"的人向他挑衅，引诱他到韦克菲尔德草原上与他们交战。他的将军告诉他说最好等待马奇伯爵——他勇猛的儿子带着他的军队一起作战。然而，约克公爵却下定决心接受挑战。

约克公爵与敌人交战的时机对他来说是非常不利的，他四面受敌，被全线压制，手下有 2000 人死在了草原上，他自己也被俘。敌人们把他弄到一个蚁丘上羞辱他，用草编成一个圆环放到他的头上，下跪向他请安说："噢，国王啊，一个没有国家的国王，一个没有臣民的王子啊，我们祝慈爱的陛下您快乐健康！"然而，他们还有更恶劣的行为：把他的脑袋砍了下来，插在一根杆子上，送给王后。她看到后开怀大笑（还记得当时他们在走向圣保罗大教堂的路上是多么亲密啊！）。她用纸糊了一个王冠，戴在这颗头颅上，之后把它挂在了约克城墙上。

索尔兹伯里伯爵也丢了脑袋，约克公爵的次子是一个非常俊美的男子，他和他的导师一起逃命，在经过韦克菲尔德桥的时候被一位凶残的贵族刺穿了心脏。这个贵族的名字叫克利福德，他的父亲在圣奥尔本斯战役中被"白玫瑰"的人所杀。这场战役有很多人丧生，因为双方都没有人手下留情，而王后为了复仇已经到了疯狂的地步。当人们与自己的同族同胞打仗的时候，会比与外族人打仗时更凶残、更狂暴。

克利福德杀死的是约克公爵的次子，而不是长子。他的长子马奇伯爵爱德华在格洛斯特发誓要为他的父亲、兄弟还有忠实的朋友复仇，遂向王后宣战。他在赫里福德附近的莫蒂默路口与他们打了一场恶仗，并打败了他们。他在这里砍下了很多被俘虏的"红玫瑰"派的头，此举是为了给在韦克菲尔德被斩首的"白玫瑰"派报仇。下一轮的砍头就轮到王后了。此刻，她正向伦敦方向转移，并在圣奥尔本斯和巴尼特之间集结部队。"白玫瑰"派的沃里克伯爵和诺福克公爵带着一支部队与她交战，而国王也在他们手上。王后打败了他们，但自己也损失惨重，她在国王的帐幕中将这两位名声显赫的俘虏斩首——他们两人当时与国王在一起，而且国王承诺为他们提供保护。

王后的胜利是非常短暂的，因为她已经没有财产了，她的军队只能靠抢劫来维持。这就招致了人们的恐惧和厌恶，尤其是富裕的伦敦人民。因此，当伦敦人民听说马奇伯爵爱德华和沃里克伯爵向伦敦方向前进的时候，他们高兴得不得了，并拒绝向王后提供补给。

王后和手下的人全速撤退，而爱德华和沃里克来到了这里，他们受到了人民的欢呼。所有的人都对少年爱德华的勇气、英俊和美德赞不绝口。他像是一位征服者来到伦敦，人们以最狂热的方式迎接他。几天后，福尔肯布里奇和埃克塞特主教将民众召集到克拉肯韦尔的圣约翰广场，高声发问："诸位，你们是否愿意让兰加斯特的亨利当你们的国王？"人们高喊："不愿意！不愿意！"之后接着喊道："爱德华国王！爱德华国王！"这两位贵族又问众人："你们是否愿意爱戴并服侍这位年轻的爱德华？"他们全体高喊："愿意，愿意！"并将他们的帽子扔向天空，热烈鼓掌，大声欢呼。

噢，兰加斯特的亨利因为站到了王后这边，没有保护那两位名声显赫的俘虏而失去了王位，约克的爱德华则成了国王。爱德华在威斯敏斯特向为他鼓掌的人民发表了精彩的演讲，坐在那个象征英格兰君主的王座上，坐在他父亲的手曾摸过的那块金布上。他亲爱的父亲本该有更好的命运，而不是死在那把沾满了鲜血、砍杀了无数英格兰生命的斧头之下。

12 终结"红玫瑰"家族

当爱德华四世坐上英格兰局势尚不太稳的王座的时候，他还不到 21 岁。兰加斯特的"红玫瑰"派的大军正聚集在约克附近，可以立即攻打他们。勇猛的沃里克伯爵为年轻的国王担当前锋，国王本人紧随其后，英格兰人民簇拥在王室战旗左右。

在大雪纷飞的 3 月的某一天，"红玫瑰""白玫瑰"在陶顿相遇。战斗打得极其惨烈，双方损兵折将的总数加在一起达到了 4 万人——全都是英格兰人啊！英格兰人在自己的土地上自相残杀。年轻的国王取得了胜利，他把他父亲和兄弟的头从约克的城墙上取了下来，把那场战斗中敌方阵营中几个比较有名的贵族的首级挂在了上面。之后，他去了伦敦，在那里举行了盛大的加冕仪式。

一个新的议会被组建了起来，兰加斯特阵营里至少有 150 位贵族和绅士被宣布为叛国者。国王虽然长得很英俊，但很会做事，在他的身上没有仁慈，他决定倾尽全力将"红玫瑰"派斩草除根。

玛格丽特王后这个时候依旧努力地为自己年幼的儿子争取着。她得到了来自苏格兰和诺曼底方面的帮助，并且还拿下了英格兰几座重要的城堡。只是沃里克伯爵很快就把那些城堡夺了回来。王后则在一场暴风雨中失去了她所有财产，因为那些财产都在一艘船上，她和她的儿子在这一连串不幸的遭遇中吃尽了苦头。在冬日里，他们骑马穿越一片森林，途中遭到一伙强盗的打劫，当他们从这些人手底下跑出来，徒步走到森林深处的时候，突然又遇上了一个强盗。

勇敢的王后牵着小王子的手直接走到强盗面前，对他说："朋友，这是你的国王的儿子！我现在把他托付给你。"强盗大吃一惊，但还是对男孩伸出了双臂，之后忠实地帮助这对母子回到了他们的朋友身边。最后，王后的军队被打败，士兵们四散而逃，她又跑到了国外，暂时消停了一阵子。

在这段时间里，被废黜的亨利国王一直被一位威尔士骑士藏在自家的城堡里，寸步不离地守着。第二年，兰加斯特派恢复了元气，他们组织了一支大军，请求亨利出来担任他们的首领。一些位高权重的贵族加入了他们的阵营，而这些人之前还信誓旦旦地表示要效忠新国王，他们的一贯做法是——只要有利可图，就立即违背誓言，这是"玫瑰战争"史上最糟糕的事情之一。

沃里克的兄弟很快把兰加斯特党打败了，那些背信弃义的贵族们被抓之后立即被斩首，一刻也没有耽误。被废黜的国王死里逃生，他的三个仆人却被抓住了，其中一人还拿着象征他权力的浮夸帽子，帽子上不仅镶嵌着珍珠，还绣着两个金色的王冠。这顶帽子的主人安全地逃到了兰加斯特郡，在那里低调地躲藏了一年多的时间。后来，一个老修道士将情报透露了出去，亨利在一个名叫沃丁顿大厅的地方用餐时被抓，被立即送往伦敦。在伊斯灵顿，他见到了沃里克伯爵，伯爵下令把他放到一匹马上，双腿绑在马下，游街示众了三圈。很快，亨利被关进伦敦塔，但给他的待遇还是相当不错的。

随着"白玫瑰"派的大获全胜，年轻的国王便放纵自己沉浸在宴乐当中，每天过着醉生梦死的生活。不过，他很快就会发现，在他过着安乐生活的时候，令他忧虑的事情会逐渐出现。因为他偷偷地娶了伊丽莎白·伍德维尔为妻，她是一个年轻的寡妇，非常漂亮、非常迷人。国王决定将这个秘密公开，宣布她为自己的王后。他的这一举动得罪了沃里克伯爵，大家都称他为"国王缔造者"——一是因为他的权力和影响力；二是因为他为爱德华登上王位立下了汗马功劳，给了他非常多的帮助。内维尔家族（即沃里克伯爵的家族）对伍德维尔家族得势心生嫉妒，因为年轻的王后拼了命地为娘家的亲戚谋求利益，不仅让自己的父亲成为一个伯爵，还担任了国家的重要职务。她把自己的五个姐妹都嫁给了尊贵的年轻贵族，还让她的弟弟——20多岁的小伙子娶了一个拥有万贯家财，但已经80岁的老公爵夫人。对于这些事情，性情高傲的沃里克伯爵全都大度地接受了，直到在国王的妹妹玛格丽特的婚事上出现了问题。沃里克伯爵认为玛格丽特应该嫁给法兰西国王儿子中的一个，国王也允许伯爵前去会见法兰西国王，向他友好地提出这桩婚事。就在伯爵为这事忙前忙后的时候，伍德维尔派居然把玛格丽特嫁给了勃艮第公爵！得知这一消息后，伯爵带着无比的愤恨和轻蔑回到英格兰，心怀不满的他把自己关进米德尔赫姆城堡，闭门不出。

后来，沃里克伯爵还是和国王和解了，虽然不是真心实意。沃里克伯爵和国王修复了关系后一直持续到伯爵违背国王意愿，将自己的女儿嫁给克拉伦斯公爵。当婚礼在加来举行的时候，英格兰北部的人民爆发了反抗，内维尔家族在英格兰北部的影响很大，他们抱怨称自己不堪忍受伍德维尔家族对他们的欺压和掠夺，要求剥夺伍德维尔家族的权力。他们的人数越来越多，这些人还公开宣称得到了沃里克伯爵的支持，国王一时间不知所措。最后，国王只好写信给伯爵恳求他的帮助，于是伯爵带着他的女婿来到英格兰，着手处理事态。为了保证国王的安全，他把国王关进米德尔赫姆城堡，并让约克大主教看管。因此，英格兰此时不仅陷入了同时存在两个国王的奇怪局面，而且两个国王还一起成了俘虏。

即便是在这种情况下，"国王缔造者"还是对国王非常忠心，而且他还镇压了兰加斯特人的起义，把他们的首领抓了起来。之后，将首领带到国王面前。国王下令立即把他处死。"国王缔造者"很快便让国王回到了伦敦，之后他们两个人做出了无数个宽恕和友好的保证，内维尔家族和伍德维尔家族之间也是如此。国王承诺将长女嫁给内维尔家族的继承人。两派之间的友好誓约多如牛毛，多到这本书都写不下。

这些誓约持续了大概三个月的时间。三个月之后，约克大主教在他位于赫特福德郡的穆尔官邸设宴款待国王、沃里克伯爵和克拉伦斯公爵。晚餐开始前，有人乘国王洗手之机偷偷地告诉他有 100 人埋伏在房子外。不知道这到底是真还是假，但国王确实是吓坏了，骑上马趁着夜色跑到了温莎城堡。虽然国王和"国王缔造者"再次和好，但是也没有持续多久，而且这是最后一次和好。林肯郡又爆发了新的反抗，国王带兵前去镇压。反抗被镇压后，他宣布沃里克伯爵和克拉伦斯公爵两个人都是叛徒，他们在暗中为造反者提供了帮助，还准备在第二天公开加入造反者的行列。在这危险的情况之下，他们两人只得乘船逃到了法兰西。

在这里，沃里克伯爵和他昔日的敌人——老王后玛格丽特见面了。伯爵父亲的脑袋就是被她砍掉的，他对玛格丽特恨之入骨。然而，现在他却说他已经受够了不知感恩、背信弃义的爱德华了，因此他决定全力投身于恢复兰加斯特家族的政权。玛格丽特听后紧紧地拥抱了他，就好像他曾是自己最亲密的朋友一样。不仅如此，她还让自己的儿子娶了他的二女儿安妮小姐。尽管这桩婚事让这对新朋友倍感欣喜，不过对克拉伦斯公爵来说却不是什么好消息，他认为自己的岳父——"国王缔造者"不会把他扶上王位了。因此，心理脆弱的年轻叛徒不仅一无是处，还丧失了仅有的一点判断力——他听信了一位狡猾宫女的谗言，这宫女就是被派来实施离间计的，并承诺一旦时机成熟自己将再次叛变，投奔他哥哥爱德华国王。

沃里克伯爵对此毫不知情，他很快便履行了自己对王后玛格丽特的承诺，他在普利茅斯登陆。刚登陆就宣称拥护亨利国王，并号召全英格兰16—60岁的人加入他的麾下。他的部队在行军途中不断壮大，他一路向北前进，直逼爱德华国王——他当时就在英格兰北部。爱德华不得不骑着马拼命地跑到诺福克海岸，随便找了一艘船逃到了荷兰。于是，胜利的"国王缔造者"和他那虚伪的女婿来到伦敦，把老国王从伦敦塔中救了出来，他们与头戴王冠的国王在盛大的游行队伍的陪伴下，一起走向圣保罗大教堂。

这些丝毫没有让克拉伦斯公爵的情绪变得好一些，他看到自己离王位越来越远了，便把秘密藏在了自己的心里，对谁都没有透露。内维尔家族恢复了他们以往所有的荣耀和名誉，伍德维尔家族和其余势力全都名誉扫地、抱愧蒙羞。"国王缔造者"远没有国王那样嗜血成性，并没有展开血腥的杀戮，除了伍斯特伯爵——他对人民的残忍让人们给他起了"屠夫"这个称号。抓到伍斯特伯爵的时候，他正躲在一棵树后面，之后他们对他进行了审判，并把他处死。除了他之外，没有其他的死亡玷污"国王缔造者"的这场胜利。

为了反击，爱德华国王于次年再次回到英格兰。他从拉文斯布尔登陆来到了约克，他让自己手下所有人高喊"亨利国王万岁"，并厚颜无耻地在祭坛前发誓称自己对王位没有任何非分之想。对克拉伦斯公爵来说时机已到，他急忙要求手下的人都改旗易帜为"白玫瑰"，并向他的哥哥爱德华宣誓效忠。蒙塔古侯爵虽然是沃里克伯爵的弟弟，却拒绝反抗爱德华国王。于是，爱德华继续向伦敦前进，约克大主教将他放进了城，伦敦市民为了迎接他还举行了盛大的游行。人们这么做的原因有四点：第一，伦敦有很多国王的追随者，他们一直潜伏在城里，等待时机的到来；第二，国王欠他们一大笔钱，如果国王一败涂地，还钱的指望也就破灭了；第三，如果他回来当国王，他膝下还有个小王子可以继承王位；第四，国王生性放荡不羁，而且十分英俊，所以比起一个德才兼备的人，他更受贵族小姐们的欢迎。

国王在伦敦只停留了两天后，就带着他那些忠心的支持者向巴尼特公地进军，准备与沃里克伯爵开战。国王与"国王缔造者"之间的最终决战就要打响，很快就会看到他们究竟谁是最终的胜利者。

在战斗即将打响之际，懦弱的克拉伦斯公爵感到后悔了。于是，他秘密地向他的岳父报信，提议自己愿意从中与国王调停。但沃里克伯爵轻蔑地拒绝了，并答复称克拉伦斯伯爵为人虚伪、背弃誓言，他宁愿诉诸刀剑来解决这一争端。战斗从凌晨 4 时开始，一直打到了上午 10 时。大部分时间，战场上都被浓雾笼罩着，有人荒谬地认为大雾是巫师搞的鬼。这场战斗伤亡极其惨重，因为双方对彼此的恨意都非常强烈。最终，"国王缔造者"被打败，国王取得了胜利。沃里克伯爵还有他的弟弟被杀，他们的尸体被放在圣保罗大教堂示众数日。

即便是这一沉重打击，也没能摧毁玛格丽特的意志。在不到五天的时间里，她再次武装起来并在巴斯举起了她的旗帜。她带着军队起程，试图与彭布罗克伯爵联手，因为他在威尔士有一支军队。国王在蒂克斯伯里城外追上了她，国王命令他的弟弟格洛斯特公爵对她的军队发起进攻。他是一位十分勇猛的战士，王后在这里被彻底打败，她和她只有 18 岁的儿子被俘。国王对待那个可怜的孩子的行为与他残暴的性格非常相配。他下令把他带到自己的帐篷中。国王问他："你到英格兰来做什么？"虽然身为囚徒，可他依旧非常有骨气，坚定地回答说："我来英格兰是为了收回我父亲的王国，他才是王位真正的继承人，而我则是他的继承人。"国王摘下铁手套，并用它击打他的脸，而在场的克拉伦斯公爵和其他几位贵族则拔出他们尊贵的剑，将可怜的孩子杀死了。

他的母亲却活了下来，过了五年阶下囚的日子。法兰西国王将她赎回后，她又活了六年才去世。在他们杀掉玛格丽特的儿子后，不到三个星期的时间里，亨利国王也在伦敦塔中暴毙。简单来说，就是国王下令要了他的命。

彻底击溃兰加斯特派的势力之后，国王并没有感到特别兴奋，或许是为了甩掉身上的脂肪（因为他已经臃肿到一点也不英俊了），他想与法兰西开战。打仗需要钱，而议会又不肯拨这么多钱——尽管他们通常很愿意打仗。于是，国王发明了一种新的敛财方式：他把伦敦市民中有头有脸的人物全叫了过来，然后一脸忧郁地对他们说，他现在非常需要现金，如果他们能慷慨解囊借给他一些，他一定会对他们心存感激；如果他们拒绝，他们根本不可能全身而退。他们被迫答应了，以这种方式被强征上来的钱财被人们称为"恩税"，因为这些钱就像免费的礼物一样，送给国王和宫廷用来进行重大的娱乐项目。带着议会的拨款和"恩税"，国王组建了一支军队，并带领军队来到了加来。由于没有人希望开战，因此法兰西国王提议双方讲和，英格兰国王接受了这一提议，同意休战七年。法兰西国王和英格兰国王在这件事情的处理上非常友好、非常值得称赞，同时也非常不靠谱。因为两个国王的会面，是在索姆河上临时架起的一座桥上进行的，他们中间隔着一排像狮笼一样结实的木栅栏，两人就这样穿过栅栏的缝隙互相拥抱，随后彼此鞠了几个躬，发表了一些友好的讲话。

现在，到了克拉伦斯公爵为他之前的背叛接受惩罚的时候了。国王可能对克拉伦斯公爵并不信任（他这样的人品恐怕也不会获得人们的信任），而且公爵还有一个强大的对手——他的弟弟格洛斯特公爵理查德。他非常贪婪，而且非常有野心，他想娶沃里克伯爵那个已经成了寡妇的女儿为妻——她此前嫁给了那个在加来被杀的王子。想要独占家族财富的克拉伦斯公爵，把这位小姐藏了起来，她被伪装成伦敦城里的一个侍女，却被理查德发现并娶了她。国王为他们指定了仲裁人，在两兄弟间分配了财产，这使他和国王之间产生了敌意和猜忌。

克拉伦斯公爵的妻子已经时日不多，而他想要再娶一个的愿望不仅令国王非常讨厌，同时也加速了他的灭亡。朝廷先对他的家臣和家属们下手，指控他们运用魔法和巫术，以及其他的荒谬罪名。在这些雕虫小技之后，接下来就轮到公爵自己了，他的哥哥——也就是国王，当面指控他犯有多项罪名。他被判有罪，同时被判公开处死。

他没有被公开处死，而是不知道怎么回事就死在了伦敦塔。肯定是国王或他弟弟格洛斯特公爵派人干的，或许他们两个都参与了此事。据说，克拉伦斯公爵可以自己选择死法，于是他选择在一个装满马姆齐甜酒的酒桶里淹死。我希望这个说法是真的，因为这个死法对他这个可怜人来说，是非常合适的。

国王在这之后又活了五年，也死了。他死的时候 42 岁，在位 23 年。他非常能干，也有很多优点，不过他是一个自私、轻率、放纵情欲且非常残暴的人。他的翩翩风度惹人喜爱，而人们对他的忠心也为他树立了一个值得学习的榜样。

他临终前躺在病床上为自己之前征收的"恩税"以及对人民的勒索等行为忏悔，并下令对因此遭受损失的人进行补偿。他还把春风得意的伍德维尔家族成员和已经过了气的骄傲贵族叫到床前，努力促成他们之间的和解，目的是让他的儿子能平稳地继承王位，顺便也促成英格兰的和平稳定。

13 神秘失踪的幼主

　　爱德华四世的长子威尔士亲王，也取名叫爱德华，他父亲死的时候他还只有 13 岁。父亲死后，他和他的叔叔里弗斯伯爵住在拉德洛城堡。亲王的弟弟只有 11 岁，他和他的母亲住在伦敦。当时在英格兰胆子最大、最狡猾、最令人畏惧的贵族是他们的另一个叔叔理查，即格洛斯特公爵。所有人都不知道这两个可怜的孩子将要面对的到底是敌还是友。

　　孩子的母亲对眼下的情况始终是心神不安，非常焦虑地认为应该命令里弗斯集结一支军队护送年幼的国王，让他能平安地抵达伦敦。不过，黑斯廷斯男爵是宫廷中反对伍德维尔派的人，很不喜欢赋予伍德维尔派这种权力，于是，他对该提议表示反对，并强迫王后接受派 2000 名骑士护送国王的方案。格洛斯特公爵一开始什么都没有做——为了打消黑斯廷斯男爵等的疑虑，他从苏格兰（他在这里有一支军队）来到约克，第一个向他的侄子宣誓效忠。之后，他给王后写了一封信悼念已故国王，并对她表示慰问，接着，他启程前往伦敦参加加冕仪式。

　　这时，年幼的国王也在前往伦敦的路上，他与里弗斯伯爵和格雷爵士来到了达斯尼斯特拉福德，他的叔叔此时也到了北安普敦，距这里 10 英里远。当两位大人听说格洛斯特公爵就在附近时，他们向年幼的国王建议：他们应该以国王的名义去问候他。国王十分乐意他们这么做，于是他们骑马去了公爵所在地，并在那里受到了热情的接待，格洛斯特公爵请他们留下来与他一起用餐。到了晚上，正当他们饮酒宴乐时，白金汉公爵带着 300 名骑兵也到了这里。第二天早上，两位大人和两位公爵带着 300 名骑士一同前去与国王会合。他们刚到达斯尼斯特拉福德，公爵突然停下来，转过身指责那两位大人，声称他们试图离间他和可爱的侄子之间的感情，命令 300 名骑士把他们抓起来。之后，他和白金汉公爵走到国王面前（这个时候国王已经在他们的掌控中了），装模作样地跪下，并装出一副对国王十分敬爱、愿意臣服的样子。随后，他们命令国王的随从们退下，带着国王去了北安普敦。

几天后，他们把国王带到了伦敦，并让他住在主教的官邸。国王并没有在那里停留太久，因为白金汉公爵动情地发表了一篇演讲，表示他多么为这个王室男孩的人身安全担忧，在加冕仪式前让他留在伦敦塔又是多么安全。于是，国王被带到了伦敦塔，同时格洛斯特公爵被任命为护国公。

格洛斯特公爵到目前为止，态度一直十分温和。他是一个聪明人，能说会道，长得也不难看，虽然一个肩膀比另一个要高出不少。在与国王一起进城的时候，他脱下帽子走在国王的旁边，摆出一副对国王充满敬意的样子。但国王的母亲更加心神不宁了。当国王被带到伦敦塔的时候，王后变得非常紧张，带着她的五个女儿到威斯敏斯特大教堂避难去了。

她这么做也不是没有原因。格洛斯特公爵发现反对伍德维尔家族的贵族们对年轻的国王非常忠心，便立即决定要亲自对他们实施打击。于是，贵族们聚集在伦敦塔，其间公爵和同党们在主教门大街的克罗斯比宫——他自己的住所里单独召开了议会。在一切准备就绪后，公爵有一天出乎所有人意料地出席了伦敦塔的议会，看起来特别幽默、特别开心，与伊利主教有说有笑，还称赞主教在霍尔本山上的草莓种得好，并问他能不能采些过来，以便晚餐时享用。主教听后非常高兴，赶紧派手下人去采。公爵十分开心地离开了。大家纷纷议论说公爵是一个讨人喜欢的人。然而过了一会儿，公爵回来后脸色大变，不再开玩笑打趣，而是眉头紧皱、凶神恶煞，他突然说："我是国王的护国公，不但合理合法，而且也是理所应当。密谋要毁掉我的人，该当何罪？"听到这一奇怪的问题，黑斯廷斯男爵回答说，无论他们是谁，都得死。公爵说："那么，我告诉你们，密谋毁掉我的人就是我哥哥的妻子（指的是王后），还有女巫简·肖尔，她们用巫术让我的身体变得十分虚弱，我的胳膊已经萎缩了。"他把袖子拉上来给他们看。他的胳膊确实萎缩了。但他们都很清楚，他生下来就是这样的。

简·肖尔是黑斯廷斯男爵的情妇，之前曾是爱德华四世的情妇。男爵知道这是冲着自己来的，于是有些慌乱地说："当然，如果她们真的这么做了，就应该受到惩罚。"

"如果？"格洛斯特公爵说，"你对我说'如果'？我告诉你，她们就是这么做的，我要用你的身体来偿还，你这个叛徒！"说着，他用拳头狠狠地捶了一下桌子。这是给等候在外面的手下一个信号。收到信号后，他的手下高喊："有人造反！"然后立即冲进了屋子。

格洛斯特公爵对黑斯廷斯男爵说："第一个就把你抓起来，叛徒！"之后，他对身穿盔甲抓着男爵的人说："我对圣保罗起誓，不看到他人头落地我绝不吃饭！"

黑斯廷斯男爵被他们匆忙地带到伦敦塔小教堂外面的绿地上，在那里恰巧发现了一个木桩，于是就用它当断头台，砍下了他的脑袋。之后，公爵胃口大开，晚餐结束后他召集了有头有脸的市民前来见他，并告诉他们黑斯廷斯男爵和他的同党企图谋杀他和站在他身边的白金汉公爵，幸好他及时发现了他们的阴谋。他要求他们务必告诉广大市民事情的真相，并贴出公告（事先写好的）。

就在公爵在伦敦塔做这些事的同一天，他手下胆子最大、最无畏的理查德·拉特克利夫爵士也动身去了庞蒂弗拉克特，将里弗斯伯爵和格雷爵士，还有其他两位绅士抓了起来，并在绞刑架上公开处死了他们——没有对他们进行审判，就用企图谋杀公爵的罪名杀死了他们。公爵一刻也没有耽误，三天后，他带着主教、贵族还有士兵乘船顺流而下，来到威斯敏斯特。他要求王后将她的二儿子约克公爵交出来，让他得到安全的保护。

王后无力反抗，抱着儿子痛哭一场后，把他交给了他们。格洛斯特公爵把他安置在伦敦塔中，与他哥哥一起。之后，他抓住了简·肖尔，由于她之前是先王的情妇，因此不但没收了她的财产，还判处她进行公开赎罪——方式是身穿破烂衣服，手拿一支点燃的蜡烛，光着脚走在街上，穿过伦敦市最繁华的地方，一直走到圣保罗大教堂。

现在，为自己上位所做的准备都已就绪，格洛斯特公爵找来了一位修道士在圣保罗大教堂的十字架下布道。这位修道士详细阐述了先王放荡不检点的种种行为，以及他与简·肖尔之间的丑闻，还暗示两位王子并不是他的孩子。"善良的人民，"那位修道士说道，"我们的护国公、高尚的格洛斯特公爵是所有尊贵品质的典范，他继承了他父亲所有的优点。"公爵和修道士之前已经串通好了，这个时候他应该出现在人群中，期待人们高喊："国王万岁！"但不知道是修道士这些话说早了，还是公爵来晚了，总之他说完这些话的时候公爵并没有出现，于是人们便哄笑了起来，修道士也灰溜溜地走了。

白金汉公爵做这些事情比那位修道士强多了，他第二天去了市政厅，在那里代表护国公向市民发表讲话。几个脏兮兮的人被他事先安插在人群中，他讲话完毕后，他们就带头高喊："上帝保佑理查国王！"白金汉公爵向这些人深深地鞠了一躬，并对他们表示了衷心的感谢。

第二天，公爵在市长和几位贵族以及市民的陪同下，来到理查的所在地——位于河边的贝厄德城堡。公爵在那里宣读一份演讲稿，谦恭地恳求理查接受英格兰的王位。理查在城堡中透过窗户向下看他们，之后装出一副受宠若惊的样子，向他们保证自己对王位没有任何想法，因为他对侄子们深深的爱意禁止他这么想。白金汉公爵听后装出一副特别热情的样子，回答说英格兰的人民永远不会臣服于他侄子的统治，如果王位的合法继承人理查拒绝，那他们就得另寻他人了。格洛斯特公爵则表示，既然话已经说到这个份儿上了，他也就不能再仅仅为自己着想了，只能"勉为其难"，接受王冠。

　　人们为之欢呼，之后就散了。格洛斯特公爵和白金汉公爵度过了一个十分愉快的夜晚，两人谈论着他们演的这出戏，还有戏中精心准备的每一句台词，实在是太成功了。

14 金雀花最后的血脉

理查三世早上按时起床，而后来到威斯敏斯特厅。大厅里有一个大理石座椅，他坐在那里，左右两边分别坐着一位位高权重的贵族。他告诉人们，他将开始新的统治，因为对一位君王来说，首要任务是保证法律面前人人平等，同时维护正义。随后，他骑上马回到伦敦，受到神职人员和百姓的热烈欢迎，就好像他真正拥有王位合法继承权一样，但他实际上只是一个普通人而已。我想神职人员和欢迎他的民众私底下一定会对自己的行为感到非常羞愧，因为他们当了一回毫无骨气的无赖。

新登基的国王和他的王后在盛大的仪式和欢呼声中获得加冕，人们乐在其中。接着，国王在他统治的领土上四处巡游，之后在约克又举行了一次加冕仪式，为的是让人们充分享受这欢快的气氛，热闹个够。尤论他走到哪里，人们都以热情的欢呼声迎接他——其实这些人都是花钱雇来的，他们肺活量强大，高喊道："上帝保佑理查国王！"他的这个方法非常成功，据说其他王朝的篡位者都效仿了他的这个做法。

理查在巡游的过程中，在沃里克停留了一个星期。他从沃里克发出命令，执行了有史以来最恶毒的谋杀指令——他下令处死他的侄子们，就是两名被关在伦敦塔中的小王子。

罗伯特·布拉肯伯里爵士当时是伦敦塔的总督。理查国王派一个名叫约翰·格林的信使给他送信，信中命令他想办法处死两个小王子。罗伯特爵士回答说："我没办法下手做这件可怕的事。"这回答把约翰·格林打发了回去，他一路沿着尘土飞扬的路，快马加鞭回去复命（我希望他这么做是因为他自己也有孩子，是因为他对自己孩子的爱）。国王听后眉头紧皱思索了一会儿，把詹姆斯·蒂勒尔——他的御马官叫了过来，将伦敦塔的管理权交给他，他随时可以行使权力，不过只可以拥有 24 小时。在此期间，塔里所有的钥匙都由他保管。蒂勒尔非常清楚国王要的是什么，于是他物色了两个经验丰富的恶棍，一个是约翰·戴顿，他是一个马夫；另一个是迈尔斯·福雷斯特，他是个职业杀手。有了这两人做助手，蒂勒尔在

8月的一天里来到伦敦塔，出示了国王授予他的权力，获得24小时的管理权，并得到了所有的钥匙。

当黑夜降临时，蒂勒尔像一个充满罪恶的恶棍一样，悄悄地爬上旋梯，沿着黑暗的石头走廊来到两个小王子的房门前。王子们做完祷告后很快就睡着了，两个人的胳膊紧紧地扣在一起。蒂勒尔一直在门外监视，见他们睡着了，便让那两个邪恶的魔鬼走进去，用枕头把两个王子闷死了。之后，抬着他们的尸体走下台阶，埋在了楼梯末端的一堆石头下面。第二天，他归还了伦敦塔的管理权和钥匙，赶快离开了，连头也没有回。罗伯特·布拉肯伯里爵士充满恐惧和忧伤地走进王子们的房间，却发现再也找不到王子们了。

在人类历史上，有一条真理：叛徒们永远不会拥有忠诚。相信当你知道白金汉公爵很快转而与理查国王作对时，你肯定不会感到惊讶。他加入了一个巨大的阴谋集团，他们计划废黜国王，并把王冠戴到继承人的头上。理查本想对这起谋杀保密，但当他听到探子们告诉他这个阴谋集团的存在，以及很多贵族和绅士私底下在喝酒的时候为两位被关在伦敦塔中的王子的身体健康祝福时，他便将两位王子已死的消息公开了。这些阴谋家尽管受到了打击，但很快便决定拥立凯瑟琳的孙子里士满伯爵亨利，以推翻残暴的理查。凯瑟琳是亨利五世的遗孀，后来嫁给了欧文·都铎。由于亨利是兰加斯特家族的人，于是他们提议他应该娶伊丽莎白公主为妻。伊丽莎白是先王的长女，也是约克家族的继承人。他们想通过这种方式为"红玫瑰""白玫瑰"之间世代的斗争画上一个句号，将两个互为对手的家族团结起来。一切安排妥当之后，他们约定了一个让亨利从布列塔尼出发的时间，以及在英格兰的几个地方同时发起大规模反对理查的起义的时间。

10月的一天，他们发起了反抗，却未能成功，因为理查事先早有准备，而且亨利还被海上的一场暴风雨赶了回去。他在英格兰的追随者们被打散，白金汉公爵被抓，之后便立即在索尔兹伯里的集市上被砍头。

理查取得胜利的时机对他来说是非常好的，他心想这个时候应该召开一次议会会议，借机筹集一些钱。于是，他召开了议会会议，议会对他大肆阿谀奉承，并宣布他为英格兰合法国王，他当时只有11岁的独生子爱德华，是下一任王位的继承人。

理查心里很清楚，任凭议会怎么说，伊丽莎白公主作为约克家族的继承人在人们心中有很高的地位。而且他还收到准确的情报，知道阴谋者们计划让伊丽莎白与里士满的亨利成亲。于是理查认为如果先行一步让伊丽莎白嫁给他的儿子，这会在很大程度上壮大自己同时削弱对手。带着这个想法，他来到威斯敏斯特大教堂，先王的遗孀和她的女儿仍住在这里。他恳求她们跟他回到宫中（他发尽了誓言），表示她们在那里会得享平安和荣耀。于是，她们回来了，但在宫廷里待了还不到一个月，理查的儿子就突然死了（有可能是被毒死的），于是他的计划被取消。

理查国王向来都是一个积极主动的人，在这样的绝境中，又想出另一个计划：与伊丽莎白公主结婚，尽管她是他的侄女。可惜呀，这个计划有一个困难，他的妻子安妮王后这个时候还活着，但他知道如何除掉这个障碍（因为他想起了他的两个侄子）。于是，他向伊丽莎白公主示爱，并告诉她自己非常有信心王后将在2月死去。公主也不是一个精明之人，她本该带着轻蔑和仇恨拒绝这个杀了她两个哥哥的仇人，可她却公开表示她深深地爱着他。2月过去了，王后却没有死，不过理查国王的预言并没有耽误太久，在他的精心安排下，王后在3月死了。这对佳人迫切希望赶快结婚。不过令他们失望的是，英格兰举国上下对这桩婚事非常反感，就连国王的首席谋士拉特克利夫和凯茨比也不支持这件事，甚至国王还被迫公开发表声明，称自己从来没有这个想法。

这时，英格兰各个阶层的人对他又恨又怕，贵族们每天都有叛逃到亨利那边的。他也不敢再召开议会，因为害怕他的罪行会被议会公开批评，但由于缺钱，他不得不从市民那里收取"恩税"，这激起了全国人民对他的反对。据说他受到良心的谴责而煎熬，晚上会做可怕的梦，会突然惊醒陷入恐惧和自责。不过，即便是在这种困境下，他依旧非常积极，当他听说亨利和其追随者们从法兰西率领一支船队来与他对抗的时候，他发表了口气强硬的声明，表示将与他们对抗到底。于是，他就像盾牌上的那只野猪一样，凶神恶煞地上阵厮杀了。

里士满的亨利带领6000人马在米尔福德港登陆。之后，他们穿过威尔士北部，在莱斯特与一支比他们规模还要大一倍的大军一起扎营，准备与理查国王交战。两军在博斯沃思原野相遇，理查扫视着亨利的队伍，看到里面有很多背叛了他的英格兰贵族。当他看到位高权重的斯坦利勋爵和他的儿子（他曾尽力挽留过他们）也在他们中间时，他立刻变得脸色苍白。不过他的勇猛程度丝毫不逊色于他的卑鄙，他冲进战斗最激烈的地方英勇作战。他四处冲锋陷阵，然而却看到诺森伯兰伯爵——他仅剩的几个强大盟友之一，站在那里丝毫没有交战的意思，他军队中的大部分人也犹豫不决。就在这时，绝望中的他看到了里士满的亨利站在一小队骑士中间。于是，理查奋力地冲向他，高喊着"叛徒"，他杀掉了掌旗人，之后勇猛地把另一位绅士打落马下，并准备向亨利发起奋力一击，欲把他打倒在地，却被威廉·斯坦利爵士挡了下来。就在他举起手臂准备再次发起攻击时，他被好几个人压倒而跌落马下，因此丧命。

斯坦利勋爵捡起了掉在地上、被人踩了好几脚、上面沾满了鲜血的王冠，在人们高喊"亨利国王万岁"的欢呼声中，把它戴在了里士满的亨利头上。

当天晚上，一具裸尸被人用马驮到莱斯特的格雷弗赖尔斯教堂进行掩埋。那具尸体横挂在马上，像一条不值钱的麻袋一般。那正是金雀花王朝最后的血脉——理查三世，一个篡位者和谋杀者，32 岁在博斯沃思之战中被杀，统治了英格兰两年的时间。

第四章
都铎王朝

1485 年英国兰加斯特派领袖亨利·都铎发动叛乱，杀死理查三世夺取王位后建立了都铎王朝，史称"亨利七世"。都铎王朝统治期间进行了宗教改革，国家从封建主义向资本主义过渡，在女王伊丽莎白的统治下，英国迎来了历史上的黄金时代。

1 贤王亨利七世

虽然人们还沉浸在他们摆脱了理查三世的喜悦中，却发现亨利七世并不像平民百姓所期待的，是一个德才兼备的人。他非常冷血、无比狡诈、机关算尽，为了钱什么事情都干得出来。他是一个很有能力的人，最大的优点是他不是一个心狠手辣的人，尤其是他知道残酷不会给他带来任何好处。

新国王答应那些支持他的贵族，将娶伊丽莎白公主为妻。他做的第一件事情是下令将公主从约克郡的谢里夫哈顿城堡（理查之前把她安置在这里）送回到居住在伦敦的她母亲的身边。已故克拉伦斯公爵的儿子兼继承人——年轻的沃里克伯爵爱德华·金雀花与她一起被关在约克郡的那座老城堡里（以囚犯的身份）。这个男孩此时只有15岁，新国王把他安置在伦敦塔里，以确保他的安全。为了满足人民，亨利随后带着盛大的游行队伍大张旗鼓地来到了伦敦，此后为了得到他们的拥戴，他也经常这么做。在各种庆祝活动和宴会结束之后，紧接着就爆发了一场名为"汗热病"的可怕疾病，死了很多人。据说市长和总督们是最大的受害者，因为他们有饮食过量的习惯，加之他们非常喜欢保留城里的污秽和公害。

国王的加冕仪式也因这场疫情被推迟。接着，他又推迟了他的婚礼，他似乎不急着结婚。再后来，他把王后的加冕仪式也推迟了，因此把约克人得罪了。他最终还是平息了事端，运用的手段却五花八门：他吊死了几个人，霸占了一些富人的财产，公开赦免了一些已故先王的追随者，还雇用了不少前朝的得力朝臣。

在亨利七世统治时期，有两个非常离奇的骗局，因此我将对这两个故事进行介绍。

牛津有一个名叫西蒙斯的神父，他有一个名叫兰伯特·西姆内尔的学生，他是面包师的儿子，长得非常英俊。这位神父称他这个学生正是年轻的沃里克伯爵（真正的沃里克伯爵，此时正关在伦敦塔里）。他这么做一方面是为了达到他自己的目的，另一方面是为了执行一个秘密反对国王的组织的计谋。神父带着这个男孩来到了爱尔兰，在都柏林得到各阶层人民的支持。虽然，支持他的人非常慷慨，但他们极其不理智。爱尔兰总督、基尔代尔郡伯爵宣称他相信神父，而这个男孩被神父调教得非常出色，他给那些人讲述他的童年，还向他们描述了王室家族的方方面面，听得他们常常为他呐喊、欢呼，喝酒的时候为他的健康干杯，还举办各种热情四射的庆祝活动，表达他们对他的信任。如此高涨的热情不只是爱尔兰才有，因为林肯伯爵也来到冒牌货的身边，他此前曾被已故的篡位者任命为继承人。他秘密地与已是寡妇的勃艮第公爵夫人互通书信后，便带着公爵夫人提供的2000名德国士兵前往都柏林。勃艮第公爵夫人是爱德华四世的妹妹，她非常讨厌现任国王。眼前的形势对那个男孩来说一片大好，于是他们从一个童贞女玛利亚的石像上取下一顶王冠，戴在了男孩的脑袋上，在那里他被加冕为王。随后，依照爱尔兰的传统，新国王被一位肌肉比头脑发达的族长扛在肩膀上，送他回了家。毫无疑问，西蒙斯神父在加冕仪式上肯定忙得不可开交。

10天后，在西蒙斯、兰伯特和林肯伯爵的带领下，这支由德国人和爱尔兰人组成的军队在兰开夏郡登陆，准备入侵英格兰。国王此前对他们的行动了如指掌，将军队驻扎在诺丁汉，每天都有大量的人马加入他的军队，而林肯伯爵招募不到那么多人。他带着自己的小部队试图围攻纽瓦克，国王的军队却在中途截击了他。于是，他除了冒险在斯托克开战之外，别无选择。

这场战斗很快就以冒牌货军队全军覆没而结束——有一半人被杀，其中包括伯爵本人。西蒙斯和兰伯特双双被俘。神父在供认了自己的阴谋诡计后，被关进监狱，后来就死在了里面（可能是突然之间就死了）。而那个男孩，他被安排进国王的御膳房，负责在里面转动烤肉叉。后来，他被提拔为国王的放鹰者。这场离奇的骗局就这样结束了。

王太后一直是一个从不知疲倦、始终都在忙前忙后的人，国王怀疑她参与了对面包师儿子的调教。无论她是否参与其事，国王都对她非常生气，于是霸占了她的财产，把她关进伯蒙德兹的一所修道院。

可能有人会觉得，这个故事的结局会让爱尔兰人以后能提高警惕，可他们像当时热情接待第一个骗子一样，迎来了第二个骗子，那个喜欢惹麻烦的勃艮第公爵夫人很快就给他们制造了机会。在科克突然出现了一艘来自葡萄牙的船，从船上走下来一个年轻人，他拥有卓越的能力和英俊的外表，他的言谈举止非常讨人喜欢。当他自称是约克公爵理查，是爱德华四世的次子时，就连那些容易上当的爱尔兰人都问他："小王子不是在伦敦塔被他的叔叔杀死了吗？"那个迷人的年轻人回答说："我哥哥的确被杀死在黑暗的监狱里，但我逃出来了。至于我怎么逃出来的，已经不重要了，现在我四海为家，已经整整流浪了七年。"这个解释对众多爱尔兰人来说足够满足他们的了，于是他们又开始为他呐喊、欢呼，喝酒的时候还为他的健康干杯，到处举办各种热情四射的庆祝活动。都柏林那个大块头族长也期待着能举办另一场加冕仪式，这样他就能背起另一位国王了。

这时，亨利国王与法兰西国王查理八世的关系并不和睦，法兰西国王假装相信了这个英俊的年轻人，因为这能给他的敌人制造很多麻烦。于是，他邀请年轻人来到法兰西宫廷，为他派了一位贴身保镖，对他招待得非常到位，就好像他真的是约克公爵一样。然而，过了没多久，两位国王就达成了和解，这个假冒的公爵被赶走，再度流浪的他跑到勃艮第公爵夫人那里寻求庇护。她在假装对他验明正身之后，对外宣布他和自己死去的哥哥长得非常像，然后派给他30个长戟兵作为他的侍卫，还亲切地称呼他为"英格兰的白玫瑰"。

英格兰"白玫瑰"派的领袖们派了一个代表，名叫罗伯特·克利福德爵士前来检验这个"白玫瑰"是否能为他们所用，国王也派出他的细作前来打探"白玫瑰"的背景。"白玫瑰"派声称这个年轻人的确是约克伯爵本人，国王则称他是珀金·沃贝克，是图尔奈一个商人的儿子，他知道的有关英格兰的知识、语言还有风俗习惯，是从那些在佛兰德做生意的英格兰商人那儿学来的。国王派去的探子还说，他曾服侍过一位布朗普顿夫人，她是一位被放逐的英格兰贵族的妻子。勃艮第公爵夫人还让他接受了专门的训练，就是为了这场骗局。于是，国王要求菲利普公爵——勃艮第君主，要么放逐这个冒牌货，要么就将他交出来。勃艮第公爵礼貌地回复说，他没有办法在公爵夫人的土地上控制任何事情。国王便决定报复他，取缔了安特卫普的英格兰布料市场，并禁止两国之间所有的贸易往来。

国王同时还用阴谋诡计和贿赂的方式收买了罗伯特·克利福德爵士，让他背叛他的雇主，他还废掉了几个非常有名的英格兰贵族，因为他们私下与珀金·沃贝克交好。国王把其中三个名声最大的处死了。至于其余的人，是否因为他们贫穷所以才饶他们一命，我就不清楚了。但我敢肯定，他拒绝赦免另一位被克利福德爵士告发的贵族，绝对是因为他有钱。这个人正是威廉·斯坦利爵士，就是那个曾在博斯沃思之战中救过国王一命的人，说他叛国很有可能是言过其实，因为他只说了这样一句话："如果那个年轻人真的是约克公爵，那我绝不会与他兵戎相向的。"然而无论他做过什么，他都像一个可敬的人一样全都承认了，因此丢掉了自己的脑袋，而那个贪婪的国王则得到了他的所有财富。

珀金·沃贝克在之后的三年时间里变得非常低调，由于弗莱芒人开始抱怨安特卫普市场被封给他们带来的惨重损失，并将这些怪罪到他头上的时候，他意识到他必须要做点什么了。因为这些人很有可能会了结他的性命，或是把他交出去。于是，绝望的他再次起航，只带了几百人在迪尔的海岸登陆。然而，他很快就觉得还是留在远处比较好，因为当地人反抗他的追随者，他们杀了很多人，还俘虏了150人。俘虏们像家牛一样用绳子绑在一起，被送到伦敦。这150人全被绞死，尸体挂在不同的海岸上，目的是如果还有人想与珀金·沃贝克一起来到这里，他们在登陆前看到的这些尸体就是给他们的警告。

之后，心思缜密的国王与弗莱芒人签订了贸易协议，把珀金·沃贝克从那里赶走了。之后，国王又让爱尔兰人全都站到了他这边，又把沃贝克的避难所抢走了。就这样，沃贝克流浪到苏格兰，在那里的宫廷上讲了一遍他的故事。由于苏格兰国王詹姆士四世对亨利国王没有好感（因为亨利国王不止一次地贿赂苏格兰贵族们，想让他们背叛他，只是这些阴谋一次也没有成功），所以他热情地接待了沃贝克，并称他是自己的表弟，甚至还把凯瑟琳·戈登——一位美丽迷人、拥有斯图亚特王室血统的小姐，嫁给了他。

冒牌货这次的成功复出，让国王警觉了起来，于是他继续暗中破坏冒牌货的名誉，收买、贿赂并且把他的所作所为和珀金·沃贝克的背景都隐瞒了。要知道，如果他愿意，他完全可以让全英格兰都知道事情的真相。不过，尽管他在苏格兰宫廷上把苏格兰贵族们贿赂个遍，却没能让他们把那个冒牌货交出来。詹姆士尽管在任何方面都算不上一个出众的人，但他不会背叛沃贝克，再加上一向喜欢忙碌的勃艮第公爵夫人为他提供了武器、优秀的士兵还有钱财，他很快便拥有了一支由1500名多国联军组成的小军队。有了这些，再加上苏格兰国王亲自相助，沃贝克跨过边境来到英格兰，发布了一个公告。他在公告里称国王为"亨利·都铎"，并承诺凡是能把他抓来，或给他制造麻烦的人，他都将给予重赏。同时，他还以理查四世的身份宣布说，他接受忠实的臣民前来向他宣誓效忠。然而，忠实的臣民对他一点也不在乎，他们恨透了他的军队——那支由来自不同国家的人组成的多国联军。他们内部总是吵个不停，更糟糕的是，他们开始抢劫苏格兰百姓。看到这一情况，这位"白玫瑰"说他宁愿失去他的权力，也不愿意给英格兰人民带来痛苦。虽然苏格兰国王嘲笑他的犹豫不决，但他们还是带着军队回去了，一仗也没有打。

这起事件带来的最糟糕的后果是，康沃尔的人民发动了起义，他们认为自己身上的赋税实在是太重了，因为要支付预计打的这场仗的开销。他们在一个名叫弗拉曼克的律师和一个名叫约瑟夫的铁匠的带领下，一路来到了德特福德桥，奥德利男爵和其他乡绅也加入了他们的队伍。他们在那里与国王的军队打了一仗。虽然康沃尔人民打起仗来十分勇猛，但他们还是被打败了：男爵被斩首，律师和铁匠被处以绞刑，之后开膛剖肚、五马分尸，其余人则被赦免。国王相信，每个人都像他一样是非常贪婪的，他认为钱能解决任何问题，于是便让那些人与抓住他们的士兵自行商定买回他们需要的价钱。

珀金·沃贝克注定要在跌宕起伏中四处流浪，永远也找不到一个安定的容身之处——实在是一个非常悲哀的命运，对一个冒牌货来说，这样的惩罚差不多足够了，而且他最后似乎也相信了自己。英格兰国王和苏格兰国王之间达成了和解，让他失去了苏格兰的庇护。沃贝克终于发现天下之大，竟没有一个能让自己安心入眠的地方。不过，詹姆士对他一直很尊重，待他也很真诚，甚至还把自己吃饭用的盘子和身上带的金链子熔掉，替他支付士兵们的军饷，还是在沃贝克已经失败、希望破灭的时候。詹姆士一直等到沃贝克平安地离开苏格兰之后，才与英格兰签订和平协议。沃贝克美丽的妻子在这些逆境中始终对他不离不弃，她离开自己的祖国和家人，一直跟随在他身边。詹姆士为他们准备了一艘船，还给他们提供了所有的必需品和安全保障。于是，沃贝克带着妻子起航去了爱尔兰。

爱尔兰人民这个时候已经受够了假冒的"沃里克伯爵"和"约克公爵"，因此他们拒绝给"白玫瑰"提供帮助。于是，被荆棘包围的"白玫瑰"决定与他美丽的妻子去康沃尔，这里是他最后的救命稻草了，因为康沃尔人不久之前刚刚勇敢地起义过，在德特福德桥上曾无畏地与国王的军队交战。

沃贝克和他的妻子来到了康沃尔的怀特沙海岸，他为了妻子的安全，把她留在了圣米歇尔山上的城堡中。之后，他率领3000名康沃尔人前往德文郡。当他到达埃克塞特的时候，他手下的人马已经增加到了6000人。然而，他在这里遭到了激烈的抵抗，于是他转而去了汤顿，在那里他遇到了国王的军队。勇敢的康沃尔人虽然在人数上处于劣势，武器和盔甲都很粗糙，但他们的胆子非常大，从未想过撤退，反而对第二天将要到来的战斗跃跃欲试。然而，对他们来说不幸的是，那个把他们吸引过来的人，并不像他们那么勇敢（也并非一无是处，他肯定是非常有个人魅力的，要不也不能在一无所有的情况下把这么多的人吸引到身边）。在两军交战前一天的夜里，他骑上一匹快马逃走了。第二天清晨时分，轻易相信了他的可怜的康沃尔人发现他们的领袖不见了，于是便向国王投降。他们中有一些人被绞死，剩下的则得到赦免，凄凉地回家去了。

国王很快得知珀金·沃贝克逃到了位于新森林的比利尤教堂，并躲在那里。在国王派人去捉拿他之前，他先派了一队骑士到圣米歇尔山，抓住了沃贝克的妻子。她很快就被带到国王面前。由于她非常美丽、非常善良，对她的丈夫深信不疑、十分忠诚，因此国王对她施以怜悯，给她以极高的尊重，将她安置在朝廷中服侍王后。在珀金·沃贝克去世多年以后，当这些奇葩故事都成为童话的时候，他的妻子却成了人们口中的"白玫瑰"，以此纪念她的美丽。

比利尤教堂很快就被国王手下的人包围了起来，国王则继续使用他一贯卑鄙、狡猾的方式，他派去假装站在珀金·沃贝克一边的人，劝说他出来投降。沃贝克照办了，国王则在一扇屏风后面仔细地打量着这个他听闻已久的人。之后，国王下令给沃贝克备马，让他走在自己后面，派人看管他但不把他绑起来。

他们以国王最喜欢的炫耀方式进了伦敦——盛大的游行队列。当冒牌货骑着马缓慢地向伦敦塔走去时，一些人嘲笑他，更多的人则安静并充满好奇地看着他。他从伦敦塔被带到威斯敏斯特的宫殿，他像个绅士一样该有的待遇都有了，只不过是在严密的看管之下。

珀金·沃贝克还是跑了。他跑到萨里郡，躲进了里士满附近的一所教堂。又有人劝说他投降，他照做了，他又被带到伦敦，又被套上脚镣，在威斯敏斯特厅外面站了足足一整天，在那里宣读一份认罪书，随后，他再次被关进伦敦塔，与沃里克伯爵做伴，后者自从离开约克郡以后被关在这里已经 14 年了。这期间伯爵只离开过一次伦敦塔，因为国王需要他出现在宫廷中，证明面包师之子是个冒牌货。然而，当我们考虑到亨利七世奸诈无比的性格时，他很有可能是为了达到某种残酷的目的而故意把他们安排在一起的。果然，亨利七世很快就发现伯爵和沃贝克与狱卒们串通，密谋杀掉典狱长拿到监狱的钥匙，然后宣布珀金·沃贝克为国王理查四世。这个阴谋很有可能是真的，他们被这个计划吸引也是可能的。不幸的沃里克伯爵——金雀花血脉的最后一个男人，已经与世隔绝太久了，单纯的他根本不知道世道的险恶。无论真相如何，可以确定的是，国王打算借机除掉他。于是，伯爵在伦敦塔山被砍下脑袋，珀金·沃贝克则在泰伯被绞死。

这就是冒牌货"约克公爵"的结局，他的故事本就扑朔迷离，而在狡猾国王的隐瞒下，事情的全貌就更让人琢磨不透了。即便在那个年代，如果他能将他与生俱来的才能运用到一件更诚实的事业上，相信他能拥有一个快乐且受人尊重的人生。然而，他却死在了泰伯的绞刑架上，留下那位深爱他的苏格兰小姐，她在王后的宫中被很好地保护了起来。过了一段时间后，她像很多人一样，在时光仁慈的帮助下忘掉了她的旧爱和烦恼，嫁给了一位威尔士绅士。她的第二任丈夫是马修·克拉多克爵士，远比她第一任丈夫诚实和喜乐。马修·克拉多克死后，与她埋葬在斯旺西老教堂的同一座坟墓中。

在这个时期，英格兰和法兰西之间的敌意因勃艮第公爵夫人接二连三的阴谋和有关布列塔尼问题上的争执而持续增加。亨利七世义愤填膺，声称要发动战争。而这其实都是他装出来的，他从未发动战争，却总是以它为借口敛财。有一次，他假装要与法兰西开战，向人民征税，这引发了一场十分危险的起义，领头者是约翰·埃格雷蒙特爵士和尚布尔的约翰。这次起义被萨里伯爵率领的王室军队镇压了下来。约翰爵士逃到了勃艮第公爵夫人那里，因为只要能给国王造成麻烦的人，她都欢迎。但平民约翰则在约克被绞死了，与他一起被处死的还有他的几个手下，但他的绞刑架更高一些，因为他是最大的造反者。

王后嫁给亨利七世不到一年的时间里，就生了一个儿子，取名为亚瑟，为纪念传说中的那位英格兰王子。亚瑟刚年满15岁，便娶了西班牙国王的女儿凯瑟琳为妻。这个时候的他不仅充满了喜乐，而且前途一片光明。可是，不出几个月，他就得了重病，死了。当国王从悲痛中走出来的时候，他意识到如果西班牙公主离开他的家族，她那些价值20万克朗的嫁妆就太可惜了。于是他便让年轻的寡妇嫁给他的次子亨利，亨利那个时候刚12岁，等到他15岁的时候就举行婚礼。尽管这桩婚事遭到了神职人员的反对，但由于一贯正确的教皇被拉拢到了国王这边，因此问题也就随之解决了。国王的长女嫁给苏格兰国王，两国之间长久以来的争执也算是暂时画上了一个句号。

后来，王后也死了。当国王从她去世的悲痛中走出来之后，他的心思便再次转向他所爱的钱财来寻找安慰。他琢磨着想与那不勒斯王后结婚，因为她极其富有。然而，当他发现虽然能得到这位女士，却很难得到她的钱财的时候，他便放弃了这个念头。很快，他又提出要娶萨伏依公爵夫人，虽然他并不喜欢她，甚至很快又打算娶卡斯蒂利亚国王的遗孀——她是一个疯子，但他最后谁也没娶，而是与她们做了一桩金钱上的交易。

勃艮第公爵夫人收留的人中就包括埃德蒙·德·拉·波尔（他是被杀的林肯伯爵的弟弟），如今成了萨福克伯爵。之前，国王曾劝说他回来参加亚瑟王子的婚礼，但他很快又离开了。国王怀疑这其中有阴谋，便用他最喜欢的方式，派去了几个狡猾奸诈的朋友在伯爵身边打探消息，又从一些市井之徒的手里买来了或真或假的"秘密消息"，导致一些人因此被抓、被处死。最后，在国王做出绝不会取他性命的承诺下，埃德蒙·德·拉·波尔主动投降，之后被关进伦敦塔。这就是亨利七世最后的敌人。

如果亨利七世活的时间再长一些，他肯定会在人民中树立更多的敌人：一是因为他持续给人民难以承受的苛捐杂税；二是因为他的两名宠臣在一起与敛财相关的问题上发生的残暴行径，这两人是埃德蒙·达德利和理查德·恩普森。然而，死亡是一个无法被收买或被欺骗的敌人，任何钱财、任何狡诈在它面前都无济于事——它来到了国王的面前，结束了他的统治。1509 年 4 月 21 日，亨利七世死于痛风，享年 53 岁，统治英格兰 24 年。他葬在威斯敏斯特修道院美丽的小礼堂中，那里是由他建造的。

伟大的克里斯托夫·哥伦布为西班牙发现了所谓的新大陆，就是在这一时期发生的。一时间在英格兰使人们产生了极大的好奇心，人们对那里充满了兴趣和对财富的渴望。于是，国王和伦敦及布里斯托尔的商人们组织了一支英格兰探险队，更深入地探索那片新大陆，并委托布里斯托尔的塞巴斯蒂安·卡伯特执行该项任务，他是一位威尼斯导航员的儿子。

这次航行非常成功，为他自己和英格兰赢得了极大的荣誉。

2 宗教改革

　　现在，我来谈谈亨利八世的统治。按照当时的风俗，他身上有太多的特点值得被人们称作"直率的哈尔国王"和"魁梧的哈里国王"，还有很多其他好听的绰号。而我则应该享受我言论自由的权利，直白地称他为"世界上最可恶的浑蛋"。根本用不着讲到他生命的尽头，你就能判断出他是否配得上这一称号了。

　　他登上王位的时候只有 18 岁。人们说他那个时候长得非常英俊。不过我不相信，因为他晚年是一个身材臃肿、穿着打扮庸俗、小眼睛、大脸盘、双下巴，看起来像猪一样的家伙（我们从大名鼎鼎的汉斯·霍尔拜因给他画的画像上就能看出来）。一个性格如此恶劣的人，怎么可能拥有一副迷人的外表呢？

　　他非常想让自己受到人民的欢迎，由于人民对先王的厌恶情绪由来已久，所以十分愿意相信他能做到。国王特别喜欢炫耀和表演，人民也喜欢。因此，无论是他迎娶凯瑟琳公主，还是在他们二人的加冕仪式上，举国上下都沉浸在一片欢乐的气氛中。国王还会参加比武，还总能获胜——是朝臣们一手安排的，于是大家普遍认为他是个非常了不起的人。恩普森和达德利，还有他们的支持者被指控犯有一大堆子虚乌有的罪名，但他们真正犯下的那些罪行却不在其中。于是他们被戴上手枷，倒骑在马上，游街示众，最后被砍头。这件事不仅让人民非常高兴，而且国王也从中大赚了一笔。

　　教皇总是不知疲倦地让世界陷入麻烦。此时，他把自己卷入了一场欧洲大陆的战争，起因是统治意大利公国的亲王们在不同的时代都与其他王室家族联姻，导致了他们每个人都说自己应该统领这些小政府，于是就吵了起来。国王发现自己非常喜欢教皇，便派使者去见法兰西国王，告诉法兰西国王不要向这位圣人开战，因为他是所有基督徒的父亲。

　　法兰西国王根本不在乎这层所谓的亲戚关系，拒绝承认亨利国王在法兰西部分土地的拥有权，于是英法两国开战了。为了不让这部分故事变得复杂，本章就不介绍国王耍的那些阴谋诡计了，重点说说英格兰犯了一个大错——与西班牙结盟。愚蠢的英格兰被西班牙骗了，因为西班牙趁机私下与法兰西之间达成协定，把英格兰扔在窘境中不管。爱德华·霍华德爵士是一位勇猛的将军，他是萨里伯爵的儿子，在这场与法兰西的战争中，他表现英勇，立下了汗马功劳。然而不幸的是，他是一个有勇无谋的人，只带了几艘划艇就冲进法兰西的布雷斯特港，他试图攻占几艘配备多门大炮的法军强大战舰，目的是为战败的托马斯·尼维特（他也是一位勇猛的将军）爵士复仇。最后的结果是，他被困在其中一艘法军战舰上（因为他自己的船被击沉了），身边只有十几个人，他被扔进海里，淹死了。在淹死之前，他把挂在胸前的金链子和金哨子扯了下来——这是他职位的象征，并把它们扔到海里，不让敌人得到这些东西从而助长他们的士气。

这场失利对英格兰来说是一场损失惨重的败仗，因为爱德华·霍华德爵士是一位勇猛无比的名将，国王只得亲自率军征讨法兰西。

在走之前，他先把他父亲留在伦敦塔里的那个危险的萨福克伯爵处死，任命凯瑟琳王后在他缺席的时候替他治理国家。安排妥当之后，他起航来到加来，在那里，德国皇帝马克西米利连加入了他的军队，他化装成国王的士兵，还领军饷：这件事听起来要多荒谬有多荒谬，但对一个喜欢虚张声势的人来说，足够满足他的虚荣心了。国王可能在模拟战中是非常厉害的，而他对实战方面的认识，只是扎下色泽鲜艳的丝质帐篷、竖起花哨的旗帜和挂上金色的帘子而已。然而，幸运对他的眷顾远远超过了他所应得的。在浪费了大量时间搭帐篷、竖旗帜、挂帘子等这些华而不实的事情之后，他在一个名叫吉内加特的地方与法军打了一仗。法军在这里陷入一片慌乱，四散而逃，逃命速度之快以至于英格兰人把这场战斗叫"策马逃命之战"。国王在取得了优势之后并没有乘胜追击，他觉得此战打得已经很过瘾，就回去了。

虽然苏格兰国王是亨利妻子的近亲，他在这场战争中却站在了敌人那方。当他离开苏格兰渡过特威德河的时候，萨里伯爵作为英格兰将军带着军队前来与他交战。在苏格兰国王渡提尔河的时候，两军相遇了，苏格兰把军队驻扎在弗洛登山的两侧。战斗打响时，驻扎在平原的英格兰人主动向前推进。苏格兰军队被分成了五个方阵，他们稳步地从山上走下来，向英军逼近。英格兰军队的战线被拉得很长，苏格兰人在一个手持长矛名叫霍姆爵士的带领下发起了进攻。一开始他们的确占据上风，但英格兰人很快便重整旗鼓，英勇地与敌人交战。当苏格兰国王来到英军战旗的跟前时，他被英军杀掉了，于是苏格兰人溃不成军。那天，在弗洛登战场上总共有1万名苏格兰人被杀，这其中有很多贵族和绅士。在那之后相当长的一段时间里，苏格兰农民一直认为他们的国王其实并没有在战斗中丧命，因为英格兰人未能找到他身上佩戴的一条铁腰带。这条铁腰带是他之前作为儿子的时候没能尽忠尽孝的一个忏悔。不过，无论这条腰带在何处，英格兰人缴获了他的短刀、长剑和戒指，最重要的是他的尸体，尸体上面布满了伤痕。

当亨利国王准备与法兰西再度开战时，法兰西国王却想得到和平。他的王后这个时候已经时日不多了，虽然他已经50多岁，他却提出想要娶亨利国王的妹妹玛丽公主，她这时候才16岁，还与萨福克公爵订了婚。由于年轻公主本人的意愿没有人理会，因此国王答应了这桩婚事。这个可怜的女孩被护送到法兰西，刚到那里她就成了法兰西国王的新娘，她被护送她的人扔在那里不闻不问，身边只剩下一个从英格兰来的随从。这个人是位貌美如花的年轻女子，名叫安妮·博林，是萨里伯爵的侄女，而萨里伯爵在弗洛登战场胜利之后也成了诺福克公爵。你很快就会明白，安妮·博林是一个值得被记住的名字。

法兰西国王对自己能有这么一个年轻的妻子感到十分自豪，可是不到三个月他就死了。当他死的时候，他肯定幻想着自己能过很多年的幸福日子。我敢说，在玛丽公主看来，日后很多年的人生必定是痛苦凄惨的，现在国王的死让她成了一个年轻的寡妇。法兰西新任君王弗朗西斯一世，为了他个人的利益，希望把前任王后改嫁给英格兰人。于是，当亨利国王派她的旧情人萨福克公爵来法兰西把她接回家的时候，他便劝说萨福克公爵娶她为妻。公主原本就非常喜欢那位公爵，也告诉公爵说他必须现在娶她，否则就将永远失去她。于是，他们便结婚了，而亨利国王后来也原谅了他们。为了重新讨国王的欢心，萨福克公爵求助一个叫托马斯·沃尔西的人，他是国王宠信的人当中最有权势的一位，是国王的谋士。这个人在跌宕起伏的历史中，也非常有名。

沃尔西是一个非常受人尊敬的屠夫的儿子，他在萨福克郡接受了非常良好的教育，以至于他后来成了多塞特侯爵家族的家庭教师。在他们的引荐下，他成为先王的御用牧师之一。亨利八世登上王位之后，沃尔西不仅再度被提拔，还深得国王的宠信。他现在是约克大主教，此外教皇还任命他为红衣主教。因此无论是谁，只要想在英格兰拥有影响力或得到国王的青睐，不管是异国的君主也好，英格兰的贵族也好，都必须先跟沃尔西大主教交上朋友才行。

沃尔西大主教是一个非常喜好宴乐的人，能歌善舞，爱说玩笑话，酒量也非常不错。他的这些品质要么让他拥有享受不完的荣华富贵，要么让他一贫如洗，而这完全取决于亨利国王是一个什么样的人。沃尔西非常喜欢浮华、灿烂、绚丽的东西，国王也是一样。他对当时的教会知识，可谓学识渊博。教会知识在很大程度上是为做错的事寻找借口，而且具备颠倒黑白的能力。这种学识也让国王非常喜欢，这让这位红衣主教成了国王身边的大红人。他远比朝廷中的很多人有能力得多，还知道如何控制国王，就像一个精明的饲养员知道如何控制一头狼、一只老虎，或其他那些性情飘忽不定把他撕成碎片的凶猛野兽一样。英格兰从未有哪个人能像这位红衣主教一样，与国王平起平坐：据说他拥有的财富与国王不相上下；他的官邸与国王的宫殿一样辉煌奢华；他的随从有 800 人之多；他还拥有自己的宫廷；从头到脚穿一身火红色的衣服，鞋子是金色的，上面镶嵌着珍贵的宝石；他的随从们骑的都是纯种马，而他则特别喜欢在荣华富贵之中彰显他的谦卑——他骑的是一头骡子，上面铺着红色天鹅绒的马鞍，马镫是金子做的。

在这位伟大的神父的影响下，英格兰和法兰西国王安排了一场盛大的会面。会面的地方在法兰西境内，但在英格兰的属地上。双方的会面充分彰显了彼此之间的友谊和欢喜，他们还派信使厚颜无耻地在欧洲各处散布消息，称在某一天，法兰西和英格兰的国王将以兄弟的身份各自带 18 名随从举行一场比武大会，欢迎所有的骑士前来参加。

德国的新任皇帝查理，不希望英、法两国组成太亲密的联盟，于是便抢在英格兰国王赴会之前，来到了英格兰。他不仅给英格兰国王留下了非常好的印象，还得到了沃尔西的支持，因为他答应沃尔西一旦教皇位置空缺，他将帮助他成为下一任教皇。德国皇帝离开英格兰的那一天，英格兰国王带着所有的朝臣去了加来，又从那里前往会议地点——位于阿德尔和吉讷之间，通常被人们称为"金缕之地"。在这里，所有的开销全都挥霍在了穿着打扮上，骑士和绅士穿着华丽，以至于人们说他们把全部身家财产穿在了身上。

这里到处是仿造的城堡、临时的小教堂，喷泉里源源不断涌出的都是美酒，巨大酒窖里的美酒像水一样，供人免费畅饮。随处可见丝绸的帐篷、金色的花边、金箔、镀金的狮子，尽显奢华的东西无穷无尽。在这些人当中，那位腰缠万贯的红衣主教比任何一个人都要华丽，所有的贵族和绅士在他面前只有黯然失色的份儿。两位国王签署了一份条约，其庄严程度就好像他们真的要遵守诺言一样，他们签署条约的清单足足有 900 英尺长、320 英尺宽。

签署完毕后，比武大会便拉开了序幕。英格兰和法兰西两国的王后，与一大群贵族老爷和夫人一起观看比赛。在接下来的 10 天时间里，两位国王每天要打五场比赛，而且他们总是能打败那些彬彬有礼的对手。不过，史书确实记载了这么一件事：有一天，英格兰国王在与法兰西国王摔跤的时候被打败，于是他便对他情同手足的兄弟大发雷霆，想借机与他大吵一架。

此外，在"金缕之地"还流传着另一个非常精彩的故事：英格兰人不信任法兰西人，法兰西人也不信任英格兰人，直到某一天早晨，弗朗西斯独自一人骑马来到亨利的帐篷前。他走进去的时候亨利还没有起床，他对亨利开玩笑说，他现在已经成了自己的俘虏。亨利听后从床上跳了起来，拥抱弗朗西斯。之后，弗朗西斯帮亨利穿衣服，帮他焐暖他的亚麻衬衫。亨利送给弗朗西斯一条华丽、镶满珠宝的项链，弗朗西斯则回赠给亨利一只价值连城的手镯。这些事都被记载下来，而且那个时候还有很多其他故事被史官用文字记载、被人们传唱和谈论，以至于整个世界都对这些歌功颂德的故事感到厌倦了。

当然，这些行为除了让英格兰和法兰西之间很快再度开战之外，没有带来任何结果，这两位王室的伙伴、情同手足的兄弟迫不及待地要在战争中伤害对方。就在战争打响之前，白金汉公爵在伦敦塔被十分卑鄙地处死了，他死得毫无价值、毫无意义。指控他的是一个被解雇了的仆人，他仅仅是一个名叫霍普金斯的修道士，却装作先知，并含糊其词地说一些无稽之谈，他说公爵的儿子注定要成为这片土地上一位伟大的人物，公爵居然愚蠢地相信了这些话。但有人认为倒霉的公爵是由于对"金缕之地"的比武大会放肆地发表了自己的看法，说这场大会简直是劳民伤财、荒唐至极，因此得罪了红衣主教。不管怎么说，他最后被砍掉了脑袋，就像我所说的，他死得毫无意义。

尽管萨里伯爵再度率军入侵了法兰西，并对这个国家造成了一些损失，但再度爆发的这场战争并没有持续多久。这场战争最后以两国之间签订另一个和平条约而告终。而且，亨利发现德国皇帝事实上并不是英格兰的朋友，他也没有信守对沃尔西的承诺，帮助他当上教皇，尽管国王再三催促他履行诺言。虽然两任教皇在很短的时间内接连死去，但外国的神父们无法接受红衣主教，所以他们将他挡在了教皇的宝座之外。因此，红衣主教和国王发现德国皇帝是一个不信守诺言的人，于是他们便毁掉了国王的女儿、威尔士公主玛丽和德国皇帝的婚约，并考虑把年轻的公主嫁给弗朗西斯本人，或他的长子。

这时，在德国的维滕贝尔格出现了一位伟大的领袖，他带领了那场被称为"宗教改革"的运动，这场改革让人们从神父的奴隶制度中解放了出来。这位领袖是一个知识渊博的学者，名叫马丁·路德。他对教会的那些人非常了解，因为他自己就曾是一位神父，甚至还曾做过修道士。从威克里夫时代起，"改革"就一直盘踞在一些人的脑海里。当路德偶然有一天发现了一本名为《新约》的书后，里面的内容让他大吃一惊（神父不允许人们阅读这本书）。他发现了书中被教会的人所隐藏的真相，于是他便开始激烈地反抗，上至教皇，下至整个教会。碰巧就在他刚刚开始从事唤醒国家之大业的初期，一位名叫台彻尔的无耻的修道士兜售一种叫赎罪券的东西，为修缮罗马的圣彼得大教堂而筹钱。无论是谁，只要买了一张教皇的赎罪券，就能够赎清自己犯下的罪，就不会受到上帝的惩罚。路德告诉人们赎罪券在上帝面前就是一堆废纸，台彻尔以及指使他贩卖赎罪券的主子们是一群骗子。

国王和红衣主教对这个人的放肆行径极其恼怒，国王甚至还写了一本关于此事的书（是在一位名叫托马斯·莫尔爵士的帮助下写的，他是一位有智慧的人，国王后来对他的报答是——砍下他的脑袋）。国王和红衣主教发出了充满怒火的警告，警告人们不要读路德的书，违者将被逐出教会。尽管如此，人们还是读了，书中的内容传遍了大街小巷。

当这场巨变正在不断升温的时候，国王也开始露出他最真实、最卑鄙的本质。安妮·博林——那个与国王的妹妹一起去法兰西的可爱小女孩，这个时候已经长成一个非常迷人的女子，她是凯瑟琳王后身边的侍女之一。凯瑟琳王后已经不再年轻，也不再貌美如花，她的脾气也不怎么好，因为她本来就是一个郁郁寡欢的人，再加上她的四个孩子都在很小的时候就死了，她因此变得更加阴郁。因此，国王爱上了亭亭玉立的安妮·博林，然后他问自己："我要怎么做才能摆脱那个我已经厌倦了的妻子，然后娶安妮为妻呢？"

你肯定还记得，凯瑟琳王后曾做过亨利的嫂子。在国王冥思苦想了一段时间后，他是这么做的：他把他重选的那些神父全都召了过来，对他们说："哦，我的思绪处于一个极其不安的状态下。"他装出一副心神不宁的样子，因为他害怕自己再娶王后是干了一件不合法的事。在场的神父没一个敢提醒他，尽管他们心里在想——为什么他之前没有这么想过，这也太奇怪了吧，而且这么多年他的精神状态看起来非常好，他肯定没有因为忧愁而日渐消瘦下去。相反，神父们异口同声地回答说："啊！的确是这样，这真是一个严重的问题，要纠正这个错误最好的方法恐怕要国王陛下离婚才行！"这正中国王的下怀，于是所有的教士都为国王离婚的事情忙碌起来。

如果我要细数国王离婚事宜中所有的大小细节和阴谋诡计，你一定觉得本书绝对是世界上最无聊的书了。所以我只说重点。在经历了一大堆谈判和借口之后，教皇委任红衣主教沃尔西和坎佩焦（他专门从意大利过来处理此事）在英格兰对此事进行审判。我觉得这样安排是有原因的，据说沃尔西视王后为敌人，因为王后曾责备他生活作风太过放荡和奢侈。不过，他最开始并不知道国王想要娶安妮·博林，当他知道了国王的打算时，他甚至跪劝国王不要这么做。

两位红衣主教将开庭的地点选在伦敦黑修道士桥附近的黑衣修道士修道院，国王和王后为了离那里近一些，也搬到了临近的布赖德韦尔侧殿。开庭之后，当国王和王后被传出席的时候，那位可怜的饱受虐待的女士带着她的坚韧和尊严，同时带着一种值得人们永远赞美的女性魅力，走上了法庭，并在国王脚前跪了下来。她说，自己以一个外国人的身份来到他统治的这个国家，20年来她一直恪守本分做他忠贞不渝的妻子。她很清楚两位红衣主教根本没有权力决定她是继续作为国王的妻子，还是应该被撵走。她说完之后便起身离开了法庭，再也没有回来。

国王假装一副深受感动的样子，说：

> 哦！各位大人和绅士，她是一个多么善良的女子啊！能与她厮守终身对我来说是一件多么幸福的事情！但由于内心负罪感太强烈，我实在感到痛不欲生！

这个案子就这样继续审理了。在接下来的两个月的时间里，他们讨论来讨论去，未能得出任何结果。代表教皇的坎佩焦最希望看到这个判决被拖延，于是他决定将判决时间再向后推迟两个月。这个时间还未过去，教皇本人就亲自将判决的时间改为无限期推迟，并要求国王和王后前往罗马，在那里受审。

对国王来说幸运的是，这件事是通过他手下的人传达给他的，他们碰巧在晚饭的时候碰了面，托马斯·克兰麦是一位剑桥博士，满腹经纶，他提议将这件事告知各地的学者和主教，之后让他们得出国王的婚姻是不合法的结论，以这种方式来督促教皇。国王这个时候急于把安妮·博林娶回家，因此觉得这个想法非常好，便派人去找克兰麦，而且是以加急快递的方式。然后对罗奇福特勋爵——安妮·博林的父亲说："将这位知识渊博的博士带到你的乡间别墅去，给他一间上好的房间供他学习研究。这个房间要足够大，能放下他大量的书籍，以便让他证明我能够娶你的女儿。"

罗奇福特勋爵没有任何的不情愿，他让知识渊博的博士尽可能地在他那里感到舒服自在，而那位满腹经纶的博士也抓紧时间证明国王的案件。在这段时间里，国王和安妮·博林几乎每天都互通信件，书信中写满了他们迫不及待地想把离婚搞定的心情，而安妮·博林的表现也证明了（跟我想的一样）她配得上接下来所要降临的命运。

对红衣主教沃尔西来说，非常不利的就是他让克兰麦帮助国王处理这件事情。对他来说更糟糕的是，他曾劝阻国王不要娶安妮·博林。他是这样一个仆人，而亨利又是那样一个主人，像他们这种主仆关系恶化是迟早的事情。但由于他被夹在新、老王后和他们势力范围的憎恨之间，因此他的倒台来得非常突然，也非常致命。一天，沃尔西来到当时由他主持的大法官法院大厅时，发现诺福克和萨福克两位公爵正在等他，他们说他们给他带了命令，要求他辞职，然后安安静静地回到他在萨里郡伊舍的住处。红衣主教对此表示拒绝，之后他们回去向国王报告此事。

第二天，他们又来了，这次他们带了一封国王的信，读过信之后，红衣主教服从了命令。他们对他在怀特霍尔宫殿里（现在那里叫"白厅"了）的所有财产进行了清点，而他则忧伤地来到河边乘着驳船去了帕特尼。尽管他是那样心高气傲，可他骨子里是一个卑鄙可怜的人，因为在他离开那里前往伊舍的路上，被国王的一位宫廷大臣追了上来。这位宫廷大臣带来了善意的慰问和一枚戒指，他见状从骡子上下来，脱下他的帽子，在泥泞的路上跪了下来。就连他可怜的弄臣——在他飞黄腾达的日子里，在他的宫殿中为他表演、娱乐他的人，这个时候看起来也比他尊贵得多。当红衣主教对大臣说，他没有什么可以作为礼物回赠给国王，只有手下这位弄臣时，他们找了六个强壮的仆人，才把这位忠实的宠臣从他的主人身边弄走。

曾经不可一世的红衣主教很快又遭到了羞辱——他给卑鄙无耻的国王写了好几封失望到极点的书信。而国王则视自己的心情，时而羞辱他，时而又给他打气、鼓励他，直到他最终获准回到他的约克教区居住。沃尔西声称自己太贫穷了（不知道他为何这么说，因为他身边有160个仆人，还有装满72辆马车的家具、美酒和美食）。他在约克待了一年，向世人展示他的不幸遭遇让他成为了一个更好的人，他变得非常温柔、非常和善，而这也让他赢得了民心。此外，他在自己还高高在上的日子里，也确实为学术和教育事业做了很多值得纪念的贡献。但最后，他被指控犯有叛国罪，被抓了起来。他本来是要被押送至伦敦的，不过路上走得很慢，而且只走到了莱斯特。当到达莱斯特修道院的时候，天已经黑了，这个时候的他身患重病，当修道士们手里拿着火把出来迎接他时，沃尔西说这里将是他最终的沉睡之地。他也确实葬在了那里，因为他被抬到一张床上，就再也没有起来。

他最后的遗言是："如果我像服侍国王那样尽忠尽责地服侍上帝的话，他就不会在我年迈之际抛弃我。然而，这是我应得的下场，谁让我只对国王尽忠尽责，却忽略了对上帝的服侍呢？"他去世的消息很快就传到了国王的耳朵里，他当时正在宏伟的汉普顿宫的花园中射箭，这座宫殿就是沃尔西送给他的。当听说他损失了一位忠心耿耿而又十分悲惨的仆人时，他呈现出的最强烈的想法是：他特别想得到传闻中说的红衣主教藏在某处的那1500英镑。

学识渊博的学者和主教，以及其他与之相关的人终于得出了结论。基本上都是支持国王的，于是这些结论连同一份要求他批准的请求一起被送到教皇那里。这位倒霉的教皇是一个非常胆小的人，他陷入了进退两难的局面：如果他不照着国王的要求去做，他就会失去在英格兰的权威；如果他照做，他则担心会因此得罪德国皇帝，因为他是凯瑟琳王后的侄子。在这样的心态下，他依旧选择逃避，什么也没有做。之后，此前曾是沃尔西忠实的仆人之一，在他衰败后依旧忠于他的托马斯·克伦威尔，建议国王去解决这个问题，建议国王当整个教会的领袖。这个建议被国王采纳了，国王也着手去做了，用了各种卑鄙的手段。但他对那些神职人员也进行了补偿，允许他们将支持路德观点的人烧死，而且想烧死多少就烧死多少。你必须要知道，托马斯·莫尔爵士——那位帮助国王著书的智者，他后来接替了沃尔西的位置，成为大法官。但由于他始终对教会非常忠诚，即便教会内部已经腐朽不堪，因此在这样的情况下他辞去了这一职务。

呀，彻底摆脱了凯瑟琳王后之后，亨利终于扫平了迎娶安妮·博林的一切障碍。作为答谢，国王任命克兰麦为坎特伯雷大主教，并下令让王后离开宫廷。凯瑟琳照做了，但她告诉国王，无论她走到哪里，她都是英格兰的王后，无论到什么时候她都是，直到她死的那一天。之后，国王便秘密地娶了安妮·博林，半年之后新上任的坎特伯雷大主教宣布国王与凯瑟琳王后的婚姻无效，并将安妮·博林加冕为王后。

可能安妮·博林很清楚，这样的错误行径最终不会有好的结果。那位肥猪一样的禽兽既然能够对他的第一任妻子如此背信弃义、如此残忍，那么对他的第二任妻子变本加厉也在情理之中。即便是他还爱着自己的时候，她也应该知道，国王是一个卑鄙无耻、自私胆小的鼠辈，尤其是当她居住的那一带爆发了一场可怕的疾病的时候，因为她很有可能像一些人一样染上疾病然后死去，所以，国王像一个吓坏了的杂种狗一样从她的房子里逃跑了。然而，安妮·博林意识到这一切的时候已经太晚了，并且因此付出了惨重的代价。她的婚姻本身就很恶劣，但更恶劣的是她选择的这个人，结局对她来说自然也在情理之中了。我们很快就会看到，这里所说的情理之中的结局，指的并不是她最后的寿终正寝。

当教皇听说了国王这桩婚事的时候，他气得大发雷霆。当很多英格兰修道士看到他们的教会岌岌可危的时候，也与教皇的反应一样，甚至有些人还在教堂中当面对国王进行指责，对国王不依不饶，直到国王亲自大吼一声"安静"，这才停下。然而，国王对此没有激烈的反应，反而很平静地接受了。当王后给他生了一个女儿的时候，他非常高兴，并给女儿取名为伊丽莎白，并宣布她为威尔士亲王，而这是她的姐姐玛丽此前的头衔。

亨利八世统治时期的一个凶残的特点是，他总是在改革之后的宗教和未改革的宗教之间摇摆不定。因此，每当他和教皇之间吵得越来越凶的时候，他就把百姓中不支持教皇的人，活活烧死。于是，有一个悲惨的学生名叫约翰·弗里思和一个可怜、单纯的裁缝安德鲁·休伊特——后者很爱约翰·弗里思，并且还说无论约翰·弗里思信仰什么，他就跟着信仰什么——被杀死在史密斯菲尔德的刑场上，为了展示国王是一位多么出色的基督徒。

很快，又有两位名气更大的受害者遭到了迫害，他们是托马斯·莫尔爵士和约翰·费希尔，后者是罗彻斯特主教。约翰·费希尔是一位善良且和蔼可亲的老者，他其实没有犯重罪，只是相信了一个名叫伊丽莎白·巴顿的人而已，这个人被称为"肯特的圣女"——一个荒谬至极的女人，自称受到圣灵的感动，而后发出各式各样神圣的预言和启示，虽然那些只不过是邪恶的无稽之谈而已。

表面上看起来，他的罪过是这样，但真正让他陷入麻烦的是他拒绝承认国王是教会的最高领袖，因此他被关进了监狱。不过，即便是在这样的情况下，他原本也是可以活下来的，只是受点苦而已（因为"肯特的圣女"和她的重要追随者们很快就被处决了）。但教皇为了刁难国王，决定任命费希尔为红衣主教。国王见状便开了一个十分凶残的玩笑：教皇可以给费希尔送一顶红帽子，因为这是成为红衣主教的形式，不过到那个时候已没有脑袋去戴这顶帽子了。

约翰·费希尔接受了一个毫无公正、毫无正义可言的审判，并被判处死刑。他像一个高贵、善良的老者一样死去了，为后人留下了值得纪念的名声。我敢说，国王肯定以为托马斯·莫尔爵士被这一出杀鸡儆猴吓坏了，但他不仅不是那种会被轻易吓到的人，还坚定不移地相信教皇。他坚定地认为国王不是教会的合法领袖，对承认国王是教会领袖一事断然拒绝。因为这项罪名，他被关进监狱整整一年，之后他接受了审判，被判刑。当他注定要接受死亡的命运、从审判厅离开的时候，他从刽子手面前走过，刽子手将斧子的斧刃面冲着他——这是当时政治犯在刽子手面前走过的一贯做法，然而他却非常沉着地接受了这一切，他只是给他的儿子祝福，他的儿子从威斯敏斯特厅的人群中挤了过来，跪下接受了他父亲的祝福。不过当他回到监狱，途经沃夫塔的时候，他宠爱的女儿玛格丽特·罗珀——一位非常善良的女子，一次又一次地冲过侍卫们，跑过来亲吻他、抱住他的脖子哭泣，他终于也忍不住哭了出来。但他很快就缓了过来，不再有任何情绪波动，反而充满了勇气。

当他走上绞刑架的时候，发现台阶摇摆不稳，就对副官开玩笑说："副官大人，请你扶着点我，让我能平安地走上去，等我下来的时候，我自己就能搞定。"之后，当他的头被放到断头台上的时候，他对刽子手说："让我整理一下我的胡子，好让它们不挡道，我的胡子可没有犯罪呵。"之后，他的头被砍了下来。通过这两桩刑罚，足以看出亨利八世国王的本性了。托马斯·莫尔爵士是他的领土中最高尚的人，而那位主教则是他最年长、最忠实的朋友。然而，跟那个人做朋友，就跟做他的妻子一样危险。

当这两起谋杀的消息传到罗马的时候，教皇暴跳如雷，自打有这个世界以来，教皇从来没有像现在这样愤怒。为此，他下了一道命令，要求子民们武装起来，把国王赶下王位。而国王则采取了一切防范措施，让这份文件无法送达他的地盘。之后，为了报复，他还对英格兰的多所修道院进行了镇压。

这场破坏由一群专门的人负责实施，领头者就是克伦威尔（此时的他深受国王的宠信），这项任务他们花了几年的时间才全部完成。毫无疑问的是，这些宗教性质的设施，其宗教意义除了名字之外什么也没有，而且里面充斥着懒惰、放纵情欲的修道士们。他们用尽各种手段欺骗平民百姓：他们将画像挂在绳子上，拉动绳子让画像移动，之后谎称是天堂的神迹让它移动的。此外，他们中间留着一个酒桶，里面装满了牙齿，他们声称这些全都来自一位圣人，这位圣人真是绝伦逸群啊，能够提供给他们这么多的牙齿；他们还用烧死了圣劳伦斯的煤炭残渣、一些脚指甲，以及折叠小刀、靴子、腰带等，都是属于某些圣人的，所有这些垃圾一样的东西被他们称为"圣徒遗物"，被无知的人们所崇拜。毫无疑问，修道士中也有好人，可国王手下的官员们把他们连同作恶的修道士们一起惩罚。他们的行为不仅毫无公平正义可言，他们还破坏了很多好东西——非常有价值的图书馆、大量的画作、彩色的玻璃、精致的路面和雕塑。整个朝廷非常贪婪地在对这些抢来的战利品进行分赃。

国王似乎对这件事着了魔，因为他声称托马斯·贝克特是一个叛徒，尽管他已经死了很多年，可他还是命人把他的尸体从坟墓里挖了出来。如果修道士们说的是真的，这个贝克特可真的是太神了，因为当他们挖开他的坟墓时，他的脖子上居然有一个脑袋。自从他死了以后，修道士们就到处展览一个号称是他的人头的另一个脑袋，还通过这种方式赚了不少钱。他墓穴里的金银珠宝加起来装满了两个大箱子，八个人费了好大力气，才跟跟跄跄地把这些财宝全部搬走。从这个事实来看，你就能推断出修道院到底富有到什么程度了。当他们全都被镇压后，国王的财富一年就增加了13万英镑，这在当时可是一大笔钱呵。

不过，这些事情虽然办成了，但也不可避免地引起了人民的不满。不管怎么说，修道士作为一地之主还是不错的，他们会十分热情地招待旅人，此外，他们还会慷慨地将大量的谷物、水果、肉制品以及其他东西分发给人们。在那个年代，这些东西是很难兑换成钱的，因为那个时候没有多少路，就算有路，路况也非常差，当时无论是两轮马车还是四轮马车，都非常粗糙，因此他们必须把拥有的大量的物资分给别人，不然那些东西就会腐烂。因此，很多人非常怀念什么也不做就有人给东西的那段时期，没人给，自己就要辛勤劳作，那些修道士被人从他们的家乡赶走，四处流浪，也助长了他们的不满。于是，在林肯郡和约克郡爆发了大规模的起义。起义被国王镇压了，这是他最喜欢的方式。修道士们也未能逃过此劫，这件事情过去之后，国王继续像一头王室的肥猪一样，发出震耳欲聋的哼叫声，每天过着醉生梦死的生活。

为了简明易懂，我已经一口气把所有的宗教方面的故事都讲完了。现在，让我们把目光转回国王的国内事务。

命运多舛的凯瑟琳王后已经死了，而国王对他的第二个王后也感到了厌倦，就像他对第一个王后感到厌倦一样。就像他在安妮还是凯瑟琳的侍女的时候爱上了安妮一样，他爱上了安妮的一个侍女。看到伤天害理的行为是如何得到报应了吧？这时王后回想起自己登上王位的时候，内心肯定充满了自责！国王的新欢是一位名叫简·西摩的女子，国王刚打定娶她的主意，就打算要了安妮·博林的脑袋。于是，他给安妮编造了一大堆根本与她毫不搭边的可怕罪名，并指控她的亲兄弟和很多服侍她的贵族绅士是她的同谋，这其中最容易被记住的是两位名叫诺里斯和马克·斯米顿的音乐家。由于大臣和议员们就像英格兰最卑贱的农民一样，对国王怕得要死，只能对他唯命是从，于是他们便判定安妮·博林有罪，那些倒霉的人也与她一同被定罪。其余那些绅士，像个男人一样选择了死亡，只有斯米顿除外，他被国王诉说的谎话诱惑，于是做出了所谓的认罪招供，并希望能够得到赦免。但是我很高兴地说，他并没有得到赦免。其他人都被杀光了，这个时候就只剩下王后一个人需要处理了。

安妮被关入伦敦塔，周围都是被派来盯着她的女间谍，她在这里惨遭迫害，被人卑鄙地诽谤，根本没有人为她做主。但她的意志反而随着她经历的苦难变得强大了，她给国王写了一封充满爱意的书信（这封信现在还在），试图软化国王的心。在发现毫无意义之后，她便在"阴郁的监狱"里选择了接受死亡。她非常高兴地对她周围的人说，她听说刽子手非常出色，而且她的脖子也很细（她说话的时候还笑着用她的双手抱着自己的脖子），还说自己很快就会从痛苦中解脱了。她的确很快就解脱了，可怜的人哪，她的尸体被扔进一个旧箱子，埋在了礼拜堂的地下。

据说，在她死的时候，国王坐在宫殿里焦急地等待把她处死的礼炮声。当天空中传来了这个喜讯的时候，他兴高采烈地跳了起来，命人准备好他的猎犬，去打猎了。他是一个坏到足以干出来这件事的人，至于他到底有没有这么做我们不得而知，不过可以肯定的是，他第二天就娶了简·西摩。

写到第三位王后的下场，并不能让我高兴。她生下了一个男婴后，就因为高烧不退死了，她的儿子取名为爱德华。在我看来，任何一个选择嫁给这个恶棍的女人，很清楚他的双手沾满了无辜人的鲜血，那么就算简·西摩能活得再长些，她最后也必将迎来砍头的斧子落在她的脖子上的下场。

为了信仰和教育事业，克兰麦拼尽全力抢救了教会的一些财产，但由于那些位高权重的家族十分迫切地想要得到财产，因此他保住的那些也没多少能用到这上面。就连迈尔斯·科弗代尔，这个将《圣经》翻译成英文（这是那些不认同宗教改革的人绝不允许的）、为人民做了不可估量的贡献的人，当大家族控制了教会的土地和钱财的时候，连他也陷入贫穷。人民被告知说，当这些财产全都归王室所有的时候，他们就不需要再缴税了，但后来人们很快被再度征税，这次是国王直接向他们征收的。不过，这么多大家族十分贪婪地想要得到这些财富，对人民来说其实是很幸运的，因为这些钱如果都到了国王那里，像他这样的暴政恐怕会持续几百年。有不少作家拥护天主教教会反对国王，其中就包括雷金纳德·波尔，他用最激烈的方式对国王口诛笔伐（虽然他一直从国王那里领取抚恤金），用笔杆子夜以继日地为教会战斗。由于国王拿他没办法——因为他在意大利，于是国王非常有礼貌地邀请他过来讨论问题。鉴于他很清楚国王的为人，他选择了明哲保身，继续躲在他自己的地方。

国王便将怒火撒到了他的兄弟——埃克塞特侯爵蒙塔古和其他一些绅士身上。这些人被指控犯与他串通叛国、为他提供帮助等罪名（他们很有可能真的这么做了），全都被处死了。教皇让雷金纳德·波尔当上了红衣主教，由于他本人是非常不愿意的，于是就有人猜测他想得到英格兰的王座，还希望娶玛丽公主为妻。他这回成了红衣主教，这些流言蜚语也就不攻自破了。然而，波尔的母亲索尔兹伯里女伯爵非常不幸，因为她在那个暴君的地盘上是波尔唯一的亲人。国王便将仇恨报在了这个手无寸铁的女人身上，当她被命令将自己满头白发的脑袋放到断头台上的时候，她回答刽子手说："不！我的脑袋从来没有犯过罪，如果你想要，你就自己来抓。"说完，她绕着断头台跑了起来，刽子手则追着她打，打得她长满白发的脑袋头破血流。直到他们把她的脑袋按到断头台上，她还拼命地挣扎，表明自己是无辜的，根本没有背叛国家。人们都看在眼里，就像他们所承受的其他事情一样，承受了这一切。

他们确实有太多东西需要承受，因为史密斯菲尔德微弱的火焰一直在燃烧，不断有人被烧死——依旧是为了彰显国王是一个多么虔诚的基督徒。教皇之前下达的命令传到了英格兰，他拒绝教皇，拒绝他发出的法令，他烧死了很多人，罪名竟然只是因为他们与教皇持有不同的宗教观点，这其中就有一个可怜的人名叫兰伯特，他因为这一罪名在国王面前接受审判，六位主教轮番与他辩论。当他感到筋疲力尽的时候（六个主教与他辩论，不累才怪），他放弃了抵抗，并祈求国王的怜悯，然而国王大吼着说自己对异教徒没有慈悲心，于是，兰伯特也成了火焰的祭品。

所有这一切，人民都忍受了，但还远远不止这些。这个国家的精神似乎在那个时候被驱逐出了英格兰，英格兰人民以叛国的罪名被处死，"直率的国王"的妻子们还有他的朋友们被他处死，这些人在绞刑架上还说他是一位善良、温柔的国王。不管是在东方国家，还是在俄国，当遇到喜欢把滚烫的水和刺骨的水轮番浇在人们头上，直到将他们折磨致死的暴君时，人民都会这么做。议会也不是好东西，它给国王所有他想要的一切，不仅事事为国王开绿灯，甚至还赋予他滥杀无辜的权力，任凭他的心情和意愿，只要有人被他称为叛国贼，就会被处死。

最糟糕的是，议会通过的一项称作《六项条文》的法案，这项法案被大家称为"六根鞭子"，它的存在是为了毫不留情地惩罚反对教皇意见的人，将宗教中最恶劣的部分运用到了极致。克兰麦如果能够修改这一法案，他一定会这么做的，但天主教派的势力实在太过强大，他无能为力。其中有一条：神父不应该结婚，由于他已经结婚了，他只好将妻子和孩子们送到德国，之后开始为自己的安危担惊受怕，更何况他一直以来还是国王的朋友。这项条款是在国王的眼皮底下制定出来的，因此，我们不应该忘记他是一个多么残忍的人，他之所以支持天主教教义中最恶劣的那部分，是因为他发现即便他反对，他也得不到任何好处。

此时，"和蔼可亲"的国王想再娶一个妻子。他向法兰西国王提议，让后者送几个法兰西宫廷的小姐过来，在他面前展示一下，以便让他挑选。法兰西国王回复说，他不想让法兰西宫廷里的小姐像集市上的马一样牵出来给别人看。于是，国王转而向米兰公爵遗孀求婚，但她回答说，如果她有两颗脑袋，她乐意考虑一下，但鉴于她只有一颗人头，所以她恳求国王让她保住脑袋。最后，克伦威尔说在德国有一位信仰新教的公主（那些支持宗教改革的人被称为新教徒，因为他们的领袖们反对原有教会的腐败和强行征税）名叫"克里夫斯的安妮"。据说她非常漂亮，会非常乐意答应的。国王问他，这位安妮是否是一位块头很大的女子，因为他必须娶一个很胖的婆娘才行。"哦，是的！"克伦威尔回答说，"她块头非常大，正是你想要的那款。"国王听后把著名画家汉斯·霍尔拜因派去，为她画了一张画像。汉斯把她画得特别漂亮，国王看了非常满意，这桩婚事就定了下来。然而，到底是有人付钱给汉斯，让他把她画得好看一些，还是汉斯像其他画家一样，按照当时的套路，为了向公主献殷勤，所以才把她画得特别好看，我没法说清楚。我所知道的是，当安妮来到罗彻斯特，国王也来到这里见到她时（他先看到安妮的，安妮并没有看到他），他发誓说她简直就是一匹"巨大的佛兰德母马"，表示自己绝不会娶她。虽然事已至此，他不得不娶她，但他拒绝把准备好的聘礼给她，而且从来不拿正眼看她。他不会原谅克伦威尔的所作所为，因此克伦威尔的垮台就是从那个时候开始的。

没过多久，为了推进天主教的影响，国王的敌人在一次国宴上把诺福克公爵的侄女送到了国王的面前，她叫凯瑟琳·霍华德。她虽然身材娇小，也不是特别漂亮，但依旧年轻且颇具魅力。国王当场就爱上了她，并很快与安妮离了婚，离婚的理由是她此前曾与别人有过婚约，所以她根本配不上国王的尊贵。就这样，他把她变成了诽谤的对象，之后他娶了凯瑟琳。很有可能就在婚礼的那一天，他把忠实的克伦威尔送上断头台，砍掉了他的脑袋。为了庆祝他的婚礼，他还把一些新教徒的囚犯（因为他们拒绝接受教皇的教义）和几个罗马天主教的囚犯（他们的罪名是拒绝承认他的权威）关在同一辆囚车中，之后把他们拉进火海，一起烧死了。人们依旧对此忍气吞声地接受了，整个英格兰没有一位绅士举起手来伸张正义。

然而，报应来得非常及时，凯瑟琳·霍华德很快被发现她在婚前有过不检点的行为，国王之前曾诬陷他的第二任妻子安妮·博林的那些罪名在她的身上全都应验了，而且这回是名副其实的。于是，可怕的斧头再次让国王变成了一个鳏夫。之后，亨利为了顺应当时的情况，决定亲自督导编写一本名叫《基督徒必须遵守的教义》的宗教典籍。我想他这个时候一定会感到一些困惑，因为他虽然对自己很虚伪，却对某些人非常真诚，这里的某些人指的是克兰麦。诺福克公爵和克兰麦一直想要弄垮国王，但国王对克兰麦始终如一。有一天晚上，国王还把自己的戒指给了他，并吩咐说第二天如果他被指控犯有叛国罪，就把这枚戒指拿出来给议会的人看。克兰麦第二天的确是这么做的，这让他的敌人措手不及。我猜国王此时还不想除掉他。

国王又结了一次婚。是的，说来也奇怪，他居然还能找到一个愿意当他老婆的英格兰人，她的名字叫凯瑟琳·帕尔，她是拉蒂默男爵的遗孀，是一个倾向新教的人。令人欣慰的是，她只要有机会就会与国王就有关教义的问题展开激烈的辩论，把国王折磨得苦不堪言。她这么做差点把自己的命也搭了进去。某次在与国王交谈过后，国王的情绪十分低落，于是他命令一位名叫加德纳的主教（他是支持教皇制度的人）起草一份指控凯瑟琳的起诉书。起诉书本来会把她像她的几位前任一样送上断头台的，但她的一个朋友捡起了掉在宫殿里写有国王命令的那张纸，而后及时地通知了她。她听后吓得大病了一场。当国王来给她下套以便抓住她更多把柄的时候，她把国王哄得非常到位。她说，自己与国王争论那些观点只是想帮助国王转移一下他的注意力，同时也希望能够从他那过人的智慧中学到一些东西。国王听后不仅吻了她，还称她是自己的心肝宝贝。所以，到了第二天，大法官前来执行国王交给他的任务要把她带到伦敦塔的时候，国王把他撵走了，还骂他是个禽兽不如的人，是个无赖、白痴。就这样，凯瑟琳·帕尔差点就上了断头台，她在千钧一发之际逃过了这一劫。

在亨利八世统治期间，与苏格兰不断发生战事，还和法兰西打了一场短暂而又尴尬的战役，因为法兰西支持苏格兰。但是，英格兰国内发生的事情远比这两场战争要可怕得多，还给这个国家留下了永远无法抹去的污点，因此对于国外发生的事情我就不多加介绍了。

在亨利八世统治结束之前，还发生了几件恐怖的事情。林肯郡有一位名叫安妮·艾斯丘的女子，她非常倾向接受新教的观点，但她的丈夫是一位狂热的天主教徒，为此把她赶出了家门。她来到伦敦，又因冒犯了《六项条文》而被关进伦敦塔，还上了刑——可能是因为他们希望在她痛苦不堪的时候，能够供出几个讨厌的人，之后给他们定罪，如果她能编造出来一些东西，那就更好了。然而，无论他们怎么折磨她，她始终没有哭出声来，直到伦敦塔的副官下令不再折磨她。紧接着，两个在场的神父居然脱下他们的袍子，用他们的手转动刑具上的轮子，直到撕裂她的皮肤、扭断她的骨头、把她弄成残废，最后甚至把她烧死。与她一起被烧死的还有其他三个人：一位绅士、一位神职人员和一个裁缝，他们被烧死之后，这个世界还像往常一样运转着……

不知道是国王对诺福克公爵和他的儿子萨里伯爵的权力感到畏惧，还是他们得罪了国王，国王决定要除掉他们，让他们和那些走在他们前面的人一样。儿子首先接受审判——罪名当然是子虚乌有且微不足道的，虽然他勇敢地为自己辩护，但依旧不出所料地被定了罪，顺理成章地被处死了。之后，他的父亲也被抓起来处死了。

然而，国王本人被一个更伟大的国王了结了性命，地球也终于能够摆脱他了。现在的他臃肿、丑陋不堪，腿上还有一个大伤口，此时的景象对任何一个人的感官来说，都是恶心至极的，连靠近他都会觉得非常可怕。等他在克罗伊登的宫殿里快要咽气的时候，他派人召见克兰麦，克兰麦火速赶往了那里。当他见到国王时，国王已经说不出话来了。值得高兴的是，就在那个时候他死了，他死的时候 56 岁，在位 38 年。

新教徒的作家们很喜欢亨利八世，因为宗教改革就是在他的统治时期内完成的。但是，真正伟大的功劳是属于其他人的，并不属于他，宗教改革不会因为他怪物般的罪孽而变得更糟，更不会因为他的拥护而变得更好。事实的真相是，他是这个世界上最让人无法忍受的恶棍，是人性的耻辱，是英格兰历史上由鲜血和肥油组成的污点。

3 坚定的新教徒

亨利八世立下遗嘱，指定了一个由 16 人组成的议会，在他的儿子成年之前（当时他只有 10 岁）管理这个国家。同时，还指定了一个由 12 人组成的议会来帮助他们。第一个议会当中最有权势的人是赫里福德伯爵，他是年轻国王的叔叔，他一刻也没有耽搁就声势浩大地把他的侄子带到了恩菲尔德。之后，又从那里带到了伦敦塔。那时，人们认为年幼的国王为他父亲的死感到哀伤，这是他美好品德的证明。但鉴于平民百姓在很多时候也有这样的美德，所以我就不多说了。

在先王的遗嘱中，有一个非常有意思的部分——要求执行他遗嘱的人替他履行他之前所做出的承诺。朝廷中有一些人很纳闷，他到底承诺了些什么。赫里福德伯爵还有其他几个贵族对此也非常感兴趣，他们说国王答应让他们升官发财。于是，赫里福德伯爵就让自己变成了萨默塞特公爵，并让他的兄弟托马斯·西摩成了一位男爵。类似的加官晋爵还有很多，对于相关的利益集团来说都是令他们非常愉快的，而且他们都对先王的意愿尽忠尽责，没有任何的疑问。为了对先王的遗愿更尽忠尽责，他们还霸占了教会的土地，让自己赚得盆满钵满，十分惬意。新的萨默塞特公爵还当上了王国的护国公，从本质上来说其实就是国王了。

由于年轻的爱德华六世是在学习新教信仰的原则下被抚养长大的，因此每个人都很清楚，新教的信仰将会维持下去。但作为新教教义的主要负责人，克兰麦稳步、适度地推进着改革之路。很多迷信、荒谬的宗教活动被取缔，不过对那些无害的活动则没有干涉。

萨默塞特公爵——英格兰的护国公，非常着急想让年幼的国王与年幼的苏格兰女王联姻，原因是为了防止这位公主嫁给别人，与其他国家的政权组成同盟。但在苏格兰有相当一部分人不喜欢这个计划，于是公爵入侵了苏格兰。他入侵苏格兰的借口是住在边境的苏格兰人给英格兰人造成了很多麻烦。但这个问题是相互的，英格兰的边境居民也没少给苏格兰人制造麻烦，而且多年来边境上的冲突就一直存在，还由此诞生了很多古老的传说和歌谣。然而，英格兰的护国公入侵了苏格兰，而苏格兰的摄政王阿伦带着一支是敌人数量两倍的部队前来与他相会。他们在距离爱丁堡一英里远的埃斯克河的河岸上相遇，打了一场小规模的战役。英格兰的护国公提出，只要苏格兰不把他们的公主嫁给别国的王子，他就撤军。苏格兰摄政王以为英格兰人害怕了，于是犯了一个可怕的错误：继续攻打英格兰人。英格兰的步兵从陆地、水兵从水上，同时向苏格兰人发起进攻，苏格兰军队被击溃，四散而逃，共有1万多名苏格兰人被杀。这是一场可怕的战役，因为所有的逃亡者最后都惨遭杀害。从那里一直到爱丁堡足足4英里的路上布满了尸体、残肢断臂和人头。有些人躲藏在河里，淹死了；有些人丢盔卸甲逃跑，几乎一丝不挂地在逃命的路上被杀。然而，在这场"平其克鲁之战"中，英格兰军队只损失了二三百人。英格兰人的穿着要比苏格兰人好得多，当他们看到这个国家是如此贫穷的时候，他们全都大吃一惊。

当萨默塞特公爵返回英格兰的时候，召开了一次议会会议，会议废除了"六根鞭子"。然而不幸的是，它保持了这个残忍的条令——在所有宗教问题上，如果一个人拒绝相信政府希望他们相信的东西，这个人就会被烧死。议会还制定了一条愚蠢的法律（目的是消除乞丐）：任何人不得总计三天不劳作，或游荡在外，否则将会被烧红的铁块烫上一个烙印，戴上脚镣，成为奴隶。不过，这项荒谬至极的残酷法律很快就被废除了，一起被废除的还有很多其他愚蠢透顶的法律。

护国公这时不免飞扬跋扈起来。在议会中，他坐在王位的右边，在所有贵族们的面前。对很多贵族来说，他们骄傲的当然是能有机会成为他的敌人了。据说，护国公突然从苏格兰回来，是因为他收到消息称他的弟弟西摩男爵开始威胁到他了。西摩男爵是英格兰的海军司令，他是一个非常英俊的人，深受宫廷小姐们的喜欢，就连年轻的伊丽莎白公主也非常喜欢他，与他走得很近，与他嬉闹调情，超过了公主与人交往的界限。西摩男爵娶了凯瑟琳·帕尔——亨利八世的遗孀为妻，但在他与公主走得很近时，凯瑟琳·帕尔已经死了。为了壮大自己的势力，西摩南爵私下给年幼的国王钱财上的供应。他甚至还与他哥哥的敌人密谋要把国王劫走。总之，在这几个还有其他一些指控的罪名下，他被关进伦敦塔，之后被定罪。而且，我很遗憾地说，他的亲哥哥就是第一个签署死刑书的人。他在伦敦塔被处死，直到死他都对自己的叛国罪予以否认。他在这个世上做的最后一件事是写了两封信，一封给伊丽莎白公主，一封给玛丽公主，这两封信由他的一个仆人保管，那个仆人把信藏在了自己的鞋子里。据猜测，两封信的内容是催促她们反对他的哥哥，并为他的死报仇。但是信里真正写了什么是没人知道的，不过有一点可以肯定，他一度对伊丽莎白公主产生了很大的影响。

在这期间，新教信仰一直在取得进展，并逐渐深入人心。之前，挂在教会里供人们敬拜的图像，被逐渐从教会中移走，而且人们还被告知说，他们不需要再向神父忏悔，除非他们自己选择这么做。此外，还用英语编写了一本祷告手册，所有的人都能够读懂；其他改进之处还有很多，循序渐进、适度地改变着，因为克兰麦是一个非常有节制的人，他甚至制止了新教的神职人员粗暴地辱骂非改革派的宗教——他们经常这么做，这是一个非常不好的行为。然而，平民百姓这个时候都生活在水深火热之中。贪婪的贵族们霸占了教会的土地，成了非常恶劣的地主：他们圈出大面积的土地用来放羊，因为羊比种庄稼更有利可图，而这加重了人们的不满情绪。因此，不理解身边发生的事情的人们依旧轻易地相信了那些无家可归的修道士告诉他们的（很多人在不愁吃穿的日子里把他们当成自己的好朋友），他们把所有这一切都怪罪于宗教改革，于是，在英格兰的很多地方，人们纷纷揭竿而起。

起义势头最迅猛的地方是德文郡和诺福克。在德文郡，叛军的势力极其强大，几天之内就集结了 1 万人的大军，他们甚至还围攻了埃克塞特。不过，拉塞尔勋爵前来帮助市民守城，打败了叛军。胜利之后，他不仅绞死了一个市长，还在教堂的尖塔上绞死了一个教区牧师。那个郡被绞死的叛军，再加上在战场上被杀的叛军，多达 4000 人。在诺福克（这里更多的是反抗圈地放羊，而不是宗教改革），当地的领袖是一个名叫罗伯特·凯特的人，他是怀门德姆的一个皮革匠。民众们一开始十分亢奋地跟着一个叫约翰·弗劳尔迪的人站在罗伯特敌对的一边，这个人非常恨罗伯特。然而，皮革匠要比那位绅士强大得多，因为他很快就把人民拉了过来，并且在诺里奇附近集结了一支庞大的军队。

在那里的一座称作穆思堡的山上，有一棵巨大的橡树，凯特取名为"改革之树"。仲夏之际，他和他手下的人坐在枝繁叶茂的绿荫下，组织法庭，讨论国事。他们甚至还允许一些十分令人厌烦的演说家来到这棵树下，指出他们的错误，他们则躺在树荫下倾听（有人抱怨听着听着就睡着了）。然而，在 7 月的一个阳光明媚的日子里，一位传令官出现在那棵树下，他宣布凯特和他手下的人都是叛国贼，并命令他们立即解散回家，这样他们都会得到赦免。但是，凯特和他的人根本不把传令官放在眼里，反而比以往更加团结了，直到沃里克伯爵带着一支足够强大的军队前去讨伐他们，把他们都切成了碎片。有少数几个人被当作叛徒绞死了，之后被开膛剖肚、五马分尸，他们的四肢被送到了各个村落，给那里的人当作一个可怕的警示。他们当中有九人被绞死在"改革之树"的树枝上。因此，那棵树很可能就是从那个时候开始枯萎的。

护国公虽然是一个心高气傲的人，但他对生活在水深火热中的平民百姓还是很有同情心的，也渴望帮助他们。但由于他实在太傲慢，而且位高权重，因此很难得到人们长久的支持，很多贵族也很嫉妒他、恨他，因为他们都与他一样傲慢，地位却没有他高。这个时候，他正在斯特兰德建造一座宏伟的宫殿，为了弄到石料，他用火药炸掉了教堂的尖塔，还拆了主教的房子，因此也就为自己树立了更多的敌人。终于，他最大的敌人——沃里克伯爵杜德利——那个在亨利七世统治时期与恩普森一起被人民深恶痛绝的杜德利的儿子，与另外七个议会成员一起反对他，他们组成了一个单独的议会，在短短几天的时间里，他们的影响力就超过了之前的议会，他们指控护国公犯有 29 项罪名，之后把他关进伦敦塔。在被议会没收了所有的官衔和土地，自己也卑微地做出认罪之后，护国公得到赦免，被放了出来。在经历了这次浩劫之后，他居然再次回到了议会，并把自己的女儿安妮·西摩嫁给了沃里克伯爵的长子。

然而，这样的和解是不太可能维持长久的，实际上持续了不到一年。沃里克伯爵让自己变成了诺森伯兰公爵，他的那些朋友全都成了重要的人。他指控萨默塞特公爵和他的朋友格雷勋爵犯有叛国罪、企图绑架国王、将国王废黜，以这种方式终结了这段历史。萨默塞特公爵及其朋友格雷勋爵还被指控企图绑架诺森伯兰公爵和他的朋友们——北安普敦勋爵和彭布罗克勋爵，甚至还企图将其杀害，并煽动市民造反。这些罪行护国公都明确地予以否认，但他承认自己确实说过想要谋杀那三个贵族，但从来没有真正策划过。虽然叛国罪名没有成立，但他在其他几项指控上被定罪，因此当人们（这时想起他对他们的好）看到受尽羞辱、身处险境的护国公从审判大厅走出来的时候，刽子手的斧头没有对着他，以为他被无罪释放了，于是高声欢呼庆贺。

但实际上，萨默塞特公爵被判在第二天早上斩首，还发布公告要求市民们上午 10 时之前必须待在家里。不过，他们天一亮就涌上街头，把刑场堵得水泄不通，每个人都面带愁容、情绪低落地看着曾经只手遮天的护国公走上绞刑架，将他的头放在可怕的断头台上。公爵鼓起勇气对他们发表了最后的遗言，他说他能帮助推动这个国家的宗教改革，对他来说是一件非常欣慰的事情。正当这时，人们看到一位议会成员骑马赶了过来。人们以为这个人带来了缓刑的命令，以为公爵有救了，再次欢呼起来。不过，公爵本人告诉他们说他们误会了，于是把头放在断头台上，任由它被砍了下来。

旁观的人冲上前，把他们的手帕浸到他的鲜血里，以此表示他们对他的敬爱。他生前的确做了很多好事，其中有一件是在他死后才被发现的。达勒姆主教是一个好人，当公爵还手握大权的时候，有人状告他反对议会，因为有人曾经给他写了一封谋反的信，信中提议成立一支叛军反对宗教改革，而他则写了一封回信。由于那封回信没有找到，因此就没能给他定罪，后来发现这封信被公爵藏在了他的私人文件中，因为在公爵看来，他是一个好人。后来这位主教被撤职，同时被剥夺了财产。

很不幸的是，当萨默塞特的叔叔被判处死刑，关在监狱里等待死亡来临的时候，年幼的国王则沉浸在戏剧、舞蹈和战争游戏带来的喜悦之中。这是千真万确的，因为国王有记日记的习惯。不过令人高兴的是，在这段统治时期里，没有一个罗马天主教徒因为坚持自己的信仰而被烧死，虽然有两个可怜的人被称为异端，成为受害者。其中一个是名叫琼·博谢的妇人，她的罪名是发表了一些观点，她的那些观点只能用一些让人无法理解的胡言乱语来解释。另一个人叫冯·帕里斯，他是荷兰人，在伦敦行医。爱德华在这件事上的表现值得称赞，因为他十分不愿意在那个妇人的死刑命令上签字，而且签字之前还落下了眼泪，他告诉催促他的克兰麦说，这个罪不能算在他的头上，而应该算在克兰麦头上，因为是后者坚持要执行这一可怕的死刑的（克兰麦完全可以饶过这个妇人性命，但她实在是太过固执己见，坚持要死）。很快，我们将会看到，当克兰麦想起这件事情的时候，是否会感到悲伤和懊悔。

克兰麦与里德利（他最初是罗彻斯特主教，后来成了伦敦主教）是这个时期神职人员中权势很大的两个人。其他人则因为坚持原来改革前的信仰而被关进监狱，还被剥夺了财产，其中就包括温彻斯特主教加德纳、伍斯特主教希思、奇彻斯特主教戴伊以及被里德利取代的伦敦主教邦纳。玛丽公主继承了她母亲阴郁的性格，对改革后的宗教信仰恨之入骨，因为她母亲遭受的不公和悲伤都与宗教改革有关。她其实对新教一无所知，拒绝阅读哪怕是一本真实阐述新教的书籍，她依旧坚持旧有的信仰，在整个国家原来的弥撒只允许她一个人进行。虽然年幼的国王很喜欢她，若不是由于克兰麦和里德利的强烈劝说，他也不会给她这个特权。他总是对这件事情充满了恐惧，尤其是在他接连得了麻疹和天花病之后，他非常担心如果自己死了，玛丽作为王位继承人将会继位，那么罗马天主教的信仰就会被恢复。

诺森伯兰公爵也对此事感到非常不安，一旦玛丽公主登上王位，那么他作为支持新教徒的人，必定会被贬黜。萨福克公爵夫人是亨利七世的后裔，如果她这个时候放弃她所拥有的权力，并支持她的女儿简·格雷的话，公爵可就要平步青云了，因为他其中一个儿子——吉尔福德·达德利勋爵刚刚娶了简·格雷为妻。于是，他便为年幼的国王排忧解难，劝说他废掉玛丽和伊丽莎白公主，指定一个继承人。

年轻的国王便先后六次亲自交给王室的律师们一份自己签署的文件，内容是指定简·格雷为王位继承人，并要求他们依照法律把这件事情立为他的遗嘱。律师们最开始是反对的，但鉴于诺森伯兰公爵对这件事情的态度太凶暴，律师们甚至以为他要动手打他们——公爵脱掉自己的衬衫激动地说，谁要是敢不从，他就与那个人决斗，于是他们都妥协了。克兰麦最开始也是犹豫的，他还辩解称自己之前曾发誓维护玛丽公主的王位继承权，但他并不是一个意志坚定的人，后来他也与议会的人签署了那份文件。

幸亏他们把这件事情完成得及时，因为爱德华的病情急转直下，为了能够让他的病情有所好转，他们把他交给了一位自称能够治好他的女医生。然而，他的病情很快便进一步恶化了。

1553年7月6日，他用最后一口气在向上帝献上虔诚的祷告的时候死了，而他的祷告是祈求上帝保护改革后的新教。

国王死的时候只有16岁，统治英格兰7年。很难说这么年轻的一个人日后在这些卑鄙无耻、野心勃勃、始终吵个不停的贵族的包围下，会变成一个什么样的人。但是，他是一个和蔼可亲的男孩，也非常有能力，脾气秉性中丝毫没有粗俗、残忍和野蛮的特点。鉴于他父亲是那样一个人，这还真是让人感到非常惊讶。

4 血腥玛丽

诺森伯兰公爵拼了命地隐瞒年轻国王已死的消息，目的是将两位公主控制住。但是，玛丽公主在前往伦敦看望她生病的弟弟的路上，得到了他弟弟已死的消息。她立即掉转马头去了诺福克。阿伦德尔伯爵是她的朋友，是他通知了玛丽发生的所有事情。

眼见这秘密已经守不住了，诺森伯兰公爵和议会便派人去把伦敦市长和一些长老们请来，并把这件事情告诉了他们。之后，他们才告诉平民百姓国王已死的消息，随后他们派人去通知简·格雷，告诉她她将要成为女王了。

简当时只有 16 岁，不仅长得很漂亮、和蔼可亲、非常有学识，还很聪明。当大人们来到她那里，在她面前跪卜，并将他们带来的消息告诉她的时候，她大吃一惊，甚至晕了过去。缓过神来之后，她对年轻国王的死表示了忧伤，而后她说她很清楚自己并不适合治理这个国家，如果她必须成为女王的话，那她祈祷上帝指引她。

她当时住在布伦特福德附近的锡永宫，贵族们庄重地带着她在泰晤士河顺流而下，来到了伦敦塔。依据传统，她应留在这里，直到她被加冕为王。

但人民却一点也不喜欢这位简·格雷，他们认为玛丽才是合法的女王，他们也非常讨厌诺森伯兰公爵。因为公爵做了一件事情，引起了人们的不满，他把一个名叫加布里埃尔·波特的酿酒仆人抓了起来，因为他在群众中表达了对公爵的不满，他的耳朵被钉在刑枷上，之后割了下来。

贵族中间一些有权有势的人也公开宣布站在玛丽那边。他们集结了一支军队来支持她，并在诺里奇宣布她为女王。他们来到弗拉姆灵厄姆城堡，聚集在她周围——这里是诺福克公爵的地盘。因为，他们认为她还不是很安全，因此最好的办法就是让她待在海岸线边上的城堡里，如果有必要，她能从那里去海外。

议会本打算任命简·格雷的父亲——萨福克公爵作为军队的总指挥前

去镇压他们，但由于简恳求他们让父亲和她待在一起，而且他们也知道萨福克公爵是一个软弱的人，于是议会告诉诺森伯兰公爵，必须由他亲自统领军队出征。诺森伯兰公爵根本不愿意这么做，因为他非常不信任议会，但没有办法，只得带着沉重的心情出发了。在经过肖尔迪奇的时候，他对行走在他身边的一位贵族说，虽然有很多民众前来目送他们，但他们都安静得可怕。

诺森伯兰公爵担心的事情果然发生了。当他在剑桥等待议会派兵增援的时候，议会突然决定放弃简·格雷，转而支持玛丽公主。这主要是前面提到的阿伦德尔伯爵在中间起的作用。在第二次与市长和长老们会面的时候，他告诉懂得审时度势的贤者们，说他并不认为新教信仰会受到多大威胁，而且彭布罗克勋爵也挥舞着他的剑表示对阿伦德尔伯爵的支持——这也起到了说服他们的作用。于是，市长和长老们想通了，说玛丽公主应该成为英格兰女王。接着，他们在圣保罗大教堂的十字架前，宣布她成为女王，装着琼浆美酒的酒桶被分发给人们，他们喝得烂醉，围着熊熊燃烧的篝火翩翩起舞——这群头脑简单的可怜人，他们很快就会看到另一场篝火，将会以玛丽女王的名义被点燃。

在做了 10 天的王权之梦后，简·格雷非常顺从地放弃了王位，并表示她之所以会接受，只是为了顺应父母的意愿而已。接着，她兴高采烈地从泰晤士河回到了她那惬意的房子和她那些书的怀抱里了。玛丽则开始向伦敦移动，在埃塞克斯的旺斯特德，她同父异母的姐妹伊丽莎白公主加入了她的行列。她们穿过伦敦的街道来到了伦敦塔，她接见了里面很多有名的犯人，她亲吻他们，并且释放了他们。这其中就有温彻斯特主教加德纳，他在爱德华六世时期，因为坚持原有的信仰，而被关了进来。他后来很快就被女王任命为大法官。

诺森伯兰公爵这个时候沦为阶下囚，与他一起被抓的还有他的儿子和其他五个人，他很快就被带到了议会前。他理所当然地为自己辩护，并质问议会：如果遵守了盖有这枚印章的命令是否能称得上是叛国，如果是，他们也都同样遵守了，有什么资格来审判他？议会根本没有把他说的话当回事，因为他们已经决定要除掉他了，他很快就被判处死刑。通过另一个人的死，诺森伯兰公爵才得到权力，但当他自己失势的时候，他的表现却糟糕透顶（果然不出所料）。他恳求加德纳放他一条生路，哪怕以后住在老鼠洞里他也愿意。当他走上断头台时，还对在场的百姓发表了一段可怜巴巴的演说，他说自己是被别人利用的，他还劝他们回归改革前的宗教信仰，并说那才是他的信仰。我猜即便是到了那个时候，他还幻想这样一番演讲能为自己换来原谅。

玛丽成了女王。她已经37岁了，又矮又瘦，满脸皱纹，健康状况非常不好。她对抛头露面和明亮的颜色情有独钟，在她的宫廷里，女士们打扮得花枝招展。她还非常喜欢古老的传统，虽然她并不清楚其中的意义。她生活在最陈旧的传统之中，信仰最传统的宗教，加冕礼也是按照传统的方式进行的。我希望它们能对她有所帮助。

很快，她就表现出了取缔新教信仰、恢复原来宗教的想法。虽然那是一项很危险的工作，因为此时的人民已经比以前要聪明多了。他们甚至在一次公开的布道中，向一位攻击新教的王室牧师扔石头，还有人向他扔了一把刀。但王后和神父们则非常坚定地要把这条路走到底。里德利——上一任王朝位高权重的主教被抓了起来，关进伦敦塔；拉蒂默——上一任王朝的神职人员中非常有名的一位，同样被关进伦敦塔；克兰麦也紧随其后。拉蒂默是一位上了岁数的人，当看守他的人把他带到史密斯菲尔德的时候，他环顾四周说："这个地方渴望我的到来已经很久了。"因为他很清楚，很快会燃烧的将是一种什么样的篝火。对此心知肚明的不止他一个人，因为监狱里很快就挤满了新教的主要成员。他们的朋友，只要有机会的就扔下他们逃走了，逃出了英格兰。这时，就连最愚蠢的人都能看明白将要发生的事情。

那些该发生的很快就发生了。一个新的议会被组建起来（它的公正性非常值得怀疑），他们宣告此前由克兰麦宣判的亨利八世国王与女王的母亲之间的离婚无效，还撤销了前任国王爱德华时期制定的所有有关宗教的法律。他们违反法律的规定，恢复了用拉丁语进行弥撒，还赶走了一位主教，因为他不肯下跪。他们宣布简·格雷犯有叛国罪，因为她想得到王位。至于说克兰麦叛国，是因为他不相信前面讲到的弥撒。之后，他们殷切地恳求女王为她自己选一个丈夫，越快越好。

问题来了：谁来当女王的丈夫？这个问题引起了大家热烈的讨论，还分成了几个意见不合的党派。一些人说红衣主教波尔是最佳人选，但女王并不这么认为，因为他太老而且是个书呆子。另一些人推荐年轻英勇的考特尼，此前女王将他封为德文郡伯爵，女王最开始也是这么想的，但过了一段时间她就改变了主意。最终，西班牙的菲利普王子成为最佳人选，虽然人们一点也不喜欢他，因为他们自始至终都非常厌恶这桩婚事，还私底下抱怨说西班牙人肯定会借助外国士兵的力量，在英格兰建立教皇制度中最恶劣的律法，并借此胡作非为，甚至还会建立最可怕的宗教法庭。

这些不满使得一个阴谋由此而生。密谋者们计划将伊丽莎白公主嫁给年轻的考特尼，借着举国上下的人民都发生暴乱反对女王的时候，将公主扶正。但这个阴谋被加德纳及时地发现了。不过，在肯特这个古老而又大胆的郡，人们用古老而又大胆的方式发动了起义。托马斯·怀亚特爵士是他们的领袖，他拥有过人的胆识。他在梅德斯通举起了他的旗帜，然后率领军队来到了罗彻斯特。他驻防在那里的古老城堡中，准备抵御诺福克公爵的进攻。后者带着女王的近卫军和 500 个伦敦人前来攻打他。然而，那些伦敦人来到这里是为了支持伊丽莎白，他们根本不支持玛丽。于是，他们在古堡的城墙下宣布加入怀亚特的阵营，公爵无奈只好撤退。紧接着，怀亚特带着 1.5 万人来到了德特福德。

然而，一切自有定数。当怀亚特来到南华克的时候，他只剩下 2000 人了。他发现伦敦市民全副武装，伦敦塔上架起了大炮，准备阻止他们渡河。怀亚特并没有感到惊慌，而是带着他的人离开了这里，来到泰晤士河上的肯辛顿，他知道那里有一座桥。于是，他一路波折，绕行来到路德门——这里是伦敦古老的城门之一。他发现桥被破坏了，便修好了它。他们过了桥，一路勇猛地杀到弗利特街，沿这里上了路德门山。当他发现城门紧闭的时候，他用手中的剑一路又杀回了圣殿关。在这里，他因寡不敌众而投降，他手下有三四百人被抓，此外还有 100 人被杀。

怀亚特因一时的软弱（可能是因为受了刑）被迫指认伊丽莎白公主是他的同伙，不过是非常微不足道的一位。但他大丈夫般的刚毅很快就回来了，他拒绝通过认罪来换取自己的性命。于是，依照残忍野蛮的传统，他被五马分尸后被送往各地展览，他的手下中将近 100 人被绞死，其余人得到了赦免，但这之前，他们在脖子上套上缰绳后游街示众，一边走一边高喊："上帝保佑玛丽女王！"

面对这次反叛，女王表现出过人的勇气和意志。她对撤退换取保命不屑一顾，还来到市政大厅，手持权杖，对市长和市民们发表了一番慷慨激昂的演讲。但在怀亚特被打败之后的那天，她做了一件极其残酷的事情，即便是在她残暴的统治下看来也是极其残酷的：她签署了简·格雷女士的死刑判决书。

他们劝说简·格雷接受改革前的宗教信仰，却被她坚定地拒绝了。在她被处刑的那天早上，她透过窗户看到了丈夫鲜血淋淋的无头尸体被人从伦敦塔山的绞刑架上用一辆车运了回来。她拒绝在被处刑前去见丈夫最后一面，因为她怕自己会太悲伤而无法体面地死去，她展现出的坚韧和冷静让人永世难忘。她步伐稳健地走上断头台，表情十分沉着冷静，并用非常坚定的声音向围观的人致意。

围观的人并不多，因为她实在是太年轻、太纯洁、太美丽了，刽子手不希望让她死在伦敦塔山上，死在大庭广众下，就像她丈夫一样。所以，执行她死刑的地方就选在了伦敦塔里面。她说她自己抢夺了玛丽女王的权力，但她那么做并非出于恶意，她直到死都是一位谦卑的基督徒。她祈求刽子手给她一个痛快，她还问他："你能在我把头放在断头台之前，就砍下来吗？"刽子手回答说："不能，夫人。"他们用绷带把她眼睛蒙上的时候，她表现得非常安静。眼睛被蒙上后，她没办法找到断头台，没办法把脑袋放在上面，因而只能用手到处摸索，他们还听到她十分困惑地说："哦！我该怎么做？那东西在哪儿？"他们帮助她找到了断头台，刽子手砍掉了她的脑袋。现在，你应该很清楚了吧，这么多年以来，英格兰的刽子手干了多少可怕的事情！他们的斧头曾落到多少人的头颅上！而这些人是全英格兰最勇敢、最智慧、最优秀的！但和简·格雷的死相比，这些还不算是最残酷、最邪恶的。

简·格雷的父亲很快就落得同样的下场，不过却没有多少人同情他。玛丽女王的下一个目标是抓住伊丽莎白，她非常急切地想办成这件事情。她派了500人前去她在伯克姆斯特德附近的阿什里奇的隐居之所，命令他们把她抓回来，不管她是死是活。他们到达那里的时候已是晚上10时，公主患病在身躺在床上。但那群人的头领跟着她的侍女来到了她的卧室，第二天一早就把她带走了。他们把她放在一顶轿子上，将她抬到伦敦。她身患重病，身体特别虚弱，他们走了五天才到伦敦。

她坚持让人们看到她，所以把轿帘打开了。就这样，人们看到面色苍白、身体虚弱的她穿过伦敦的街道。她给她的姐姐玛丽写信说，自己没有犯任何罪，问她为什么要把她抓为因犯。她没有收到回信，而是被关进了伦敦塔。他们把她关进伦敦塔的时候经过了叛徒之门，她虽然拒绝这么做，却是徒劳。押送她的贵族之中有一个人脱下自己的袍子要给她披上，因为那时正在下雨，但她高傲且轻蔑地把它拿开了。进入伦敦塔后，她在院子里的一块石头上坐了下来。他们恳求她到里面去，因为外面下着雨。她宁愿坐在这里也不愿去一个更糟糕的地方。最后，她进了她的房间，在那里成了一个囚犯，不过与她后来在伍德斯托克的日子相比，还不算很糟糕——她后来从伦敦塔被转移到那里，在那里她才真正成了一名囚犯。据说有一天，她看到一个挤牛奶的女仆唱着歌在阳光明媚的绿地上走过，感到非常羡慕。

加德纳主教——即使在残酷阴郁的神父当中，也没有几个人比他更坏的了。他毫不在意地让别人知道他强烈希望了结她的性命的想法。他还经常说，只要异端这棵树的根基还在，无论怎样抖落树叶或砍掉枝权都是没有用处的。然而，他的诡计还是失败了。伊丽莎白最终被放了出来，她被要求住在哈特菲尔德宫中，一位名叫托马斯·波普的爵士负责照顾她。

西班牙王子菲利普看起来似乎是伊丽莎白命运转折的主要原因。他并不是一个和蔼可亲的人，恰恰相反，他是一个非常自大、傲慢且阴郁的人。不过，他和随他一起来到英格兰的西班牙贵族们的确反对了对公主的一切暴力行为。可能他只是出于谨慎的考虑而已，不过我们还是希望他这么做是出于男人的勇敢和骑士的荣誉。女王早就期待她丈夫的到来。他终于来了，这让她欣喜若狂，虽然西班牙王子一点儿也不在乎她。他们的婚礼由加德纳主持，在温彻斯特举行。他们还在人民中间搞了不少欢庆活动，但依然无法消除人民对这桩联姻的疑虑。而且就连议会也是如此，尽管议会的成员们跟诚实一点都搭不上边，也很有可能被西班牙人的钱财收买，不过他们坚决不通过任何能让女王废黜伊丽莎白公主而指定她继承人的法案。

虽然加德纳的目标，就像之前想把伊丽莎白公主送上绞刑架的目标一样，以失败而告终，但他加快了旧有宗教信仰的复苏。他组建了一个新议会，成员中没有一个人是新教徒。他们做好了在英格兰迎接红衣主教波尔作为教皇信使的准备，他带来了教皇神圣的宣告，称之前所有获得了教会财产的贵族们，应将资产留下作为自己的财产——这种做法为了满足他们自私的利益，以便让他们站在教皇这边。紧接着，一场大戏拉开了序幕，主题是女王计划的胜利实施。红衣主教波尔意气风发地来到英格兰，并受到了热情、盛大的欢迎。议会以集体的名义发出了一份请愿书，对这个国家的宗教发生的改变，他们表达了自己的悲伤，并恳请他再次让这个国家回到教皇制度的体系中。加德纳将这份请愿书大声地读了出来，他读的时候，女王坐在王座上，她的丈夫坐在她旁边，议会的成员也都在场。红衣主教也发表了一番情绪高涨的演讲，他非常恳切地说这些都已成为往事，并都得到了原谅，于是庄严地让这个王国再次成为罗马天主教国家。

　　此时，点燃那场可怕的篝火的所有准备工作都已就绪。王后以书面形式向议会发表宣言说，她不愿意她的臣民在没有议会人员在场的情况下被烧死，她希望每一场火刑前都有一场很好的布道。议会的人立即就明白接下来将要发生的事情了。于是，在那位红衣主教（作为火刑的开幕式）为所有的主教进行了祝福之后，大法官加德纳在伦敦桥南萨克的圣玛丽奥弗里召开了最高法庭，公开审判异教徒。在这里，有两位新教牧师——格洛斯特主教胡珀和圣保罗大教堂牧师罗杰斯——被带来受审。胡珀受审的罪名是身为一个神父却结婚了，其次是他不相信弥撒。这两项指控他都承认了，他还说弥撒是一种邪恶的欺骗。他们审判罗杰斯的时候，他也是这么说的。

　　第二天早上，这两个人被带来进行宣判，罗杰斯说他可怜的妻子是一位德国人，她孤身一人在这异国他乡，因此他希望能允许他的妻子在他死之前过来见他一面。对于这个请求，毫无人性的加德纳声称她根本不算他的妻子。"但是，大人，她的确是我的妻子，"罗杰斯说，"她做我的妻子已经18年了。"然而，他的请求还是被拒绝了。他们两人被押送到新门。在街上做买卖的小贩们被要求将他们的灯火熄灭，这样人们就看不到他们了。然而，市民全都站在自己的家门口，手里拿着蜡烛，在他们经过的时候为他们祈祷。过了没多久，罗杰斯就被带出监狱，在史密斯菲尔德执行火刑。在去刑场的路上，他在人群中看到了他那可怜的妻子和他的孩子，其中最小的还只是一个婴孩。然而，他就这样被烧死了。

　　第二天，胡珀也被带出监狱，他将在格洛斯特被处以火刑。为了不让人民认出他，他们给他戴上一个头罩挡住了他的脸。即便如此，人们还是认出了他。当他走到格洛斯特附近的时候，人们在路上排起了长队为他祈祷、为他哀悼。押送他的士兵把他带到一个住处，他在那里整晚睡得特别香甜。第二天上午9时，他被带了出来，手上挂着拐杖，因为他前一天晚上在监狱中受了风寒，身体很虚弱。那些用来绑他的铁桩和铁链子被固定在大教堂前一片舒适的空地上，附近有一棵巨大的榆树。当他还是格洛斯特主教的时候，每个星期天他都会在这里讲道、带领大家祷告。此时，这棵树上面连一片叶子也没有，因为此时是2月。格洛斯特教会的神父们则透过一扇窗户幸灾乐祸地看着刑场，前来观刑的人挤满了每一个能够看到这可怕场面的角落，一位老者跪在铁桩下面的一个小台子上大声祷告。祷告完毕后，胡珀便走上了铁桩，他上身被扒得只剩下一件衬衫，被铁链锁在柱子上。一个士兵非常同情他，为了减轻他的痛苦，将一小包火药系在他身上。接着，他们堆起了木头、稻草还有芦苇秆，然后把这些东西全都点着。遗憾的是，那些木头受了潮，再加上那天的风很大，火刚点着就被吹灭了。于是，这位善良的老者被烟熏火燎折磨了足足45分钟，因为火总是着了又灭。在这段时间，他们看到他一直颤动着嘴唇祷告……

克兰麦、里德利和拉蒂默被带到牛津与一群神父和学者组成了委员会，对弥撒展开辩论。他们受尽了羞辱，据记载，牛津的学者们对他们唏嘘鄙视、大声吼叫、冷嘲热讽，除了展示学者风度的行为之外，他们什么卑鄙的手段都用上了。几位犯人被带回了监狱，后来在圣玛利教堂受审。他们都被定罪。10月16日，里德利和拉蒂默被带了出来，准备用他们点燃另一场可怕的篝火。

这场对两位高尚的新教徒的酷刑，将在贝利奥尔学院附近的护城河沟里进行。当他们来到了这个可怕的地方，他们亲吻了铁柱，之后互相拥抱。紧接着，一位学识渊博的学者走上了事先摆在那里的讲台，他以一段经文开始了他的讲道："舍身叫人焚烧，却没有爱，仍然与我无益。"当你想到将人活活烧死的"仁爱"之举的时候，你能够想象出，这位满腹经纶的学者的嘴脸是多么厚颜无耻。当他讲完的时候，里德利想要对他做出回应，但没有被允许。当他们脱下拉蒂默的衣服时，发现他在里面裹了一件新的裹尸布。当站到人们面前的时候，人们发现，他几分钟之前还受尽了羞辱、一副虚弱无力的样子，可这个时候却挺直了身体，看起来英俊无比。

他知道，他很快就将为一项正义、伟大的事业而死，因此这一刻将被人们永远铭记。里德利妻子的兄弟带了几包火药在那里，当他们被绑在刑柱上的时候，他把火药缠在两人身上。接着一个火把被扔到了下面的柴堆上，点燃了木柴。"鼓起勇气，里德利大人，"拉蒂默在那个可怕的时刻说，"拿出男人的气概来！今天，我们借着上帝的恩典将在英格兰点燃一支蜡烛，我相信它永远不会熄灭！"人们看到他动了动手，仿佛在用火焰洗手，火焰抚摸他上了年纪的脸庞，人们听到他高喊说："天父啊，请收下我的灵魂吧！"他很快就死了，火焰却在烧到里德利的腿的时候灭了。他就那样半死不活地被绑在铁柱子上，他哭喊道："哦！我烧不起来！哦！看在耶稣的分上，快让火焰烧在我身上吧！"就在有人上前添木头的时候，人们再次听到他在浓烟中凄惨地叫喊："哦！我烧不起来！我烧不起来！"最后，火药终于沾到了火星上，结束了他的痛苦。

这场惨剧结束之后，又过了五天，加德纳也去见上帝了，他犯下了这么多残忍的滔天大罪，在上帝面前可得好好地为自己辩解一番了。

此时，克兰麦还活在监狱里。2月，他再次被带出来，伦敦主教邦纳——另一个嗜血的残酷之人，要对他进行审讯，这个人接替了加德纳的工作。克兰麦这个时候被贬为神父，留在监狱里一直到死。不过，如果说女王在这个世上对某个人恨之入骨，那这个人就是克兰麦了。她决定要让克兰麦受尽羞辱，一败涂地。女王和她的丈夫写信给议会，敦促他们赶紧点燃那个可怕的火焰。由于大家都知道克兰麦并不是一个意志坚定的人，于是他们设下陷阱让油嘴滑舌的人去他周围，引诱他放弃新教，回归天主教。地方主教和修道士也前来拜访他，与他一起玩滚球，对他表示了各种各样的关心，极力对他进行劝说、开导，还给他钱让他在监狱里过得舒服一些，最后还诱使他签署了六份放弃新教的宣言。但当他被带出监狱准备接受火刑的时候，他仍展现出高贵的一面，为自己的人生画上了一个充满荣耀的句号。

在祷告和布道结束之后，当天的讲道人科尔博士（他是克兰麦在监狱里的时候，身边奸诈狡猾的神父之一）要求他当着民众的面公开承认自己的信仰。科尔这么做是想让他宣称自己是一个罗马天主教徒。克兰麦说："我会承认我的信仰，我非常乐意这么做。"

说完，他站了起来，从袖子里拿出一份写好的祷告词，并大声地读了出来。完毕后，他又跪了下来用主祷文进行祷告，在场的人跟着他一起背诵主祷文。然后他再次站起身来，告诉他们说，他相信《圣经》，他之前写的那些都不是真的，因为他是用自己的右手在那些文件上签字的，所以当他被烧死的时候，要先把右手烧掉。至于教皇，他拒绝承认他，并公开指责他是天堂的敌人。科尔博士见状，立刻命令卫兵堵住这名异教徒的嘴，将他带走。

他们把克兰麦带走了，用锁链把他绑在铁柱上，他迫不及待地把自己的衣服脱下来，做好了迎接火焰的准备。这时，他头上已经没有头发了，他的白胡子随风飘荡，在面对死亡的时候他表现得非常坚定，再次宣称他之前所签的那些改变信仰的文件都是假的。负责行刑的一个贵族，不得不急忙催促刽子手赶快行刑。当火焰燃烧的时候，克兰麦伸出了自己的右手，大声喊道："是这只手犯的罪！"然后把右手伸到了火焰里，直到右手被烧成灰烬。人们在他的灰烬中找到了他完好无损的心脏，他在英格兰的历史上留下了永远被人们纪念的名字。

红衣主教波尔为了庆祝克兰麦的死，在那天亲自主持了弥撒，第二天他就接替了克兰麦的位置，成为坎特伯雷大主教。

女王的丈夫大多数时间都待在自己的领地上，还经常对他那些亲信的朝臣开一些关于女王的粗俗玩笑。他这个时候正在与法兰西打仗，于是他跑到英格兰寻求帮助。虽然，英格兰十分不愿意因为他而与法兰西人开战，但正巧就在这个时候，法兰西国王为一场发生在英格兰海岸线的侵略提供了帮助。因此，英格兰便对法兰西宣战，这下可让菲利普高兴坏了。

女王运用了自己的权力，不择手段地筹集了一笔钱，用于这场战争的开销。可这笔钱砸进去之后，一点收益也没有，因为法兰西的吉斯公爵出其不意地偷袭了加来，英格兰军队损失惨重。这场在法兰西的损兵折将彻底让这个国家的自尊受到了打击，女王无法从这场挫折中恢复过来。

这时，英格兰爆发了一场可怕的热病，在整个英格兰肆虐，而且我非常高兴地写道——女王也被传染了。就在将死之际，她对周围的人说："当我死后，你们打开我的身体，就会发现'加来'两个字写在我的心脏上。"但我觉得，如果那上面真的写有什么字的话，写的应该是简·格雷、胡珀、罗杰斯、里德利、拉蒂默、克兰麦还有"300个在我邪恶统治的四年时间里被烧死的人，其中包括60个妇女和40个小孩"。不过，他们的死已经被上天铭记，这就足够了。

女王死于1558年11月17日，仅仅统治了不到五年半的时间，死的时候44岁。红衣主教波尔第二天也死了，是因为这个热病。

残忍的玛丽女王成为历史上臭名昭著的"血腥女王玛丽"，在大不列颠，人们永远不会忘记她带来的恐惧，也永远不会停止对她的憎恶。人们对她的记忆已经痛恨到如此地步，居然在她的晚年还有一些作家站在她那边，向大家展示她其实是一个非常和蔼可亲的人，在她统治期间，人们过得非常喜乐！我们的救主说："凭着它们的果子，就可以认出它们来。"

刑柱和火焰就是这段统治时期的果子，仅凭这两样就足以让你评价这位女王了。

5 "光荣女王"伊丽莎白

当议会的贵族们来到哈特菲尔德，拥戴伊丽莎白公主为英格兰的新女王的时候，举国上下都为之欢呼振奋。玛丽统治时期的残酷暴行让整个国家变得疲惫不堪，于是人们对新的政权充满了希望和喜悦。英格兰仿佛从一场噩梦中醒了过来，吞噬过无数条人命的烈火也已经熄灭，遮天蔽日的烟雾随之消散，苍穹再次明亮起来。

当伊丽莎白女王骑着马从伦敦塔穿过城市的街道，来到威斯敏斯特大教堂被加冕为王的时候，她25岁。她的相貌十分引人注意，气质高贵，给人一种威风凛凛的感觉，她的头发是红色的，她的鼻子与一般的女性相比又长又尖。她并没有朝臣们吹嘘的那样美若天仙，但也足够漂亮了。毫无疑问，她比那个一脸黑暗、阴森的玛丽漂亮多了。她受过很好的教育，但她的写作风格却让人很难理解。她骂起人来尖酸刻薄，说话也很粗俗。她很聪明，也很虚伪，同时也很狡猾，还继承了她父亲的暴躁脾气。我之所以提到这些，是因为她被一些人追捧得简直是仙女下凡，而又被另一些人贬损得一无是处。因此，如果不能真实地知道她是一个什么样的女人的话，是很难理解她统治时期的所作所为的。

她在统治的初期拥有得天独厚的优势，因为她有一位非常睿智、为人谨慎的大臣威廉姆·塞西尔爵士辅佐她，后来把他封为伯利勋爵。每当大街小巷出现游行队伍的时候，人们比以往有了更喜乐的理由，他们之所以高兴也是有原因的。大街小巷上都有各种各样的表演，挂上了各式各样的画像，歌革和玛各^①的雕像坐落在坦普尔巴的最高处，市政当局忠实、中肯地向年轻的女王献上了1000马克的金子。这个礼物实在是太贵重了，女王不得不用两只手去接。加冕仪式取得了极大的成功。第二天，朝臣中的一位向新女王递交了一份请愿书，希望她能够依照传统释放一些囚犯，希望女王能够施以仁慈，释放《福音书》的四名作者——马太、马可、路加和约翰，还有圣保罗门徒，这些人被关在陌生的语言环境中有一段时间了，

---

① 在先知的预言中，他们是人类反抗基督的领袖。

所以人们根本不了解他们。

面对这个请求，女王的回答是最好先问问他们本人，是否想要得到释放。为了寻求答案，将召开一场盛大的公开讨论，这很像是一场宗教比武大会，规定由双方教派各派出他们的斗士，在威斯敏斯特大教堂展开辩论。你能够想象得到，很快大家就很清楚地明白：对人们来说，让一个人从他所读的书或者别人告诉他的东西中受益，就必须先让这个人对那些东西有一定的了解才行。因此，人们开始用浅显易懂的英文进行教堂礼拜仪式，还制定了很多法律和规定，为宗教改革奠定了伟大的基础。总体来说，天主教的代表和主教们没有受到粗暴的惩罚，因为女王手下的大臣们全都很明智，也都心怀仁慈。

在这一时期，有一个比较大的麻烦是苏格兰女王玛丽·斯图亚特，她也是造成这段时期的骚乱和血雨腥风的主要原因。我尽可能用较少的文字来阐述一下这个人的身世和她的性格，以及她为什么会成为伊丽莎白的眼中钉、肉中刺。

玛丽·斯图亚特是苏格兰摄政女王玛丽之女，当她还是一个孩子的时候，她就嫁给了法兰西的王太子。教皇声称，没有他高尚的批准，任何人都不能合法拥有英格兰王位，因此他强烈反对伊丽莎白，因为她没有征求教皇高尚的批准。由于苏格兰的玛丽女王依据她的血缘应当具有英格兰王位的继承权，再加上教皇本人认为英格兰的议会不应更改继承顺序，于是教皇和他那些对此事不满的追随者们坚称玛丽才是英格兰合法的女王，伊丽莎白的王位是非法的。

由于玛丽和法兰西之间的关系非常密切，法兰西还对英格兰特别妒忌，因此这两者之间组成的同盟比以往任何一个时候都危险。当她年轻的丈夫在他父亲死后成为法兰西国王弗兰西斯二世的时候，这个问题就变得非常严重了。因为这对年轻夫妇自称是英格兰的国王和王后，而教皇则决定不遗余力地襄助两人。

这时，新教信仰在一位坚定强大的传教士约翰·诺克斯等人的指引下，在苏格兰取得了突飞猛进的普及。不过那里依旧是一个一半国民都尚未开化的野蛮国，杀人放火和起义暴乱的事情接二连三地发生，那些推动改革的人非但没有尽到他们应尽的义务，纠正这些邪恶的行为，反而将古老的苏格兰残忍的精神展现得淋漓尽致。他们拆毁了教堂和礼拜堂，摧毁了画像和祭坛，还殴打了灰衣修道士、黑衣修道士、白衣修道士。总之，穿着各色服饰的修道士他们都不放过，把这些修道士打得四处逃窜。苏格兰改革派们的这种冷酷无情的精神，让信仰天主教的法兰西宫廷忍无可忍（只要涉及宗教问题，苏格兰人总是用眉头紧皱、愁眉苦脸的方式来解决），不得不向苏格兰派遣军队，希望让各色修道士重新站起来，并希望通过先征服苏格兰，再征服英格兰的方式，把宗教改革彻底粉碎。

苏格兰的改革派们组成了一个强大的联盟，他们称之为"耶和华会"。他们秘密地告诉伊丽莎白说，如果他们的新教运动失败了，那紧接着在英格兰也很有可能失败。因此，尽管伊丽莎白很清楚一个国家的国王和女王有权做他们喜欢的任何事情，但她还是派了一支军队去苏格兰，为改革派提供帮助。那些人也已经武装好了，准备反抗苏格兰政权。这些，最后促成了一项在爱丁堡签署的和平条约。依据该条约，法兰西同意从苏格兰撤兵。此外，还签署了另一个协定，玛丽和她的丈夫宣布将放弃他们自封的英格兰国王和王后的头衔。然而，这协定他们从来没有履行过。

碰巧的是，协议签订之后没多久，年轻的法兰西国王就死了，玛丽成了一个年轻的寡妇。之后，她被苏格兰子民邀请回去统治他们，因为现在的她不管身在何处都不会开心快乐，所以过了一段时间之后，她答应了。

当苏格兰的玛丽女王在加来乘船前往自己那个粗野、争吵不断的国家时，伊丽莎白已经当了三年的女王。她从海港驶出就亲眼看见了一艘船的失事，之后她说："哦！上帝啊！这是一个什么征兆啊！"她非常喜欢法兰西，一直坐在甲板上一边望着后面的法兰西一边哭泣，直到天黑。当她准备就寝的时候，她还吩咐人说，天一亮就把她叫醒，如果还能看到法兰西的海岸，她还想看上最后一眼。

第二天早上的天气非常好，她如愿以偿地看了最后一眼，之后她又为自己离开那个国家哭了一场，嘴里还念念有词："永别了，法兰西！永别了，法兰西！我这辈子是不会再看到你了！"当时，这位美丽的公主只有19岁，而她的伤感和有趣的经历被后世纪念了相当长的一段时间。不过，就算后来她也经历了其他不幸，但世人对她的同情恐怕远远超过了她所应得的。

当她抵达苏格兰之后，她把住处选在了爱丁堡的荷里路德宫，她发现自己身处一群粗俗的陌生人中，而且这里野蛮的习俗与她之前在法兰西宫廷里经历的完全不一样，这让她感到十分不适应。那些爱戴她的人在她被长途跋涉折腾得筋疲力尽的时候，又让她头疼不已，因为他们为她演奏了一首刺耳的小夜曲——我猜可能是用可怕的苏格兰风笛演奏的。他们还用可怜的苏格兰小矮马把她和她的随行人员送到了她的宫殿，那些马都是一副被饿得半死的样子。

在那些不喜欢她的人中，她发现有位高权重的新教领袖，他们经常讽刺、挖苦她，但他们并没有犯下任何罪行，他们声称音乐和舞蹈都是属于魔鬼的东西。约翰·诺克斯还经常对她进行说教，激烈且充满怒火，还干了很多让她人生不快乐的事情。这些都成为她坚定地相信天主教信仰的理由，而且她轻率地向天主教会的领袖做出承诺，如果她继承了英格兰的王位，她将再次恢复天主教。毫无疑问这让她和英格兰都陷入了危险。当阅读她不幸的历史时，你必须记住这点：在她的整个人生中，她总是以各种方式被天主教的人利用，以对抗伊丽莎白女王。

另外，伊丽莎白一点也不喜欢她，这一点是非常确定的。伊丽莎白非常自负、嫉妒心极强，而且她极其不喜欢结了婚的人。她对待被砍掉脑袋的简·格雷的妹妹——凯瑟琳·格雷女士的态度就非常苛刻。凯瑟琳受尽羞辱，原因没有别的，只因为她私下与别人结了婚而已。她后来被女王逼死了，她的丈夫也身败名裂。所以，当人们开始谈论玛丽第二段婚姻的时候，伊丽莎白对她就更讨厌了。这倒不是因为伊丽莎白缺少追求者，相反，她的追求者很多，西班牙、奥地利、瑞典和英格兰本土都有人向她求爱。她那个时候的英格兰爱人是莱斯特伯爵罗伯特·达德利先生，女王也非常喜欢他。这位罗伯特·达德利私下与一位英格兰绅士的女儿艾米·罗布萨特结了婚，而且有很大嫌疑在自己位于伯克郡的卡姆纳乡间宅邸谋杀自己的妻子，因为这样他就能毫无顾忌地与女王结婚了。这个故事在伟大的作家沃尔特·斯科特爵士的笔下成了他最好的言情小说之一。不过，伊丽莎白既然知道如何引诱那位英俊的爱人来满足自己的虚荣心和讨自己的欢心，同样也知道为了自己的骄傲该如何阻止他，因此罗伯特·达德利对她的爱，还有对她的求婚，都没有任何结果。女王总是在事先准备好的精彩演说中称自己永远不会结婚，到死都愿意做一位纯洁的女王。我觉得这的确是一个非常讨人喜欢且值得褒奖的声明，但被人拿出来宣传和吹捧的次数实在是太多了，多到我已经对此感到厌倦了。

与此同时，也有诸多王子向玛丽求婚，英格兰宫廷也有足够的理由对他们产生警惕，甚至出于政治目的提出她应该嫁给那位渴望娶伊丽莎白为妻的莱斯特伯爵。最后，出身于苏格兰王室家族的伦诺克斯伯爵的儿子达恩利勋爵征得伊丽莎白的同意，和他的父亲伦诺克斯伯爵来到了荷里路德，准备试试自己的运气。达恩利勋爵是一个头脑简单，个头很高的傻瓜，会跳舞也会弹吉他。不过据我所知，他除了会胡吃海喝，喝个烂醉后在众人面前出尽自己卑劣的洋相之外，什么也不会。然而，他居然赢得了玛丽的芳心，并且在达到自己目的的时候，也没有排斥与玛丽的大臣之一——戴维·里齐奥结盟，这个人对玛丽有很大的影响力。他很快便与女王结了婚。这桩婚事对她来说不仅没得到什么好处，而且接下来发生的事情甚至让她的情况变得比以前更糟糕。

玛丽的哥哥默里伯爵，是苏格兰新教派的领袖，他反对这桩婚姻，一部分原因与宗教有关，另一部分原因是他非常不喜欢这位卑劣的新郎。他们结婚之后，玛丽通过拉拢那些有权有势的贵族到自己这边，费尽心力地把默里驱逐出苏格兰。就在她的婚礼之后不到一个月的时间，当默里和其他一些贵族武装起来支持新教时，她骑上战马，身披铠甲，拿着装满子弹的手枪率领军队，与他们作战。他们被赶出苏格兰之后，投奔了伊丽莎白。伊丽莎白表面上称他们是叛徒，但背地里为他们提供支持，这很符合她狡诈的性格。

玛丽在婚后没多久，就开始恨恶她的丈夫了，而她的丈夫开始对戴维·里齐奥——之前与他结盟，并帮助他获得女王欢心的人——产生了恨意，认为里齐奥是女王的情人。他恨里齐奥，便与拉斯文勋爵和其他三位贵族达成了协议：通过谋杀除掉他。这项缺德的协议是在 1566 年 3 月 1 日秘密达成的，3 月 9 日的晚上（那天是星期六），这些阴谋家在达恩利的带领下，经由一个黑暗、陡峭的秘密楼梯来到了一排房间的走廊中，他们知道玛丽正和她的妹妹阿盖尔小姐以及那个在劫难逃的人一起共进晚餐。当他们走进房间的时候，达恩利搂住了女王的腰；面色苍白、身体瘦弱的拉斯文勋爵在两个人的搀扶下也走进了房间——他是从病床上爬起来参与这桩谋杀的。里齐奥跑到了女王的后面，躲在她的保护之下。拉斯文说："让他从房间里出来。"女王回答说："他不能离开房间，我看得出他有危险，你要杀他，这在你脸上写着呢。他必须留在这里，这是我的意思！"

他们冲上来与他扭打在一起，掀翻了桌子，把他拖了出去，共在他身上捅了 56 刀，结果了他的性命。当女王听说他被杀的消息之后，说："不能再流泪了，我现在一心想的是如何报仇！"

又过了一两天，她就让她的丈夫回到了她的身边，并成功地劝说这个高大的白痴放弃他的那些同伙，与她一起逃往邓巴。达恩利在那里发表了一份宣言，虚伪、厚颜无耻地称自己对刚刚发生的这起血案一无所知。博思韦尔伯爵和其他几位贵族也赶来与他们会合。在他们的帮助下，女王集结了一支 8000 人的军队返回爱丁堡，并把这起谋杀案栽赃到英格兰头上。很快，玛丽生下了一个男婴，不过她依旧满脑子想着自己的复仇。

这个时候的她，理所当然地因为丈夫之前的懦弱和背信弃义，比以往更加看不起他。现在，她爱上博思韦尔伯爵，并与他一起策划除掉达恩利。博思韦尔对她的影响力极大，他甚至劝诱她赦免刺杀里齐奥的人。小王子的受洗命名仪式也由他督办，他是仪式上最重要的人。在仪式上，小王子被命名为詹姆士，伊丽莎白则成为他的教母，虽然她并不在场。一周后，达恩利离开玛丽去了他父亲在格拉斯哥的住处，因为他患上了天花，玛丽则把她的御医派去了那里。不过，我们有足够的理由将其理解为这只是表面上意思一下而已，她很清楚自己在做什么。过了不到一个月，博思韦尔找到之前参与谋杀里齐奥的一个人，提议他协助杀掉达恩利，并对他说："女王的意思是要除掉他。"可以确定的是，当她在给她驻法兰西的大使写信抱怨她的丈夫的那一天，她也快马加鞭地赶到了格拉斯哥，假装自己非常担心他，非常爱他。如果，她想要把达恩利玩弄于她的股掌之间，那她肯定会心满意足，因为她成功地说服达恩利跟她一起回到爱丁堡，住在了城外一个叫作柯克场的地方。他在这里住了差不多一个星期。在一个星期日的晚上，她陪达恩利一直到晚上 10 时，之后她便离开了那里去荷里路德宫参加她非常喜欢的侍从的婚礼庆祝活动。凌晨 2 时的时候，一场巨大的爆炸让整个城市都被震动，柯克场被炸成了碎片。

达恩利的尸体第二天在远处的一棵树下被发现。面目全非、被火药大面积烧伤的他是怎么来到这里的，这起凶杀案为什么这么笨拙、这么离奇，这些问题的答案不会有人知道了。玛丽虚伪的性格加上伊丽莎白狡诈的性格，几乎使得所有跟她们相关的历史事件都显得扑朔迷离、真假难辨。不过，我觉得玛丽肯定参与了她丈夫的谋杀，这就是她之前说的复仇。苏格兰人民普遍也是这么认为的，夜深人静的时候，人们跑到爱丁堡的街头，高喊要将女凶手绳之以法。还有人在公共场所贴出公告称博思韦尔是凶手，女王是他的同伙（之前，为了作秀，他还强行把王后抓起来）。当他后来娶了女王为妻的时候（虽然他已经结婚了），人们的愤怒变得一发不可收拾。据说，妇女们对女王的憎恨尤其严重，她们跟在女王身后激烈地高声怒斥、破口大骂。

罪恶的结合通常不会有好的结果。这对夫妇在一起生活了仅仅一个月，就被一群联合起来的苏格兰贵族拆散了，到死都没能重聚。贵族们联合起来反对他们是为了保护年幼的王子，博思韦尔曾试图把王子抢过来，却徒劳一场，因为负责看护王子的马尔伯爵是一个充满荣誉感的人，倘若不是他非常坚定地忠于王子，恐怕王子就会死在博思韦尔的手上。在这股愤怒的势力面前，博思韦尔逃到了国外，他以囚徒的身份度过了悲惨的九年，后来死掉了，这期间他还疯了。那些联合起来的贵族发现，玛丽在所有的事情上都骗了他们，于是把她关进利文湖城堡。这城堡坐落在一个湖的中心，若要来这里，只有坐船。贵族们如果选择一位普通的绅士来当他们的使者就行了，可他们偏偏把琳赛勋爵派到了那里，这个人是一个非常残忍的畜生，他逼玛丽签署了退位协定，同时还指定默里为苏格兰摄政王。默里也在这里见到了她悲伤且卑微的样子。

对她来说，留在利文湖城堡其实是最好的选择，虽然监狱里阴暗枯燥，但下面就是湖水，能看到湖面上的涟漪倒映在房间上的影子。不过，她在那里根本平静不下来，还不止一次试图逃跑。第一次她差点就成功了，她穿上了洗衣女工的衣服，其中一个船夫想要揭开她的面纱，她伸手挡了一下，那些人起了疑心，因为看到她的手很白，于是又划船把她送了回来。过了没多久，她身上迷人的气质和言谈举止吸引了城堡里一个名叫道格拉斯的男孩，他趁着家族的人吃晚饭的时候，把大门的钥匙偷了出来，然后悄悄地带女王走了，还把城堡的大门从外面反锁上。他们划船来到了湖的对岸，划到一半的时候把钥匙扔进了湖底。在对岸，另一位道格拉斯和几位贵族迎接了她，他们与她骑马来到了哈密尔顿，在这里招募了一支 3000 人的军队，她发表声明称之前她签署的退位文件是不合法的，并要求摄政王给自己这个名正言顺的主子腾地方。

默里是一个沉稳的战士，他手上虽然没有军队，但他丝毫没有慌乱，他一边做出一副要与她谈判的样子，一边募集自己的军队。当兵力达到1500 人左右的时候，他率领军队前去攻打玛丽。开战还不到一个小时，就把玛丽的军队全数剿灭。于是，她再次骑上马，"走"了长达 60 苏格兰里[①]，来到邓德伦南大教堂，并躲在了这里，而后又从这里跑到了伊丽莎白的地盘，寻求保护。

1568 年，苏格兰的玛丽女王来到英格兰。她在这里不仅让自己走向了灭亡，还给这里带来了无尽的麻烦，甚至害死了很多人，也让很多人陷入

---

① 1 苏格兰里 ≈ 1.81 千米。

悲惨的苦难。我们现在就来看看，在这19年间，她干了些什么事。

当苏格兰的玛丽女王抵达英格兰的时候，她身无分文，甚至除了身上穿的衣服之外，连一件换洗的衣服都没有。她写信给伊丽莎白，把自己描述成一个无辜、受到迫害的王室成员，她恳求伊丽莎白为她提供帮助，迫使她的苏格兰子民再度迎接她回去，再度臣服于她。不过，她的为人在英格兰早就不是什么秘密了，所有的人都知道真实的情况与她所说的大相径庭，于是给她的回复中告知她必须首先证明自己的清白。看到这一条件，玛丽变得心神不宁，对她来说她宁愿跑到西班牙、法兰西，甚至返回苏格兰，也不愿意继续在英格兰停留了。但由于无论她怎么做，都很有可能再次给英格兰带来麻烦，于是他们决定将她扣留在英格兰。她先来到了卡莱尔，之后又去了另一座城堡，在各个城堡之间来回迁移，她自那以后就再也没有离开过英格兰。

玛丽费尽心思想要摆脱证明自己清白的必要性，不过她最终还是听从了她在英格兰的挚交赫雷斯勋爵的建议，同意对她的指控进行答辩，但前提是指控她的苏格兰贵族们必须来到这里，在伊丽莎白指定的英格兰贵族面前与她当面对质。于是，以协商的名义召开了一场大规模会议，第一次是在约克进行的，后来搬到了汉普顿宫。伦诺克斯伯爵——达恩利的父亲也出席了会议，他公开指控玛丽谋杀了自己的儿子，而且不管玛丽的朋友这个时候怎么为她辩护，或上书证明她的清白，当玛丽的哥哥默里拿出一个装着罪证的盒子时（他称这些是她与博思韦尔之间的往来信件和诗篇），她退出了这场审判。因此，当时最有机会判断出真相的人都认为她有罪。事后大家对她表示了同情，虽然这体现出那些人的宽宏大量，但对于她的同情一点也不合理。

然而，诺福克公爵虽然是一个很有荣誉感的人，但同时也是一个非常软弱的贵族。此时的他冒出了一个强烈的想法，他想娶苏格兰女王为妻（虽然那个小盒子里的信件让他有点害怕），他产生这种想法的原因有三：一是玛丽非常迷人，二是他有自己的野心，三是他被反对伊丽莎白的狡猾阴谋者们软硬兼施地说服了。一些贵族私底下对这一想法表示了支持，甚至伊丽莎白宠信的莱斯特伯爵也鼓励他这么做（因为其他的宠臣反对这一想法，反对的那些人是他在朝廷上的对手）。玛丽对此事表示同意，据说法兰西国王和西班牙国王也是赞成的。然而，这件事情做得并不是密不透风，还是传到了伊丽莎白的耳朵里，她警告公爵说："想清楚今后是打算夜夜安眠还是提心吊胆。"他虽然做了低三下四的回复，但很快就恼羞成怒。

结果，他被关进伦敦塔，因为他被认为是国家的威胁。

　　从玛丽来到英格兰的那一刻开始，她就成为无数阴谋和惨剧的中心。

　　英格兰北部的天主教徒发动了起义，镇压他们的方式很简单，发动大量的处刑和屠杀而已。这件事情过去后，教皇和几位欧洲天主教国家的君主们一起酝酿了一个大阴谋，他们想废黜伊丽莎白，并把玛丽扶上王位，恢复改革前的天主教信仰。几乎根本不用想，就知道玛丽肯定举双手赞成。教皇本人对这件事情也很迫切，他发布了一个法令，公开声称伊丽莎白是英格兰的"冒牌女王"，并将她逐出了教会，同时声称那些继续服从她的人也将被驱逐出教会。有人将这张可耻的纸片抄写了一份，某一天早上它被发现公然地贴在伦敦主教的家门口，这引起了人们的愤怒抗议。后来，另一份抄本在林肯法律学院一个学生卧室内被找到，他被严刑拷打后承认，他是从一个名叫约翰·菲尔顿的人那里拿到的，他是一位富有的绅士，住在泰晤士河对岸的南华克区。约翰·菲尔顿被严刑拷打后，交代说是他把那份布告贴在主教家门口的。他犯的这一罪行，在不到四天的时间里，他就被送到圣保罗大教堂的墓地，处以绞刑并被五马分尸。至于教皇的那份法令，人们在新教的影响下早就摆脱了教皇，大家根本没把它当回事。你能够想象得到，教皇所谓抛弃他们而发出的法令，只是一张肮脏的废纸而已，甚至连街头歌谣一半的影响力都没有。

　　就在菲尔顿被带去审判的同一天，可怜的诺福克公爵被放了出来。对他来说，如果他从今往后能够远离伦敦塔，不再蹚这浑水，远离那些让他越陷越深的陷阱的话，他未来的日子会幸福得多。可是，即便他被关在那个凄凉阴郁的地方，他都与玛丽保持着书信往来，而且他刚被放出来就立即开始酝酿阴谋诡计。在他被发现与教皇之间有书信往来后，他又被关进伦敦塔，随后接受了审判。他们在书信中提到将在英格兰发动起义，从而逼迫伊丽莎白答应他与玛丽的婚事，同时废除反对天主教的法律。审判他的贵族们一致认为他有罪，并判处他死刑。

　　时隔这么久，在众说纷纭的不同看法中，很难说清楚伊丽莎白从骨子里是一位仁慈的女人，还是她想让自己看起来是这样的人，抑或是她害怕杀掉这个德高望重的人会让自己失去民心，想必答案只有她自己清楚。她曾两次下令处死公爵，但两次都收回了成命，对他的处决直到这次审判的五个月后才执行。绞刑架设在伦敦塔山，公爵像一个勇敢的男人一样死去了。他死的时候拒绝刽子手用布把他的眼睛蒙上，还说自己一点也不怕死，百姓们都对他的死感到非常惋惜。

虽然玛丽在为自己开脱罪名的最关键的时候退缩了，但她非常小心，以免给自己留下任何能成为罪证的把柄。伊丽莎白向她提出了各种释放她的提议，但这些没有取得任何成效。除此之外，两个女人全都无比狡猾、奸诈，彼此之间一丁点的信任也没有，所以她们两个基本上不太可能达成任何协议。议会由于被教皇的所作所为激怒了，遂制定了新的更强硬的法律，即反对天主教信仰在英格兰传播，并规定任何人说女王和她的继承人不是英格兰的合法君主就将被定为叛国罪。若不是伊丽莎白还算有节制，他们甚至还会干出更过分的事情。

宗教改革之后，英格兰的宗教人士分成了三大派系：归正会成员、天主教信徒、清教徒。后者主张一切跟教会相关的事务都应该朴素无瑕，故而自称清教徒。清教徒在很多时候的言谈举止会让人感到很不舒服，他们的穿着打扮非常奇怪，奇怪得让人感到害怕，说话时鼻音很重，他们还反对一切娱乐活动、一切享受，更要命的是他们反而觉得这样很光荣。但他们非常有权势，做起事来特别认真、能干，他们每个人都坚定不移地视苏格兰王后为敌人。法兰西和荷兰的清教徒都遭到了惨无人道的凌虐，这反而促使英格兰的清教徒对自己的信念更加执着。在法、荷两国，千千万万的清教徒因饱受各种虐待而命丧黄泉。终于，1572 年秋，巴黎爆发了世界上有史以来最残忍的暴行。

这起事件在历史上被称为"圣巴托罗缪大屠杀"，因为它是在圣巴托罗缪夜里发生的。那一天是 8 月 23 日，星期六。那一天，所有新教徒的重要领袖【他们被称为"胡格诺派"教徒（Huguenots）】都聚集在那里，并告诉对方，他们的领袖——年轻的纳瓦拉国王要与查理九世的妹妹结婚，他们应该前去道贺。年轻的查理九世是法兰西国王，他是一个可怜而又愚蠢的家伙，他被母亲和身边激进的天主教徒们所欺骗，认为胡格诺派教徒是来这里取他性命的。他们说服他发出密令：当钟声第一次敲响的时候，派大批全副武装的人对新教徒发动进攻，不给他们任何喘息的机会，凡是能找到的新教徒都杀掉。快要到约定好的时间的时候，那个愚蠢的可怜虫一直抖个不停，他的母亲把他带到阳台上，做好了欣赏这场暴行的准备。当钟声敲响的那一刻，杀戮开始了。在接下来的两天一夜里，他们闯进新教徒的房子，烧了他们的房子，用火枪和刀杀了新教徒，连女人和小孩也不放过，并把他们的尸体扔到街上。当新教徒在街上走过的时候，他们被射杀，他们的血流入了街道的水沟。仅巴黎就有 1 万多名新教徒被杀，在整个法兰西，这个数字是它的四至五倍。

为了"答谢"上帝让这些残忍的屠杀顺利进行，教皇和他的随行人员居然在罗马举行公开游行，就好像他们觉得发生的事情给他们带来的羞耻远远不够似的，他们还制造了一枚勋章作为对这事件的纪念。虽然这场大规模的杀戮让那些手握大权的人体验到了酣畅淋漓的快感，却没有让那个傀儡国王得到任何安慰。我非常高兴地得知，从那以后，他一刻也没有得到安宁，我感到非常高兴，他经常大喊说自己看到了浑身是血、伤痕累累的胡格诺派教徒死在他的面前。过了不到一年的时间，他死了，临死前依然凄惨地大喊大叫……

当这场大屠杀的可怕消息传到英格兰时，人们都为之震惊。这时的英格兰刚刚从血腥玛丽女王的统治中脱离出来，如果这时人们失控开始对天主教大开杀戒，那日后为之前发生的事情报仇这个可怕的理由必定会成为他们为自己罪行开脱的借口。英格兰的宫廷并不像人民那样诚实——它很多时候都是这样的。英格兰宫廷迎接了法兰西的使者，所有的工公贵族和小姐都身穿黑色丧服，全都一言不发。在圣巴托罗缪之夜的两天前，这位使者代表法兰西国王的弟弟——阿朗松公爵向伊丽莎白提出了结婚的请求，公爵是一个 17 岁的男孩，虽然发生了这样的事情，但联姻这件事还要继续。另外，女王也用她一贯狡猾奸诈的方式私下偷偷地为胡格诺派教徒提供武器和金钱支持。

我必须说明一点，虽然女王发表了很多让我听腻了的精彩演讲和声明，声称自己到死都要当一个纯洁的女王，伊丽莎白却频繁地与人谈婚论嫁。此外，她还经常一会儿诱惑那几位她的英格兰宠臣，一会儿又对他们破口大骂、拳脚相加——女王动起手来对自己的拳头毫不吝啬，她对这位法兰西公爵欲擒故纵、忽远忽近的套路，也玩了几年的时间。当他终于来到英格兰的时候，婚约的条款也都拟好，还决定婚礼将在六个星期后举行。女王当时一心想与他成婚，甚至还为此控告了一位名叫斯塔布斯的可怜清教徒和一位可怜的卖书人佩奇，因为他们撰写了一本反对这桩婚事的小册子，还公开出版。他们的右手因这项罪名被砍掉，可怜的斯塔布斯——我得说要是我在这种情况下，远远没有办法像他那样忠诚——被砍掉右手之后，立即用自己的左手脱下帽子，高声喊道："天佑女王！"不过，斯塔布斯还是遭到残忍的对待，因为这场婚姻折腾了半天压根儿就没有结成，尽管女王从手指上摘下了一枚戒指送给公爵作为定情信物。于是，公爵离开了英格兰，空手而归。他走的时候这场求婚已持续了整整10年，他离开之后过了没几年就死了。他的死让伊丽莎白悲痛不已，看起来她是真的喜欢上了他。

让我们还是回到关于天主教徒的话题上来吧。这时，在英格兰出现了两批神父，他们非常忙碌，也非常令人畏惧。这两伙人分别是耶稣会（其成员遍布各地，但以各种方式伪装了起来）和神学院。人们非常害怕耶稣会的人，因为他们曾宣称只要谋杀一个人是带有目的的，而且这个目的是他们批准的，那么就是合法的。人们也非常害怕神学院的人，因为他们在英格兰宣扬旧宗教，还自称为"玛丽女士教士"。按理说，他们早就应该死光了，可他们仍然在英格兰徘徊，阴魂不散。为此，英格兰制定了针对他们的严格法律，并且毫不留情地处决了他们。对家中藏匿神父的人同样严惩不贷，而这些人收留他们仅仅是出于道义上的仁慈而已。

肢刑架的拷问台上面的齿轮从来没有停止过。那是一种非常残忍的刑具，能硬生生地把人的四肢扯断。任何一个人在这样的折磨下做出的招供绝大部分内容都不足为信，人们为了逃避可怕的折磨而被迫承认那些荒谬至极、无稽之谈的罪名。不过我并不怀疑，还有资料证明，耶稣会的人酝酿了大量的阴谋，他们联合法兰西、苏格兰还有西班牙，共同策划了推翻伊丽莎白女王，将玛丽扶上王位的阴谋，从而恢复原来的宗教信仰。

就算英格兰人特别容易相信阴谋论，就像我之前所说的，也是完全可以理解的。当圣巴托罗缪大屠杀大家还记忆犹新的时候，一位荷兰的伟大新教徒英雄——奥兰治亲王遇刺身亡。后来，据刺客供述，他曾在耶稣会办的一所学校里接受长时间的训练，目的就是刺杀这个人。陷入震惊与忧伤中的荷兰人提议让伊丽莎白成为他们的统治者，女王婉拒了这一殊荣，而是派了一支小部队到达荷兰。统领这支军队的是莱斯特伯爵，他虽然是宫廷中一位重要的宠臣，却是一个糟糕的将军。他在荷兰无所作为，要不是正好赶上有位空前绝后的优秀人物恰巧在那个时候死了，恐怕他帮荷兰人征战的事迹早就被人们遗忘了。

那人是菲利普·西德尼爵士。他不仅是那个时代，也是有史以来最好的作家，还是最杰出的骑士、最优秀的绅士。就在他所骑的马被杀，他准备骑另一匹马的时候，他的大腿被子弹打中，不得不往回撤。回来的路非常远，他筋疲力尽了，再加上失血过多，几乎要跌落马下。就在那个时候，他依然坚守他的良善和绅士风范，有些口渴的他吩咐人拿水给他喝。当他们把水递到他手上的时候，他看到一个身负重伤的士兵躺在地上，眼睛望着他手中的水，于是他说："你比我更需要它。"说着便把水递给了那个人。这颗高贵的心做出的这个感人举动必定会流传千古，就像那个被鲜血染红的伦敦塔以及塔里的行刑斧、垫头木和发生在那里的无数谋杀案一起流传千古，万人皆知。有人能够坚守仁慈到最后，值得人们为之喝彩，人们能够记住这事迹也值得我们为之欣喜。

在英格兰，每天都有关于阴谋的新消息出现。我估计，人们从来没有像现在这样，活在持续不断的恐惧中。天主教徒起义、放火、毒杀，还有其他我不知道的事情，无时无刻不让人毛骨悚然。我们必须记住这一点：因为他们经历过恐惧，而且可怕的事情在现实中就近在咫尺，所以对于他们来说任何骇人听闻的暴行，都不足为奇。政府也有同样的恐惧，它没有采用最好的办法来查明真相，除了对嫌疑人严刑拷打之外。政府花钱雇用间谍，而这些人为了自己的利益经常满口胡言，甚至还发现有一些阴谋居然是他们凭空捏造出来的。他们通过给那些有意造反的人写信，假装邀请他们参与他们捏造的阴谋，而那些人想都没想就上钩了。

最终还是发现了一个真正事关重大的阴谋，这彻底终结了苏格兰玛丽女王的事业。一位名叫巴拉德的神学院神父和一位名叫萨瓦赫的西班牙士兵，在几个法兰西神父的教唆和怂恿下，为一个名叫安东尼·巴宾顿的人献上了一个谋害女王的计策。安东尼·巴宾顿是一个居住在德比郡、腰缠万贯的绅士，他一直以来都是玛丽手下的一个秘密间谍。之后，巴宾顿将这一计划告诉了另外几个天主教绅士——这些人是他的朋友，他们听后非常痛快地加入了。他们都是些愚蠢自负、头脑简单、不知天高地厚的年轻人，毫无根据地为自己的计划感到非常骄傲，还找人画了一幅廉价的画，上面画了他们六个准备去刺杀伊丽莎白。从巴宾顿在画中的姿势上看，他所扮演的是核心角色。他们之中有两个人（其中一个还是位神父），从一开始就把整个计划的详细内容透露给了弗朗西斯·沃尔辛厄姆爵士，他是伊丽莎白手下最有智慧的大臣，因此他对整个计划了如指掌。那些阴谋者直到最后一刻都被蒙在鼓里，巴宾顿将自己手上的一枚戒指和口袋里的一些钱给了萨瓦赫（因为他衣衫褴褛），让他去买衣服，以便在行刺女王的时候穿。

此时，沃尔辛厄姆已经掌握了这一集团的全部罪证，并且还有两封玛丽的信件在手上，于是他决定将这些人抓起来。他们感到事情有些不对劲，便一个接一个地偷偷溜到了城外，躲到了圣约翰树林和当时一些可供藏匿的地方，但他们还是被抓到了，无一逃脱，都被处死。当他们被抓的时候，宫廷派了一位绅士告知玛丽所发生的事情，并让她知道他们发现这件事情她也参与其中。有人辩解称玛丽处于严加看管的状态，不可能与这件事有关系。然而，这个说法听起来一点也不可信，因为事发当天的早晨，她正在外面打猎。

法兰西那边有人对暗地里发生的这些事情了如指掌，很早以前就警告过伊丽莎白女王：留着玛丽的性命就等于在身边养了一只随时会把她吃掉的狼。伦敦主教也给女王宠信的大臣写信，建议"立刻砍掉苏格兰女王的脑袋"。所以现在的问题是：该怎么处置玛丽呢？莱斯特伯爵从荷兰捎来一张字条，建议暗中给她下毒，大概伊丽莎白的这位宠臣习惯这种做法——用毒药亡羊补牢。不过，他的这条黑心建议并没有被理睬，玛丽被带到北安普敦郡的佛斯林费城堡接受审判，40 名庭审人员中既有天主教教徒，也有新教的追随者。这场审判持续了两个星期，分别在这里和威斯敏斯特的星室法庭[①]进行。她为自己辩护得非常精彩，却只能否认巴宾顿所供述的证词而已，她只能说那些给她定罪的信件都是伪造的。总而言之，她所能做的只是否认所有的事实，却拿不出任何证据。最后她被判有罪，并且被判处死刑。

议会对判决表示同意，并恳求女王立即执行。女王在答复中则请求他们考虑是否既有饶她不死，又不会让自己陷入危险的办法。议会的回答是：没有。市民们闻讯后点起篝火，把房子烧得亮堂堂的，来表达自己的喜悦，因为只要苏格兰女王一死，所有的阴谋和麻烦都会被她带进棺材，以后就会天下太平了。

玛丽感到自己这回死定了，于是给英格兰女王写了一封信，信中提出三个请求：第一，她希望葬在法兰西；第二，她不希望在私下被处死，她希望她的仆人们和其他一些人能在场观刑；第三，在她死后，她的仆人们应带着她留给他们的遗产各自回到家乡，不得被拦阻，不得找他们的麻烦。这封信写得非常感人，伊丽莎白读的时候都掉下了眼泪，但没有做出任何答复。之后，法兰西和苏格兰各派了一位特使来到英格兰，祈求英格兰放

---

① 星室法庭：15—17 世纪英国最高司法机构，由英王亨利七世于 1487 年创设，因其设立于威斯敏斯特王宫中一座屋顶饰有星形图案的大厅中而得名。

她一条生路，而他们的到来让举国上下沸腾，大家叫嚷着要求立即处死她。

伊丽莎白的真实意图，现在已经不得而知了。不过我有一种强烈的感觉，怀疑她虽然很想要玛丽的命，但更加希望的是自己不会因此受到指责。1587年2月1日这一天，伯利勋爵起草了玛丽的死刑令状后，女王派大臣戴维森将令状拿给她，好让她在上面签字——她的确签了字。第二天，当戴维森告诉她令状已经盖好印章时，她生气地质问说："为什么要这么着急？"又过了一天，她对此事开起了玩笑，嘴上还骂了几句。可是，过了一天她看起来似乎在抱怨，开始有点不耐烦了，不过她没有跟身边的人说。于是，在3月7日这一天，肯特伯爵、什鲁斯伯里伯爵和北安普敦郡的治安官一起带着她的死刑令状来到佛斯林费城堡，告诉苏格兰女王："可以准备上路了。"

当前来报告噩耗的使者们离开后，玛丽做了一顿简单的晚餐，还与她的仆人们一起喝酒，给他们仔细地读了一遍自己的遗嘱，便上床休息了。但她没有睡几小时，很快，她又起来祷告经文，并度过了余下的夜晚。第二天一早，她穿上了她最华美的衣服。上午8时，当治安官来到她的礼拜堂接她的时候，仆人们正聚集在一起与她一同祷告。她向仆人们告别后，手拿《圣经》和一个十字架走下了台阶。她的两个女仆和四个男仆获准可以在大厅观刑，这里摆放了一架很矮的断头台，只有两英尺高，上面盖上了黑布。伦敦塔的行刑官和他的助手穿着一身黑色的天鹅绒站在那里。大厅里挤满了人，在宣读对她的判决的过程中，她一直坐在凳子上听。宣读完毕之后，她像之前一样再次否认了她的罪行。肯特伯爵和彼得伯勒教长都是狂热的清教徒，他们对她发表了毫无必要、自讨没趣的演讲，她听后却回答说："我到死都是天主教徒，所以信仰问题就不劳你们费心了。"当刽子手把她的头发拨弄开露出了她的头和脖子的时候，她说自己从来没有当着一群人的面被这种人扒下过衣服。最后，一个女仆用一块布遮住了她的脸。她把脖子放到了断头台上，不止一次地用拉丁语说："哦，主啊，我将我的灵魂交托在你的手上了！"紧接着，刽子手斩断了玛丽的头颅，有人说她的头被砍了两下，也有人说被砍了三下。总之，不管砍了几下，当她血淋淋的头被拿起来的时候，玛丽灰白色的头发从她常年佩戴的假发下面露了出来，它看上去像是一颗70岁老妇人的脑袋，而她当时只有46岁。那一刻她所有的美丽都不复存在了。

不过，对她那条小狗来说，她依然是美丽的。当玛丽走上断头台的时候，那条狗吓得一直躲在她的裙子里。当她所有尘世间的悲痛都结束的时候，那条狗则趴在了她那具已经没了脑袋的尸体旁。

得知苏格兰女王被处死的消息后，伊丽莎白表现出一副悲痛不已、勃然大怒的样子。她大发雷霆，把宠臣们从身边赶走，还把戴维森送进了伦敦塔，戴维森最后不得不缴了一大笔罚金才被放了出来，而这笔罚金使他倾家荡产。伊丽莎白不仅把自己的虚伪演绎得无比夸张，还用最卑鄙的方式让她的一位忠仆成了穷光蛋，这个人除了执行她的命令之外，什么错误也没有犯。

苏格兰国王詹姆士是玛丽的儿子，他也装出了一副对此事愤怒不已的样子。不过由于他还领着英格兰每年给他的 5000 英镑的养老金，而他对自己的母亲知之甚少，可能在他看来玛丽是杀害自己父亲的凶手，因此，他很快就平静地接受了。

然而，西班牙国王腓力则声称要变本加厉地惩罚信仰新教的英格兰，并恢复天主教信仰。伊丽莎白听说腓力和帕马亲王联手正在为达到这一目的做准备，于是她为了先下手为强，将海军司令德雷克（他是一位名声响亮的航海家，曾周游世界，而且之前还从西班牙抢来了不少的东西）派到了加的斯港口，烧毁了 100 艘满载货物的船。损失如此惨重，逼得西班牙人不得不将他们的侵略行动往后推迟了一年。

西班牙的实力依然令人畏惧，他们的军队总数达到 130 艘船只、1.9 万名士兵、8000 名水手、2000 个奴隶，还有将近 3000 把上好的枪支。英格兰为了抵抗这支大军也忙得不亦乐乎：16—60 岁的男丁都接受军事训练，国家的海军（最开始只有 40 艘船）通过人民捐款、捐献私人船只以及由贵族提供装备的方式扩充了军力。伦敦市自愿招募的军队和舰船比要求的数量多了足足一倍，如果在英格兰的历史上，曾有哪个时期举国上下的民族情绪高涨，那就是此刻举国上下团结起来抵抗西班牙人的时候。女王的一些谋士主张将那些重要的英格兰天主教徒抓起来处死，但女王为了捍卫自己的荣耀，说她从来不相信她的子民会在国难当头的时候心怀恶意，就像一个人不相信自己的孩子会干出一些出乎自己意料的事情一样。因此她拒绝了这一建议，只是将一些有嫌疑的人软禁在林肯郡的沼泽区。

就这样，英格兰举国上下团结一致，就像一个强壮、愤怒的壮汉一样。英格兰在泰晤士河两岸修筑起防御工事，所有的士兵全副武装，水手们被分配到各自的船上做好开战的准备，这个国家胸有成竹地等待西班牙高傲的号称是"无敌舰队"的水师前来犯境。女王本人身披战甲，骑一匹白色的战马，由埃塞克斯伯爵和莱斯特伯爵为她牵缰绳。她在格雷夫森德对面的蒂尔伯里堡，对自己的军队发表了一段鼓舞士气的讲话，将士们听后热情高涨，其情景迄今少见。

西班牙无敌舰队来到了英吉利海峡，他们将舰队排成半月形前进，阵势浩大，整个队伍的宽度足足有7英里。但英格兰人很快对他们发起了攻击，在这里要向那些偏离半月形航线的西班牙船只表示悲哀，因为英格兰人很快就将他们的船占领了。没过多久，人们就发觉这支大军距离"无敌"的标准还差得很远，因为在一个夏季的夜晚，胆大的德雷克将5艘冒着火焰的火船送到西班牙的舰队中。惊慌失措的西班牙人试图把船驶出海峡，于是他们的舰队就被分散了。英格兰人乘胜追击，这时一场暴风雨的降临把西班牙人赶到了岩石和浅滩中间。无敌舰队迅速地迎来了它的终结：在损失了30艘大船和10000人之后，一败涂地、抱愧蒙羞的他们灰溜溜地驶回了家。由于他们不敢走英吉利海峡，因此只得沿着苏格兰和爱尔兰绕了一个大圈，一些船只在行驶到爱尔兰的海岸的时候，遇到了恶劣的天气，在那里失事了。爱尔兰是一个尚武的民族，他们将那些船洗劫一空，并杀掉船员。西班牙人征服英格兰的尝试就这样完结了。我估计一时半会儿是不会有另一支无敌舰队抱着同样的目标来到英格兰了，否则他们肯定会跟西班牙一样的下场。

尽管英格兰人的勇猛让西班牙国王吃尽了苦头，他却一点也没有吸取教训，因为他脑子里继续想着那些阴谋诡计，甚至还冒出了一个荒唐至极的想法，想要让自己的女儿坐上英格兰的王位。不过，沃尔特·雷利爵士、托马斯·霍华德爵士和埃塞克斯伯爵，以及其他一些德高望重的领袖从普利茅斯起航，再度来到加的斯港，这次他们烧毁了停泊在那里的所有船只，取得了一次全面的胜利，并占领了那座城镇。他们遵守女王的指示，没有做出任何出格的举动。这惨重的损失让西班牙人不得不支付一大笔赎金来赎回那座城镇。这次巨大的成功是那段时期众多伟大的海上成就之一。沃尔特·雷利爵士则因为娶了一位女王身边的未婚侍女，因此得罪了未婚的女王，于是他便跑到南美洲淘金去了。

莱斯特伯爵和托马斯·沃尔辛厄姆爵士这个时候已经死了，很快伯利勋爵也跟着去了。宠臣中只剩下埃塞克斯伯爵，他是一个意气风发、长得十分英俊的人，身上有很多可贵的品质，深受人民和女王的喜爱。英格兰宫廷长久以来始终针对与西班牙讲和的问题争论不休，埃塞克斯伯爵非常希望与西班牙之间赶紧开战。他还千方百计地想要按自己的意愿任命一位代理人治理爱尔兰。一天，当大家正在谈论这个问题的时候，他突然发起脾气来，还转过身子，用后脑勺对着女王。为了对他的失礼举动做一个小小的警告，女王伸出拳头恶狠狠地打在他的耳朵上，还让他"下地狱吧"。但伯爵先生没有下地狱，而是跑回了家。在接下来的半年时间里，他没有在宫廷露面，直到后来与女王和解，虽然（就像一些人猜测的那样）和解得并不彻底。

从这个时候开始，埃塞克斯伯爵的命运和女王的命运似乎交错在了一起。爱尔兰人内部永远都有吵不完的架和打不完的仗，于是他便到了那里当了爱尔兰总督。他这一走可把他的敌人（其中有沃尔特·雷利爵士）高兴极了，他们巴不得这位危险的对手走得远远的。埃塞克斯伯爵在爱尔兰没有建树，而且知道他的敌人们肯定会利用他不在宫廷的这个机会，在女王面前诽谤中伤他，于是他便违背女王的命令回到了英格兰。当他出现在女王面前时，女王非常惊讶，但还是伸出手来让伯爵行吻手礼，虽然那早已不再是一只迷人的手了，伯爵还是感到欣喜若狂。但就在那天，女王命令将伯爵软禁在他自己的家中。又过了两三天，就命人把他抓了起来。女王年事已高，虽然她头上戴着王冠，不过她也像其他上了岁数的老太婆一样，当听说伯爵因为焦虑过度而病倒了的时候，她不仅把自己饭桌上的肉汤给伯爵送了过去，还为他掉下了眼泪。

伯爵是一个善于从书中寻找慰藉的人，一旦拿起书，他就什么烦恼都不记得了。监禁期间，他读了一阵子，我敢肯定这段时间还不是他生命中最不开心的日子。不过，对他来说碰巧发生了一件很倒霉的事情，他手上拥有一种葡萄酒的垄断经营权，意味着任何人不得销售葡萄酒，除非从他这里购买许可。这项权利是有期限的，此时已经到期，他便申请延长这项权利的有效期。女王不但拒绝了他的请求，还放出狠话说不懂规矩的畜生就应该挨饿。气急败坏、已经失去了很多头衔的伯爵认为自己快彻底垮台了，便转而与女王作对，说女王是一个自负的老太婆，她的思想与她的外表一样扭曲丑陋。这些贬损的话被宫廷小姐们第一时间抓住了把柄，马上传到女王的耳朵里。你能够猜到，女王听后肯定鼻子都气歪了。宫廷贵族小姐们本来长着一头乌黑的秀发，却偏要模仿女王戴上一个红色的假发套。由此可见，她们虽然身份地位很高贵，但她们的思想品德并不高尚。

埃塞克斯伯爵经常与一些朋友在南安普敦勋爵家中聚会，伯爵被逮捕之后，他们便萌生了一个非常糟糕的想法：辖制女王，逼她罢免自己的大臣，换掉她原先的心腹。1601 年 2 月 7 日这一天，议会对他们起了疑心，于是他们传唤伯爵前来对质。伯爵则装病拒绝，他的朋友给他出主意：第二天是星期日，会有很多市民在圣保罗大教堂前的十字架前聚集，他应该拿出胆量劝导这些人发动起义，与他一起去王宫。

于是，在周日的早晨，伯爵先把几个前来盘问他的议员关在自己家里，也就是位于斯特兰德街的埃塞克斯宫，它距离河水很近。随后，伯爵带着追随者们一路狂奔到伦敦市区，一路走一路高喊："我要见女王！我要见女王！有人设下计谋要害我的命！"此举没有引起任何人的注意，当他们赶到圣保罗大教堂的时候，那里一个人也没有。与此同时，被关在埃塞克斯宫的囚犯们被伯爵的一个朋友放了出来，他立即被市区的人宣称为叛国贼。由于城市的街道被马车封锁了，还有全副武装的士兵把守，伯爵费了很大劲，依然毫无所获，只好坐船回到了他的家。没过多久，那里很快被军队和大炮所包围，在进行了抵抗尝试后，伯爵当晚就投降了。他在 19 日这天被带出来接受了审判，被判有罪；25 日，他在伦敦塔山被处死，死的时候年仅 34 岁，他死的时候心怀忏悔，死得很从容。他的继父也受到牵连。他的敌人沃尔特·雷利爵士在他死的过程中始终站在绞刑架附近——我们以后还会看到他与绞刑架亲密接触的情景，不过眼下他的故事还没有结束，死神与他之间还有一段距离。

像对待诺福克公爵、苏格兰女王玛丽一样，伊丽莎白处死埃塞克斯伯爵的时候也是下令、收回、再下令——毕竟，这位宠臣既年轻又勇敢，却不得不在他的优秀才能发挥到高峰的时候死去。伊丽莎白在之后的日子里始终无法释怀，她依旧保持她自负、顽固、反复无常的老女人本色，又这样熬过了一年。在一次国事活动中，她在宫廷人员的面前翩翩起舞，我猜这肯定是一副无比荒唐的画面，因为她竟然在一个重要场合里头戴假发，戴着大大的拉夫领，身穿三角胸衣，当着朝臣们的面跳起舞来——我觉得她这个出风头的举动可谓荒唐透顶。她居然又活了一年，不过她不再跳舞了，而是成了一个喜怒无常、悲痛欲绝、苟且残喘的将死之人。

1603 年 3 月 10 日，她患上了严重的感冒，诺丁汉伯爵夫人的死又加重了她的病情，因为伯爵夫人是她的密友。大家以为陷入了昏迷状态的她肯定醒不过来了，但她居然恢复了意识。之后，她死活不肯在床上躺着，因为她知道如果自己躺下，就再也不会起来了。在接下来的 10 天时间里，她一直躺在地面的坐垫上，一口饭也不吃，直到海军司令软硬兼施才把她弄到了床上。当大家问她谁应该继承王位时，她回答说，她的位置是国王的王座，因此应由拥有国王血统的人作为她的继承者，"不可以是平民百姓的儿子，必须是国王的儿子才行"。在场的贵族们听后互相看着对方，然后冒昧地问她指的这个人是谁，她回答说："还能有谁，当然是我的苏格兰侄子啊！"

这天是 3 月 23 日。在之后的某天，他们再次询问她这个问题，向她确认她的主意有没有改变。那时，已经说不出来话的她挣扎在床上，用双手在头上比画出王冠的形状——这是她能做出的唯一回答了。第二天凌晨 3 时，在统治了英格兰 45 年后，她十分平静地离开了这个世界。

她统治的这 45 年是一段辉煌的时期，在这段时期里活跃的优秀人物更让王朝被人们永远铭记。除了这个时期诞生的伟大的航海家、政治家和学者之外，像培根、斯宾塞和莎士比亚这些名字永远被文明世界敬仰，也永远会将他们的光芒照射到伊丽莎白本人身上（虽然可能没有太好的理由）。这段时期对世界的探索、贸易还有英格兰民族精神来说，都是一个非常伟大的时期；而且这段统治时期还让新教信仰被广泛传播，宗教改革也让英格兰获得了自由。女王是一个特别受欢迎的人，她无论是走在街上，还是在国内旅行，所到之处都会受到最热烈、充满喜悦的欢迎。

在我看来，真实情况是，她身上一半的美德是捏造出来的，一半的邪恶也是捏造出来的。伊丽莎白身上确实有可贵的品质，不过她粗俗、任性多变、狡猾奸诈，年轻的时候就具备了一个无比自负的女人身上的所有缺点，一直到老。总而言之，她身上拥有太多她父亲的特点，我实在对她喜欢不起来。

在这 45 年的统治期间，人们的生活水平有了很大提高，也有了很多享受，斗鸡、逗熊、嗾狗和斗牛是这个国家最喜闻乐见的娱乐方式。此外，四轮大马车在这个时期并不是很常见，人们认为它又丑又笨重，因此女王本人在很多重要的场合都与大法官同骑一匹马，大法官在前，她在后。

第五章
斯图亚特王朝

由于伊丽莎白一世没有子嗣，都铎王朝至她终结。她指定苏格兰国王詹姆士六世为继承人，由此斯图亚特王朝开始统治英国。斯图亚特王朝是第一个统治英伦三岛的王朝，也是最后一个专制王朝。

1 爱听奉承话的国王

伊丽莎白的"苏格兰侄子"是一个相貌丑陋、笨得要死、思想和行动都很迟钝的人。他舌头太粗，腿又太细，双目突出，眼神呆滞，无论发呆还是东张西望，都是一副傻样。他非常奸诈、贪婪，整日荒淫无度，大吃大喝，挥霍无度，举止猥琐，胆小怕事，动辄破口大骂，他是这个世界上最自以为是的人。他出生的时候就患上了人们所说的佝偻病，因此他的形象不是一般的滑稽可笑。

为了保护自己不被刺伤（因为他一直活在恐惧之中），他穿着里面放了很多垫子的衣服，从头到脚都是草绿色。他腰间不佩剑，而挂着行猎用的号角，帽子和上面的羽毛经常垂下来遮住他的一只眼睛，被他随手一掀，又会跑到后面，挂在后脑勺上。他经常会像一摊烂泥一样，靠在宠臣的脖子上，亲吻、揉捏他们的脸颊，弄得他们一脸口水。他身边最受宠的大臣在给他写信的时候，会在落款处称自己为国王陛下的"忠犬、奴才"，并将这位高贵的主子称为"母猪陛下"。

他是这个世界有史以来最差劲的骑手，却自认为自己是最好的；他说话的方式粗鲁无比（还带着最难听的苏格兰口音），却吹嘘自己的口才无人能及。他写的书读起来堪称历史上最无聊透顶的，还有一本是讲巫术的，因为他对此深信不疑，他还自封"文学界的奇才"。他认为一个国王可以随心所欲地制定或者撤销法律，不需要对任何人负责。这就是他最最真实、不加任何修饰的品质，我甚至怀疑在人类编年史上没有比他更无耻的人了。

他的英格兰王位得来非常容易。人们长久以来已经痛彻地体会到，如果王位继承存在争议会带来多大的灾难，所以在伊丽莎白死后的几个小时之内，他就被宣布成为英格兰下一任国王，整个国家对此也表示接受，甚至没有让他发誓保证自己将勤勉执政，或为百姓申冤。他用了一个月时间从爱丁堡来到伦敦。在来的路上，他运用自己的新权力将一个扒手绞死，没有经过任何审判。此外，他还册封了很多骑士，见一个封一个。在他来到伦敦的宫殿前，他总共封了200个骑士，过了不到三个月又封了700个。

他还往上议院硬塞进 72 名新的同事，你能够想象得到，这里面有很多是苏格兰人。

"母猪陛下"（没办法呀，我只能用宠臣给他起的外号来称呼他）的首席大臣塞西尔是沃尔特·雷利爵士和他的盟友科巴姆男爵的敌人。两人策划了一场阴谋，目的是把国王捉住并关起来，直到他愿意替换现任的大臣为止。类似的事件在历史上屡见不鲜。这起阴谋是国王遇到的第一个麻烦。参与这件事的还有其他一些人，包括天主教神父和清教徒贵族。虽然两拨人一直水火不容，但他们这次却团结起来反抗"母猪陛下"，因为他们知道，"母猪陛下"虽然表面上对他们非常友好，但心里却盘算着一个对他们没有好处的想法，那就是建立起一个便于管理的、统一的新教，它具有至高无上的地位，每个人无论是否心甘情愿，都必须皈依它。有人把沃尔特的计划和另一场阴谋混为一谈，后者的内容好像是打算过一段时间把阿拉贝拉·斯图亚特小姐扶上王位。阿拉贝拉·斯图亚特很不幸，因为她是"母猪陛下"亲弟弟的女儿，但她与这阴谋一点关系也没有。沃尔特·雷利爵士被科巴姆供了出来，于是遭到指控。科巴姆是一个非常可恨的人，他当面一套背后一套，是一个十分不可信的人。对沃尔特·雷利爵士的审判从上午 8 时开始一直持续到午夜，面对那些指控和司法部长柯克的羞辱，他在为自己的辩护中充分地展现了他过人的口才、天赋和意志。柯克依照传统对他进行了卑鄙的辱骂，那些本想跟着一起羞辱他的人，在离开的时候无不带着对他的钦佩，连连表示从来没有听过如此精彩、如此引人入胜的发言。

爵士最后还是被判处死刑。由于他的死刑推迟了，因此他被关进伦敦塔。另外两个天主教的神父就没有那么幸运了，依照惯例，他们被以极其残忍的方式被处死。科巴姆和另外两人在上绞刑架的时候得到了赦免。"母猪陛下"在绞刑架前出人意料地赦免三个人，会让人们觉得他是一位令人惊叹的国王。不过，他一如既往地浮躁和愚笨，差点让自己的计划失败，而害死了那三个人。因为，前来传达赦免令的信使来得实在太晚了，他被围观的人挡在外面根本进不来，于是不得不扯着嗓门高喊他来这里的目的。可怜的科巴姆虽然在那天被赦免，但他还不如那天就死在那里，因为他后来的日子不仅活得像个囚犯，简直就是一个乞丐，受尽了鄙视和羞辱，穷得可怜。这样的日子持续了 13 年后，他死在了一个老旧的外屋里，那是他以前的仆人的住处。

瓦解了这个阴谋之后，沃尔特·雷利爵士被关进伦敦塔严加看管，"母猪陛下"则因为清教徒给他呈递的一份请愿书而与他们展开了激烈的争论，并用自己一点也谈不上光彩的方式完败了他们。他一直说个不休，别人根本没办法打断他。他也不理睬别人说什么，这也让主教们对他佩服得五体投地。最后这个问题很愉快地解决了，大家达成一致：宗教形式有且只有一个，所有人的想法必须完全一致。尽管250年前这个问题就达成一致了，并动用巨额罚款和长期监禁为其撑腰，可我并不觉得它有多么成功，直到今天也这么认为。

"母猪陛下"自认为是高高在上的国王，而议会不过是个妄图辖制自己的国家机构，实在让他不屑一顾。于是，他在继位一年之后召开了第一次议会会议，他认为他应该以一种高高在上的姿态对待他们。他告诉他们说，他是以"说一不二"的主子身份对他们发号施令。议会认为国王的言辞非常强硬，认为有必要行使他们的权力。"母猪陛下"有三个孩子：亨利王子、查理王子和伊丽莎白公主。如果他们其中的一个能从他父亲对待议会的顽固态度中学到哪怕是一丁点智慧的话，那将对他非常有好处，至于究竟是这三个人中的哪一个，我们很快就会看到。

那时，人们依旧活在对天主教信仰由来已久的恐惧下，因此议会不仅恢复了反对天主教的严酷法律，还加强了对天主教的执法力度。这惹怒了罗伯特·凯茨比，他是一个信仰天主教且性情急躁的绅士，他出身于一个古老的家族，策划了人类历史上最卑鄙、最可怕、最惨绝人寰的阴谋，这场阴谋就是"火药阴谋"。

凯茨比的计划是：当国王、贵族还有平民百姓在下一次议会会议召开之际聚集的时候，使用大量的火药做成地雷把他们都炸死。他把这个可怕的计划第一个告诉了托马斯·温特先生，他是乌斯特郡的绅士，在军队里供职，驻扎过国外，还秘密地受雇于天主教。温特有些犹疑不定，于是去了尼德兰，询问西班牙大使是否有希望通过西班牙国王向"母猪陛下"求情，从而结束对天主教的限制。而这个时候，温特在奥斯坦德遇到了一位身材高大、皮肤黝黑、胆大无畏的人，这个人的名字不知道是叫吉多还是叫盖伊·福克斯，总之他决定加入这个阴谋。温特之所以向他发出邀请，是因为他知道他是那种什么可怕的事情都干得出来的人。于是，他们两个一起回到英格兰，在英格兰又接受了另两个阴谋家的入伙，即托马斯·珀西——诺森伯兰伯爵的亲戚，以及约翰·赖特——托马斯·珀西的小舅子。这些人在克莱门特旅馆附近空地的一座房子里聚集，当时那里还是一片荒郊野地，现在已经是伦敦的一部分了，而且非常繁华。当他们发誓将会守口如瓶之后，凯茨比将计划告诉了他们。后来，他们走上台阶来到了阁楼，从杰勒德神父处领了圣餐。杰勒德是耶稣会的成员，据说他其实对"火药阴谋"并不知情，不过，我猜他肯定有所怀疑，预料到有一件可怕的事情将要发生。

珀西是国王的侍卫之一，他的职责是偶尔在宫廷附近巡逻，然后留在白厅里，因此他住在威斯敏斯特是不会引起任何人的怀疑的。在对周围环境进行仔细的观察之后，他在附近租下了一所房子，那所房子的后面与议会大厦相连，珀西雇用了一个名叫费里斯的人，让他在房屋的墙角挖地道。在租下了这所房子之后，阴谋家们又在泰晤士河的兰贝斯租下了另一所房子，用来存储木头、火药还有其他可燃物。他们计划将这些东西在晚上一点点地转移到威斯敏斯特的房子（后来，全都转移到那里了），因此他们需要一个信得过的人来看守兰贝斯这里的仓库。于是，他们又招募了一位阴谋者，名叫罗伯特·凯，是一个穷困潦倒的天主教徒。

这些事情花了几个月的时间才安排妥当。在这期间，阴谋者们为了避免引起注意，一直分散行动。之后，在12月一个漆黑、寒冷的夜晚，他们聚集到威斯敏斯特那所房中开始了挖地道的工作。为了避免人员的进进出出，他们储备了大量的食物。他们不停地挖，挖得热火朝天。但那堵墙特别厚，他们的工作遇到了很大的困难，于是，他们把克里斯托弗·赖特也拖下了水——他是约翰·赖特的弟弟，这样他们就多了一个帮手。克里斯托弗·赖特的到来为他们注入了新鲜的活力，他们夜以继日不停地挖，福克斯一直负责站岗放哨。每当有人想要退缩的时候，福克斯便说："先生们，我们这里有足够多的火药和炮弹，所以即便被发现，我们根本不用害怕，也不用担心会被活捉。"

作为哨兵的福克斯总是四处游荡打探消息，很快打探到国王打算再次让议会闭会的消息，并得知闭会时间初步定在2月7日—10月3日。当阴谋家们得知这一消息的时候，他们同意到圣诞节假期结束之前的这段时间里，大家先分开，彼此之间不联络，无论发生什么事情也不要互相写信。于是，威斯敏斯特的这所房子再次房门紧闭，说不定左邻右舍的人还以为他们上别的地方去欢度圣诞了呢。

1605年2月初，凯茨比和他的同伙们再度聚集在这所威斯敏斯特的房中。凯茨比又招募了三个新人，分别是：约翰·格兰特，他住在沃里克郡的斯特拉特福镇附近，他的房子阴森森的，外面是一圈歪斜的院墙和一条深深的壕沟；罗伯特·温特，他是托马斯的大哥；凯茨比的仆人托马斯·贝茨——他觉得贝茨已经怀疑自己的举动了，所以干脆把他拉了进来。在伊丽莎白统治时期，这三个人或多或少地因为他们的宗教信仰而遭受迫害。

这些人一边孤零零地在地底下干活，一边满脑子想着那个可怕的秘密和许多将要被自己亲手扼杀的生命。他们每个人都变得郁郁寡欢，甚至产生了幻觉。有时候他们觉得仿佛听见了议会大厦的地基深处传来了巨大的钟声；有时候他们认为自己听见了有人低声在他们耳边嘀咕关于火药阴谋的事情。一天早上，他们正在地道中挖得热火朝天的时候，突然听到了头上传来一阵隆隆的响声。这次是真的，所有人都停了下来，并惊恐地看着对方，想知道发生了什么事情。哨兵福克斯出去打探之后回来告诉他们，有一个煤炭商人在议会大厦下面租了一个地下室，方才是他把存货挪到别处造成的动静。

阴谋家们奋力挖了这么久，还是没有把这面厚得离奇的墙挖穿，他们便改变了计划：直接把那个地窖租了下来，因为那里是上议院的正下方，在那里放了36桶火药，之后用干柴和煤炭盖在上面。做完这些事，这些人就分开了，一直到了9月，再次相聚的时候又多了几名新阴谋家，他们是：格洛斯特郡的爱德华·贝纳姆爵士、拉特兰郡的埃弗拉德·迪格比爵士、萨诺福克郡的安布罗斯·鲁克伍德，以及南安普敦郡的弗朗西斯·特瑞山姆。这些人大多非常富有，并愿意资助这个阴谋，他们之中有的人赞助钱财，有的人赞助马匹，以便让阴谋家在将议会炸得粉碎之后，骑着它们赶往全国各地，煽动天主教徒起来造反。

10月3日—11月5日，议会再次休会。这段时间里，阴谋家们开始担心他们的阴谋是否已经败露，于是托马斯·温特说休会那天去上议院一探究竟。结果情况是再好不过的。浑然不知的官员们一如既往地踩在36桶火药上面，与往常一样谈笑风生。温特回来将自己看到的告诉了其他人，于是他们继续进行准备工作。他们还雇了一艘船，停在泰晤士河畔，福克斯用缓燃引信点燃导火索、引爆炸药之后，坐上它逃亡佛兰德。他们还用一起打猎的借口，邀请了几个对阴谋不知情的信天主教的绅士，让他们在灭顶之灾那天与埃弗拉德·迪格比爵士在邓彻奇会面，这样他们就可以共同行动了。此时，一切准备就绪。

然而，一直以来掩藏在这个邪恶阴谋之下的罪恶和危险显露了出来。随着11月15日这一天的临近，阴谋集团中有很多人想起了自己的亲朋好友也会在那一天来到上议院，于是本能地警告他们不要来到那里。虽然凯茨比声称为了这个事业，就算亲手把他的儿子炸死，他也在所不辞，然而却并没有给他们带来多少安慰。芒特伊格男爵是特瑞山姆的妹夫，那天肯定会来上议院，特瑞山姆发现他没办法劝说其他人想办法放过他们的朋友，于是便给那位男爵写了一封神秘的信，并在黄昏的时候放到了他的住处，力劝他不要出席议会，他在信中写道："因为上帝和凡人一致同意要对这个时代的罪恶进行惩罚，议会将遭到可怕的打击，然而却看不到是谁击打了他们。"信中还补充道："当你把这封信烧掉的时候，危险就过去了。"

大臣和侍从们都觉得"母猪陛下"受到了来自天堂的神秘的启示，因此弄懂了这封信的意思。实际上，他们靠自己弄懂了这封信的意思，并决定等到议会开幕的前一天先不管阴谋家们。毫无疑问，阴谋家们也有自己的担心，因为特瑞山姆曾当着所有人的面声称，他们都必死无疑，就算他特瑞山姆没有逃跑，大家也有理由怀疑他已经将秘密泄露给了芒特伊格男爵之外的人。不过，他们全都坚定不移，尤其是福克斯，他是一个意志坚强的人，他早晚都在地窖里待着。

11月4日下午2时左右，内务大臣和芒特伊格男爵突然打开了地下室的门。"你是谁，朋友？"他们问道。"我是珀西先生的仆人，我在这里负责看管他的燃油，请问有何贵干？""你的主人可真没少存啊。"说完他们便关上门离开了。这件事发生之后，福克斯匆忙跑去告诉其他人一切安好，之后又回到漆黑的地下室，把自己关在了那里。他听到了预示着11月5日到来的12时的钟声响起。过了大概两小时，福克斯慢慢地打开门，准备用他以往的巡逻方式侦察周围的情况。他刚走出来就被托马斯·克内韦特爵士手下的一队士兵抓住，并捆了起来。他身上有一块手表、一些引火用的朽木、火绒和缓燃引信；地下室的门后还有一盏提灯，里面的蜡烛还亮着。福克斯脚上穿着一双装了踢马刺的靴子（我猜这是为了骑马跑到船那里而准备的）。士兵们出其不意地把他拿下是正确的选择，如果他们哪怕给他一秒钟的空闲让他点燃引信，他肯定会把士兵们连同自己一起炸得粉身碎骨。

士兵们把他带到国王的卧室（国王命人把他绑得紧紧的，然后与自己保持了一段很远的距离）。国王问他，为什么忍心毁掉那么多无辜人的性命。"因为，"盖伊·福克斯回答说，"病入膏肓的绝症，需要猛药。"一名身材矮小、长得像犬似的苏格兰宠臣傻乎乎地问他，为什么要准备那么多炸药，福克斯回答说，因为他打算把苏格兰人全都炸回苏格兰，量少了不够用。第二天，福克斯被带入伦敦塔，但丝毫没有认罪的打算，即便在严刑拷打之后，他招供的也都是政府已经知道了的事情。此时的他肯定已经被可怕的刑具折磨得不成人形——因为他当时的签名一直被保留到现在，与他受刑之前正常状态下的笔迹相比，着实令观者毛骨悚然。

贝茨与福克斯完全不是一路人，他很快供认了耶稣会在阴谋中也有份，如果对他严刑拷打的话，他很有可能什么话都说得出来。特瑞山姆也被抓了起来，关进伦敦塔，他认了罪，但又推翻了自己的说辞，后来患重病而亡。鲁克伍德在去往邓彻奇的路上事先安排好了所有换乘的马，但他并没有立即逃走，而是等到了当天中午才上路，那时有关这起阴谋的消息已经传遍了伦敦的大街小巷。在路上，鲁克伍德遇到了凯茨比和珀西，他们一起跑到了北安普敦郡。之后从那里去了邓彻奇，在这里发现之前那些被骗来打猎的人已经聚集在此了。那些人不仅得知了他们的阴谋，还知道阴谋已经败露，便乘着深夜逃跑了，丢下了他们和埃弗拉德·迪格比爵士。他们再次骑上马逃命，穿过沃里克郡和乌斯特郡，来到斯坦福德郡边界的一座名为霍尔比奇的官邸。在来的路上他们试图煽动天主教徒们起义，却被这些天主教徒怒气冲冲地撵走了。

在这段时间里，他们一直被伍斯特市的治安官穷追不舍，还不断有人骑着马参与到抓捕他们的行动之中，导致追杀他们的人越来越多。最后，他们决定在霍尔比奇死守，他们把自己关在那里，然后将一些受潮的火药放到火前烤干。但是火药爆炸了，凯茨比差点被炸死，其他人也都受了重伤。然而他们知道自己肯定没有活路了，于是决定死在那里。他们手里拿着剑站在窗户旁，想让治安官和他的助手开枪将他们打死。托马斯右臂中枪后无助地倒在了凯茨比的旁边，他对托马斯·温特说："站在我身边，汤姆，让我们死在一起！"他们确实死在了一起，还是被同一把枪射出的两颗子弹打中的。约翰·赖特和克里斯托弗·赖特，还有珀西也中枪身亡。鲁克伍德和迪格比被抓，鲁克伍德的手臂和身上都受了伤。

盖伊·福克斯和其他活下来的阴谋者在1月15日这天接受了审判。这些人都被判罪，处以了绞刑，死后尸体还被分割成四块。他们当中有些人死在了圣保罗大教堂的墓地，还有的死在了议会大厦前。一位名叫亨利·加尼特的耶稣会神父被抓去接受审判，据说他是这起阴谋的知情人，同时被抓的还有他的两个仆人和另一个可怜的神父，他们都遭到了残酷的严刑拷打。神父本人没有被拷问，被关进了伦敦塔，身边还被安插了很多叛徒和颠倒是非的人，目的是用见不得人的手段从他口中找出把柄。他在受审时说，他尽了自己一切努力试图阻止这场阴谋的发生，但他不能将别人在忏悔时告诉他的事情公开讲出来——虽然我猜他可能是从其他途径得知这个阴谋的。他为自己进行了非常慷慨激昂的辩护，不过最后还是被判罪，并被处死。天主教教会后来还把他封为圣人。此外，一些有钱有势的人被星室法庭判处监禁或罚款，虽然他们与那个阴谋一点关系也没有；至于天主教徒，虽然对那场地狱般的阴谋感到畏惧而没有参与其中，但他们总体上还是受到了牵连，因为自那以后，针对他们的法律比以往变得更加严厉。以上就是"火药阴谋"的结局。

我想"母猪陛下"巴不得亲手把下议院炸飞，因为他对下议院充满了恐惧和嫉恨。当他缺钱缺到焦头烂额的时候，他不得不召集下议院，因为他必须通过下议院才能拿到钱，而每次下议院都要求他废除几种生活必需品的垄断经营权（因为这些垄断给平民百姓带来了很大的痛苦），并向那些不法行为的受害者进行补偿。于是他勃然大怒，强制散会。曾经有一次，他希望下议院同意英格兰与苏格兰合并，双方为此吵了起来。还有一次，下议院要求他废止一项臭名昭著的教会滥用职权的行为，名叫"高等宗教事务法庭"，双方又为这个问题吵了起来。又有一次，下议院恳求陛下对他的大小主教们少些宠爱（这些人赞扬他的话令人反胃，我在此就不转述了），稍微考虑一下那些可怜的清教徒的处境，清教徒们只是因为按照自己的方式传道，没有遵照主教们的方式，就遭到了迫害。他们为此又吵了起来。总而言之，他对下议院恨之入骨，但表面上却装作若无其事。那些反对他的议员有的被他关进新门监狱，有的则被关进伦敦塔，然后他还警告其他人不准擅自针对公共问题发表演说。他时而花言巧语，时而欺压恐吓，时而拳脚相加，却反被对方吓得半死。下议院对"母猪陛下"来说，就是一个瘟疫一样的存在。议员们一直非常坚定，始终维护着自己的权利，并坚称法律应由国会制定，而不是国王单方面的宣言来制定（这是他一直努力做的）。"母猪陛下"经常囊中羞涩，便销售各种头衔和官职——就好像这些是商品一样，甚至为此发明了一个新的贵族头衔，叫"从男爵"爵位，这个爵位任何人都可以花 1000 英镑获取。

与议会之间的争吵、打猎、饮酒作乐，还有赖在床上（他是一个懒惰到极点的人），让"母猪陛下"的日子过得非常充实。他其余的时间主要用在拥抱他的宠臣们，常常弄得对方一脸口水。这些宠臣中，第一位是菲利普·赫伯特爵士，这个人除了知道一些有关狗、马还有打猎方面的东西外，对其他东西一无所知，但他很快被国王册封为蒙哥马利伯爵。排在他之后的是一个比他的名气大得多的人，叫罗伯特·卡尔，也可以叫罗伯特·科尔（因为没有办法确定他的姓氏到底是哪一个），他被册封为罗彻斯特子爵，后来又成为萨默塞特伯爵。身份尊贵的人见了他还得在他面前屈尊下跪，"母猪陛下"溺爱这个人的方式更令人讨厌。这位宠臣有一个好朋友名叫托马斯·奥弗伯里爵士，这个人不但替他写情书，还在很多重要职责上帮助他，因为愚昧无知的罗伯特无法独自胜任。然而，这位托马斯爵士是一个足够有男子气概的人，他劝阻了宠臣与美丽的埃塞克斯公爵夫人的婚姻，因为这桩婚事实在是大逆不道，可公爵夫人为了与他结婚已经计划好要与自己的丈夫离婚，于是她在愤怒之下把托马斯爵士关进伦敦塔，还叫人给他下毒。后来，宠臣与恶毒的夫人在国王的心腹主教的主持下，举行了婚礼。整个场面充满了喧闹和欢乐，就好像新郎是地球上最完美的男人，而新娘是地球上最完美的女人一样。

萨默塞特伯爵的好日子虽然比大家预料的要长（据说好像有七年之久），但另一个英俊年轻人的出现，让萨默塞特伯爵渐渐失宠。这个人名叫乔治·维尔利斯，是莱斯特郡一位绅士的小儿子。乔治穿着一身充满了巴黎时尚元素的衣服来到宫廷，他的舞跳得非常好，那些卖艺的江湖骗子简直无人能及。他的舞很快就赢得了"母猪陛下"的赏识，从此也让其他宠臣失宠。紧接着，大家突然发现萨默塞特伯爵和公爵夫人根本配不上他先前的大力提拔和那惊天动地的婚礼。于是，他们夫妇二人因为谋杀托马斯·奥弗伯里爵士和其他罪名分别受到了审判。国王非常担心之前的那位宠臣会把他所知道的自己那些见不得人的事情公开，因为他曾私下威胁说他打算这么做，于是在他接受审讯的时候，有两人分别站在他左右两边，每人手里拿着一个斗篷，随时准备扔到他头上，堵住他的嘴，防止他把那些不该说的话说出来。就这样，一场虚假无力的判决过后，伯爵得到的惩罚是每年给他 4000 英镑的退休金，公爵夫人则得到了赦免，允许她隐居。不过，他们已经开始憎恨对方了，之后在相互谩骂和折磨中又度过了几年。

"母猪陛下"日复一日、年复一年地尽情让自己丑态百出，因为他出的洋相就算在任何一个猪圈中都见不到。在这些事件发生的过程中，有三个人的死引起了人们的注意。第一位是大臣罗伯特·塞西尔，他是索尔兹伯里伯爵，已经 60 多岁了，身体一直不是很好，因为他生下来就有残疾，他在临终前说自己没有活下去的欲望了。的确，在那个耻辱的年代，经历了他经历的那些卑鄙和邪恶后，没有哪个大臣想继续活下去。第二个人是阿拉贝拉·斯图亚特小姐，她让"母猪陛下"感到了无比惊恐，因为她私下嫁给了比彻姆勋爵的儿子——威廉·西摩，还因为她是亨利七世国王的后裔，"母猪陛下"认为她可能会借婚事进一步染指王位。于是，他将这对夫妇强行分开（她的丈夫被关进伦敦塔，她则被带上了一艘去往达勒姆的船，在那里被关了起来）。后来，阿拉贝拉乔装打扮成一个男人逃了出来，搭乘一艘法兰西的船从格雷夫森德来到了法兰西。不幸的是，她没能见到她的丈夫，虽然他也跑出来了，但很快又被抓了回去。最后，阿拉贝拉在阴森的伦敦塔中变成了一个疯子，四年之后死在了那里。最后一个人是19岁便离世的王位继承人亨利王子，他的死是这三个人当中影响最大的一个。他是一个非常有前途的王子，深受大家的喜爱。他是一个寡言少语、品行端正的年轻人，他身上有两件事最为人称道：第一，他的父亲对他心怀嫉妒；第二，亨利与沃尔特·雷利爵士是好朋友，后者被关进伦敦塔的这些年里越来越憔悴。亨利经常表示，在这个世界上，只有他的父亲才会把一个能臣关在笼子中。在筹备姐姐伊丽莎白与一位外国王子的婚礼的过程中（后来证明是一段不幸的婚姻），重病缠身的他从里士满来到怀特霍尔街的王宫，向他的姐夫问候。天气非常冷，他只穿着衬衫打了一场非常激烈的网球，随后他就一病不起，不到半个月就因伤寒去世了。沃尔特·雷利被关押在伦敦塔期间，编著了一本名为《世界史》（*History of the World*）的书，为了纪念这位年轻的王子，爵士在开篇中写道："这是一个很好的例子，完美地证明了不管'母猪陛下'能把一个人的身体囚禁在监狱里多长时间，他始终无法囚禁一个伟人的思想。"

沃尔特·雷利爵士虽然有很多缺点，但是每当他面对困难、身处逆境的时候，他便会展现出很多过人的品质，既然在这里提到他了，那我就一口气把他悲惨的故事讲完吧。

沃尔特·雷利爵士在伦敦塔被关了12年之久，之后他提出想继续自己早年的航海活动，并计划去南美洲大陆寻找金子。"母猪陛下"陷入了左右为难的局面，一方面他想与西班牙人搞好关系（他一直以来都想给亨利王子娶一个西班牙的公主），而西班牙的地盘又是沃尔特爵士的必经之路；另一方面他的贪得无厌又让他非常想得到金子，于是他不知道该怎么办。不过，最后他还是放了沃尔特爵士，因为他保证一定会回来。就这样，沃尔特爵士自掏腰包装备了一支远征队，在1617年3月28日这一天，他指挥其中一艘船启航，还给这艘船起了一个不怎么吉利的名字，名叫"命运"。远征最终失败了，平民们没有找到他们朝思暮想的金子，于是便发动了叛乱。沃尔特爵士与西班牙人之间也爆发了冲突，因为西班牙人此前曾被他打败过，所以对他一直怀恨在心。沃尔特爵士则攻下并烧毁了一座名叫圣托马斯的小镇，西班牙大使就这件事向"母猪陛下"表示了强烈的抗议，并谴责沃尔特是一个海盗。悲伤到几乎心碎的爵士回到了英格兰，他的希望和财富此时全都不复存在，他的朋友们也都离他而去，他勇敢的儿子（也是离他而去的人之一）也被杀了。爵士悲痛欲绝地回到国内之后，他的近亲刘易斯·斯蒂克爵士联合一位海军中将出卖了他。就这样，他再次回到了之前监禁了他多年的监狱。

"母猪陛下"对没能找到金子感到无比失望，沃尔特·雷利爵士遭到了充满谎言的指证、毫无公正可言的审判。在这个国王的治理下，从审判官、执法官以及教会和国家的机构都满口胡言、谎话连篇。除了沃尔特之外的所有人，全都推诿搪塞、胡编滥造了一大堆理由之后，爵士被判处必须依照以前的判决执行死刑，而以前那次判他死刑已经是 15 年前的事情了。1618 年 10 月 28 日，他被关进威斯敏斯特大教堂的门房，在那里度过了他人生最后一个晚上。他在那里向他善良、忠诚的妻子告别，这位小姐应该活在一个更美好的时代才对。第二天上午 8 时，在用完了一顿愉快的早餐，抽了一斗烟丝和喝了一杯美酒之后，他被带到威斯敏斯特宫的旧宫院。那里早已搭好了刑台，很多身份高贵的人来到这里观刑，来的人实在太多了，押送者只得带着爵士从人群中挤过去。爵士的言谈举止高贵极了，不过他的心里还有一件事让他放不下，那就是埃塞克斯伯爵，他曾亲眼看到了伯爵被斩首的整个过程。爵士神情严肃地说，埃塞克斯伯爵的死和自己没有任何关系，他死的时候自己还为他掉下了眼泪。

由于那天早上非常冷，因此治安官问他要不要下来到火堆旁稍微暖暖身子。沃尔特爵士对他表示了感谢，然后拒绝了，他说自己宁愿赶快上路，因为他发着高烧，还得了疟疾，再过 15 分钟如果他还活着的话，就会因疾病发作而浑身战栗，到时候他的敌人说不定会以为他是被吓得发抖的。说完，他跪下来，用优美的语言进行了一段基督教式的祷告。在爵士把头放到断头台上前，他摸了一下斧子的刀刃，然后面带微笑地说："这真是一剂锋利的药方，却能治愈最糟糕的病痛。"当他弯下身做好死亡的准备时，他看到刽子手有些犹豫，便对后者说："有什么好怕的？动手吧，伙计！"于是，斧头落下来砍掉了他的脑袋，那时他 66 岁。

新宠臣上位的速度非常快：先被封为子爵，接着被封为白金汉公爵，接着成为侯爵,然后当上了王室的御马官,最后甚至当上了海军总司令。为了给他腾地方,国王还把现任总司令革职了,被革职的这个指挥官曾率领英格兰军队击溃过西班牙的无敌舰队。整个国家被新宠臣玩弄于股掌之间,他的母亲把国家所有的利益和头衔都卖了出去,就好像她开了一个专门卖东西的商店一样;他浑身上下从帽子的配饰到他的耳环再到他的鞋子,都金光闪闪。不过,他是一个愚蠢透顶、骄傲自大、目空一切的无赖和白痴的结合体,除了长得好看和舞跳得好之外,一无是处。这位绅士称自己是国王陛下的忠犬和奴才,并称呼国王为"母猪陛下","母猪陛下"则称他为斯蒂尼,据说这是斯蒂芬的昵称,还因为圣斯蒂芬在画像中是一位比较英俊的圣人。

"母猪陛下"经常有无计可施的时候,他既得照顾多数人对天主教的厌恶情绪,又想在国外对天主教摆出讨好的姿态,因为只有这样,他才能为他的儿子娶一个有钱的公主当妻子,他也能从公主的嫁妆中拿出一部分塞满他的口袋。查理王子,也就是"母猪陛下"口中的"查理宝贝",现在已经是威尔士亲王了,他与西班牙国王的女儿结婚这个老套的计划再次被提上了日程。由于西班牙公主没有教皇的批准是不能嫁给新教徒的,于是"母猪陛下"私下低三下四地给那位永远不会犯错误的教皇写信,恳求他批准。有关与西班牙之间的这场婚姻谈判,很多书中用了大量的篇幅进行介绍,内容多到超出你的想象。这件事情的最终结果是:西班牙宫廷拖延了很长的时间,于是查理宝贝和斯蒂尼乔装成托马斯·史密斯和约翰·史密斯,前去见西班牙公主。查理宝贝装出一副疯狂爱上了她的样子,为了看她一眼不惜翻过高墙,让自己出尽了洋相。他称公主为威尔士王妃,整个西班牙宫廷都相信查理宝贝为了她即使粉身碎骨也在所不辞,因为他是这么跟他们说的。

当查理宝贝和斯蒂尼回到英格兰的时候,他们受到了人们的热烈欢迎,就好像他们是上帝派来的福将一般。查理宝贝真正爱的人是亨丽埃塔·玛丽亚,她是法兰西国王的妹妹。他在巴黎见过她,不但对她动了心,还把自己对西班牙人的欺骗看成一件非常高雅的事。他刚安全回到英格兰,就一边暗笑一边公开地说,西班牙人都是傻瓜,这么轻易就相信他了。

与很多狡猾奸诈的人一样,查理亲王和那位宠臣还倒打一耙说被他们骗的那些人是不诚实的人。他们歪曲事实,称西班牙人在中间搞了很多阴谋诡计,让整个英格兰都迫不及待地想与西班牙开战。就连那些最沉稳的西班牙人一想起"母猪陛下"想要开战的样子都会忍不住笑出声来。议会还是为战争进行了拨款，并公开宣布与西班牙之间的一切条约就此终止。西班牙大使虽然人在伦敦，但与"母猪陛下"根本说不上话，是在失宠的萨默塞特伯爵的帮助下，递了一封信给"母猪陛下"。他声称"母猪陛下"是一个被关在自己房子里的囚犯，是任由白金汉公爵和他的手下摆布的傀儡。"母猪陛下"看到这封信的第一反应是又哭又号，把查理宝贝从斯蒂尼身边带走，之后他去了温莎城堡，嘴里喋喋不休地说着各种乱七八糟的胡话，但结局是"母猪陛下"拥抱了他的狗奴才。

他之前给自己的儿子和那位宠臣无限大的权力，让他们在与西班牙的联姻问题上把教皇摆平。而现在，他想与法兰西组成联姻，于是便签订了一份条约，允许英格兰境内所有罗马天主教徒可以自由地进行他们的宗教活动，并承诺永远不会再让他们改变信仰。作为这一项，还有其他一些无关痛痒的让步的回报，亨丽埃塔·玛丽亚成为查理亲王的妻子，并向国王献上了一笔价值 80 万克朗的财富。

"母猪陛下"即便是在他酒池肉林的人生快要走到终点的时候，也依旧红着眼睛、急切地寻找钱财。在疾病缠身了两个星期之后，1625 年 3 月 27 日，他死了。他统治了英格兰 22 年，死的时候 59 岁。我不知道历史上还有哪个时期，能像这段时期这样令人厌恶，没有哪个时期的朝臣对国王的阿谀奉承到了这样的程度。在他的统治之下，腐败、堕落和厚颜无耻在宫廷中无处不在。有一点很值得怀疑的是，究竟詹姆士一世的身边还能不能剩下哪怕是一个充满荣誉感、不会自取其辱的正人君子。

那位能干、充满智慧的贤者——培根勋爵，在这段时期里担任国家的首席法官，他变成了公众眼里腐败和虚伪的代名词，而他对"母猪陛下"卑劣的阿谀奉承，还有在那个忠实狗奴才面前奴隶一样的嘴脸，更加深了他自己的耻辱。

让"母猪陛下"这种人坐上王位，本来就无异于散播一场瘟疫，没有人能够逃出他的魔爪。

2 被送上断头台的查理一世

查理宝贝在 25 岁的时候，变成了查理一世。与他的父亲不同，他私下比较平易近人，言谈举止也非常有风度。不过，他与他父亲一样，对国王的权力有着极其夸张的理解，而且是一个见事就躲，靠不住的人。如果他是一个言出必行的人，那么他的故事可能就会有一个不同的结局了。

他第一件要操心的事是把那个骄傲自大的暴发户白金汉公爵打发到巴黎去，把亨丽埃塔·玛丽亚带回来成为他的王后。而一向厚颜无耻、胆大妄为的白金汉公爵则借此机会向年轻的法兰西王后表达了爱意，法兰西朝臣——红衣主教黎塞留对他计划的百般阻挠，让他火冒三丈。当英格兰人民的新王后以一个陌生人的身份来到他们中间的时候，他们已经做好了爱戴她的准备。不过，新王后特别讨厌新教信仰，她来的时候还带了一大堆令人讨厌的神父，他们教唆她做出了很多荒唐的事情，而他们自己也用了很多很不友好的方式吸引民众的注意。因此，人们很快就开始讨厌她，而她也很快就开始讨厌人民了。她还干了很多鼓动国王不顺从民意的事情（虽然国王非常溺爱她），对国王来说，如果这位王后未曾来到人世间，或许是件好事。

国王查理一世本就想做一位至高无上、不受任何人质问的国王，加上王后在一旁煽风点火，你很快就会看到他如何蓄意打压议会来提升自己权力的举动了。同时，你也将看到，即便是追求这个错谬想法（错谬到足以毁掉任何一个国王）的过程中，他从来没有采用直截了当的方式，总是选择一些拐弯抹角的歪门邪道。

他下定决心要与西班牙开战，下议院和平民不是很清楚这场战争英格兰是不是师出有名，于是他们便开始对之前那场与西班牙的联姻产生了怀疑。国王急不可耐，通过非常手段筹集钱财用于战争的开销，之后在加的斯惨败，这些都发生在他统治的第一年。英格兰派出一支远征队前往加的斯，希望能够在那里抢上一票，但由于这场行动并不很成功，于是他们需要议会拨一笔钱。当议会召开会议的时候，他们并不打算这么做，于是国王告诉议会说："赶紧给钱，否则让你们吃不了兜着走！"但国王的威胁并没有多大效果，议会对国王的宠臣——白金汉公爵进行了弹劾，理由是他在很多事情上让平民百姓苦不堪言，引发了人们强烈的不满（这些一点也没冤枉他）。国王为了救他，解散了议会——是在一分钱也没有拿到的情况下解散的。当贵族们恳求他稍微推迟一下这个决定的时候，他回答说："不，一分钟也不能拖！"接着，他就用下面这些方式开始为自己筹钱。

他私自征收桶税和磅税。从法律上讲，未经议会授权，任何机构和个人都不得征收这两种税款。他命令港口城镇提供给他一支全副武装的舰队，并为他支付这支舰队三个月的开销，同时，要求人们团结起来借给他一大笔钱，至于他什么时候还钱、能不能还，就不好说了。如果穷人们拒绝，就会被逼去当兵或水手。如果贵族们拒绝，就会被关进监狱。有五位贵族分别是：托马斯·达内儿爵士、沃尔特·厄尔爵士、约翰·赫维宁汉爵士、埃弗拉德·汉普登爵士和约翰·科比特爵士，他们因为拒绝国王的命令，被国王枢密院发出的逮捕令抓了起来，被关在监狱里。没有任何理由，只因为国王高兴而已。紧接着，一个严肃的问题被提了出来，并进行了公开的审判：国王这样做是否违背了《大宪章》？是否侵犯了英格兰人民的最高权利？国王的律师们辩解称："不算。因为侵犯英格兰人民的权利是一件错误的事情，而国王是不可能犯错的。"通情达理的法官们决定支持这个缺德的无稽之谈，遂造成了国王与人民的一次致命决裂。

这一切使得再次召集新的议会会议成了必需。人民意识到他们的自由将会受到威胁，于是推举了那些坚定不移地反对国王的人作为他们的代表。然而，国王怀着势在必得的决心，根本没有把这些人放在眼里。他盲目地在与他们会面时用一种轻蔑的方式，对他们说自己召集议会只是因为他需要钱。议员们这次态度足够强硬，意志也足够坚定，他们知道这次会挫败他嚣张的气焰，所以根本就没有理会他说的那些，而是把一份历史上伟大的文件放到他面前，这份文件就是《权利请愿书》。《权利请愿书》要求英格兰的自由人不得被强迫借钱给国王，也不得再因为拒绝类似的命令而受到迫害或被关进监狱。此外，英格兰的自由人不得再被国王的特殊命令或法令逮捕，因为这些都与他们的自由、权利还有这个国家的法律背道而驰。对于这份请愿书，国王一开始想逃避所有的责任，但后来下议院让他看到了他们打算继续弹劾白金汉公爵的决心，于是惊慌失措的国王给了他们一个答复，同意了他们对他的所有要求。然而，国王后来不仅一次又一次地在这些问题上出尔反尔，还干了一件卑鄙无耻、掩盖事实的事情：只公开发表自己第一次的答复。这样一来，百姓们就认为议会并没有打败他。

那个危害社会的白金汉公爵为了修复自己受到伤害的虚荣心，让英格兰同时卷入了与法兰西和西班牙的两场战争。有的时候战争就是因为这个可怜之人的卑鄙理由而爆发的。不过，白金汉公爵注定在这个世上干不了太多的缺德事了。一天早上，白金汉公爵一边准备出门，一边转身对一位与他同行的弗赖尔上校说话的时候，一把刀狠狠地刺入了他的心脏。这件事情就发生在白金汉公爵自家的大厅里。而在这之前，白金汉公爵在楼上与几位法兰西贵族谈话的时候大发雷霆，仆人们便怀疑是那几个法兰西人干的，向这些人发起了袭击。那几个法兰西贵族费了很大力气才逃走，差点死在那里。在一片混乱之中，真正的凶手走进厨房，他本来可以轻易地逃走，却拔出剑大声喊道："我是你们要找的凶手！"他的名字叫约翰·费尔顿，是一位新教徒，同时也是一名退伍军官。约翰说他本人与公爵没有任何仇恨，他杀了公爵是因为他是这个国家的诅咒，他是为民除害。他下手又狠又准，白金汉公爵只来得及发出"浑蛋"两个字，就摔倒在一张桌子上身亡了。

虽然这起事件非常简单，但议会依旧大费周折地审讯约翰·费尔顿。约翰告诉他们说，他走了70英里的路来刺杀白金汉公爵，原因就是他之前说的那些。多塞特侯爵在他面前，威胁他要用拷问台折磨他，而他则反过来警告侯爵，如果他们对他严刑拷打，他就指控侯爵是自己的同伙！国王已经迫不及待地想对他用刑了，但由于法官们认为，严刑逼供不符合英格兰的法律（很遗憾他们没能早点发现这个问题），于是约翰·费尔顿因谋杀罪而被直接处决。

这个宠臣死后，有一个非常与众不同的人开始掌控局势，他的名字叫托马斯·温特沃斯。他是一名爵士，约克郡的一名绅士。他成为议会成员已经有相当长的一段时间了，他是一个武断、高傲的人，但在白金汉公爵得罪了他之后，他就倒向了人民一边。国王非常需要这样一个人，因为他不仅是一个支持国王的人，还具备很强的能力。国王先将他册封为男爵，之后又封他为子爵，之后又对他委以重任，将他彻底收买了过来。

议会依旧存在，而且没有那么容易被收买。1629年1月20日，在《权利请愿书》事件中积极活跃的伟大人物约翰·埃利奥特爵士，针对国王手下主要的几位搞阴谋诡计的人，提出了几项强硬的决议，并要求议长举行投票表决。对此，议长回答说："我在很多地方也必须听令于国王，因此身不由己。"说完他便起身离开座位——这一举动依照下议院的规矩就意味着搁置提案，立即休会。然而，霍利斯和瓦伦丁立即把议长按住。场面变得极其混乱，甚至有很多人拔出了剑，下议院里刀光剑影。

整个事情的来龙去脉传到了国王那里，他命令侍卫长立即前往下议院大厦，强行把门打开。可惜呀，议员们已经完成了对决议的投票，而众议院也休会了。约翰·埃利奥特爵士和两个把议长按在座位上的人很快就被议会传唤。由于三人声称他们没有必要在议院之外的地方对自己在议院说过的话做出解释，于是被关进伦敦塔。随后，国王解散了议会，还发表了一篇演讲，在演讲中他称这些人是"毒蛇"。

国王从来就没有一颗宽大仁慈的心，由于这几个人拒绝为自己所做的事情道歉，以此来换取自由，国王始终没有让这件事就此过去。当爵士等人提出希望在王座法庭接受审判的时候，国王采取了最卑鄙的手段，让他们在各个监狱之间来回转移，这样的话传讯他们的法令就没有办法送到他们手里。最后，他们被带到法庭受审，被判处高额罚款，同时被判关押在监狱中，直到国王满意为止。当约翰·埃利奥特爵士的健康状况开始恶化的时候，他非常渴望换到一个能够呼吸新鲜空气的地方。他请求国王释放他，而国王（简直跟那个"母猪陛下"一样）则回复说他的请求不够谦卑。后来，爵士派自己的小儿子去见国王，并可怜地祈求说只求国王放他出去养病，等他的身体情况一旦好转就立即回到监狱，国王还是不予理睬。当伯爵在伦敦塔里去世的时候，他的子女请求国王让他们把他的尸体带回康沃尔，让他的骨灰能够与他的祖先葬在一起。国王对此的回答是："约翰·埃利奥特爵士在哪里死的，就让他的尸体在那个教区的教堂埋葬吧。"在我看来，所有这些都说明他是一个小气量的国王。

在这之后长达12年的时间里，国王坚定不移地贯彻提升自己、打压人民的理念。这12年中，他不召开议会，一直实行独裁统治。即便有1.2万本书写满了赞扬他的话（赞美他的书已经有不少了），仍有一个事实没法否认，那就是国王查理一世在统治英格兰的这12年里，犯下很多无法无天的暴行，他随心所欲地霸占人民的财物，肆无忌惮地惩罚敢于反对他的人。现在，有人认为他的统治时间被缩短了，而我必须要说，我认为他统治的时间已经相当长了。

坎特伯雷大主教威廉·劳德是国王在打压人民自由的事业中，宗教方面的得力助手。劳德是一个诚实的人，他博览群书，但他的判断力很差——有时截然相反的两种特质会在一个人身上同时出现。虽然他是一个新教徒，但他有很多观点和天主教非常接近，甚至如果他能接受，教皇还想让他当红衣主教呢。劳德把誓言、礼服、燃烧的蜡烛等东西看作宗教仪式中至关重要的元素，并在仪式中加入了大量鞠躬和嗅蜡烛的环节。此外，在他的眼里大主教和主教是一些能创造神迹的非凡之人，他的这一理念根深蒂固，以至于只要有人稍不同意，他就会与那个人发生争执。因此，当苏格兰一位名叫莱顿的神职人员把主教们称作废物和人类虚构出来的东西而受罚时，劳德向天堂献上了感恩和赞美，并且深深地陷入一种非常虔诚的喜悦之中。在一个星期日的早上，他控告了一个名叫威廉·普林的律师，他与莱顿持有相同的看法，于是被罚了1000英镑，被戴上颈手枷，他的两只耳朵分两次被人割掉，一次割一只，之后被判处终身监禁。此外，他还高度赞成惩罚一个名叫巴斯特维克的学者，这个人是一名医生，他也被处以1000英镑的罚款，也被割掉了耳朵、被判处终身监禁。有人会告诉你，这些都是宗教性质的温和方法。但在我看来，这些都是经过精心设计让人们陷入恐慌的伎俩。

在剥夺人民的经济权益方面，很多人也会告诉你国王同样也是温和的，而在我看来也是一样，想让人引以为戒。他不仅征收桶税和磅税，还随意增加税额。他将很多商品的垄断经营权授权给肯出钱向他购买的商人，尽管百姓长年以来被折磨得苦不堪言、怨声载道。如果有人违背之前"母猪陛下"颁布的公告，他就会直接违反法律，对那些人处以罚款。他还恢复了人们深恶痛绝的森林法，把森林据为己有。最令民众气愤的是，他下令征收一种名为"造船费"的税，用于支撑舰队开销的费用，而且不单单是向港口城市征收，而是向整个英格兰征收——因为他发现在很久很久以前，所有的郡县都有缴纳这笔钱的记录。民众对造船费的不满情绪实在是太强烈了，一位名叫约翰·钱伯斯的伦敦市民拒绝缴纳这笔钱。有鉴于此，伦敦市长下令把约翰·钱伯斯关进监狱，而约翰·钱伯斯则因为这件事起诉了市长。"造船费"最坚定不移、最强烈的反对者是约翰·汉普登，他是一位来自白金汉郡的绅士，当"造船费"颁布的时候，他正与几位"毒蛇"在下议院中坐在一起，他也是约翰·埃利奥特爵士的亲密好友。汉普登的这起案件，由财务法院的12位法官进行审判，国王的律师们故技重施，他们再次辩解说"造船费"不可能是错的，因为国王不可能犯错误，无论他多么努力地想要去犯错——的确，他这12年来确实非常努力地犯错。12位法官中有7位认同国王律师的观点，并认为汉普登必须要缴纳这笔钱，另外5位则认为汉普登无须缴纳这笔钱。

国王取得了胜利（正如他所料），但他却让汉普登成为英格兰最受欢迎的人。现在，事情演变成这样糟糕的状态，很多朴实的英格兰人无法忍受他们的国家，便漂洋过海到了美国的马萨诸塞湾，打算在那里建立一个殖民地。据说，汉普登本人和他的亲戚奥利弗·克伦威尔也打算和一群想要去美国的人一同上路，不过他们却被一纸公告拦住了。公告声称，商船船长未经王室特许不准携带此类乘客出海。其实，对国王来说，还不如让他们自动滚蛋更好些！

至于苏格兰，就算是一个挣脱了束缚的疯子，干出的坏事也不会比劳德在那儿做得更多。劳德竭尽全力地让苏格兰接受他那套关于主教的认知，还有他那套宗教形式和仪式（国王对此是赞成的，后来还亲自来到了那里），让苏格兰陷入癫狂的状态。人们为了保护他们自己的宗教形式，成立了一个神圣的联盟，称之为"神圣契约"。他们在苏格兰各地发动武装起义，号召所有的人伴随击鼓声每天进行两次祷告和讲道；他们歌唱赞美诗，在诗中他们把敌人比作邪灵，还庄重地起誓要用剑毁灭他们。国王先是尝试用武力镇压，接着尝试用谈判解决，后来又试着建立一个苏格兰议会，可这些一点效果也没有。最后，他不得不求助于斯特拉福德伯爵——托马斯·温特沃斯爵士。他曾负责治理爱尔兰。他在那里采用的也是高压的专制手段。

斯特拉福德伯爵和劳德倾向于用武力来征服苏格兰人民，而其他参与磋商的贵族则认为应该成立一个议会，国王很不情愿地接受了这个提案。1640 年 4 月 13 日，在威斯敏斯特召开了一次议会会议，这在当时是一个奇怪的景象。这个议会被称为"短期议会"，因为它只持续了很短的一段时间。会上，议员们你看着我，我望着你，没有人敢开口发言。这时一位名叫皮姆的先生站了出来。他详细地列出了这 12 年以来国王做的所有不合法的事情，以及英格兰为此付出的代价。皮姆开了一个伟大的先河，其余的人也鼓起勇气自由地发言，把真相都讲了出来。他们虽带着极大的耐心，且措辞不是特别犀利，但国王还是对此感到害怕，便派人传话说，如果他们能够给他一笔钱，他愿意答应一些条件，而且也不再征收"造船费"。他们围绕这个问题争论了两天。之后，由于国王不愿意接受任何询问，也不愿意做出承诺，因此他们拒绝给他钱，国王则将议会解散了。

反对派很清楚，国王必须建立一个议会，而且他自己也意识到了这一点，虽然有点晚。9 月 24 日这天，虽然在约克郡集结了一支军队打算镇压苏格兰人民，但士兵们与英格兰百姓一样感到非常郁闷和不满，于是，国王将上议院的贵族召集到约克郡，并告诉他们，自己打算在 11 月 3 日这一天再次召集议会。这时，"神圣契约"的士兵已经闯进英格兰境内，并占领了几个出产煤炭的北方郡县。由于当时非常依赖煤炭，而且国王的军队也无法抵抗破釜沉舟的契约者们。国王开始考虑与苏格兰休战，并进行谈判。与此同时，北方郡县向"神圣契约"支付了一笔钱，让他们不要打煤炭的主意……

短期议会的故事到此就讲完了。接下来，让我们看一看长期议会做了哪些值得纪念的事情。

长期议会在 1640 年 11 月 3 日聚集在一起。同一星期，斯特拉福德伯爵从约克郡回来了，他非常敏感地意识到这群意志坚定、精神饱满的议会成员是不会把他当成朋友看待的，因为他不仅背弃了为人民造福的事业，还处处反对人民的自由权利。国王为了安慰伯爵，告诉他说，议员们"连他头上的一根头发也不会伤害"。不过就在第二天，皮姆先生在下议院郑重其事地对斯特拉福德伯爵进行弹劾，称他是一个叛徒。伯爵立即被抓了起来，从他引以为傲的人生巅峰上跌落了下来。

次年 3 月 22 日，斯特拉福德伯爵被带到威斯敏斯特厅接受审判，虽然此时的他疾病缠身，非常痛苦，但他为自己展开了精彩的辩护，气势如虹，强势的他甚至给人一种想不胜诉都难的错觉。然而，当审判进行到第十三天的时候，皮姆向下议院提供了一份会议记录的手抄本，这份文件是年轻的哈里·文爵士在他父亲的红色的天鹅绒柜橱里找到的（他的父亲是文恩大臣，与伯爵同属议会成员）。在那份记录中，斯特拉福德伯爵清楚地告诉国王，他已经摆脱了所有来自政府的规矩和义务，可以凭他自己的意愿随意地对待人民，而且他还补充说："您在爱尔兰有一支军队，您可以利用他们征服这个王国，让它臣服于你。"这里面没有明确说明"这个王国"指的是英格兰还是苏格兰，不过，议会认为他指的是英格兰，于是指控他叛国。

下议院当庭决定通过一项剥夺公权的法案，这样一来就可以直接宣布伯爵叛国罪名成立，而不需要以弹劾的名义对他继续进行审判了，因为如果继续按这种方式进行，就必须证明他确实有过叛国行为。

有一项法案立即呈上来，并获得了下议院绝大多数人的通过，被递交至上议院。在还不确定上议院是否会通过，而国王又是否会同意的情况下，皮姆向下议院透露说，国王和王后与军队的军官密谋调集士兵，准备控制议会，同时调集200名士兵前往伦敦塔，协助伯爵逃走。这场阴谋是一个叫乔治·戈林的人揭露的，他是一位勋爵的儿子，他父亲也叫乔治·戈林，是一个坏蛋，也是阴谋的策划者之一，但后来他当了"叛徒"。国王已经批准那200人进入伦敦塔，但伦敦塔的总督把他们挡在门外，没有让他们进来。总督是一个意志坚定的苏格兰人，名叫鲍尔弗。

这些问题被公开后，大批民众聚集在议会大厦的外面，高喊"处死斯特拉福德伯爵"，因为他是国王用来欺压百姓的走狗。就在人们陷入激动状态的时候，那项法案被上议院通过，送到国王面前等待他的同意。与此同时，还有一项法案被提交上来，这项法案要求在没有取得议会成员同意的情况下，不得将议会解散或休会。国王不是不想救一位忠实的仆人，虽然国王对他也不是那么喜欢，所以一时间变得不知所措。尽管国王在心里认为针对斯特拉福德的法案不合法也不公平，可他还是同意了这两项法案。伯爵此前曾写信告诉国王说，他愿意为国王而死，只是没想到他的主子这么轻易地就成全了他。于是，当伯爵得知自己将被处死的消息时，他把手放在心脏的位置，说："永远也不要相信王者的话！"

国王是一个永远都不能有话直说，做事永远都不能干脆利落的人。他用了一整天的时间写了长达一整张纸的信，派年轻的威尔士亲王送到上议院贵族的手上。在信中恳求他们说服下议院："那个可怜的人应该在一所严加看管的监狱里度过余生，直到他自然去世。"他还在这封信里加上了这句："如果他必须死的话，那么就请行行好，把日期推迟到星期六。"如果说之前伯爵的命运还可能有变数的话，这封软弱、卑鄙的信则让他必死无疑了。5月20日，也就是第二天，伯爵被带到伦敦塔山，在那里掉了脑袋。

劳德大主教，就是那个非常喜欢割人耳朵、割人鼻孔的家伙，也被关进了伦敦塔。当伯爵踏上自己的死亡之旅，经过他床前的时候，他在那里应伯爵的要求为伯爵祈祷。他们两人在为国王的事业奋斗的路上，曾是志同道合的朋友，在他们如日中天的日子里，伯爵曾写信说，他认为汉普登因为拒绝缴纳"造船费"，而被当众鞭打对他们来说是件大快人心的事情。现在，耀武扬威的日子一去不复返了，伯爵带着他的威严向他的死亡走去。伦敦塔的总督希望他在大门那里坐上一辆马车，因为担心他在路上会受到人们的袭击，不过伯爵说自己无论是死在斧头下还是死在平民百姓的手里，对他来说都一样。因此，他脚步稳健、表情庄重地走向刑场，经过人群的时候还不时地脱下帽子向他们致意。伯爵走上刑台后，发表了一段演说，稿子是事先写好的（他的脑袋被砍掉后，稿子就散落在那里）。随着斧子的落下，他就此丧命，享年49岁。

这个勇敢大胆的举动，还有议员们采取的其他著名的议案（就像处死斯特拉福德伯爵一样），都起源于长久以来国王对他的权力肆无忌惮的滥用。那些曾以不合法的方式向平民百姓收缴"造船费"或者其他费用的治安官和官员，获得了"失职者"的称号。汉普登的判决被逆转，而那些判决汉普登有罪的法官都被命令缴纳一大笔保证金，以确保他们将会接受议会决定给他们的任何惩罚。其中一人被关进监狱，因为他是最高法院的法官。劳德也遭到弹劾，那些被削掉耳朵、切开鼻孔的不幸的受害者被顺利地带出监狱。此外，议会还通过了一项法案，该法案规定议会会议应每三年召开一次，如果国王和国王的官员不履行，则由议员们自行集合召开，因为这是人民的权利。

这些事情的发生让人们充满了喜悦，到处张灯结彩，整个国家都沉浸在激昂的兴奋之中。毫无疑问，议会充分利用了人民此时的兴奋状态，用各种方式煽动他们，扩大自己的影响。不过，你始终都应该记住这一点，在长达12年的时间里，国王一直非常努力地尝试弄清楚他究竟是否会做错事。

在这段时间里，始终有一个巨大的宗教抗议声音，反对主教在议会拥有席位，苏格兰人民对此反对得最为强烈。英格兰人民则在这个问题上产生了分歧，因为这个，再加上大家愚蠢地期望议会能够废除所有的税收，于是有很多人的立场摇摆不定，居然开始倾向于国王。

我相信，在这个时候，或者是在国王生命中的任何一个阶段，如果他能够让任何一个脑子还算正常的人相信他的话，那么他或许能够救他自己一命，保住王位。但当英格兰军队被解散的时候，他又和官员们搞阴谋诡计了，就像以前一样，他干了一件蠢事：几个官员起草了一份反对议会领导人的申诉书，他毫不犹豫地在上面签了字。苏格兰军队解散之后还不到四天，他就去了爱丁堡。他的行动速度非常快，他去那里是为了搞另一项阴谋诡计。这次行动不仅迅速，还非常隐秘，以至于到现在都无法确定他的整个计划到底是什么。一些人猜测他是想控制苏格兰议会，他实际上也控制住了，通过礼物和恩惠他收买了很多苏格兰有权有势的人物和贵族；有些人觉得他是去搜集证据，目的是想证明英格兰议会领袖邀请苏格兰人过来帮助他们，因为他们企图谋反。

无论他是带着什么样的目的去苏格兰，他这一趟都没有取得多少收获。蒙特罗斯伯爵是一个走上了绝路的人，他因为自己的阴谋诡计而被关进监狱。在他的唆使下，国王绑架三位苏格兰贵族未遂。英格兰议会的某个议会成员跟在国王身后，监视着他写了一份关于此次"事件"（这是国王起的称呼）的说明，递交给议会。这在议会中再次引起了轩然大波，人人自危（可能是真的，也可能是装出来的），并给埃塞克斯伯爵写信，要求他派人来保护他们，因为他是军队的最高统帅。

国王从苏格兰回到国内，决定拼了命也要把自己失去的权力夺回来。他相信自己的礼物和恩惠能够确保苏格兰不会加入反对自己的阵营。此外，伦敦市长设盛宴迎接他，让他误以为他在英格兰重新得到了人民的爱戴。可是，倘若想凑足一个国家的人口数目，就需要很多很多市长大人加在一起才行。国王很快发现自己想错了。

国王发现得不是那么及时，因为在他意识到之前，就遭到了议会激烈的反对。原因是皮姆、汉普登等人提出的一份著名的文件，被称作《大谏章》，里面陈述了国王所做的所有的违法事情，不过却十分客气地把责任推给了他那些邪恶的谋士。当《大谏章》通过，并呈到国王面前的时候，他居然还认为自己仍有足够的权力把鲍尔弗从伦敦塔总督的位置上撤下来，换一个品行恶劣的人代替他。这个人选立即遭到了下议院的反对，并逼着他不得不放弃。这时，有关主教在议会席位的强烈抗议变得比以往更加强烈，而年迈的约克大主教在前往上议院的路上差点被杀。他被一群暴徒抓住，被毒打了一顿，因为他干了一件蠢事，居然去呵斥一名正在高喊"主教们滚开"的小男孩，因此遭到了报应。事后，他联络了城中所有的主教，并提议他们签署一份声明，内容是既然他们没有办法在保证自己生命安全的情况下出席议会履行他们的职责，因此他们宣布议会在他们的缺席期间所做的任何事情都是不合法的。他们还要求国王把这份声明递交至上议院，国王照做了。结果，下议院对这些主教进行了弹劾，把他们全都关进伦敦塔。

这件事情并没有让国王引以为戒。相反，议会中一部分相对温和的人反对使用强硬的手段，壮了国王的胆子。1642年1月3日，国王干了一件人类历史上最鲁莽的事情。

国王没与任何人商议，就自作主张地把检察总长派到上议院，指控几位议会成员犯有叛国罪。这些人分别是金博尔顿勋爵、亚瑟·哈兹尔里格爵士、登齐尔·霍利斯、约翰·皮姆（由于他位高权重，而且块头非常大，他们都称他为"皮姆国王"）、约翰·汉普登、威廉·斯特罗德等人。他们都是深受人民爱戴的领袖，但对国王来说却是令他讨厌的心腹大患。他派人闯入这些议会成员的住宅，查封他们的文件。与此同时，他还派信使来到下议院，要求他们立即交出那五位同时也是下议院成员的绅士。下议院对此的回答是：如果对他们有合法的指控，他们立即就会现身。接着，众人当场宣布休会。

第二天，下议院派人告诉伦敦市长，说国王侵犯了他们的特权，他们人身和财产安全得不到任何保障。由于没有抓到这五位成员，国王亲自带着他所有的侍卫，连同两三百名绅士和士兵（绝大部分是全副武装的）来到议院。国王让这些人守住大厅，之后带着自己的侄子进了议院。他脱掉帽子，向议长的座位走去。议长起身给他让座，国王则站在座位的前面，不动声色地环顾四周。片刻后，国王才说自己是来找那五位成员的。见没有人答话，国王便喊了约翰·皮姆的名字。没有人答话，国王又喊登齐尔·霍利斯的名字。回答他的依旧是一片沉默，之后，国王问议长那五个成员在哪里。议长跪下来，勇敢地回答说："我是议院的仆人，没有议院的命令，我什么也没有看见、什么也不会说。"国王听后受到了前所未有的打击，说这些人犯了叛国罪，他将自己去寻找他们。他拿起帽子，在一些人的低声议论中走了出去。

当这一切被门外的人知道了之后，外面的人立刻行动起来，其速度快得无法用语言描述。五位成员为了安全起见，躲进了位于科尔曼街的一栋房子，这里整天有人在外面把守。到了上午 10 时，国王被自己的所作所为吓坏了，他带了六名勋爵来到市政厅，在那里发表了一次演讲，希望人们不要为那些被他指控犯有叛国罪的人提供庇护。第二天，他又发布了一份要逮捕五位成员的公告，然而议会根本没把这当回事，因为他们已经做好了安排，准备在五天之后以非常隆重的礼节将五位议员请到威斯敏斯特。就算不为自己的安全考虑，国王也对自己的鲁莽行为可能导致的后果异常警惕，因此他带着王后还有他的孩子离开怀特宫，来到了汉普顿宫。

5 月 11 日，五名议员昂首挺胸，在人们的簇拥下一脸肃穆地来到威斯敏斯特，场面非常壮观。他们走的是水路，水面上的船多到已经看不见河面了。驳船满载着全副武装的士兵，把五位议员团团围住，他们做好了不惜一切代价保护他们的准备。一支由伦敦民兵组成的大部队在指挥官斯基庞的带领下，沿着斯特兰德行进，并随时准备支援那支小舰队。在远处，大批民众涌上街头把街道堵得水泄不通，他们不停地喊着反对主教的口号，当他经过怀特宫时，还轻蔑地喊道："国王现在怎么样了？"下议院外面人声鼎沸，里面则鸦雀无声。皮姆起身向议员们讲述了他们在城内受到的盛情的欢迎场面。下议院听后，把治安官叫了进来，并对他们表示感谢，还请求让那些民兵在他们的指挥官斯基庞的指挥下每天来下议院站岗，为他们提供保护。后来，又有 4000 人骑着马从白金汉郡赶来，他们也甘愿当大家的护卫。他们还带了一份给国王的请愿书，里面表达了对汉普登先生遭受的伤害的不满，因为汉普登是他们的同乡，他深受人民的爱戴。

当国王前往汉普顿宫的时候，随行的绅士和士兵跟着他出城，来到泰晤士河畔金斯顿区。第二天，迪格比勋爵乘着马车，从汉普顿宫来到下议院，带来了国王的口信，说国王接受了他们的保护。议员们说国王这么做无疑是在向国家宣战，迪格比勋爵便逃到了国外。议员们立即着手将这个国家的军事力量控制起来，因为他们非常清楚，国王早就想用武力来对抗他们了，而且他还秘密地派纽卡斯尔伯爵前往赫尔，去控制那里一个非常有价值的存有大量武器和火药的弹药库。当时，每个郡都有自己的军火库，用来给自己的民兵或国民卫队使用。因此，议会出台了一项法案，宣称议会拥有指定郡治安官的权力（这项权力当时是属于国王的）。同时，议会还有权将国内所有的要塞、城堡和守备部队交给他们信任的总督。此外，他们还通过了一项剥夺主教投票权的法律。国王同意了那项法案，却不愿意放弃指派治安官的权力，虽然他说他愿意委任议会推举的人。当彭布罗克伯爵问国王，他是否会在这个问题上暂时让步时，国王回答说："我对上帝发誓，我绝不会让步！"于是，国王向议会开战了。

国王年幼的女儿早被许配给了奥兰治亲王。王后便以带她女儿去她未婚夫国家为借口，安全地抵达荷兰。她在那里当掉了王室的珠宝来筹集钱财，以便为国王招募一支军队。由于此时海军司令患病在身，因此下议院指定沃里克伯爵担任该职位，为期一年。虽然国王任命了另一个人，但下议院选择了一意孤行。于是，沃里克伯爵就在没有取得国王同意的情况下成为海军司令。议会对赫尔的官员下达命令，要求将那里的弹药库转移到伦敦；国王则亲自去了赫尔，打算由自己接管。但赫尔市民不让他进入城镇，总督也不让他进入城堡。议会这个时候决定，只要是上、下议院通过的内容，即便没有国王的同意，也应被称为法令，其效力与那些经国王同意的法律相同。国王对此表示抗议，同时发出通告称这些法令无须被遵守。在参议院多数成员及许多下议院成员的照料下，国王在约克郡安顿了下来。大法官把国玺带到国王那里，随后，议会制作了一枚新的国玺。这个时候，王后送来了一整船的武器和弹药，国王也写信以很高的利息四处借钱。议会集合了 20 个步兵军团和 75 支骑兵部队，人们也心甘情愿地捐出他们的钱财、金银餐具、珠宝还有一些小的珠宝首饰来援助他们——已婚妇女甚至捐出了自己的婚戒。任何议员，只要能从自己任职的地区召集起军队，就可以根据自己的爱好定制士兵们的服装，这支军队也由该议员指挥。值得一提的是，奥利弗·克伦威尔集结了一支骑兵部队，他的部队士气威武、装备精良，这些人几乎可以说是特别优秀的士兵了。

国王查理一世和长期议会之间的这场内战打了将近四年，我在这里就不叙述战争的细节了，因为把这些都写出来足够写几本书了。令人惋惜的是，英格兰人民不得不再一次在英格兰的土地上自相残杀。令人感到些许安慰的是，两边都充分贯彻了人道主义精神，保持了克制，值得人尊敬。议会的士兵在品质上比国王的士兵表现要出色得多（很多国王的士兵只是为了报酬去战斗，根本不在乎到底是为何而战）。不过，站在国王那边的贵族和绅士们不仅英勇无比，而且十分忠于国王，他们的行为令我们不得不致以崇高的敬意。这些人中间有很多是天主教徒，他们选择站在国王这边，是因为王后对天主教的信仰非常虔诚。

如果国王是一个有雅量、有风度的人的话，他就应当在这些勇猛的将士中挑选出几位，把部队的指挥权交给他们。然而，他所做的正好相反，他把军队交给了他的两个侄子——鲁珀特亲王和莫里斯亲王，这两人拥有王室血统，是从国外回来帮助他的。不过，对国王来说，他们还不如不来，因为鲁珀特亲王是一个鲁莽冲动的匹夫，他的脑子里只有一个想法，那就是随时随地冲到战场上，把身边的敌人打得落花流水。

议会军队的大将军是埃塞克斯伯爵，他是一个充满荣誉感的绅士，也是一位出色的战士。战争开打前，一群爱管闲事的法律学生和吵闹的士兵、街边店主和他们的学徒，外加一群平民百姓在威斯敏斯特发生了暴乱。当时，国王的支持者们管那些民众叫"圆颅党"，因为学徒们都是一头短发，而民众们则称他们的敌人为"骑士党"，意思是他们是一群只会叫嚣、虚张声势的乌合之众，却偏要装出一副军人的样子。于是，这两个词就被用来区分两边的人。保皇派称议会的人是"叛乱分子""流氓"，而议会的人称他们是"国家的祸害",并以"圣徒""正直者"自居。

战争在朴次茅斯市打响。在那里,双面叛徒戈林再次倒戈到了国王那边,不承想却遭到议会军队的围攻。此事一出,国王便宣称埃塞克斯伯爵和在他手下效劳的官员是叛徒,并号召他忠实的子民武装起来,8月28日这一天来诺丁汉与他会师。遗憾的是,他忠实的子民没来几个人,再加上那一天狂风大作、天气阴沉,连王室旗帜都被风吹倒了,整个过程让人感觉非常凄凉。这件事情之后,在班伯里附近的红马谷、布伦特福德、迪韦齐斯、查尔格雷夫场(汉普登先生在这里率领他的人马,身先士卒作战时受了重伤,不到一个星期就死了)、纽伯里(在这里的战斗中,国王最杰出的贵族福克兰勋爵战死沙场)、温彻斯特、约克郡附近的马斯顿荒原以及纽卡斯尔,以及英格兰和苏格兰的很多地方,都发生了重要的交战。在这些战役中,双方均有胜有败。国王取得了这场战役的胜利,另一场胜利则属于议会。但是绝大多数繁荣的城镇都与国王敌对。当大家觉得有必要在伦敦修筑防御工事的时候,上至王公贵族,下至男女劳工,各个阶层的人团结起来共同劳作,大家都心甘情愿、热血沸腾。议会的军队中有几位杰出的领袖,如汉普登、托马斯·费尔法克斯爵士等,而最英勇善战的当数奥利弗·克伦威尔和他的女婿艾尔顿。

整个战争期间,平民百姓始终最渴望和平,因为对他们来说战争不仅劳民伤财,令他们厌恶至极,而且几乎每个家庭都被战争分裂,增加了他们的伤悲(在一个家庭,有人支持其中一方,其他人则支持另一方)。双方阵营中一些品行高尚的人也是这么认为的。因此,议会和国王各派出代表在约克、牛津(国王在这里组建了一个他自己的小型议会),以及阿克斯布里奇进行了和谈。不过,双方却没能达成任何共识。在这些谈判中,换句话说,在国王面对的这些困境中,他表现得极其出色,他非常有勇气、冷静、镇定自若、思路清晰,不过他性格中的那些原有的污点,自始至终都未能摆脱,因此他没有一刻是能够被人信任的。

克拉伦登勋爵是一位历史学家,也是国王最忠实的崇拜者,他推测国王非常不情愿地答应了王后,在没有王后同意的情况下,他绝不会与对方议和,而这一点肯定经常被他用来做推托之词。国王向来说话不算数,什么时候都一样。他为了一笔钱财,与双手沾满鲜血的爱尔兰叛军签订了停战协议,并要求爱尔兰军队帮助他对抗议会。在内斯比战役中,国王的房间被攻下,在里面找到了他与王后之间的往来信件。他在信中把议会称为

"杂种狗议会"，这是他对之前"毒蛇"称呼的另一种称谓。他说他假装承认他们，与他们进行谈判，但实际上是在欺骗他们。此外，议员们还发现国王与洛林公爵暗中勾结很久了，国王为得到一支1万人的外国部队，与他签订了一个秘密条约。这一计划败露之后，他又派自己忠实的朋友之一——格拉摩根伯爵去爱尔兰，与天主教势力签署一个秘密条约，让他们派给自己一支1万人的爱尔兰军队。作为回报，他将大力扶持天主教信仰。这个秘密条约在一个好战的爱尔兰大主教的马车上被发现，因为这位大主教在一场小规模的战斗中被杀。这件事一出，国王立即卑鄙地否认了这一切，还抛弃了他的朋友（因为那位伯爵受到了叛国的指控）。更加卑鄙的是，国王用自己高贵的手递给伯爵一份密令，上面却有些许空白没有填写，显然是为了给自己留条后路。

1646年4月27日，国王在牛津市被发现，他已经被议会的军队包围了，而他们正从四面八方向他逼近。身在城内的国王觉得再不逃命的话，就来不及了。因此，他在当天晚上，换了一个发型，剃掉胡须，乔装打扮了一番，穿上仆人的衣服，身后系着斗篷，骑马逃出了城，他跟在自己忠实的追随者和一个神职人员后面。国王一路向伦敦跑去，但当他跑到哈罗时，他改变了计划，似乎决定去苏格兰人的阵营。

苏格兰人当时被请过来为议会的军队提供帮助，他们当时在英格兰驻扎了一支庞大的军队。国王不管做什么事情都特别愿意耍阴谋诡计，所以很难确定他走这一步到底是什么目的。不过，他确实来到了苏格兰人的营地，并向利文伯爵投降。伯爵彬彬有礼地接待了这名"犯人"。议会与苏格兰当局之间就如何处理国王的谈判一直持续到次年的2月。由于国王拒绝答应议会将旧民兵军火库出让20年，同时也拒绝承认"神圣联盟"的合法性，于是苏格兰将国王交了出去，同时还换取了一大笔钱，作为他们提供援助的回报和士兵们的报酬。国王被议会指派的几个人带走，并送进他自己的一座宫殿——北安普敦郡奥尔索普群岛的霍姆比宫。

在这场内战尚未结束的时候，约翰·皮姆死了，被隆重地葬在威斯敏斯特大教堂，葬礼上的荣耀都是他应得的，因为他和汉普登为英格兰百姓争取自由立下了汗马功劳。战争刚结束没多久，埃塞克斯伯爵也去世了，他在温莎森林的一场猎鹿赛局中用力过猛，染上了一种疾病，正是这种病后来要了他的命。经过隆重的葬礼后，他也被葬在了威斯敏斯特大教堂。我真希望没必要提到在战争还没有结束的时候，劳德大主教就死在绞刑架上。对他的审讯持续了将近一年，因为即便在当时，对他的那些指控是否能够算作叛国，也是无法确定的——这项古老的罪名是那些残暴的国王最喜欢用的玩意儿。对劳德，议会还提出了一项剥夺财产和公民权的法案来指控他。劳德是一个思想极度偏执的害人精，就如你所知道的那样，他非常喜欢割耳裂鼻之刑，干了一大堆伤天害理的事情。

当议会把国王握在手中之后，就急于摆脱手中的军队了，而这个时候奥利弗·克伦威尔掌握的军事力量变得越来越强大。这不仅仅是因为他的勇气和出色的统率能力，还因为他宣称自己非常虔诚地信仰清教，这个信仰在士兵中非常受欢迎。他们对主教们的反对与他们对教皇本人的反对一样强烈，而且这些士兵、击鼓手、小号兵都有一个非常不方便的习惯，就是动不动就要发表一篇冗长的布道，我无论如何也不愿意加入这样的军队。

如果这样一支军队空闲下来，谁能保证他们不会说议会的坏话甚至反抗议会呢？议会对此也不确定，于是议员们决定解散大半士兵，剩下的将派往爱尔兰平乱。如此一来，英格兰本土就只剩下一支规模很小的军队了。但士兵们不同意被解散，除非议会答应他们的条件。当议会表露出想要强迫他们解散的迹象时，军队出人意料地采取了行动。

一天晚上，一位名叫乔伊斯的骑兵旗手在400名骑兵的陪同下，来到霍姆比宫。他走进了国王的房间，一只手拿着他的帽子，另一只手拿着一把手枪，勒令国王跟他走。国王十分乐意跟他走，只是要求乔伊斯应该在第二天早上公开要求他这么做。于是，第二天早上，国王出现在宫殿台阶的上面，当着他的手下还有议会指派给他的侍卫的面，问乔伊斯："你有什么权力把我带走？"乔伊斯回答说："军队有权力这么做。""你有书面委任书吗？"国王问道。乔伊斯指着400个骑在马上的人，回答说："这就是我的委任书。""好吧，"国王笑着说，好像他很满意的样子，"我从来没有宣读过这样一份委任书，不过它的文字合情合理，清晰易懂。将要陪伴我的这些人真是一群英俊的绅士，我目睹他们的英姿已经很久了。"乔伊斯问国王想住在哪儿，国王说纽马基特。于是，国王和乔伊斯，还有400名骑兵一起骑着马向纽马基特出发。

我觉得国王坚信军队是他的友军。当费尔法克斯将军、奥利弗·克伦威尔和艾尔顿劝说他回到议会的监护下的时候，他就是这么跟那位将军说的。他喜欢目前的状态，而且也决定维持现状。当军队逐渐向伦敦逼近，准备威胁议会答应他们的要求的时候，他们把国王也带上了。英格兰的命运如何，全凭一群手里拿着武器的士兵的良心来决定，这听起来真是太凄惨了。不过，国王在他生命中这个重要的时刻，当然选择支持军队而不是试图控制他的议会，尽管后者有更加合法的权力和理由。在这里，我必须补充一点，那就是在如何对待国王的问题上，军队的确比议会更加友善恭敬：他们允许他带着自己的侍从，在宫殿里尽情玩耍、宴乐，还会给他两天的时间，允许他去雷丁附近的卡弗舍姆看望他的孩子。而议会给他的待遇是相当苛刻的，只允许他骑马出去和玩草地滚球。

即便在这个时候，如果国王能够让自己被人信任的话，那么他或许还有救。就连奥利弗·克伦威尔也说，除非国王享有他应有的权力，否则没人能够安心度日。他对国王的态度并不差，当国王和他的孩子团聚的时候，他也在场，他被那个充满亲情的场景深深地感动了。在国王搬到汉普顿宫之后，他经常见国王，与他一起在汉普顿宫惬意的长廊和花园里散步、聊天。其实，克伦威尔做的这些很有可能动摇他在军中的威信和地位。不过，国王私下仍然希望能够得到苏格兰的帮助。因此，当他确定加入苏格兰人的时候，他便开始疏远他的新朋友和军队，并告诉军官们他们没有自己的话，是不可能成功的。而就在此时，他也答应克伦威尔和艾尔顿说只要他们帮助自己夺回原来的权力，他就让他们成为贵族，而他在给王后的信中表示，他打算绞死他们。后来，克伦威尔和艾尔顿宣称他们早就被私下告知了这封信的存在，那封信缝在马鞍里，准备在某一天晚上送到霍尔本的"蓝野猪"旅馆，再从那里送往多佛尔。他们两个乔装打扮成普通的士兵，来到了那里，坐在院子里喝酒等待，直到一个人带着马鞍出现，他们用刀割开马鞍，在里面找到了这封信。

关于这个故事，我看不出有什么值得怀疑的理由，因为奥利弗·克伦威尔曾告诫国王一位最忠实的追随者说："国王这个人不可信，如果他发生了什么不测，国王是不会负责的。"可即便在这件事之后，克伦威尔依旧信守了他对国王的承诺，他得知军队中有人密谋要绑架国王，便将这个消息告诉了国王。我相信，他是打心眼里希望国王逃到国外去的，这样一来他就可以摆脱国王，从而也就摆脱了麻烦和危险。很明显，对于奥利弗本人来说，军队里有很多烂摊子需要他收拾，因为部队的有些人根本不听指挥，企图反抗他和那些与他一起行动的人。于是，他认为有必要当着所有人的面，公开处决一个人，以此杀一儆百。

国王收到奥利弗的警告后，便从汉普顿宫逃走了，盘算了一番后，他去了怀特岛上的卡里斯布洛克城堡。然而，即便是在那里，他也假装与议会谈判。与此同时，他暗地里和苏格兰官员通信，他希望苏格兰派一支军队到英格兰来,帮助他夺回他的权力。当他突然停止了与议会谈判的时候(因为已经与苏格兰谈妥了),他被贬为囚犯。不过他的待遇改变得还没有那么快,因为他事先已经预谋好当天晚上搭乘一艘王后派来的船逃走,那条船就停靠在岛上。

在指望苏格兰这件事上,他注定会失望。因为他与苏格兰特派员之间达成的协议,对那个国家的宗教信仰来说不足以让苏格兰的神职人员感到满意,于是他们对这个协议进行了反面宣传。其结果是,苏格兰派来的部队人马少得可怜,根本无法成气候,虽然有英格兰保皇派发动起义和爱尔兰优秀士兵的相助,但面对像克伦威尔和费尔法克斯这样的人物所统率的议会军,根本没有任何胜算。国王的长子、威尔士亲王带着19艘船(英格兰舰队中有一部分加入他的麾下)从荷兰赶了过来帮助他的父亲,不过,他的这趟航行没有取得任何成果,他不得不无功而返。在第二次内战中最值得注意的事件,是议会军队的将军将查理·卢卡斯爵士和乔治·莱尔爵士被残忍地处死了,这两人是保皇派的大将军,他们在缺少补给、军心涣散这样极为不利的情况下,还英勇地坚守了科尔彻斯特近三个月。当查理·卢卡斯爵士被枪毙之后,乔治·莱尔爵士亲吻了他的尸体,并对那些将要对他执行枪决的士兵说:"靠近点,这样让你们保证能够打中我。"一个士兵回答说:"乔治爵士,我们肯定能够打中你。""是吗?"他笑着说,"我不止一次离你们比现在还近,你们却都没打中我。"

这时候保皇派军队又要求议会交出七名惹恼他们的议员,但议会已经受够了他们的威胁,一致同意不再与国王有任何联系。在第二次内战结束之后(只持续了不到六个月的时间),议会派官员与国王进行了谈判。国王此时被放了出来,居住在怀特岛上一栋私宅中。在谈判的当天,国王的表现让所有看到他的人都对他赞不绝口。最后他同意了对方所有的要求,甚至包括暂时废除主教,并将教会的土地划归王室所有(之前对于这个要求,他是坚决不同意的)。不过,他身上的致命缺点依旧存在,当他最好的朋友恳求他答应那些条件时,他又故技重演,试图逃跑。他与他在爱尔兰的朋友和爱尔兰天主教的人依然保持书信往来,虽然他嘴上予以否认。他还亲笔写道,他之所以妥协仅仅是为了争取时间逃跑而已。

事情发展到这个地步的时候,军队决定向议会发起反抗,但议会已经不怕他们了,议会一致认为唯有国王让步才能维护国家的和平。里奇上校和普赖德上校带着一支骑兵部队和一支步兵部队来到下议院,普赖德上校手里拿着一份名单，站在大厅里，名单上都是些军队讨厌的人的名字，当他们经过大厅的时候，他就把他们指认出来，然后把他们全都抓起来。这个过程后来被人们戏称为"普赖德肃反"。克伦威尔此时正在北方。他回来之后，批准了这两人的行为。

军队把一些议会成员关进监狱，并逼另一些议会成员离开之后，下议院的人数就剩下 50 多人了。这些人很快便表决认为，国王如果向议会和人民开战，他的行为就是叛国，并向上议院递交了一份决议，要求让国王以叛国者的身份受审。上议院当时有 16 名成员，他们一致否决这一提案。于是，下议院便自行出台了一个法令，称下议院才是国家的最高政府机构，他们还将审判国王。

为了保证国王的安全，他被带到了一个名叫赫斯特城堡的地方。该城堡孤零零地坐落在海面的一块岩石之上，只有在退潮的时候，一条 2 英里长的崎岖小路才能显露出来，将它和汉普郡的海岸连接起来。他从那里被转移到温莎，他在温莎遭到了粗鲁的对待，连吃饭都有士兵看着。之后，他被带到伦敦的圣詹姆斯宫，并被告知审判将在第二天进行。

1649 年 1 月 20 日，星期六，这场值得被纪念的审判开始了。下议院从军官、律师、市民还有下议院的成员之中，挑选了 135 位陪审员组成了法庭。最高律师约翰·布拉德肖出任庭长。审判地在威斯敏斯特厅。在大厅的前端，有一个铺着红色天鹅绒的椅子，上面坐着庭长，他戴了一顶帽子，里面有金属板做内衬用来保护他。其余的人坐在两边的长椅上，头上也戴着帽子。国王的座位上铺着天鹅绒，与庭长的座位一样，在庭长座位的对面。

当国王走进来的时候，他先是不动声色地环顾整个法庭，看了看围观的观众，之后坐了下来。在宣读"以叛国罪起诉查理·斯图亚特"的起诉状的时候，他笑了好几次，并拒绝承认法庭的权威性，他说没有上议院的议会根本就不是议会，而他在这里没有看到上议院的人。此外，国王也应该在那里，但国王却并没有出现在他应该出现的地方。布拉德肖回答说，法庭的权威性不存在任何问题，它的权威是上帝赋予它的，是国家赋予它的。说完，他宣布休庭，直至周一。

到了那一天，庭审继续进行，并持续了整整一个星期。又到了星期六，当国王穿过大厅走向他的席位时，一些士兵和其他几个人高喊着："还我们公道！"并喊着"处死国王"。这一天，布拉德肖穿了一件红色的袍子，而不是前几天穿的黑袍子。国王被判处死刑。

在庭审过程中，国王拐杖上的银杖头突然掉了下来，这件事让他感到很不安，他认为这预示着自己将要丢掉脑袋，而他这个时候也承认，一切都结束了。

被带回怀特宫之后，国王派人到下议院，带去他的口信说因为他处刑的时间已经很近了，所以他希望能够允许他和自己亲爱的孩子见上最后一面。他的要求得到了批准。星期一，国王被带回圣詹姆斯宫，他的两个孩子——13岁的伊丽莎白公主和9岁的格罗斯特公爵从布伦特福德附近的锡永宫被带去与他做最后的告别。那是一个充满悲伤的感人画面：他亲吻并抚摸着两个可怜的孩子，他给公主做了两枚镶着宝石的印章，作为送给她的小礼物，并将自己想要与他们母亲说的那些温柔的话告诉了他们（她一点也不配拥有这两个孩子，因为她有一个情人，而且在这之后很快就与他结婚了）。国王还告诉孩子，他将为"这个国家的法律和自由"而死。我一定要声明，我并不认为他是为这个高尚的理由而死的。

那一天，荷兰使者来为这位悲伤的国王求情，苏格兰的特派员也来为他求情，威尔士亲王也来信说，他作为王位的下一任继承人，愿意接受议会提出的任何条件。王后也送来一封类似的信件，替国王说好话。

尽管有这么多人为他求情，可死刑的令状还是在这一天被签署了。其中还有一个故事，据说当奥利弗·克伦威尔走到桌前，拿着笔准备签上自己的名字时，有一个官员站在他身边，他拔出笔的时候甩了那个官员一脸墨水。按照故事中的说法，那位官员此时还没有签上自己的名字呢，等轮到他签名的时候，他也用同样的方法甩了克伦威尔一脸墨水。

国王当晚睡得特别好，丝毫没有因为这是自己在世上的最后一天而无法入眠。1月30日，他在距离天亮还有两小时的时候起来了，精心梳洗打扮。他穿了两件衬衫，因为他怕自己在寒冷的天气中冻得发抖，他把头发梳得非常整齐。处刑令状被交到三名军官手里，分别是哈克上校、亨克斯上校和费耶尔上校。上午10时，哈克上校来到他的房门前，通知国王是时候前往怀特宫了。国王走路的速度一向很快，在那一天也一如既往地快步穿过庭院，同样用他一如既往的声音对侍卫下达命令，响亮地说道："快速前进！"当他来到怀特宫的时候，他被带到他的卧室，在那里为他摆好了早餐，但由于他已经领了圣餐，所以他不想再吃别的东西。

当教堂的钟声在晌午12时响起的时候（断头台还没有准备好，所以他必须等），他听从与他在一起的贾克森主教的建议吃了一点面包，喝了一杯干红葡萄酒。他吃完没多大一会儿，哈克上校就拿着处刑令状来到房间，传唤查理·斯图亚特。

接着，国王穿过怀特宫的长廊，他曾无数次经过这里，每次都是灯火辉煌，充满了欢声笑语和雀跃的人，这次却和以往完全不一样。失势的国王走过这里，来到宴会大厅中间的那块大玻璃前——摆着为他准备的断头台，上面挂着黑布。他看了看两个刽子手，他们穿着一身黑色的衣服，头戴面具。他看了看周围的骑兵和步兵，他们一言不发地看着他。之后，他又看了看平民百姓，这些人多得一眼望不到边。最后，他看了看圣詹姆斯宫。

他发现断头台太矮了，这似乎让他有些不自在。他问："难道没有更高一点的地方吗？"接着，他对那些站在刑台上的人说，发动战争的是议会，而不是他，但他希望他们也是没有罪的，因为他们相互之间所用的那些邪恶手段都已成为过去。他说，他走到今天这一步，也是罪有应得，因为他曾让一个人遭受不公平的审判并被处死。他指的这个人就是斯特拉福德伯爵。

国王一点也不畏惧死亡，不过他非常紧张，不希望自己死得太痛苦。他讲话时，发现有一个人碰到了那把砍头的斧子，他立即停下并大声喊着说："当心那把斧子！当心那把斧子！"他还对哈克上校说："叮嘱他们，别让我太痛苦。"他对刽子手说："我要做一个非常简短的祷告，之后我会张开我的双手。"——那是即将行刑的标志。

他把头发拢起，拢进了一顶白色缎帽中，这顶帽子是主教拿来的，说："我有一个很好的去处和一位富有怜悯之心的上帝与我同在。"主教对他说，他在这个令人厌倦的世界上还剩下最后一段路要走，虽然这是一段激烈、充满荆棘的路，却非常短暂，并且会让他一下子解脱，将他直接从地上带到天堂。

当国王把他的袍子和圣乔治勋章交给主教之后，他说的最后一句话是："记住！"之后，他跪下来，把头放在断头台上，张开了他的双手，他立即被处死了。

人群中发出了一阵悲痛的哀号。士兵们要么坐在马上，要么站在地上，原本一动不动，宛如一座雕塑，这个时候却突然行动起来，驱赶人群，清理街道。

就这样，49 岁的查理一世死了，年纪和斯特拉福德伯爵死去时的年纪一样。我虽然对他的死感到遗憾，但我没办法认同他是以"人民的殉道者"的身份死的，因为一直以来人民都是他的殉道者，都死于他对王权的理念。

3 护国公奥利弗·克伦威尔

国王查理一世被处决的那一天值得被记住。

那一天的太阳还没有下山，下议院就通过了一项法案，声称任何人不得称威尔士亲王或其他什么人为英格兰国王，否则都将被视为叛国罪。很快，他们提出上议院只是一个摆设，没有任何用处，还很危险，应该被废除。此外，他们命令把查理一世的雕像从伦敦交易所和其他公共场所拆掉。他们抓捕了一些越狱的保皇派，又在王宫庭院中斩首了汉密尔顿公爵、霍兰伯爵和卡佩尔男爵（这些人面对死亡时表现得非常无畏）。接着，他们指派了一个国务委员会来治理国家。国务委员会由41位成员组成，其中只有5人是贵族，布拉德肖被指定为委员会主席。下议院随后重新接纳了那些之前曾反对处死国王的成员，总人数变成了150人左右。

此时，依旧有一支4万多人的军队需要解决，而且管理他们不是一件容易的差事。国王被处死之前，军队曾指定他们中的几位军官和议会对抗，而现在那些普通士兵也开始自发地做这项工作了。被派往爱尔兰的军队也开始造反；伦敦城中的一队骑兵夺走了军旗，拒不服从命令。这件事情发生之后，造反的主谋被枪毙，但这根本没能解决问题，因为他的战友和百姓公开为他举行了葬礼，伴随着鼓点，怀着沉重的心情，他们戴着沾血的迷迭香花环，将死者一路送到墓地。

奥利弗是唯一能够解决这些困难的人，他很快就遏制了他们的势头，在午夜突袭了伯福德城镇，这里是造反者的藏身之处。他抓了400个犯人，并通过军事法庭的判决枪毙了一些人。那些士兵发现（所有人都发现了）奥利弗不是一个好惹的人，这场暴乱就结束了。

然而，苏格兰议会还没有领教奥利弗的厉害。当他们听说国王被处决的消息之后，便宣称威尔士亲王是国王查理二世，条件是他对"神圣盟约"的尊重和认同。当时查理人在国外，蒙特罗斯伯爵也是，查理在他的帮助下才有足够的希望与苏格兰的特派员断断续续地保持着联络，就像他父亲所做的一样。不过，查理的希望很快就破灭了，因为当蒙特罗斯伯爵带着他从德国招募来的几百个被流放的人来到苏格兰的时候，那里的人们非但没有加入他们，反而把蒙特罗斯伯爵扔下各自逃命去了。他很快被逮捕，带到爱丁堡。他在那里受尽了羞辱，之后被马车运到监狱。负责押送他的军官两人一排地走在他的前面。他被苏格兰议会判处在 30 英尺高的绞刑架上执行死刑，然后依据野蛮的古老传统，将他的脑袋扎在一根长矛上，放在爱丁堡，把他的四肢送到不同的地方。他说他自始至终都是奉王室之命行事，他现在唯一的愿望是希望他的胳膊和腿足够多，足以送到所有信奉基督教的地区，让人们知道他到底有多忠诚。他走上绞刑架的时候穿着一身华丽、鲜艳的衣服，面对死亡丝毫没有畏惧，随后他 38 岁的生命便终结了。他在绞刑架上还没咽气，查理就把他从记忆中抹掉了，称自己从来没有给他下达过以他的名义起兵的命令。唉！这个家族的堕落在查理身上是多么一发不可收拾啊！

奥利弗被议会派去指挥爱尔兰军队。于是，克伦威尔报复爱尔兰那场血腥叛乱的机会到了，他把这个国家搅得鸡犬不宁，尤其是在德罗赫达的围攻战中，他丝毫没有手下留情。当克伦威尔发现至少有 1000 个平民躲在大教堂时，他手下的士兵们——那些被称为"克伦威尔铁骑队"的人——把这些平民全都杀了，其中有多名修道士和神父。

这个时候查理却去了苏格兰，"神圣盟约"的人让他的生活变得无比枯燥乏味，而且他们一讲起来就没完的布道和可怕的星期日让他感到疲惫不堪。议会把奥利弗召了回来，命令他给苏格兰人当头一棒，因为他们为威尔士亲王提供了支持。奥利弗把他的女婿艾尔顿留在了爱尔兰，替代自己作为军队的将军（他死在了那里）。艾尔顿效仿他的岳父，积极地降服了这个国家，让它臣服在议会的脚下。最后，他们通过了一项处理爱尔兰的法案，赦免了所有的平民，但那些参与反叛、屠杀、迫害新教徒，以及拒绝放下武装投降的富人除外。爱尔兰有大量的人背井离乡，来到海外为其他天主教统治者效力，于是议会宣布大量的土地因为它的主人之前所犯的罪而被没收，转手给了那些曾在战争中借钱给议会的人。这些都是相当激进的方法，不过，如果奥利弗·克伦威尔留在爱尔兰完全按照他的做法为所欲为的话，他肯定会实行更加激进、更加彻底的方法。

我之前说过，议会希望奥利弗去苏格兰。因此在奥利弗回来之后，他被任命为英格兰联邦军队的最高指挥官。三天后，他就带着 1.6 万名士兵前去与苏格兰人交战。苏格兰人非常谨慎，他们深思熟虑后认为，他们的军队不像"克伦威尔铁骑队"那样善战，如果在空旷地带交战，他们必败无疑。于是，他们说："如果我们坚守在爱丁堡的战壕里，让所有的农民从乡下来到城镇，那么'克伦威尔铁骑队'肯定会挨饿，他们就不得不撤退了。"这无疑是最明智的计划，但由于苏格兰的神职人员总是对自己一无所知的事情横加干涉，会没完没了地进行布道，并规劝士兵们出来作战，因此士兵们被洗脑，认为他们必须出来与敌人作战。于是，在一个对他们非常不利的时机中，从安全的地理位置中冲了出来。奥利弗把握了战机，立即向他们发动进攻，杀了3000人，抓获了1万名俘虏。

为了让苏格兰议会高兴，为了能继续得到他们的宠爱，查理签署了一份由他们提供的声明。在声明中，他指责了他的父亲和母亲，并称自己是一个最虔诚的王子，对他来说，"神圣盟约"就像他的生命一样尊贵。这些话没有一句是真的：没过多久，他就骑上马跑到一群居住在高原的朋友那里，这些人每天主要做的事情就是挥舞他们的长刀和短剑。"神圣盟约"的人追上来，又把他劝了回去，不过这次行动（被称为"开始"）给他带来了不少好处，因为他们不再像以前那样对他没完没了地讲道理了。

1651年1月1日，苏格兰人在斯昆镇替查理加冕为王。紧接着，查理指挥一支2万人的军队来到斯特灵。我敢说，他之所以抱有过高的希望，是因为可怕的奥利弗得了疟疾。

然而，奥利弗一刻也没有耽误，他立即从病床上起来，投入到作战中。充满了活力的他绕到保皇派军队的后方，切断了他们与苏格兰之间的所有联系。查理没有别的选择，只能继续前往英格兰。当他来到伍斯特的时候，市长和一些乡绅宣布他是国王查理二世。这个称号对他来说基本没有用，因为只有极少数的保皇派露面，而且就在当天还有两个人因为支持他，在伦敦塔被公开斩首。奥利弗也快马加鞭地来到伍斯特，他和他的铁骑队在这里与苏格兰人展开了激烈的战斗，并大获全胜，彻底击溃了保皇派的军队。苏格兰人打起仗来也十分勇猛，奥利弗花了五个小时才取得胜利。

伍斯特之战的失败，让查理开始了亡命生涯，这在后来相当长的一段时间里给他带来了不少好处，因为在不少大度的英格兰人民心中，他因此带上了一层浪漫主义色彩，而且人们对他的钦佩也远远超过了他应得的。某天晚上，查理带着60名追随者逃到斯塔福德郡一个天主教女士的家里。在这里，为了他的安全考虑，60名随从离开了他。他剪短了头发，把脸和手染成棕色，看起来像是被晒成那个样子的，他穿上劳作的衣服。第二天清早，他手持斧头，在五个伐木工人的陪伴下出去了。五人中有四个人是兄弟，另一个是他们的妹夫。这些善良的人帮查理在树下搭了一张床，因为当时的天气非常恶劣，其中一个人的妻子为他们带来了食物。当晚，查理从森林里走出来，来到另一所房子，那里离塞文河很近，他打算到威尔士去。不过，那里到处是士兵，所有的桥都有士兵把守，所有的船也被紧紧地拴了起来。所以，在干草棚里盖着干草度过一段时间之后，查理在凯尔利斯上校的陪伴下，走了出来。凯尔利斯上校是一位信仰天主教的绅士，国王一直和他藏在一棵枝繁叶茂的老橡树上。国王的运气非常好，因为那时正好是9月，树叶还没有开始掉落，他和上校两个人在树上能够透过树叶中的缝隙看到下面的士兵骑马跑过，也能听到他们在树林中穿梭的时候发出的击打树木的声音。

在这之后，他长途跋涉，直到双脚磨出厚厚一层茧子（这期间，有士兵进来搜索了这所房子），他与威尔莫特勋爵——他的另一个好朋友，来到一个名叫本特利的地方。那儿有一位名叫莱恩的姑娘，是一位新教徒，她有通行证可以穿过卫兵的关卡去看望她在布里斯托尔附近居住的亲戚。于是，国王化装成一个仆人，骑马走在这位年轻小姐的前面，一路来到约翰·温特爵士的宅邸。威尔莫特勋爵则像一个普通的乡村绅士一样，明目张胆地骑马来到了这里，还把他的几条狗带来了。碰巧约翰·温特爵士的管家曾经在里士满宫当过仆人，一眼就认出了查理。好在管家非常忠诚，他守住了秘密。由于他们找不到能够把他带到国外的船，于是他们商定让国王继续作为莱恩姑娘的仆人，跟随她去多塞特郡舍伯恩附近的特伦特，那里有一处可供藏身的房子。

当查理安全抵达特伦特之后，他就与莱恩姑娘分开了。他在莱姆雇了一艘船，船长答应带这两位绅士去法兰西。当天晚上，国王化装成另一位年轻小姐的仆人，骑马来到了一个叫查茅斯的小酒馆，船长打算从那里带他们上船。船长的妻子却担心她的丈夫惹祸上身，便把他锁在了家中，不让他出海。于是，他们不得不去布里德波特，当他们来到那里的旅馆的时候，发现马厩的院子里全是搜寻查理的士兵，他们一边喝酒一边谈论他。

查理镇定自若，就像一个真正的仆人一样牵着他们的马穿过院子，嘴里还说道："借光，借光，先生们，让点地方让我过去！"正在他往前走的时候，他遇到一位喝得半醉的马夫。马夫揉了揉自己的眼睛，说："我在埃克塞特当过波特先生的仆人，为什么我觉得我好像在那里见过你似的，年轻人？"他当然见过，因为查理曾在那里住过。对此，查理机智地回答道："是的，我的确和他在一起住过一阵子，不过我现在没时间与你聊天。等我回来的时候，咱们好好喝一杯。"

　　离开了这个危险的地方后，他回到特伦特，在那里藏了几天。之后，他又从那里逃到了索尔兹伯里附近的希尔，在一个寡妇家里藏了五天，直到他找到一艘运煤船的船长，愿意护送一位"绅士"去法兰西。他的船停靠在萨塞克斯肖勒姆。10月15日晚，在两位将军和一位商人的陪同下，国王来到了布赖顿。那时，布赖顿还只是一个小渔村，国王本来打算在上船之前请船长享用一顿晚餐，不过那里很多人都认出了他，船长也认出了他，不只是船长，连酒馆的主人和他的夫人也认出了他。在他上路之前，店主来到他椅子后面亲吻他的手，并说希望有朝一日能够成为一个领主，然后看着自己的妻子成为领主夫人。查理听后，笑了。他们享用了一顿丰盛的晚餐，喝了很多酒、抽了很多烟，国王在这方面确实是个一流的好手。最后，船长向国王保证说自己一定会支持他，他后来的确是这么做的。他们事先商量好让船长假装出海去迪尔，然后查理对水手们说自己是一位欠债的绅士，正在躲避他的债主，他希望水手们能帮助他一起劝说船长，将他送到法兰西海岸。国王的表演非常出色，他还给了水手们20先令请他们喝酒，水手们便祈求船长满足这位可敬的绅士的要求。船长假装做出一副答应他们请求的样子，国王便毫发无伤地抵达了诺曼底。

　　如今爱尔兰已经安稳下来，但荷兰却打上门来找麻烦了。1651年春天，荷兰人的舰队在他们的海军司令范·特龙普的带领下，来到了唐斯，要求英勇的英格兰海军司令布莱克降下旗帜投降（他当时的舰船数量只有荷兰人的一半）。布莱克非但没有降旗投降，反而给了范·特龙普一顿狂轰滥炸，打退了荷兰人。到了秋天的时候，范·特龙普又来了，这次他带了70艘船，再次向英勇的布莱克发起挑战，布莱克的兵力依旧是他的一半。布莱克与他打了整整一天，最后招架不住，便在夜里悄悄地溜走了。取得胜利之后，范·特龙普在北岬和怀特岛之间的海峡四处航行，炫耀武力，还在桅杆上绑了一把巨大的荷兰扫帚，表示他能够在海上横扫英格兰人。

　　不到三个月，布莱克就击垮了特龙普嚣张的气焰和那把扫帚，因为，布莱克和另外两个勇猛的指挥官迪安和蒙克一起与荷兰人作战，打了整整三天，俘获了范·特龙普23艘船，并且打碎了那把大扫帚。荷兰人的麻烦就这样摆平了。

　　事情刚一平息，军队就开始抱怨议会，称后者没有把国家治理好，同时也暗示军队更有治理国家的能力。奥利弗这个时候已经打定了主意，要么成为国家元首，要么什么也不做，于是他支持军队的想法。同时，他还召集了军官，外加在议会中的朋友，到他在怀特宫的住处，开会商讨如何才能摆脱议会。他们商讨的结果是，奥利弗穿着他常穿的黑色装束和灰色长袜，像往常一样来到下议院，与以往不同的是，这次他身后跟了一队士兵。他把士兵留在了大厅中，自己则走进了议院，坐下来。过了没多会儿，他便站起来对议会发表了一篇讲话，说上帝已经受够了他们，他跺了跺脚说："你们已经不是议会了。让他们进来！让他们进来！"收到这个信号之后，议院大门被打开，士兵们冲了进来。"这不是君子的行为！"议会成员之一亨利·文爵士说。克伦威尔听后大喊："亨利·文爵士！愿上帝把我从亨利·文爵士手中解脱出来！"之后，他挨个指着议会成员说，这个人是酒鬼，那个人是放荡之人，那个是个骗子，等等。他让议长离开他的座位，接着命令卫兵们清场，桌子上象征议院的权杖被他称作"小丑的手杖"，并说道："把它给我弄走！"他的命令被执行完毕后，他安静地锁上门，把钥匙放到口袋里。

在这个非同一般的事件结束之后，他们又组成了一个新的国务委员会，并用自己的方式召集了一个新的议会。会上，奥利弗以一种类似讲道的方式致辞，说这次议会会议的召开，标志着一个完美的人间天堂的开始。在新议会中，坐着一位非常有名的皮革商人，他的名字叫普利兹·高德·贝尔伯恩斯（每个名字对应的分别是赞美、上帝和基本。新议会因他得名而被称作"基本议会"或"贝尔伯恩斯议会"，尽管它更常见的名字是"小议会"）。由于奥利弗很快便发现小议会并不打算让自己成为管事，于是它就变得一点也不像"人间天堂的开始"了。奥利弗表示，他对这个议会忍无可忍，因此用相同的手段推翻了这个议会。这时，由官员组成的委员会决定由奥利弗做王国首脑，头衔则是联邦国护国公。

因此，在1653年的12月16日，一支华丽的游行队伍在奥利弗官邸的门前集合。奥利弗穿着一身黑色天鹅绒的礼服和一双大靴子走了出来，上了马车，之后向威斯敏斯特宫行进。陪同人员中有法官、市长、市议员和英格兰其他一些大人物。在大法官法庭上，他接受了护国公的职务。他宣誓就职，城市之剑和印也被交到他的手上，同时交给他的还有其他很多通常在国事活动的场合下交给国王和王后的东西。奥利弗正式成为护国公。

奥利弗·克伦威尔——人们一直以来都叫他"老诺尔"，在接受了护国公的职务之后签署了一份递给他的文件，那份文件被称为《政府约法》。通过签署该文件，他承诺将召集一个由400—500人组成的议会，这中间不得有保皇派和天主教教徒。克伦威尔还承诺，议会召开的五个月之内，未经过议会同意，不得解散议会。

当议会召开的时候，奥利弗对他们发表了一次长达三小时的演讲，极其智慧地建议为了这个国家的荣誉和人民的安居乐业，他们应该如何去做。为了镇压一些强势的成员，他要求他们签署一份文件，禁止他们夺取国家首脑的权力或军队的指挥权，而这些也是《政府约法》禁止他们做的。之后，他便宣布散会，让大家各自去工作。奥利弗也如往常一样精力充沛、意志坚定地处理了几个疯癫的传道人，他们做的确实有些过了，因为他们在布道中称奥利弗是恶棍和暴君，奥利弗关闭了他们的礼拜堂，还把他们中的几个人关进了监狱。

在那个年代里，无论是英格兰还是其他任何一个地方，没有哪个人能像奥利弗·克伦威尔这样把国家治理得如此出色。虽然他采用的是相当强硬的铁腕方式，还向保皇派课以重税（那是在他们策划要索取护国公的性命之后）。

克伦威尔的统治方式充满智慧，他善于审时度势。他让英格兰成为一个名扬海外、受人尊敬的国家，我甚至希望日后那些在国王和女王的名义下治理国家的官员能向奥利弗·克伦威尔学习。他派勇猛的海军司令布莱克去地中海向托斯卡纳公爵索要 6 万英镑，作为他伤害不列颠人民和掠夺英格兰商人的惩罚。他还把布莱克的舰队派到阿尔及尔、突尼斯和的黎波里，让那些地方的海盗把劫持的每一个英格兰人和每一艘英格兰船只都交还给他。这件事情做得简直是太漂亮了，传遍了世界各地，人们都知道英格兰是由一个智慧的明君统治，他不允许英格兰之名受到羞辱，也不允许它受人蔑视。

这些远不是奥利弗统治时期的全部功绩。他还派了一支舰队与荷兰人交战，两国水师在北岬附近的英吉利海峡相遇，激战了整整一天。迪安在战斗中牺牲，与他同船指挥的蒙克将他的袍子盖在了他身上，以防水手们发现他的死亡而降低士气。英格兰战船的炮火异常猛烈，震住了荷兰人，吓得他们不得不掉转船头逃命。令人畏惧的范·特龙普向逃跑的人开火，但依旧无济于事。过了没多久，两支舰队又打了一场，这次是在荷兰附近的海域。在这场海战中，范·特龙普被射穿了心脏，荷兰人投降，两国达成了和平协议。

除此之外，奥利弗还决定不再忍受西班牙的跋扈和固执。西班牙不仅声称要将南美洲的金银占为己有，并把这个地区内所有其他国家的船只当作海盗处理，还把英格兰的百姓关进可怕的西班牙宗教法庭监狱。奥利弗明确地告诉西班牙大使说，英格兰的船只想去哪里就去哪里，不得受到任何阻碍，英格兰的商人也不得再因为西班牙神父的一时兴起而被关进地牢。西班牙大使听后回答说，盛产金银的国家，还有神圣的宗教法庭，这些东西就像西班牙国王的两只眼睛一样，他哪一只都不会挖出来的。"很好，"奥利弗说，"若是这样的话，我恐怕就不得不直接弄瞎他的双眼了。"

于是，他派出一支舰队去了伊斯帕尼奥拉岛，这支舰队的指挥官是佩恩和维纳布尔斯。然而，他们在那里被西班牙打败。因此，这支舰队不得不回到英格兰，他们回来的路上顺便攻下了牙买加。奥利弗对两位指挥官大发雷霆，因为他们没有做到像布莱克司令那样战无不胜，并在一气之下把他们关进了监狱。然后，奥利弗向西班牙宣战，与此同时他还与法兰西签订条约。双方签约的结果是，法兰西不得继续再为国王和他的弟弟约克公爵提供庇护。接着，他命令勇猛的布莱克司令率领一支舰队前去讨伐西班牙（在这之前，布莱克已经教训了葡萄牙国王一顿，让他不要惹是生非）。之后布莱克舰队与一支西班牙舰队打了起来，前者击沉了西班牙四艘大船，之后夺走了两艘满载银子的船只。两艘船的银子加起来的价值足足有200万英镑。真是一笔令人欣喜若狂的战利品啊！他们用马车将银子从朴次茅斯运到伦敦，沿途城镇和乡村的人们全都出来为之欢呼喝彩。这场胜利之后，勇猛的布莱克司令起航去了圣克鲁兹港，拦截西班牙从墨西哥运回珠宝的船只。运珠宝的船共有10艘，另有7艘为这些船护航。那儿还有一个巨大的城堡，上面有七门大炮，与船上的船舷炮一起，对着布莱克舰队开火。

在布莱克眼里，那些大炮和玩具枪没有什么区别，而炮弹在他看来只是雪球而已。他冲进港口占领了多艘船只，其余的都被他烧了，他把象征着胜利的英格兰旗帜挂在桅杆上，再次凯旋。然而，这场战役却是这位伟大的指挥官的最后一次征战，常年在海上漂泊、打仗耗尽了他的生命，当胜利之师回到朴次茅斯港口，人们用热情的欢呼喝彩迎接舰队的时候，他死了。他死后被埋葬在威斯敏斯特大教堂，不过他在这里没有享受永久的安息。

送走了布莱克之后，奥利弗得知卢塞恩山谷地区的瓦尔多教徒遭到天主教势力的粗鲁对待，甚至还因为他们的信仰被血腥、残忍地处死。于是，他立即通知天主教方面：信仰新教的英格兰绝不能允许这样的事情发生。他迅速地将自己的观点付诸行动，以他伟大的名义为瓦尔多教徒争取了权利，让他们可以安全地以他们自己的方式敬拜上帝。

英格兰军队还在与法兰西人共同抵抗西班牙人的战斗中赢得了极大的

尊重。在他们共同攻打了敦刻尔克的城镇之后，法兰西国王亲自把这座城镇送给了英格兰人，作为对他们力量和勇气的表彰。

在狂热的宗教分子当中，酝酿了很多反对奥利弗的阴谋家（他们称自己为"第五王朝主义者"），在共和党人士中间也一样。对奥利弗来说，处境非常艰难，因为保皇派随时随地做好了加入任何一个反对他的势力集团的准备。那位被人称作"海对面的国王"的查理，一点儿也不介意与其他人一起谋害奥利弗，尽管有足够的理由认为他非常乐意娶奥利弗的女儿为妻。军队中有一个萨克斯比上校，他曾是奥利弗强有力的支持者，不过现在他则站在了他的对立面。对奥利弗来说，萨克斯比上校是他的心腹大患。萨克斯比频繁地游走于对奥利弗不满的英格兰、西班牙和查理之间，查理在被法兰西抛弃之后就与西班牙结成了联盟。不过，萨克斯比最终死在了监狱里。在他死之前，保皇派和共和党人酝酿了很多危险的阴谋诡计，甚至还在英格兰发动了一次起义。他们在一个星期日的晚上冲进索尔兹伯里城，抓住了第二天准备召开立法会议的法官们。他们本打算把这些法官绞死，但他们当中一些有节制的人仁慈地反对了这个做法。奥利弗用他的强硬和敏锐，很快就粉碎了反叛。策划反叛的主谋之一，同时也是之前帮助查理逃跑的威尔莫特勋爵（现在是罗彻斯特伯爵）却跑掉了。

奥利弗似乎在所有的地方都安插了耳目，他掌握的信息和情报量之大是他的敌人连做梦也想不到的。那时，有一个名叫"死结"的组织，由六个查理最亲近、最信任的人组成。这个秘密组织当中最重要的人物之一——理查德·威利斯爵士将他们的一举一动报告给奥利弗，奥利弗则每年给他 200 万英镑作为奖赏。

之前也曾是军队成员的迈尔斯·辛达尔科姆，是另一个企图谋害护国公的阴谋家。他和一个名叫塞西尔的人买通了奥利弗的一个近卫兵，让他在奥利弗出门的时候通知他们，以便让他们通过一扇窗户射杀他。不知道是奥利弗太谨慎，还是他运气太好，他们始终无法找到一个很好的机会瞄准他。他们失望之余，又设计了另一个阴谋：将一篮子炸药拿到怀特宫的礼拜堂，打算用一个燃烧时间长达六小时的慢燃引线引爆那些炸药，趁着爆炸引起的混乱刺杀奥利弗。不过，那位近卫兵揭露了这起阴谋，于是他们最终被捕。迈尔斯在被下令处死之前没多久，就死在了监狱里（也可能是自杀）。阴谋家们被砍掉了脑袋，另一些被绞死了，不过更多的人，包括那些发动武装起义反抗他的人，被发配到西印度①，沦为了奴隶。

奥利弗的一个好朋友——奥尔登堡公爵送他六匹拉车骏马的礼物，差点酿成让保皇派万分欢喜的大祸。一天，奥利弗乘着他的马车（拉车的就是那六匹马）来到海德公园，与大臣和几位绅士在树下共进晚餐。享用完晚餐之后，心情畅快的他突然心血来潮，决定让他的朋友坐进自己的马车。由于奥利弗下鞭随意且频繁，六匹骏马像脱缰的野马一样疯狂地飞驰起来，这位驭马者从马上摔倒在车辕上，差点死在自己的手枪下，因为他的手枪和挂在马具上的衣服缠到了一起，手枪掉出来，走了火。他的脚挂在马车上被拖行了一段距离，直到他把鞋从脚上脱下来。随后，他安全地停了下来，躺在马车底下，没有什么大碍。马车里那几位绅士也只是受了点皮肉伤，这让心怀不满者感到非常失望。

奥利弗·克伦威尔作为护国公统治时期剩余部分的历史，就得细数他所组织的议会了。第一个议会让他很不满意，五个月的时间一到，他就把议会解散了。第二个议会符合他的政治观点，如果他能够保证自己的安全，他其实是想从这个议会得到国王头衔的。他动这个念头已经有一段时间了，至于他这么想是因为他觉得英格兰人民更习惯于有国王，会因此变得更加顺服，还是因为他自己非常想当国王，然后把这个继承权留给他的家族，我们就不得而知了。他无论是在英格兰还是全世界，地位都已经非常高，已经到了权力的巅峰，我怀疑他是否真的会在乎那个微不足道的名分。不过，下议院一份名为"卑微的请求和建议"的请愿书呈到奥利弗面前，恳切地请求他接受这至高的头衔并指认一个即位者。他毫无疑问会选择国王这个头衔，只是军队对此强烈反对。这让他不得不克制自己的欲望，最终只同意了请愿书中的其他几项要求。不过，为此还是在威斯敏斯特厅举行了一场盛大的仪式。下议院议长正式将一件带有白色貂皮作为装饰的紫色袍子披在了他的身上，赠予他一本装订精美的《圣经》，同时把一柄金子做的权杖交在他手中。在那之后所召集的议会上，他组建了一个由60人组成的上议院，因为请愿书赋予了他这么做的权利。

这个议会也让他非常不满意，而且不肯着手处理国家事务，于是他在一天早上跳上一辆马车，带着六个卫兵把议会成员全撵走了。我希望他这么做能给议会一个警告，不要总是发表没完没了的演讲，而是要多做些实打实的工作。

1658 年 8 月，奥利弗·克伦威尔的爱女伊丽莎白·克莱波尔（她失去

---

① 这里指的不是现今的印度西部，而是加勒比海域的一些岛屿。

了自己的小儿子）身患重病，这让他非常痛苦，因为他很爱这个女儿。他另外两个女儿分别嫁给了法尔肯伯格伯爵和沃里克伯爵的孙子。同时，他还让儿子理查当上了上议院议员。奥利弗对自己的孩子非常温柔，很爱他们，是一个出色的父亲，也是一个出色的丈夫。他在整个家族中最疼爱的就是这个女儿。他前往汉普顿宫去看望她，守在她的房间里寸步不离，直到她去世。虽然他的宗教信仰非常阴暗和忧郁，他却是一个性情非常开朗，令人愉快的人。他在家中喜欢欣赏音乐，每个星期都在家中宴请所有上尉军衔以上的军官，他始终让自己的家保持一种安静、明智的尊贵气息。他鼓励那些拥有才能、善于学习的人，并喜欢让他们围在自己的身边。弥尔顿①就是他其中的一位好朋友。虽然贵族们与他的穿戴还有行为习惯都非常不一样，但他在和贵族打交道的时候依旧会迎合他们的习惯。且为了让他们知道自己掌握的强大的情报网，当他们到自己家里做客时，他会时不时地开玩笑告诉客人们，他知道他们上次为"海对面的国王"的健康干杯的地方，并建议他们（如果他们能做到的话）下次换一个更加隐秘的地方。

克伦威尔活在一个忙碌的时代，还不得不背负国家大事的重担，时不时地担心有人谋害他的性命。他饱受痛风和疟疾的折磨，当他心爱的女儿去世后，他彻底被击垮了，一病不起。8月24日，他告诉医生们说，上帝向他保证绝不会让他死于这些疾病，他肯定会好起来的。但这只是他的幻想而已。9月3日是伍斯特大战的纪念日，他称这一天是他的"幸运日"，可他就是在这一天去世的，享年60岁。他之前一直神志不清，甚至还一度昏迷、失去了意识，不过在他死的前一天，有人听到他用非常美妙的话语祷告。整个英格兰都为他的死悲痛不已。如果你想要知道奥利弗·克伦威尔真正的价值和他对国家做出的贡献，那么最好的方式就是将他统治的英格兰，与查理二世统治下的英格兰做一番对比。

他生前指定了他的儿子理查为继任者，在萨默塞特宫举行了一场奢华到离谱的追悼会后（葬礼上的虚荣都是如此），理查成为护国公。他是一个平易近人的乡绅，并不具备他父亲身上的那些才能，而且在这个党派纷争的年代里，他非常不适合这个职位，其统治只持续了短短一年半的时间。在这段时间里，军队和议会、官员之间充满了纷争，还有官员的内讧。人民的不满越来越严重，他们听了太多的布道，却没有什么能让他们身心畅

---

① 约翰·弥尔顿（John Milton，1608—1674）：英国诗人、政论家、民主斗士、英国文学史上伟大的六大诗人之一。代表作有长诗《失乐园》《复乐园》和《力士参孙》。

快的事情可做，因此他们盼望改变。

后来，蒙克将军全面掌控了军队，之后他便开始执行一项把国王迎奉回来的秘密计划，这个计划似乎从奥利弗死的那一刻便开始酝酿了。他虽然没有明目张胆地去做，不过，作为一个代表德文郡的下议院参议员，他却在下议院大力支持一个名叫约翰·格林维尔爵士的提议。约翰·格林维尔带了一封查理从布雷达写来的信，这个人和查理之前一直有秘密的往来。上演了无数的阴谋诡计和反阴谋诡计，将长期议会所剩的成员召回，还有保王党人的草率起义等，终结了长期议会。这些事情的发生让所有的人都感到疲惫不堪，而且自从伟大的奥利弗死了之后，国家就陷入了无人引领的状态，议员们只能无奈地同意把查理·斯图亚特迎回来。一些有智慧、德才兼备的议员说（他们说的是对的），在那封来自布雷达的信里，查理没有做出任何实质性的承诺，把这个国家治理得更好，所以最好让查理在来之前先做出保证，保证自己将致力于提升这个国家的福祉，将自己要尽的义务说清楚。

大家一时间都认为在另一个肯屈尊来治理国家的斯图亚特的带领下，这个国家一定会无比繁荣、无比快乐。于是，举行了礼炮齐鸣、点燃篝火、敲响钟声，还有把帽子扔向天空的庆祝活动。成千上万的人在街道上为国王的健康干杯，开怀畅饮，每个人都沉浸在喜悦之中。联邦国的国徽被换了下来，取而代之的是王室的标志；公款被拿了出来，5 万英镑给国王，1万英镑给国王的弟弟约克公爵，另有 5000 英镑给格洛斯特公爵。每个教堂都充满了为这几位高尚的斯图亚特祈祷的声音，还派专人去荷兰请国王回国（荷兰这个时候突然意识到查理是一个伟大的人，也开始爱上他了）；蒙克和肯特郡的贵族们到丹佛迎接国王，在国王登陆的时候向他下跪。查理亲吻、拥抱了蒙克，让他与自己还有他的弟弟们同坐一辆马车，他们在一片欢呼声中向伦敦行进。

1660 年 5 月 29 日（查理的生日），查理在布莱克西思检阅了军队。人们用不同的方式向他致意，欢迎他的归来：帐篷中的豪华晚宴、房子上的旗帜和挂毯、街道旁欢呼雀跃的民众、贵族的军队、身着华丽服饰的绅士、伦敦的商会、民兵、击鼓手、小号手，还有伟大的伦敦市长和威严的市政官员们。国王在如此盛大的场面下来到了怀特宫。他进来后，说了一句玩笑话来纪念自己的复辟，他说没能早点回来是他的错误，因为每个人都对他说自己始终是真心实意地希望他回来的。

4 "快乐国王"

英格兰历史上从来没有哪个时期像查理二世统治时这样荒淫无度。每当你看到他肖像的时候，他那张黝黑、丑陋的脸和高高凸起的鼻子，你就能想象出他在怀特官里是怎样一副尊容：周围全是英格兰最恶劣的无业游民（虽然他们都是贵族老爷和小姐），他们在一起喝酒、赌博，还说一些污秽的话语，各种荒淫无度的事情都被他们干尽了。当时，把查理二世称作"快乐国王"是一种时尚。现在，就让我试着给你讲讲，当那个"快乐的人"在"快乐的英格兰"登上了他"快乐的王位"之后，在那些"快乐的日子"里都干了哪些"快乐的事情"。

他做的第一件快乐的事情，当然是声称自己是有史以来最睿智、最伟大、最高贵的国王，就像受人尊敬的太阳一样，将整个黑暗的世界照亮了。接下来高兴的事情是，议会用最低三下四的方式，每年给他 120 万英镑，还授予他可以终生收取桶酒税和进出口税的权力——为了废除这两项陈旧而有争议的税项，人们做出了非常英勇的斗争！蒙克将军被封为阿尔比马尔伯爵，其他几位保皇派成员也得到了类似的奖赏。接着，司法界着手研究怎么处置那些把先王变成殉道者的人（这些人被称为弑君者）。他们当中有 10 人"快乐地"被处死，这 10 人中有 6 人是法官，1 人是议会成员，还有哈克上校和另一位指挥近卫军的军官，外加一个名叫休·彼得斯的传教士，他之前曾发自肺腑地传播反对那位殉道者的信息。这些人的处刑都"快乐"极了：克伦威尔废除的所有可怕的刑罚都残忍地在他们身上用了一遍。当受害者还活着的时候，就被挖出了心脏；他们的内脏当着他们的面被烧掉；行刑官们的手沾满了受害者的鲜血，散发着恶臭，他们摩拳擦掌地与下一个受害者开玩笑，戏弄他们；死人的头颅与活人一起放在雪橇上，被拉往受难之地。但即便是如此"快乐"的一名君王，也没有办法让这些将死之人中的任何一个说出他为自己的所作所为感到后悔的话来。不仅如此，他们当中所说的最值得人们纪念的话是，如果让他们再来一次的话，他们依旧会那么做。

哈里·文爵士是最坚定的共和党人之一，他此前曾提出对斯特拉福德伯爵不利的证据。他也受到了审判，并被判处死刑。在他为自己进行了精彩的辩护之后，他被带到伦敦塔山上的绞刑架前，他本来准备向民众发表一番讲话，但他的演讲稿却被抢走了，行刑官还下令让鼓声和小号声奏得非常响亮，以便淹没他的声音。弑君者临死之前镇定地用他们最后一口气对人们说的话，给听众留下了深刻的印象，以至于现在把军鼓和小号放在绞刑架下成了一个传统，只要犯人开口说话就全力演奏。哈里·文只说了一句话："人都要死了，还连句话都不让说，这可真没天理！"然后便英勇地就义了。

继这些"愉快"的事情发生之后，又发生了"愉快"的一幕：在已故先王的忌日那天，奥利弗·克伦威尔、艾尔顿和布拉德肖的尸体从威斯敏斯特大教堂的坟墓中被挖出来，之后被拖到泰伯恩刑场。他们的遗体被挂在绞刑架上，挂了一整天之后被砍掉了脑袋。想象一下奥利弗·克伦威尔的脑袋被插在一根杆子上，让一群野蛮人观赏的情景，这些人在奥利弗活着的时候，连一秒钟都不敢与他对视！在你读完这段统治时期的故事之后，想想英格兰在那个被从坟墓里挖出来的奥利弗·克伦威尔的时候是什么样子，而在这位"快乐国王"统治的时候又是什么样，他就像快乐的犹大①一样，一遍又一遍地出卖自己的国家。

当然，奥利弗的妻子和他的女儿，他们也没有放过。卑鄙的神职人员把她们埋在威斯敏斯特大教堂里的尸体挖了出来，与已经破碎了的皮姆的尸骨和那位勇猛无比的布莱克老将军的尸骨，一起扔到了一个坑里，这是英格兰永远的耻辱。

神职人员之所以参与这个事情，是因为他们希望彻底镇压那些不信奉国教或有不同看法的人。他们规定，任何人都只准使用同一本祷告手册，用同一种方式敬拜，也不管他们个人的意愿如何。在我看来，对一个新教教会体系来说，他们干得简直太漂亮了，因为他们最初取代罗马天主教会的原因是让人们有权在信仰问题上持自己的看法。然而，他们却采取了高压的手段，并推出了一本祷告手册，里面记录了劳德大主教很多极端的观点。此外，他们还通过了一项法案，规定任何不顺从国教者，不得在市政当局担任任何职位。那些中规中矩的神职人员取得了胜利，很快就变得和国王一样快乐了。再加上这个时候军队解散了，在国王加冕之后，一切都是如

---

① 犹大：《圣经》人物，耶稣十二门徒之一。据《新约》记载，他因30枚银币而将耶稣出卖给仇敌，导致耶稣被钉死。

此顺利。

　　我必须说说国王的家事了。他刚坐上王位没多久，他的弟弟格洛斯特公爵和妹妹奥兰治公主就相继死于天花病。他的另一个妹妹亨丽埃塔公主嫁给了奥尔良公爵。他的弟弟约克公爵詹姆士被任命为海军司令。不久，他就成了天主教徒。詹姆士是一个阴郁、脾气暴躁的人，他对那些丑八怪一样的女人情有独钟。他非常丢脸地娶了安妮·海德——克拉伦登勋爵的女儿为妻。克拉伦登勋爵是国王的重臣，不仅不是一个做事谨慎的大臣，还在龌龊的地方干尽了龌龊的勾当。这时，国王本人也到了该结婚的年纪了，于是形形色色的异国君主（他们对女婿的人品并不是很在意），向他提议将自己的女儿嫁给他。葡萄牙国王提议，将他的女儿布拉干萨的凯瑟琳嫁给他，并赠送 5 万英镑。法兰西国王非常看好这桩婚事，他提出在此基础上另外给英格兰提供 5 万英镑的贷款。西班牙国王则提出，让他在 12 位公主中随便挑选一位，同时还有一些其他好处。看来，还是金钱更有魅力，凯瑟琳公主庄重地来到英格兰，举行她快乐的婚礼。

　　整个宫廷里挤满了不可一世的放荡男人和不知羞耻的女人，凯瑟琳快乐的丈夫用尽了各种办法激怒、羞辱她，直到她同意和那些一文不值的人成为好朋友，甘愿屈尊与他们为伍。一位名叫帕尔默的已婚女士先被国王封为卡斯尔梅恩夫人，后来又被封为克利夫兰女公爵，她是宫廷中那些坏女人中最有权势的，几乎在国王的整个统治期间对国王有强大的影响力。另一个名叫莫尔·戴维斯的快乐女士，后来成为她的对手，她起先是剧院里的一个舞女。内尔·格温也一样，她最开始是一个卖橙子的女孩，后来成了一个演员，她是一个良善的人。不过据我所知，她身上最糟糕的一点是，她看起来好像真的喜欢国王，国王的第一个儿子圣奥尔本斯公爵就是她生的。后来，国王以相同的方式把一个侍女给他生的儿子封为里士满公爵，而他的母亲则被封为朴次茅斯女公爵。总而言之，做平民百姓其实也有"快乐"。

　　"快乐国王"在快乐的女士和同样快乐（也同样臭名昭著）的贵族老爷和绅士们的簇拥下，生活得快乐极了，很快他就花光了那 10 万英镑。他为了赚点零花钱，做了一桩快乐的买卖：他以 500 万里弗赫的价格，把敦刻尔克卖给了法兰西国王。每当我想到奥利弗·克伦威尔在外国势力的眼里是如何建立起英格兰的威严的，又是如何得到敦刻尔克的，我便会想，如果"快乐国王"能够因为他干的这件事而步他父亲的后尘的话，那可真是罪有应得了。

虽然他一点也不具备他父亲身上的优点，但在不守信用这一点上，他完美地继承了他父亲。当他从布雷达给议会写那封信的时候，他明确地保证所有虔诚的宗教观点都应该被尊重。可是，他的权力刚一稳定，他就同意了一项最邪恶的法案。依据这项法案，每位官员都必须在一个指定的日期之前庄严地承认那本祷告手册，否则他将被革职，同时被逐出教会。这项法案导致的结果是，有 2000 多位诚实的人被逐出教会，陷入极度的贫困和悲痛。紧接着，国王又出台了另一项可恶的法律，名叫《非国教教徒秘密聚会法令》。该法令规定，凡年满 16 周岁以上的人，首次出席任何不符合祷告手册规定的宗教仪式，将被判处三个月的监禁，第二次参加将被判处六个月的监禁，第三次就将被流放。仅这一项法令，就把最可怕的地牢弄了个人满为患。

苏格兰那些"神圣盟约"者也没取得多大进展。苏格兰组建了一个卑鄙的议会，这个议会通常被称为"醉酒议会"，因为它的主要成员很少有清醒的时候。他们聚集在一起制定出针对"神圣盟约"者的法律，并强迫所有的人在宗教问题上统一他们的想法。阿盖尔侯爵相信国王是一个有荣誉感的人，于是向国王投降了。他是一个腰缠万贯的人，而他的敌人对他的财富早就虎视眈眈了。他以叛国罪接受审判，证据是几封私人信件。侯爵在信中表明——比起这个快乐虔诚的国王，他更喜欢已故护国公统治的政府（他可能也真是这么想的）。他最后被处死，与他一起被处死的还有两名"神圣盟约"中名声显赫的人。出卖他们的叛徒是一个名叫夏普的人，他最开始是长老派的朋友，他背叛了他们，接着就成了圣安德鲁斯大主教。

英格兰国内是这样一种"快乐"的状态，那位"快乐国王"又向荷兰宣战，主要原因是荷兰人干涉一家非洲公司。这家公司的两个主要目的是购买沙金和奴隶，约克公爵是这家公司的领导成员之一。在经过初期的一些冲突之后，约克公爵带着一支由 98 艘战船和 4 艘火攻船组成的舰队来到荷兰海岸。这支舰队与荷兰的 113 艘船组成的舰队打了起来。在这场大战中，荷兰被击沉了 18 艘船，4 位海军将军和 7000 名士兵战死。

这一年，伦敦爆发了一场大瘟疫。早在 1664 年的冬天，就有传言说伦敦城郊的卫生条件较差的地方，有人因一种名叫鼠疫的疾病死去。但这个消息很快被人们遗忘了。到了 1665 年 5 月，城镇里到处有传言，在圣贾尔斯爆发了疫病，而且传播速度非常快，大批的人因此丧命。谣言很快就长上了翅膀，满天飞舞。伦敦出城的道路被堵得水泄不通，人们拼命地想快速逃出这座被感染的城市，大家不惜为各种运输工具支付重金。

疾病传播的速度之快，人们不得不把病人的房子封起来，让那些人与外界隔绝。这些房子的大门上都被画了一个红色的十字，上面写道："主啊，求你怜悯我们！"所有的街道空无一人，路上杂草丛生，空气中死一般的安静，让人不寒而栗。每当夜幕降临后，人们能听到一阵凄凉的车轮声，那是运送死人的马车。押车的运尸人都蒙着面，戴着口罩，手里拿着令人悲伤的摇铃，一边摇铃一边用洪亮、庄重的声音喊："把死人抬出来！"

运尸人借着火把的亮光，把车上装的尸体埋在大坑之中，这些死人没有任何葬礼和仪式，因为这些运尸人都非常害怕，不敢在可怕的坟墓边上多停留哪怕一秒钟。所有的人都身陷恐惧之中，子女从父母身边逃走，父母从子女身边逃走，染上疫病的人只能孤独无助地死去。很多人被护士刺死或勒死，这些护士把这些人的所有钱财，甚至连他们死前躺的那张床都抢走了。一些人疯掉了，他们从窗户跳下来，在街道上狂奔，在痛苦和愤怒中跳入河中。

这还不是那年唯一的恐怖事件。邪恶放荡的人们在无比绝望中，坐在酒馆里放声高歌。当他们醉醺醺地走出来的时候，他们便遭到袭击，然后死掉。充满了恐惧和迷信的人说服了他们自己，相信自己看到了超自然现象——天空中燃烧的剑、巨大的膀臂和标枪，等等。还有人声称，晚上有大量的鬼魂在阴森森的深坑边走来走去。有一个疯子把一个装满了烧着炭的火盆顶在自己的头上，一丝不挂地在街上一边走一边大喊："我是先知，奉命前来宣告上帝对邪恶的伦敦展开复仇！"另一个疯子在街上走来走去，大声喊道："还有 40 天，40 天啊，伦敦就要毁灭了！"第三个疯子则不分昼夜地走在街上，不停地用他深沉沙哑的声音大喊："哦，伟大可怕的上帝啊！"把病人们吓得毛骨悚然。

7 月、8 月和 9 月过去了，大瘟疫的情况越来越严重。人们在街上燃起大火，希望能阻止疫情的扩散。可是，老天爷偏偏对着干，下起了大雨，把火浇灭了。最后，在秋分这日——也就是日夜等长的这一天，这个季节常见的大风终于刮了起来，净化了这个悲惨的城镇。死亡人数开始减少，红十字的标志开始慢慢消失，出逃的人陆续回来，商店也相继开门营业，街上开始能看到面色苍白、充满恐惧的面孔了。这场瘟疫蔓延于英格兰各地，仅在封闭、肮脏的伦敦，就夺走了 10 万人的生命。

在这段时间里，"快乐国王"一如既往地快乐、一如既往地一无是处。

他在这段时间里与放纵情欲的贵族老爷和绅士，还有不知羞耻的小姐，整天跳舞、喝酒、宴乐，依照他们快乐的方式，徘徊在爱恨之间。

巨大的苦难并没有让政府学会仁慈。当议会在牛津召开时（因为他们还不敢回伦敦），他们干的第一件事情是制定了一项法令，名叫《五英里法》，该法令明确规定，在瘟疫肆虐的时候，有勇气回来安慰人民的牧师，不得在学校中教书，不得靠近城市、城镇，或乡村超过 5 英里的区域。这条臭名昭著的法律注定要把他们活活饿死。

英格兰舰队在海上没有受到瘟疫的影响。法兰西国王与荷兰结成了同盟，虽然他的海军在英格兰与荷兰舰队交火的时候，只是在一旁观战而已。荷兰人取得了一场胜利，英格兰人则取得了另一场更大的胜利。鲁珀特王子——英格兰海军上将，在一个狂风大作的晚上来到英吉利海峡，搜寻法兰西的海军司令，想要给他找点事情做，因为他之前只是在一旁看热闹。那场大风后来升级成暴风雨，把他刮到了圣海伦岛。那天晚上是 1666 年 9 月 3 日，那阵大风正好扇起了伦敦的大火。

大火起于伦敦桥附近的一家面包店，现在那里竖起了一个纪念碑，以纪念那场熊熊烈焰。大火不断蔓延、不断燃烧，持续了整整三天。那几天的夜晚比白天还要明亮，白天，人们看到像乌云一样的滚滚浓烟，夜晚则是像高塔一样的火柱，火光冲天，将方圆 10 英里范围内的乡间田野全都照亮。燃烧后的余烬飘上天空，之后又像雨点一样落在远处。飞散的火花让大火迅速向远处蔓延，将 20 个地方一下子点着了。

教堂上的尖塔伴着巨响掉落下来，成百上千处房屋被烧成灰烬。那时正值夏季，空气非常炎热、干燥，街道很狭窄，再加上大多数房屋是用木头和石灰泥造的。除非烧到没有房屋可烧，否则没有什么能够阻止这场大火，直到将从伦敦塔到圣殿门这一路全都化为灰烬，将 1.3 万座房屋和 89 座教堂全部化为灰烬，这场大火才熄灭。

这场大火的造访来得非常不是时候，造成的损失惨重，20 万人无家可归，被迫露宿在田间，或住在用稻草和泥巴搭起的简陋小屋中。道路全部无法通行，因为人们试图抢救他们的财物，只能用手推车运他们的家当，但手推车全都坏在路上了。这场大火对之后的城市来说反而是一件好事，它让从废墟上重建的伦敦有了很大的改善，建筑物比以往更井然有序，街道更宽阔、更干净，而且设施更完备，因此也让人们的健康状况有了很大的提高。其实，这里的人可以变得更健康，但由于这个城市住了一些极度自私、长着猪脑子又极度无知的人（200年后的今天也依然如此），我甚至怀疑就算再来一场大火，他们也不会履行义务。

天主教徒被指控是这场大火的纵火者，有一个疯了多年的可怜的法兰西人甚至承认是自己亲手把第一处房子点着的。然而，这些怀疑没有任何依据，这场大火只是一场意外。在相当长的一段时间里，纪念碑上有一段碑文，将这起火灾归咎于天主教徒。然而，现在这些文字已经不存在了，因为那是一个恶毒而又愚蠢的谎言。

当英格兰人饱受瘟疫和大火的折磨时，"快乐国王"的日子过得真的非常"快乐"，他和宠臣们整天喝酒、赌博，把议会拨给战争用的钱挥霍一空。其结果是，勇猛的英格兰水手们"快乐地"忍饥挨饿，活活饿死在街头；荷兰人在两位将军德·威特和德·勒伊特的带领下穿过泰晤士河，进入梅德韦河，一路上到了阿普诺。他们烧毁了警戒舰、拆掉了大炮，在英格兰海岸上肆无忌惮地为所欲为了整整六个星期。能阻止荷兰人肆虐的英格兰舰船不是没有火药就是没有炮弹，因为在这个"快乐的"统治时期，公职人员也和国王一样，用国家的钱让自己变得非常开心。当钱交到他们手里，让他们把这些钱用于国防或用于战争准备时，他们用世界上最快乐、最优雅的方式，把这些钱放进了自己的口袋。

克拉伦登勋爵像坏国王手下不知廉耻的大臣一样，干了很多坏事。对手虽对他进行了弹劾，却没有成功。不过，国王命令勋爵辞去在英格兰的职务，退休回到法兰西。勋爵写了一封为自己辩护的信之后，照办了。七年之后，他死在了国外。

接着，到了五大臣阴谋内阁掌权的时候，之所以这么叫，是因为内阁的五个成员是克利福德勋爵、阿林顿伯爵、白金汉公爵（他是一个可恶的浑蛋，却是最有权势的国王宠臣）、阿什利勋爵和劳德戴尔公爵。五个人名字的首字母正好组成"cabal"这个词（这个词后来演变成"政治阴谋"的意思）。由于此时法兰西人正在攻打佛兰德，于是五大臣阴谋内阁做的第一件事是与荷兰人签订条约，以便联合西班牙对抗法兰西人。条约刚一拟好，总想着对议会隐瞒自己开销的同时还一直想要钱财的"快乐国王"就向法兰西国王道歉，称自己与此事无关，并与他签署了一项秘密条约，从法兰西领到了200万里弗赫的抚恤金，让自己成了一个臭名昭著的鼠辈，之后的每年他还能领到300万里弗赫。此外，他还背叛了西班牙，向荷兰人宣战，等到时机合适的时候，他还打算宣称自己是一个天主教徒的准备。

国王不久前曾向自己信奉天主教的弟弟哭诉，说自己想要成为天主教徒。现在，他做好了一旦时机成熟就成为天主教徒的准备，这场背叛他自己统治的国家的阴谋，也就"快乐地"成功了。他干的这些事情，就算他长了10个"快乐的脑袋"，也不够刽子手的斧头砍的。

如果这些事情被人知道的话，那他唯一一个快乐的脑袋就保不住了，所以他严格保守秘密。随后，英格兰与法兰西联手向荷兰宣战。这时，出现了一个非同寻常之人，他对英格兰的历史，还有这片土地的宗教和自由来说都非常重要，他在之后很多年的时间里，彻底粉碎了法兰西的整个计划。这个人就是"拿骚的威廉"，他是奥兰治亲王，是已故奥兰治亲王的儿子，父子俩同名，他的父亲娶了查理一世的女儿为妻。他这个时候刚刚成年，但十分勇敢、冷静、强悍且极具智慧。他父亲生前被人憎恶，因此荷兰人废除了他的继承权（是一个被称为"荷兰省长"的头衔），并把这项大权交给约翰·德·威特，由他来教导年幼的亲王。此时的奥兰治亲王非常受欢迎，以至于约翰·德·威特的哥哥科尼利厄斯被人诬告打算密谋刺杀亲王，并被流放。约翰乘马车去监狱接哥哥前去流放，他们在路上碰到了一伙暴徒，这伙暴徒残忍地把兄弟二人杀死了，政权便落在了亲王的手里，他才是人民真正的选择。

从那个时候开始，奥兰治亲王便表现出极大的热情，他派孔戴将军和蒂雷纳将军与法兰西军队交战，此外他还全力支持新教。这场战争打了整整七年，最后双方在奈梅亨签订条约，结束了战争。条约的内容实在太多，就不在这里赘述了。总之，奥兰治亲王威廉在全世界建立了一个非常好的形象，而那位"快乐国王"则变本加厉地让自己的卑贱提升到一个新高度，只为了一年10万英镑的抚恤金（后来翻了一倍），任凭法兰西国王摆布，只做讨好法兰西国王的事情，会得罪法兰西国王的事情他一概不做。除此之外，法兰西国王还通过他手下那位腐败的大使，收买了英格兰议会的成员，因为他需要这些人为己所用。尽管这位大使会记下他在英格兰活动的账目，不过我觉得那本账并不完全可信。所以事实上，在这个"快乐的统治时期"的绝大多数时间里，法兰西国王才是这个国家真正的君主。

那位奥兰治亲王威廉，很快将带来一个更好的时代（虽然他的叔叔不是这么认为）。他来到英格兰，见到了约克公爵的长女玛丽，并娶她为妻。我们很快就会看到这段婚姻带来了什么，以及为什么它会被历史铭记。

虽然玛丽死去的母亲是一位天主教徒，但她和她的妹妹安妮信奉新教。

除她们之外，公爵其余六个子女均夭折。安妮嫁给了丹麦国王的弟弟乔治亲王。

为了防止你误以为"快乐国王"是一个脾气好（除非任何事都按照他的意愿进行）、勇气可嘉、充满荣誉感的人，我在这里得讲讲下议院的一位议员——约翰·考文垂爵士的遭遇。在一次有关是否要向剧院征税的辩论中，他说的一些话得罪了国王。国王有个出生在国外的私生子，他把这个私生子封为蒙茅斯公爵。国王与私生子商定后，准备用接下来的方法"快乐地"报复他。他们派了 15 个全副武装的人伏击他，然后用小刀切开他的鼻子。正所谓"有其主，必有其仆"，因此当奥蒙德公爵在晚餐后回家的途中遇刺而差点身亡时，国王的宠臣白金汉公爵便有很大的嫌疑。奥蒙德公爵勇敢的儿子奥索里伯爵坚信白金汉公爵是主谋，所以即便公爵正站在国王的旁边，奥索里依旧在宫廷上对他说：

> 公爵大人，我非常清楚之前谋害我父亲的幕后黑手就是你。我警告你，如果他死于非命，我定会让你血债血偿，无论你逃到哪里，我都会用手枪打死你！就算你躲到国王的椅子后面，我也会要了你的命！我现在当着国王陛下的面告诉你这些，就是让你听清楚，我不是嘴上说说吓唬你的。

这时，有一个名叫布拉德的人和两个同伙胆大包天地潜入伦敦塔，想偷走王冠、宝球和权杖，但被抓住了。这个盗贼是一个狂妄自大的无赖，他在被抓后声称自己是刺杀奥蒙德公爵的人，还说自己还打算刺杀国王，但当他看到国王的时候，被国王的威严震慑住了。国王看起来就是一个丑陋的病秧子，所以他说的话我一个字都不信。不知道国王究竟是听信了他的谗言，还是他知道白金汉公爵的确是派他去行刺奥蒙德公爵的，但可以确定的是，他赦免了这个小偷，还在爱尔兰（小偷是在爱尔兰出生的）给了他一个头衔，每年领 500 英镑。国王还把他介绍给那些荒淫无度的贵族老爷和不知廉耻的小姐，他很快就和这些人打成一片——我丝毫不怀疑，就算国王把魔鬼介绍给他们，他们也会跟他相处得非常融洽。

国王无耻地卖国换来了抚恤金，可他依旧贪得无厌，非常缺钱，他不得不多次召集议会。在议会上，新教教徒的目标是挫败信奉天主教的约克公爵。公爵又结了一次婚，新的妻子是一个只有 15 岁的年轻小姐——摩德纳公爵的姐姐，她也是一个天主教徒。新教教徒的目标甚至得到了新教反对者的支持，虽然这样做对他们非常不利，不过为了把天主教徒赶下权力的舞台，他们不惜以牺牲自己为代价。国王的目标是装作一位新教徒，而实际上他是一个天主教徒，他向主教发誓称，自己对英格兰教会无比忠诚。可他心里很清楚，他早已把他的信仰卖给了法兰西国王。他对那些忠诚于王室的人连哄带骗，梦想着变得够专横、够强大，这样他就可以承认自己是一个浑蛋了。与此同时，法兰西国王非常清楚他这个"快乐的寄生虫"，所以他就周旋于国王的对手以及国王和国王的盟友之间，与两方面都有密谋。

人们担心如果约克公爵登上王位，这个国家就将恢复天主教信仰。狡猾卑鄙的国王也装出一副对此事感到恐慌的样子，这就导致了一些可怕的结果发生了。伦敦城有一个名叫汤奇的博士，他是一个呆板的神职人员，栽到了一个名叫泰特斯·奥茨人的手里。这是一个臭名昭著的人，他谎称自己从国外的耶稣会那里得知了一个有关谋杀国王和重建天主教信仰的巨大阴谋。于是，泰特斯·奥茨在倒霉的汤奇的引荐下，在议会面前庄严地接受了问讯。然而，他的说法自相矛盾，还编造了多个荒谬至极、根本不可能成立的故事，他还暗示约克公爵夫人的秘书科尔曼是阴谋的参与者。虽然他指控科尔曼的罪名不成立，而且你我都很清楚真正危险的阴谋是"快乐国王"带头和法兰西国王正在酝酿的，不过这时碰巧在科尔曼的文件中找到了一些信件，而他在信中不仅赞美了血腥玛丽女王的统治，还辱骂了新教。这对泰特斯来说真是太幸运了，因为这些东西证实了他的说辞。更精彩的好戏还在后头呢，埃德蒙伯里·戈弗雷爵士是第一个审问他的治安官，却意外地被发现死在普里姆罗斯山附近。他的死被认定是天主教的人干的，虽然我觉得他肯定是因为忧郁过度发了疯，然后自杀的。人们为他举行了一个隆重的新教徒葬礼；泰特斯则被称为"救国英雄"，每年能领到1200英镑的抚恤金。

泰特斯的邪恶阴谋刚得逞，又冒出来了另一个恶棍，名叫威廉·贝德洛。当时，政府悬赏500英镑给逮捕谋杀戈弗雷的人，他则被这500英镑吸引，于是他站出来指控说这是两名耶稣会士和其他几人在王后的指认下犯下的罪行。泰特斯则和这位新的告密者展开了合作，他大言不惭地指控可怜的王后犯有叛国罪。后来又出现了第三个控告者，卑鄙程度一点也不比前两人差，他指控一个名叫斯泰利的天主教银行家，称他曾说国王是这个世界上最大的流氓（这话说得其实不算太离谱），还说要亲手杀了他。这个银行家很快被处死，科尔曼和其他两个人也受到了审判，之后也被处死。接着，有一个不幸的可怜虫名叫普兰斯，他是一个信仰天主教的银匠，遭到贝德洛的指控，严刑拷打后被逼承认参与了戈弗雷的谋杀，同时还指控了另外三人也参与了此事。泰特斯、贝德洛和普兰斯三人还共同指控了五个耶稣会的人，五人都基于自相矛盾和可笑的证据而被定罪，最后被处死。接下来，轮到王后的御医和三个修道士接受审判了。不过，泰特斯和贝德洛伤天害理的事情做得已经够多了，于是四人被无罪释放。然而，民众的思想意识里根深蒂固地充满了天主教的阴谋，便对约克公爵非常反感，迫使他不得不同意服从他哥哥给他的一份书面命令，该命令要求他带着他的家人去布鲁塞尔，而他提出来的条件是在他离开期间，国王不得把他的权力交给蒙茅斯公爵。出乎国王意料的是，下议院对此并不满意，他们通过了一项法案剥夺了约克公爵的王位继承权。为了报复，国王解散了议会，他也抛弃了他的旧宠臣白金汉公爵。白金汉公爵便站到了国王的对立阵营。

要想把这段快乐的统治时期苏格兰的悲惨遭遇全都写出来，恐怕需要100页纸。由于苏格兰人民不希望再有主教存在，决定坚定地支持他们的"神圣盟约"，结果他们惨遭血腥迫害。为了对农民们背叛教会的行为进行惩罚，残暴的骑兵部队踏平了整个国家：拒绝揭发父亲藏身之处的儿子被吊死在父亲门前，一个个不愿出卖丈夫的妻子被折磨致死，未经审判的人们从田地和花园里被赶到马路上处死，囚犯的手指上被绑上燃烧的火柴。此外，他们还发明了一种最可怕的刑罚，被称为"足枷"，通过铁楔把受害人的腿碾压、磨碎成肉泥。监狱里挤满了人，绞刑架上挂满了尸体，到处上演的谋杀和抢劫让这个国家支离破碎。可即便如此，"神圣盟约"者们依旧不愿被拖到教堂中去，他们依然坚持用自己认为正确的方式敬拜上帝。一群愤怒的英格兰高地人从山脉中跑出来攻击这些新教同胞，但这些人和克拉弗豪斯的格雷厄姆率领的英格兰骑兵比起来，却是小巫见大巫了。这些骑兵是他们最残忍、最贪婪的敌人，而这些人的名字在苏格兰的每一寸土地上都受到诅咒。夏普大主教协助并怂恿了这些暴行，不过他最后也死了，因为当苏格兰人的伤痛到达极点的时候，一队苏格兰人在一个名叫约翰·鲍尔弗的带领下，想要袭击一个压迫者。这时，他们正巧看见夏普大主教坐着马车穿过一片沼泽地，他们看到后大喊"苍天真是有眼"，竟让大主教落入他们手中。大主教被这群人打成重伤，死了。如果有人罪有应得配得上这个死法，那我觉得夏普大主教就是这个人。

这件事情掀起了轩然大波，而且很有可能是"快乐国王"刺激苏格兰人这么做的，因为这样他就有借口集结一支更大的军队，超过议会愿意给他的人数。于是，国王派他的儿子蒙茅斯公爵担任总指挥官，攻打称自己为辉格党的苏格兰叛军，并声称只要遇上他们就发起进攻。蒙茅斯公爵带着 1 万人马从爱丁堡出发，在克莱德河上的博斯韦尔桥遇上了辉格党的军队。这些人很快被打散，而蒙茅斯公爵向他们展示了非常仁慈的一面，远比他对那位鼻子被小刀切开了的议会成员好多了。不过，劳德戴尔公爵才是他们的强敌，他派了克拉弗豪斯来了结他们。

随着约克公爵越来越失去民心，蒙茅斯公爵变得越来越受欢迎。倘若蒙茅斯公爵没有对废除詹姆士王位继承权的法案投赞成票的话就好了，可他投了，而且国王对此感到非常高兴。国王总是坐在上议院的火炉旁听他们辩论，说听他们辩论就像看戏一样精彩。下议院以压倒性的优势通过了这项法案，拉塞尔勋爵将这项法案递交到上议院，他是新教徒最杰出的领袖。上议院否决了这项法案，这主要归功于主教们，他们帮助国王摆脱了这项法案。这样一来，对天主教阴谋的恐惧便再次复燃。这时，出现了另一起阴谋，是一个从新门监狱被放出来的名叫丹杰菲尔德的人策划的。这起阴谋叫"饭桶阴谋"，丹杰菲尔德也因此声名大噪，远远超过了他应得的。

一名囚犯被一个名叫塞利尔的夫人放出来，她是一位信仰天主教的护士，丹杰菲尔德自己也成了一个天主教徒，他谎称自己知道一个长老会想要谋害国王的性命。约克公爵听说这件事情之后，高兴极了，因为他对长老会的人恨之入骨。作为答谢，他给了丹杰菲尔德 20 基尼 ①，还把他带到他的国王哥哥面前。不过，让公爵大跌眼镜的是，丹杰菲尔德却推翻了自己之前的所有说辞，因此又被送回新门监狱，他突然发誓说是那个天主教徒护士向他灌输这个邪恶的计谋，而他真正知道的是一个反对国王的天主教阴谋，这个阴谋的证据就藏在塞利尔夫人家中的一个饭桶之中。他们还真在那里找到了几张纸——这是当然的，因为是丹杰菲尔德自己放进去的。这个阴谋就因那个饭桶而得名。然而，那位护士在审判后被无罪释放，这件事情也就无果而终了。

五大臣阴谋内阁中的阿什利勋爵此时成了沙夫茨伯里勋爵，他强烈反对约克公爵继承王位。下议院在这个时候，我们能够猜到，开始强烈怀疑国王与法兰西国王之间的阴谋诡计，不满情绪达到极点的他们不顾一切地撤销了约克公爵的王位继承权，还强烈反对所有的天主教徒。我很悲伤地说，他们对备受尊敬的斯塔福德勋爵进行了弹劾，称这位年过七旬的天主

---

① 基尼：英国 1663 年发行的金币，1 基尼等于 21 先令，1813 年停止流通。

教贵族企图谋害国王。证人是那个凶恶卑鄙的泰特斯与两个与他是一丘之貉的人。斯塔福德勋爵被判有罪，随后被砍掉脑袋，指控他的证据不仅虚假且愚蠢至极。当他在断头台上的时候，人们反对他，盼着把他处死，不过，当他对他们说明了自己是多么无辜，而他又是多么邪恶地被送到断头台的时候，在场人的良善的一面被激发出来，他们说："我们相信你，大人！愿上帝保佑你，大人！"

下议院在国王同意废除王位继承权的法案之前，拒绝给他一分钱。然而，由于他能从他的法兰西主人那里拿到钱，因此根本不把这些人放在眼里。他在牛津召集了一次议会，他去的时候带了一大群全副武装的人，场面非常壮观，就好像他的生命受到了威胁一样。反对派也带了一大群全副武装的人马，理由是他们担心会遭到教皇党的袭击，国王的卫兵中有不少是教皇党的人。

下议院坚持通过废除继承权的法案，他们的态度特别迫切，若不是国王把他的王冠和礼袍扔进轿子，之后自己也跟着跳进去的话，他们肯定会一遍又一遍地提出来的。国王跳上轿子后匆匆忙忙地来到了上议院，并解散了议会。随后，国王就慌慌张张地跑回了家，议会成员也像国王一样，慌张地跑回了家。

约克公爵这个时候住在苏格兰。由于法律将天主教徒排除在公众信任之外，他无权担任任何公共职务，但他被任命为国王在苏格兰的代理人，这样一来他就能施展他愤怒、残忍的天性，无情地折磨"神圣盟约"的人了。有两位名字分别叫作卡吉尔和卡梅伦的牧师，他们从博斯韦尔桥之战中逃了出来，回到苏格兰之后，让那些悲惨但依旧勇敢、不肯屈服的"神圣盟约"者重新振作起来，并将他们的名字改成了"卡梅伦派"。由于卡梅伦公开发表声明，称国王是一个不守信用的暴君，因此当他在战场上被杀后，他的追随者的下场都非常悲惨。约克公爵非常喜欢足枷，他能从使用那个东西中得到莫大的快感，他对其中一些人提出，只要他们肯在断头台上大喊"上帝保佑国王"就可以饶他们不死。鉴于他们的亲人、朋友和同胞在这段快乐的统治时期遭到惨绝人寰的折磨，因此他们宁愿选择死，而他们也都死了。

约克公爵获得了他的快乐哥哥的允许，在苏格兰召集了一次议会，这次议会上演了一场无耻的骗局，会上先是确认了那些保护新教反对罗马天主教的法律，紧接着声称没有任何理由应当阻止这位天主教的公爵继承王位。在这番两面三刀的开场白之后，议会制定了一个誓言，这个誓言没有人明白是什么意思，但所有人都必须宣誓。阿盖尔伯爵虽然宣了誓，但在宣誓的时候附带了一句解释说，即便是这样，宣誓也不能阻止他反对那些有悖于新教信仰和自己忠诚的改变，无论是对教会的改变，还是国家的改变都一样。因此，他被指控犯有叛国罪，在一个由蒙特罗斯侯爵担任团长的陪审团面前接受审判，并且被定罪。不过，他逃过了断头台：他乔装成他女儿索菲亚·林塞小姐的仆人，混进侍从逃走了。于是，苏格兰议会中有议员提出要在爱丁堡的街道上当众鞭打这位小姐。

约克公爵回到英格兰，而且很快就恢复了他在议会中的位置，还有他海军总司令的职位，而所有这些都是在他哥哥公然无视法律的情况下实现的。他的船在去英格兰接他家人的时候撞上了一个沙丘，船上有200人丧命，如果他当时也被淹死了，那么对国家来说一点损失也没有。可他和几个朋友乘一艘小船逃走了，而那些水手则非常勇敢、非常无私，当他们看到他划走的时候，他们欢呼了三次，而自己却永远地沉入了海底。

"快乐国王"在摆脱了议会之后，开始全速让自己的暴君专制变成现实。他邪恶地处死了阿尔马主教奥利弗·普伦基特，诬陷他借助一支法兰西军队在英格兰建立罗马天主教制度——这正是这位王室的叛徒本人干的勾当。此外，他还试图毁掉沙夫茨伯里勋爵，但是失败了，随后他便把手伸向了这个国家的所有自治机构，试图掌控这些地方，因为，如果他能够做到，他就能自己选择陪审团，然后做出毫无公正性可言的判决，这样就可以随便让他选择的成员回到议会中。在这些快乐的时光里，任命了一个名叫杰弗里斯的人出任英格兰高等法院的首席法官，他是一个整天喝得醉醺醺的流氓，一个面红耳赤、浮夸、臃肿，看起来非常可怕的生物。他声音粗野，说话方式强横，恐怕是这个世界上最野蛮的、披着人皮的野兽。这头怪兽是"快乐国王"的特别宠臣，他还从自己的手上摘下了一枚戒指送给怪兽，以表达对他的喜爱之情，那枚戒指被人们称作"杰弗里斯法官的血石"。他被国王派去威胁那些自治机构，先从伦敦开始，或用杰弗里斯自己的话说，他优雅地称之为"用舌头粗糙的那一面去舔他们"。他把这些机构舔得很彻底，以至于很快他们就成了这个国家最卑鄙、最阿谀奉承的机构了。只有牛津大学除外，这所杰出的学府在这个方面是不可触犯的。

沙夫茨伯里勋爵（他在国王试图迫害他未遂之后，没过多久就死了）、威廉·拉塞尔勋爵、蒙茅斯公爵、霍华德勋爵、泽西勋爵、阿尔杰农·西德尼、约翰·汉普登（他是伟大的汉普登的孙子），以上这几位还有其他一些人曾在议会被解散之后的一段时间里，组成了一个议会，讨论如果国王最大限度地实施天主教阴谋的话，他们应该采取什么样的对策。沙夫茨伯里勋爵是这些人中最有暴力倾向的一个，他把两个同样有暴力倾向的人也带到了他们的秘密组织，分别是拉姆齐和韦斯特，前者曾是共和军的战士，后者是一名律师。他们两个都认识一个曾是克伦威尔手下官员的人，这个人的名字叫朗博尔德，他娶了一个麦芽商的遗孀，因此拥有了一处在赫特福德郡霍兹登附近的隐秘住所——莱府。朗博尔德对他们说，他这所房子是射杀国王的首选之地，因为他经常往来于纽马基特，每次都要从这里路过。他们喜欢这个主意，并且采纳了。不过，他们当中的一个人走漏了风声，于是他们几个连同一个叫谢泼德的酒商、拉塞尔勋爵、阿尔杰农·西德尼、埃塞克斯伯爵、霍华德勋爵和汉普登，都被抓了起来。

拉塞尔勋爵本来可以逃走，因为他根本没有做什么事，但他不屑于这么做。埃塞克斯伯爵本来也可以轻易逃走，但他也不屑于这么做，因为他担心这会让拉塞尔勋爵看不起他。不过，他的思想压力巨大，因为是他把霍华德勋爵拉进他们的议会的，这个人现在成了一个卑鄙的叛徒。拉塞尔勋爵自始至终都很不喜欢他，一开始就反对他进议会。埃塞克斯伯爵的内心受不了这样的谴责，于是便在拉塞尔勋爵被带到中央刑事法庭受审之前自杀了。

拉塞尔勋爵很清楚自己已经没有希望了，因为他为了新教的事业一直都非常勇敢地反对那对一个坐在王位上、一个站在他旁边的兄弟俩。拉塞尔勋爵的妻子是最高贵、最出色的女人，在他庭审的时候还担任他的秘书，去监狱安慰他，在他死的前一天晚上与他共进晚餐，她的爱意、美德和忠诚让她的名字在历史中永垂不朽。拉塞尔勋爵理所当然地被判有罪，并被判处在林肯法学院的绿地上斩首，那里距离他的住处不远。当他在行刑前的那一晚与他的孩子告别了之后，他的妻子一直在监狱里陪他，直到晚上10时，当他们在这个世上最后的诀别结束的时候，他亲吻了她很多次，之后坐在监狱里，一直不停地说着她的良善，说了很久。当他听到外面下雨时，他冷静地说："这雨要是下到明天的话，一场好戏就会被毁了，雨天真是太扫兴了。"他在午夜时分才上床睡觉，一直睡到凌晨4时。后来，他的仆人把他叫醒，当仆人去准备他衣服的时候，他又睡了过去。

他乘着自己的马车赴刑场，两位神职人员陪着他，一路上为他轻轻地吟唱赞美诗。他很安静、很沉着，就好像这是一次普通的出行一样。他对围观人群之密集表示了惊讶，然后便将头放到了断头台上。他丝毫不觉得那是断头台，就好像是把头放到枕头上一样。刽子手砍了两下才把他的头砍下来。他高贵的妻子直到这个时候依然在为他忙碌，他之前把自己最后的遗言抄录了一份给她，他妻子则把他最后的遗言印了出来，并四处散布。这遗言让英格兰所有内心正直的人士感到热血沸腾。

同一天，牛津大学所做的事情让它被人们铭记，他们先假装相信针对拉塞尔勋爵的指控是真的，接着在一纸文书中称国王是"他们鼻孔中的气息和上帝的受膏者"。这张纸后来被粗俗的刽子手烧掉了，对此我感到非常遗憾，我真希望这张纸能够被裱起来，在一些公共场所展览，作为人类卑鄙之举的一个纪念碑，供人嘲笑。

接下来，轮到阿尔杰农·西德尼受审了。审判由杰弗里斯主持，他就像一个深红色的大癞蛤蟆，一身大汗，气得直发胀。在宣读完判决之后，这位"快乐统治"王朝的首席大法官说："我祈求上帝，西德尼先生，希望上帝能帮助你，做好心理准备，去往另一个世界，我认为你现在的情绪还没有准备好。"因犯从容地伸出他的胳膊，回答说："大人，请你摸摸我的脉搏，看看我现在是否紧张。我要感谢天堂，因为我从没有像现在这样心情畅快。"1683 年 12 月 7 日，阿尔杰农·西德尼被处死。他是一个英雄，也死得其所，他在遗言中说自己是"为了自己年轻时就从事的高尚事业和目标而死，为上帝常自授以神谕的古老美好事业"而献出了生命。

蒙茅斯公爵做的很多事情让他的叔叔约克公爵心生嫉妒，他以王室出行的方式在国内四处游荡，与平民百姓一起玩耍，当他们孩子的教父，甚至还抚摸病人的脸。我必须说，在这一点上，他做得就像一个国王。蒙茅斯公爵的父亲让他写信承认他之前参与了让拉塞尔勋爵被斩首的阴谋，不过由于他是一个软弱的人，他刚写完就为自己感到羞愧，并把那封信取了回来。因为这个，蒙茅斯公爵被流放到荷兰，但他很快就回来了，还与他的父亲见了面，他的叔叔对此并不知情，看起来蒙茅斯公爵似乎又得到了"快乐国王"的宠爱，而约克公爵则开始失宠了。当死亡降临在怀特宫快乐长廊的时候，那些堕落放荡的贵族老爷和绅士，还有不知廉耻的小姐，全都无比震惊。

1685 年 2 月 2 日，星期一，这位领着法兰西国王的抚恤金的快乐仆人中风发作，倒下了。到了星期三，他的病情恶化；星期四，他被告知已经时日不多了。由于他不愿意从信奉新教的巴斯主教手里领受圣餐，约克公爵便让所有在场的人离开他的病床，而后小声地问他的哥哥，要不要他派人去找一个天主教神父来。国王回答说："看在上帝的面上，弟弟，叫吧！"

约克公爵从后面的楼梯里偷偷带来了一个头戴假发、身披长袍的神父，名叫赫德尔斯顿，他曾在伍斯特战役之后救过国王的命。公爵告诉国王说，这个头戴假发的高尚之人之前曾救过他的肉体，现在来救他的灵魂了。

"快乐国王"活过了那一晚，死在了第二天的晌午，那天是 2 月 6 日，星期五。他死前说的最后两句话尚有人性，这让人们对他的记忆好了不少。当王后派人告诉他，自己身体实在欠佳，没办法陪在他身边，并祈求他原谅的时候，他长叹一口气说道："唉！这个可怜的女人，她还祈求我的原谅！我应该全心全意祈求她的原谅才对。把我说的话告诉她。"至于内尔·格温，他说："别让可怜的内尔挨饿。"

他死的时候 55 岁，在位 25 年。

5 最后一位天主教国王

　　国王詹姆士二世是一个非常让人讨厌的人，与他相比，就连那些出色的历史学家都会喜欢他的哥哥查理，认为查理的性格要比他讨人喜欢得多。在詹姆士短暂的统治期间，他其中一个目标是在英格兰重建天主教信仰，他顽固愚蠢地追求这个目标，这让他的统治生涯很快就迎来了终结。

　　他做的第一件事是向议会承诺，他将尽自己的努力保护政府的存在，无论是在教会层面，还是在国家层面，因为它是依法建立起来的。此外，他还承诺将始终致力于维护和支持教会。他的这番令人欣喜的讲话为他赢得了巨大的喝彩，从讲道台到别的地方，人们纷纷议论国王，说了他很多好话，大家都说国王是绝不会食言的。那些轻而易举就相信了国王的人，根本不会想到他秘密地成立了一个议会，专门负责处理天主教事务，这里面主要成员之一，是一个名叫彼得的神父，他是祸害人的耶稣会的成员。国王热泪盈眶地收下了法兰西国王的第一笔抚恤金——50万里弗赫。不过，他那卑鄙性格中，有一个傲慢和可怜的结合体使他非常急切地做出一副虽然背地里拿着法兰西国王的钱，但表面上却完全独立的样子。他在他哥哥国王查理二世的保险柜里找到了两份支持天主教的文件，并将它们公开发表了（虽然我觉得这对他来说没什么帮助），他甚至还公开参加弥撒。议会谄媚到了极点，给了国王一大笔钱，于是他便带着自己可以为所欲为的信念开始了他的统治。

　　在我开始讲这一时期里的主要事件之前，先让我把泰特斯·奥茨"处理"掉。在国王登上王位的两个星期后，他因做伪证接受了审判，除了被处以重金罚款之外，还被判处两次套上颈手枷，第一天从奥德门一路受鞭刑走到新门监狱，两天后再从新门监狱一路受鞭刑走到泰伯恩刑场。而且此后的每年，他都要五次套上颈手枷，一直到他死为止。这个可怕的判决对这个浑蛋来说真的管用，他第一次受到鞭刑之后，根本站不起来了，是被人用雪橇从新门监狱拖到泰伯恩刑场的，被拖的一路上照样"享受"鞭刑。他是一个十分顽强的恶棍，受了这顿折磨之后，居然没有死，活了下来，后来得到了赦免和奖赏，只是没有人信任他了。丹杰菲尔德是除了泰特斯·奥茨之外，在那伙人中唯一活下来的人。他就没那么幸运了，从新门监狱去泰伯恩刑场的这一路鞭刑，差点要了他的命，这刑罚似乎不够重，格雷律师学院一个凶残的律师，用自己的拐杖捅了他的一只眼睛，直接要了他的命。那名凶残的律师也受到审判，之后被处死。

詹姆士刚登上王位，阿盖尔和蒙茅斯就从布鲁塞尔来到鹿特丹，出席一个苏格兰流亡人士举行的会议，商讨如何在英格兰发动起义。他们达成一致，阿盖尔在苏格兰登陆，蒙茅斯在英格兰登陆，阿盖尔带上两个英格兰人与他同去，而蒙茅斯则带上两个苏格兰人与他同去。

阿盖尔依照计划采取了行动。由于他手下的两个人在奥克尼群岛被抓，因此政府知道了他的意图，全力阻止了他的募集行动，虽然此时他已经集结了两三千高地人，他也已经将一个血十字交到值得信任的信使手里，从一个部落传到另一个部落，从一个峡谷传到另一个峡谷，这是当时野蛮的高地人首领激起族人斗志的传统。当他带着他的小部队向格拉斯哥行进的时候，他遭到了手下几个人的背叛，因此被抓，双手被绑在身后，被押送到他所熟悉的爱丁堡城堡。詹姆士用他一直以来无耻的、毫无公正可言的方式对他进行了判决，并下令在三天之内把他处死。阿盖尔看起来似乎有些担心他的两条腿会被国王喜欢的足枷夹烂。但足枷没有被使用，他只是单纯地被砍掉了脑袋而已。之后，他的头挂在爱丁堡监狱的顶上。被指派跟随阿盖尔的其中一个英格兰人是莱府的主人——朗博尔德老兵。他身负重伤，在阿盖尔受难之后不到一周，也接受了审判。他在为自己进行了精彩的辩护之后，被处死，他说他不相信上帝会让绝大多数人身后背着马鞍，嘴里咬着缰绳，供少数人骑在他们身上用靴子踢、马刺鞭策。在这点上，我完全同意朗博尔德的观点。

蒙茅斯公爵，一方面因为一些原因耽误了，另一方面他自己浪费了一些时间，因此当他在多塞特郡的莱姆登陆时，他比他的朋友晚了五六个星期。他手下有一个贵族名叫格雷，就是他毁掉了一场本来很有希望成功的远征。蒙茅斯公爵立即把自己的旗帜插在集市上，并称国王是一个暴君，是一个信奉天主教的篡位者。他不仅指控国王干的那些坏事，还指控了国王没有做过且根本没有人做过的一些事，比如火烧伦敦城、毒杀先王，等等。他通过这种方式募集了大概4000人马，率领他们去了汤顿，那里有很多信仰新教的人，他们强烈地反对天主教。这里的人无论贫富，都欢迎他的到来，当他穿过街道的时候，女士们从窗户向他挥手致意，他所到之处撒满了鲜花，这个世上人们所能想到的所有赞美和尊敬的方式，他都经历了一遍，其中有 20 位年轻的小姐，穿着最华丽的服饰，用最美的妆容迎接他，还用她们白皙的双手送给了他一本装饰华丽的《圣经》和其他一些礼物。

蒙茅斯公爵所受到的热情和敬意让他备受鼓舞，于是他宣布自己是国王，之后前往布里奇沃特。不过在这里，费弗沙姆伯爵率领的政府军队与他近在咫尺，当他发现自己其实根本没有交下几个有权势的朋友的时候，他感到非常沮丧，于是便考虑是否应该解散他的军队，之后逃跑。然而，在倒霉的格雷勋爵的建议下，他们决定夜里向国王的军队发起袭击，因为国王的军队驻扎在一个叫塞奇莫尔的沼泽地旁。蒙茅斯公爵的骑兵被交给了这个倒霉的勋爵统领，他根本就不是一个勇敢的人。格雷勋爵带着骑兵部队遇到第一个苦难，就想打退堂鼓了，而他们遇到的只是一个深沟而已。那些转而支持蒙茅斯公爵的可怜的乡下人，虽然用长柄大镰刀、棍子、干草叉这些粗糙的武器（因为他们只有这些）打仗时非常勇猛，但他们很快就被训练有素的士兵击溃，四散而逃。蒙茅斯公爵是在一片混乱中逃走的，倒霉的格雷勋爵第二天一早就被抓住了，而另一名被捕的同党则交代说四小时前他还和公爵待在一块儿。于是，国王的军队展开了地毯式搜索。当公爵被找到的时候，他化装成农民，藏在水沟里，躲在蕨草和荨麻的下面，他的口袋里有一些在田野里弄到的豌豆，是准备饿了的时候充饥的。他身上其他的东西就只有几张纸和几本小书了，其中有一本书里面写了各种乱七八糟的奇怪东西，有咒语、诗歌、菜谱和祷告的话语。蒙茅斯公爵彻底崩溃了，他给国王写了一封可怜巴巴的信，祈求国王见他一面。当他被带到伦敦的时候，他是被绑着带到国王面前的，他跪在地上，爬到国王跟前，一点尊严也没有。由于詹姆士从来不会原谅，也不会宽恕任何人，所以自然也不太可能会对这个发表莱姆宣言的家伙网开一面，所以他告诉哀求者说："做好去死的准备吧！"

1685 年 7 月 15 日，这位非常不幸的公爵被带到伦敦塔山。刑场那里聚集了很多人，所有的房顶上也挤满了人。他在伦敦塔看到了他的妻子，她是巴克卢公爵的女儿。不过他更多谈论的是另一个女人，他爱她远远超过他的妻子，这个人是哈丽雅特·温特沃斯小姐，她是蒙茅斯公爵临死前挂念的人之一。在他把头放到断头台之前，摸了一下斧头，对刽子手说，他担心斧头不够锋利，分量也不够重。刽子手回答说："斧子没问题，足以完成任务。"公爵听后则说："我恳求你小心一些，不要像对待拉塞尔勋爵那样让我太难堪。"他的这句话让刽子手变得非常紧张，并抖了起来，他第一次砍下去只把他的脖子砍出了一个很深的口子。蒙茅斯公爵立即抬起了他的头，脸上一副怪罪的表情看着刽子手。刽子手又砍了第二次、第三次，之后他扔了斧子，用充满恐惧的声音喊着"我下不了手"。治安官们威胁他说，如果他不砍掉这个人的脑袋，后果对他来说非常严重。无奈之下，刽子手只能捡起斧子，砍了第四次、第五次。最后，这颗可怜的脑袋终于掉了下来，蒙茅斯公爵就这样死了，享年 36 岁。他是一个喜欢炫耀、言谈举止优雅的人。

在终结了蒙茅斯公爵发起的起义之后，政府干出的那些残暴的恶行在英格兰历史上留下了最黑暗、最悲哀的一页。那些可怜的农民被打得四散而逃、损失惨重。有人以为就算国王再不留情面，这下也该满意了吧。但其实不是，他放出了一群野兽来收拾这些农民，其中有一个叫柯克上校的怪物。他曾对抗过摩尔人，他手下的士兵被称为"柯克的羔羊"，因为他们的旗帜上有一只羔羊，这是基督教的标志。

这些士兵和他们的指挥官一样凶残成性，这些披着人皮的恶魔犯下的暴行实在太恐怖，根本没办法在这里叙述。可以这么说，除了对他们无情地杀戮、抢夺，让他们用尽自己所有家产来买赎自己获得赦免之外，柯克还喜欢干这么一件事情来当作消遣：当他和他的军官用完晚餐，在一起喝酒，为国王干杯的时候，他们喜欢观赏窗外一群犯人被绞死的场面，以此助兴。这些人临死前浑身抽搐、双脚开始颤抖的时候，柯克说应该配上音乐来衬托他们的舞蹈，之后下令让鼓手和小号手奏乐。可憎的国王得知他干的这些事情的时候，还通知他说自己非常满意他的处理方式。不过，更让国王高兴的是，杰弗里斯接下来做的这件事。他现在是一个贵族，他带着其他四位法官到西部地区去审判那些被指控参与反叛的人。国王愉快地把这件事称为"杰弗里斯运动"。而那个地区的人民至今仍记得发生的一切，他们则称之为"血腥审判"。

审判是从温彻斯特开始的。那里有一个可怜的老妇人，耳朵已经聋了，名叫艾丽西亚·莱尔。她是国王查理一世手下的一名法官的遗孀（她的丈夫被保皇党的刺客谋杀），她被指控在她的房子里为两个逃亡者提供庇护。陪审团三次拒绝判她有罪，直到杰弗里斯威胁、恐吓他们，逼迫他们做出错误的判决。当从陪审团手里敲诈出那个判决结果之后，杰弗里斯说："先生们，即便我是你们的其中一员，而他是我的母亲的话，我依旧会判她有罪。"——我敢说他会这么做的。当天下午，他命人将老妇人活活烧死。由于当地天主教堂的神职人员，还有其他一些人出面干预，她被改判为在一周之内斩首。

为了表示自己对他的高度欣赏，国王让杰弗里斯当上了大法官。杰弗里斯又去了多彻斯特、埃克塞特、汤顿和韦尔斯。当我们读到这个禽兽干了这么多伤天害理的暴行之后，居然没有人在法官席上把他杀死，我们不由得感到惊讶。任何人，不论男女，只要在杰弗里斯面前遭到仇人的指控，就会被判为叛国罪。曾有一个人表示自己不服罪，于是他当庭被拖到外面绞死了。这件事让所有的囚犯吓坏了，于是他们所有人几乎都在第一时间认罪。仅在多彻斯特，几天的时间里，杰弗里斯就绞死了80人，此外，无数人受到鞭刑、被流放、被关进监狱、被卖为奴隶。他总共处死了250人，也有可能是300人。

刑场遍布36个城镇和乡村。他们的尸体有的被撕碎，有的被扔进烧得滚烫的沥青和焦油的大锅，有的被挂在路边，有的被挂在街道上，还有的被挂在教堂上面。人的头颅和四肢随处可见，散发着尸体的气味，里面煮着沥青、焦油和死尸的大锅发出嘶吼声，冒着泡，人们的泪水和恐惧，这一切根本无法用文字来表达。有一个乡下人被迫守在那个黑色的大锅前，不断地把碎尸扔到里面，他后来被人们称为"煮夫汤姆"。打那以后，负责执行绞刑的刽子手就被称作杰克·凯奇，因为杰弗里斯的随从人员中有一个人叫这个名字，他整天不停地把一个又一个人绞死。

这一切还远远没有结束，杰弗里斯是一个非常爱财的人，他敛财的程度就如同他喜欢让别人经历悲惨一样，因此他大量地贩卖赦免状来换取钱财，装进自己的口袋。有一次，国王下令把1000名囚犯交给他的亲信，让他们商定出一个买赎自己被赦免的价格。赠送那本《圣经》的年轻姑娘被交给了宫廷侍女，这些尊贵的小姐非常卖力地与她们进行讨价还价。当这场血腥审判进行到它凄凉的高潮时，国王正在欣赏赛马以娱乐他自己，而观赏赛马的地方就是莱尔夫人被处决的地方。当杰弗里斯尽了他最大的努力，干完了那些伤天害理的事情之后，《皇家公报》专门对他进行了嘉奖。当国王听说，他因酗酒和坏脾气导致他患重病的时候，这位令人作呕的陛下说在英格兰很难再找到第二个像他这样优秀的人了。除此之外，有一个名叫科尼什的前任伦敦治安官，在自己家中的院子里被绞死，他因涉嫌参

与莱府阴谋 ①，受到了一场极其卑劣的审判，证据是拉姆齐提供的。这个浑蛋这次（被迫）做出的供述正好与他指证拉塞尔勋爵那次的供述完全相反。就在同一天，一位名叫伊丽莎白·冈特的寡妇在泰伯恩刑场被活活烧死，因为她为一个卑鄙的人提供了庇护，而正是这个人指证了她。她亲手把燃料放在自己周围，以便火焰能更快地烧到她身上。她用最后一口气，高贵地说，她遵守了上帝神圣的命令，为无家可归的人提供庇护，而不是出卖流浪的人。

在他那些不幸的子民被上绞刑、斩首、烹尸、断肢、流放、变卖为奴之后，国王自然而然地认为，他可以随心所欲地做任何自己想做的事情。因此，他全力以赴地以最快的速度改变着这个国家的宗教信仰。

首先，他利用自己免于处罚的权利，试图废掉被称为《立誓法》的法案，这是一项防止天主教信徒担任公职的法案。他先做了一个"尝试"，任命一名天主教徒担任公职，12 名法官中有 11 人对他表示支持，之后，他任命了三个改信天主教的人担任牛津大学的高层要职。为了摆脱伦敦主教康普顿，他恢复了招人恨的教规委员会，因为康普顿勇敢地反对了他。国王请求教皇派一名大使来英格兰，教皇（他是一个理智的人）很不情愿地照办了。他在所有可能的场合中当着众人的面夸耀那位彼得教父，还支持在伦敦的几个地方修建女修道院。他很愿意在街上，甚至在宫廷里看到众多修道士，包括行乞修道士。他持续不断地将身边的新教徒"改造"成天主教徒。他时常与在议会中任职的成员进行一些私下会见，他把这样的会见称为"密室会谈"，目的是劝说他们赞成他的观点和设想。如果他们不赞成，要么被撤职，要么自己辞职，然后把他们的职位交给天主教徒。他还借助自己的权力，用各种办法将军队中的那些新教徒军官撤职，然后把这些位置送给天主教徒。他对自治机构采取了相同的手段，还对郡县的首席治安长官采取了相同的手段（虽然不是很成功）。

为了让人们对他采取的这些手段忍气吞声，他让一支 1.5 万人的军队长期驻扎在豪恩斯洛荒野。他们公开在将军的营帐里举行弥撒，教士们则在士兵中卖力地劝说他们皈依天主教。有一位名叫约翰逊的新教徒神职人员，此前曾是已故拉塞尔勋爵的专职牧师，他在士兵当中传播一份文书，劝告他们忠于自己的信仰，因此被判处三次套上颈手枷，还遭受

---

① 莱府阴谋：1681 年辉格党人的议会被解散后，一部分军人密谋在莱府暗杀查理二世，并未成功。

了从新门监狱到泰伯恩刑场的鞭刑。

国王还把他的亲姐夫从议会中开除了，因为他是一个新教徒。之后，彼得教父当上了枢密顾问官。他把爱尔兰交给了理查·塔尔博特，他是提尔康奈尔伯爵，一个一文不值、荒淫无度的无赖，他到爱尔兰去帮他的主人在那里要同样的手段，而他自己还有一个更大的阴谋：希望有朝一日得到法兰西国王的庇护。天主教中的任何一个有理智、有判断力的人，上至教皇、下至门房，都能看得出来，能够干出这些极端的事情的国王只是一个偏执的白痴而已，他迟早会毁了自己，而且会让他一直以来追求的事业一败涂地。同时，他是一个什么道理都听不进去的人，这对日后的英格兰来说是一件好极了的事情，因为他的目空一切让他失去了王位。

这时，一股反抗的潮流在英格兰出现，完全出乎那个愚昧蠢货的意料。他先在剑桥大学看到了苗头。在成功地（还是在没有遭到任何反对的情况下）让天主教徒当上牛津大学的院长之后，他试图让一个修道士成为剑桥大学的文学硕士，这招致了剑桥大学的反对，因此挫败了他的计划。之后，他又回到了他喜爱的牛津大学。在牛津大学莫德林学院的院长去世后，他命令推选安东尼·法默作为院长的继任者，而推荐他的唯一理由是他与国王信仰相同的宗教。牛津大学这次终于鼓起勇气表示了拒绝。之后，国王又换了一个人选，还是遭到拒绝，牛津大学打算坚持自己的选择，他们推举的是一位名叫霍夫的人。此事一出，愚蠢的暴君对霍夫和另外 25 人进行了惩罚，他先把他们开除，之后宣布他们不得担任教会任何肥差。紧接着，国王走了在他自己看来最高明的一步棋，但实际上这一步不仅走得非常轻率，还把他推下了王位。

国王发布一项声明称，应废除宗教检验和刑法，让天主教信仰能够更容易地被引入英格兰。然而，新教徒将自己的生死置之度外，他们勇敢地加入了普通教会的行列，全力以赴地对这项声明表示反对。国王和彼得教父遂决定，在某一个星期日，在所有的教堂中宣读这份声明，并命令主教们宣读这份声明。主教们则与已经失宠的坎特伯雷大主教对此事进行了商讨，他们决定这份声明不应该被宣读，同时他们还请求国王反对这项决定。大主教亲自写了一封请愿书，交给六个主教。他们当晚来到国王的寝宫，亲自把这封请愿书交到了国王手上，这让他吃惊不已。第二天，1 万名神职人员当中只有 200 人宣读了那份声明。

国王不顾所有的人反对，对六位主教提起了诉讼。过了不到三星期，他们被枢密院传唤，之后被关进伦敦塔。当六位主教从水路被带到那个阴暗地方的时候，大量的民众聚集在一起，跪下来为他们祈祷。当他们被带到伦敦塔的时候，看守的士兵纷纷请求他们给自己祝福。当他们被带到高等法院接受审判的时候，司法部长称他们公开指责政府，并对国家事务发表自己的意见是重大的罪行，陪同他们出席审判的还有很多像他们一样的群众，他们在一大群贵族和绅士的包围中。当陪审团晚上 7 时商讨他们的裁决的时候，所有人都清楚（除了国王以外），他们宁可饿死也不会向国王安插进陪审团的阴谋家投降，这位阴谋家急着为他的主子拿到一个他希望看到的判决。

在经过与那个阴谋家一整夜的抗争之后，陪审团第二天上午来到法庭，做出了无罪的判决，威斯敏斯特厅响起了一阵前所未有的欢呼声。这个消息被人们传到了坦普尔栅门和伦敦塔。不仅传遍了东部地区，也传到了西部地区，一直传到了豪恩斯洛的军营，在那里驻扎的 1.5 万名士兵互相之间也传递着这个消息，并为之欢呼。当白痴国王听到这震天咆哮的时候，他正与费弗沙姆勋爵在一起，他被这欢呼声吓了一跳，惶恐地问这是怎么回事，费弗沙姆勋爵告诉他说："不是什么大事，是那些主教被无罪释放了。"他听后继续用他顽固的方式说："什么？这不是什么大事？简直是太糟糕了！"

在上书请愿和庭审的过程中，王后生了一个儿子，彼得教父觉得这是圣威妮弗雷德的恩典。不过，我倒怀疑圣威妮弗雷德作为国王的朋友，是不是与下面这件事情有关，因为有人猜测王权的继承人会是一个天主教徒（国王的两个女儿都是新教徒）。于是什鲁斯伯里伯爵、丹比伯爵、德文郡伯爵、拉姆利勋爵、伦敦主教、海军司令拉塞尔和悉尼上校决定邀请奥兰治亲王来到英格兰。此时，詹姆士这块王室的黑痣终于看到危险来临了，便在惊恐之余做出了很多让步。同时，他集结了一支 4 万人的军队。然而，奥兰治亲王不是詹姆士二世能对付得了的，他有备而来，不仅异常勇猛，且意志十分坚定。

当奥兰治亲王决定起航前往英格兰的两个星期之后，一阵从西边吹来的大风阻止了他的舰队。当那场大风平静下来，他们踏上旅途的时候，又被一场暴风雨打散了，于是他们不得不返航，重整旗鼓。终于，1688 年 11 月 1 日，刮起了一阵东风，后来人们把这股东风称为"新教的东风"。3 日，多佛尔和加来的人民看到了一支 20 英里长的舰队英姿飒爽地在海面上航行。5 日，舰队停靠在德文郡的托贝，奥兰治亲王带着一队威风的军官和将士向埃克塞特进军。

由于西部地区的人民在那场血腥审判中遭受了太多的苦难，这些人已经丧失了信心，因此没有多少人加入他的阵营。于是，他动了撤退的念头。在这个危急关头，几位贵族加入了他的阵营，王室军队开始感到畏惧。之后，奥兰治亲王阵营的人签署了一项约定，在这项约定中大家承诺，所有在上面签字的人将在捍卫三个王国的法律和自由、新教信仰以及奥兰治亲王的过程中彼此支持。从那一刻开始，他们事业上的障碍全都扫清，英格兰主要的城镇开始接二连三地倒向奥兰治亲王，并宣布支持他。牛津大学告诉亲王，如果他需要钱，他们甚至愿意把学校的门牌熔化后捐给他。

国王正在可怜地四处逃窜，这儿给人治治淋巴结核，那儿检阅检阅军队，或者流流鼻血。小王子被带到了朴次茅斯，彼得教父则像发射出去的子弹一样迅速地逃到了法兰西，所有的神父和修道士都在第一时间遭到驱赶。国王最重要的官员和朋友接二连三地离他而去，投奔了亲王的阵营。当天夜里，他的女儿安妮从怀特宫里逃了出来，伦敦主教曾是一名士兵，他一手拿着出鞘的剑，马鞍上别着几把手枪，骑在马前带着公主离开了那里。"上帝救救我，"可怜的国王大声喊道，"连我的孩子都抛弃了我！"慌乱之中他与几位还在伦敦的贵族讨论他是否应该召集一次议会，并指定三个人前去与亲王谈判。之后，他决定逃亡法兰西。他把年幼的威尔士亲王从朴次茅斯接回来，孩子和王后在一个悲惨的雨夜里，乘着一艘敞舱船渡河来到兰贝斯，之后安全地逃走了。他们逃走的那一天是 12 月 9 日。

11 日凌晨 1 时，国王收到一封奥兰治亲王的信，信中说明了他的目的。国王从床上起来，命睡在他房间的诺森伯兰勋爵早上起床时不要打开房门。之后，他就从后面的楼梯走了下去（我猜那个头戴假发、身披长袍的神父就是走这个楼梯去见他哥哥的），乘着一艘小船过了河，中途还把英格兰国玺扔到了河里。他骑上事先预备好的马，与爱德华·黑尔斯爵士一起来到费弗沙姆，并在那里上了一艘海关的运货驳船。那艘驳船的主人由于需要更多的压舱物，便跑到谢佩岛去找。在这里，渔民和走私者包围了他们的船，并告诉国王说他们怀疑他是一个"瘦削脸的耶稣会士"。由于他们拿了钱之后还不肯放他走，他便告诉他们自己的真实身份，并告诉他们说奥兰治亲王想要杀他，然后他大叫大嚷地要他们给他一艘船，又哭又闹，因为他在骑马过程中把一块木头弄丢了，他称那块木头是救世主十字架上的碎片。

他把自己交给那里的郡治安官，他被捕的消息传到了温莎的奥兰治亲王那里——他其实只是想摆脱国王而已，根本不在乎他去哪儿。国王虽然走了，但奥兰治亲王内心有些不安，因为不知道抓住他的人会不会真的放他走。所以，除了把他接回来之外，别无他法，于是他装模作样地给国王派了一支近卫军，把他带回了怀特宫。他刚被带回来，就稀里糊涂地听了弥撒，还在晚宴上叫一位耶稣会士为他做饭前祷告。

国王的逃走让人们陷入十分困惑的状态，他们还认定军队中的爱尔兰人打算谋杀新教徒。于是，他们敲响钟声，点燃营火，烧毁天主教的礼拜堂，四处搜寻彼得教父和耶稣会士。而此时，教皇的大使则伪装成一个男仆，逃走了。他们没有找到耶稣会的人，不过，有一个曾被杰弗里斯恐吓在法庭上做证的人，在沃平看到了一张肿胀、喝得醉醺醺的脸，正通过窗户往下看，这张脸他记得非常清楚。虽然对方穿着一身水手装，但是他很清楚这就是那个注定要完蛋的法官杰弗里斯的脸，于是他把杰弗里斯抓住了。人们坚守了他们的荣誉感，没有把他撕成碎片。在对他拳打脚踢了一番后，他们把此时已被吓成了卑贱的鼠辈的他带到伦敦市长那里。在杰弗里斯惊悚高喊的祈求下，他被关进伦敦塔，因为那里能保证他的安全，他后来死在了那里。

人们的困惑还在继续，他们点燃了篝火，欢喜庆祝，就好像国王再次回来，让他们有理由感到高兴一样。不过，国王这次的停留非常短暂，因为英格兰卫兵被从怀特宫撤掉了，而荷兰的卫兵们正赶往那里。他的一个旧臣告诉他说，奥兰治亲王第二天要进入伦敦，所以他最好去哈姆。国王说哈姆又冷又潮，他宁愿去罗彻斯特。他实际上是要了一个非常卑鄙的手段，他想从罗彻斯特逃往法兰西。奥兰治亲王和他的朋友们对他的心思实在是太清楚了，但这也是他们求之不得的。因此，他乘着他的王室驳船，和几位贵族领主在荷兰军队的看守下去了格雷夫森德，那些宽宏大量的人看到他受尽屈辱的样子，纷纷对他表示同情，他们比国王仁慈多了。12月23日晚上（即便到了这个时候，他还没有明白其实所有的人都想抛弃他），他愚蠢地跑出来，穿过罗彻斯特花园，来到梅德韦，从那里去了法兰西。他在法兰西与王后团聚。

国王离开之后，贵族和伦敦权威人士组成了一个议会。当奥兰治亲王在国王离开之后的第二天来到伦敦的时候，他先召集贵族前来见他，很快他又召见了所有在国王查理二世的议会中效过力的人。这群权威人士最终决定，王位是因国王詹姆士二世的行为而空缺的，如果让一个信仰天主教的王子继位，对这个新教国家的安全和福祉来说都不合时宜。因此，应当由奥兰治亲王和王妃在他们的有生之年来担任英格兰的国王和王后，若其中一人去世，剩下的那个人依旧是国王或女王。此外，他们的后裔应继承王位，若他们没有子嗣，则安妮公主和她的孩子继承王位；如果她也没有孩子，则奥兰治亲王的继承人继承王位。

1689 年 1 月 13 日，奥兰治亲王和王妃承诺将履行这些条件，在怀特宫登上了王位。

至此，新教信仰在英格兰被建立起来，让英格兰这场伟大而又光荣的革命完美地画上了句号。

尾 声

　　这本小小的历史书，到这里已经接近尾声了。1688年的那场著名的革命之后发生的事情，在这样一本书里很难叙述清楚，也很难让人看懂。

　　威廉和玛丽共同统治了英格兰5年。善良的妻子死后，威廉独自一人又统治了7年。在他统治期间，那个曾是英格兰詹姆士二世的可怜虫于1701年9月16日死在了法兰西。在死之前，他曾尽自己最大的努力（其实也没怎么努力）试图刺杀威廉，夺回自己失去的领土。法兰西国王声称詹姆士的儿子是英格兰的合法国王，他在法兰西被称为"圣乔治骑士"，在英格兰则被称为"冒牌货"。

　　在英格兰，尤其是在苏格兰，总是时不时地有一些脑瓜子糊涂的人站出来支持那个"冒牌货"，就好像这个国家尚未被姓斯图亚特的人折磨够似的！很多人因此牺牲，很多悲剧也因此上演。1702年3月7日，威廉国王去世了，死因是一场意外事故。他在骑马的时候，马突然被绊倒，他从马上摔了下来。他自始至终都是一个勇敢、充满爱国主义精神的王子，是一个具备很多卓越才能的人。他行事为人的方式很冷峻，朋友不多。不过，他对王后的爱非常真挚。他死后，人们发现他在左臂上用黑丝带绑着一枚戒指和王后的一束头发。

　　他死后，继承王位的是安妮公主，她是一个很受欢迎的女王，在位12年。在她统治期间，英格兰和苏格兰结成了联盟，这两个国家组成了大不列颠王国，这个名字第一次在历史上出现。在这之后，1714—1803年的时间里，大不列颠王国由四位乔治国王统治。

　　1745年，乔治二世统治时期，"冒牌货"干了最后一件坏事，也是最后一次在历史上露面。"冒牌货"此时已经上了年纪，他和那些被称为"雅各比派"（Jacobite，这些人是詹姆士二世退位后的拥护者）的朋友，将他的儿子查理·爱德华推举出来，人们称他为"年轻的骑士"。那些苏格兰的高地人，在斯图亚特的问题上，是一个极度爱惹是生非，且思想错谬的民族，他们支持查理·爱德华，让他加入了苏格兰。为了让查理·爱德华当上国王，苏格兰人还发动了一场叛乱，无数英勇、忠诚的绅士因此丧命。然而，此时查理·爱德华想逃到国外就有点难了，因为他的人头已被重金悬赏。

就像查理二世一样，在经历了很多充满浪漫色彩的冒险之后，查理·爱德华逃到了法兰西。在雅各比派的年代，由雅各比人的情感诞生出了很多迷人的故事和脍炙人口的歌谣。若不是还有这么点贡献，我觉得斯图亚特简直就是人类的公害。

乔治三世统治时期，英格兰失去了北美大陆，因为持续对它征税。那个巨大的国家在华盛顿的带领下获得了独立，摆脱了英格兰的辖制，成立了合众国（即美国），成为这个地球上伟大的国家之一。在我从事写作的这个年代里，那个国家有个非常了不起的地方，它保护它的人民，无论他们走到哪里，国家都会坚定地保护他们的尊严，这一点对英格兰来说是一个非常值得学习的榜样。我只在这里对你说，英格兰自从奥利弗·克伦威尔的时代后，在这方面衰落了很多。

在乔治三世统治时期的 1798 年 7 月 2 日，大不列颠与境况十分糟糕的爱尔兰结成联盟（当时爱尔兰的情况非常糟）。

威廉四世在 1830 年继承了乔治四世的王位，在位 7 年时间。威廉四世的侄女——乔治三世的四儿子唯一的孩子维多利亚女王，1837 年 6 月 20 日登上王位。1840 年 2 月 10 日，她嫁给了萨克森 - 哥达公国的阿尔伯特亲王。她非常善良，深受人民爱戴。因此，我要用这句话来结束本书：

天佑女王!